山东大学中文专刊

槐枫阁语言文化丛稿

齐鲁书社
·济南·

吉发涵 著

图书在版编目（CIP）数据

槐枫阁语言文化丛稿 / 吉发涵著. -- 济南 : 齐鲁书社, 2025. 8. -- (山东大学中文专刊). -- ISBN 978-7-5333-5210-3

Ⅰ. H1-53

中国国家版本馆CIP数据核字第2025N14J35号

策划编辑　刘　强
责任编辑　张　超
装帧设计　亓旭欣

槐枫阁语言文化丛稿

HUAIFENGGE YUYAN WENHUA CONGGAO

吉发涵　著

主管单位	山东出版传媒股份有限公司
出版发行	齊魯書社
社　址	济南市市中区舜耕路517号
邮　编	250003
网　址	www.qlss.cn
电子邮箱	qilupress@126.com
营销中心	（0531）82098521　82098519　82098517
印　刷	山东星海彩印有限公司
开　本	700mm × 1000mm　1/16
印　张	39
插　页	4
字　数	489千
版　次	2025年8月第1版
印　次	2025年8月第1次印刷
标准书号	ISBN 978-7-5333-5210-3
定　价	198.00元

山东大学双一流建设『中国古典学术』专项资助项目

《山东大学中文专刊》
编辑工作组

组　长

黄发有　郭春晓

副组长

马　兵　杨建刚　樊庆彦　王　辉

成　员

王培源　刘晓东　萧光乾　张学军　张树铮
孙之梅　关家铮　王新华　杨振兰　岳立静
戚良德　祁海文　李开军　刘晓多　沈　文
王　萌　刘靖渊　程鸿彬　刘天宇　吉　颙
李振聚

《山东大学中文专刊》编辑出版说明

《山东大学中文专刊》，是山东大学中文学科学者著述的一套丛书。由山东大学文学院主持编辑，邀请有关专家担任编纂工作，请国内有经验的专业出版社分工出版。山东大学中文学科与山东大学的历史同步，在社会巨变中，屡经分合迁转，是国内历史悠久、名家辈出、有较大影响的中文学科之一。1901 年山东大学堂创办之初，其课程设置就包括经史子集等中文课程。1926 年省立山东大学在济南创办，设立了文学院，有中国哲学、国文学两系。20 世纪 30 年代至 40 年代，杨振声、闻一多、老舍、洪深、梁实秋、游国恩、王献唐、张煦、丁山、姜叔明、沈从文、明义士、台静农、闻宥、栾调甫、顾颉刚、胡厚宣、黄孝纾等著名学者、作家在国立山东（青岛）大学、齐鲁大学任教，在学术界享有盛誉。新中国成立后，山东大学中文学科迎来新的发展时期，华岗、成仿吾先后担任校长，陆侃如、冯沅君先后担任副校长，黄孝纾、王统照、吕荧、高亨、高兰、萧涤非、殷孟伦、殷焕先、刘泮溪、孙昌熙、关德栋、蒋维崧等语言文学名家在山东大学任教，是国内中文学科实力雄厚的学术重镇。改革开放以来，新中国培养的一代学术名家周来祥、袁世硕、董治安、牟世金、张可礼、龚克昌、刘乃昌、朱德才、郭延礼、葛本仪、钱曾怡、曾繁仁、张忠纲等，以深厚的学术功力和开拓创新精神，谱写了山东大学中文学科新的辉煌。总结历史成就，整理出版几代人用心血和智慧凝结而成的著述，是对学术前辈最大的尊敬，也是开拓未来、创造新知、更上一层楼的最好起点。2018 年 4 月 16 日，山东大学文学院新一届领导班子奉命成立，20 日履任。如何在新的阶段为学科发展做一些有益的工作，是摆在面前的首要课题。编辑出版《山东大学中文专刊》是新举措之一。经过一年的紧张工作，一批成果即将问世。这其中既有历史成就的总结，也有新时期的新著。相信这是一项长期的任务，而且长江后浪推前浪，在未来的学术界，山东大学中文学科的学人一定能够创造出无愧于前哲、无愧于当代、无愧于后劲的更加辉煌的业绩。

山东大学文学院

2019 年 10 月 11 日

序　言

2022年秋，新冠疫情肆虐之际，山东大学文学院杜进之泽逊院长，率文学院诸领导发出指令，让70岁以上退休教授纂集个人文集，一时成为文学院前所未有的学术盛事。但当时我恰遭丁父艰，无心响应。之后，在院领导的劝慰催促下，我逐渐调整情绪。为不拖后腿，方着手应命。

涵自幼受“好好学习，天天向上”的教导与激励，于1960年夏，以全市第一名的成绩，考入济南一中“五年一贯制大改班”。本以为从此可以一心“学习”与“向上”，谁料不旋踵即陷入连年饥荒，紧接着又是十年内乱。形势板荡不已，我最终只能沦为“老三届”的一员。彼时此辈求为生计者众，幸能向学者稀。其情又岂可细言哉！

逮至拨乱反正之春，高考恢复，发涵才有幸进入山东大学学习，而此时已过而立之年。从此，我既有家严耳提面命，又得众多师长百般呵护，特别是得天独厚地亲炙先父恩师王了一先生和先父同窗挚友白化文先生。在春风化雨般的氛围中，我从大学入学之初，就与古代汉语和传统文化结下了不解之缘。毕业后忝列教席，随后又蒙殷孟非焕先先生不弃，辱收门下，终于逐渐走上了汉语与传统文化研究之路。

然而本人生性愚钝，庸碌无为，殊乏建树。数十年中，常常疲于稻粱之谋，复迫于职称晋升之困，加之须全力配合先父词典及《古人名字解诂》的编纂等工作。虽偶尔有一隅之得成文发表，事后也率不为意，如弃敝屣置之一旁，无所归拢。以致今日只能急抱佛脚，到处搜罗，翻箧倒柜，遍寻废弃电脑硬盘所遗文档，亦只搜获旧稿三十几篇。临时又将近十几年为尼山学堂和文学院学子讲课笔记中的心得数条，草草编辑成篇，凑成各类文稿十类三十七则，聊告蒇事。谨以是集，勉充向多年来关心我成长的父师与友辈们递交的一次作业。

值此隆冬，多艰之岁将去，缵集过往之文暂告结束，但既定学术计划尚远未完成。故虽桑榆渐晚，疾厄无已，仍当以“天行健，君子以自强不息”自励，继续奋力前行。

该书稿最终能顺利出版，还应该特别感谢责任编辑张超先生，他认真负责的校对工作，纠正了原稿中的许多错误，大大提高了书稿质量。在此谨向他表示衷心感谢！

吉发涵

二〇二二年壬寅大吕之月

序于山东大学兴隆山校区槐枫阁寓所

目　录

汉语联绵词成因蠡测

古汉语中把单纯的双音词叫作联绵字，又叫联绵词。联绵词两个音节大多有双声、叠韵的关系。这种词，在先秦典籍中就已大量出现，所以，汉语词汇从很早开始就不只是单音节词了。到后代，联绵词的范围进一步扩大，有人便把不能分析为两个词素的双音节词统称为联绵词。正如《联绵字典·重印说明》所称："联绵字是一种由两个音节联缀成义而不能分割的词。……组成联绵字的两个字有时双声，有时叠韵，但古人把无双声叠韵关系的双音节词也叫做联绵字。"

总之，联绵词是汉语中特有的一种语言现象。古人对它早已有所注意，研究论著汗牛充栋，有清一代则更成绩斐然。直至今天，所有研究汉语词汇的著作，毫无例外地都要提到它。

但是，对联绵词的成因很少有人论及。古人所谓"单足以喻则单，单不足以喻则兼"（《荀子·正名》），对今天汉语词汇学研究固然有所启发，但总嫌缺乏时代性、科学性。只能使人含混地说作"单以立其本，复以广其用"，而不能使人知其所以然。

最近，我受到民族语言和方言中某些现象的启发，将语音研究中的某些成果，反过来运用于词汇学的研究，对联绵词成因提出如下几点不成熟的想法：

一、一部分汉语联绵词是远上古汉语复辅音声母的遗迹

这个问题要从两方面说起：

（一）民族语言中透露的信息

与汉语同一语系的少数民族语言中，至今仍有许多复辅音存在。如羌语（属汉藏语系藏缅语族羌语支）中有 78 个复辅音（见《羌语简志》），云南撒尼彝语（属汉藏语系藏缅语族彝语支）有两个复轮音（见《彝汉简明词典》），普米语（属汉藏语系藏缅语族羌语支）则有 22 个复辅音（见《普米语概况》一文，载《民族语文》1980 年第 4 期），独龙语（属藏缅语族景颇语支）有 11 个复辅音（见《普米语概况》一文）等。

最近，我赴云南、广西等地调查了几种民族语言。从这些活的语言材料和其他相关书面资料中，意外地发现民族语言中读复辅音的词往往是与汉语相对应的一个联绵词。例如：

霹雳	广西双桥壮语	plɪα55pən24
蚂蟥	广西双桥壮语	plig24
开窟窿	广西双桥壮语	plôg35
葫芦	广西双桥壮语	blu24
蝙蝠	云南撒尼彝语	taɤ33Vb21
蜥蜴（四脚蛇）	云南撒尼彝语	tae55mu21tsi33mo33
荡漾	云南撒尼彝语	dlu33
蚯蚓	云南景洪基诺语	pu21tɪɯ33
耵聍（耳屎）	普米语	Sp′Φ24
螟蛉（昆虫）	泰语	* mrɛŋ

上面所举民族语言词汇的读音，有的与汉语古音相同或相近，有的则相差较大。古汉语语音的研究，特别是远上古汉语中复辅音存在与否，至今还是个颇有争议的问题。从语言的“血缘关系”和越来越多的学者发掘出的语音现象来看，远上古汉语中复辅音的存在应该是现实的。加之以上我们从民族语言中发现的读复辅音的词往往是汉语联绵词这一信息，更促使我们接受这样一个启发：一部分汉语联绵词是远上古汉语复辅音的词变化而成的。变化的时间应是汉字产生的时代。变化的原因和方法则是由汉字的性质和复辅音的发音特点所决定的。众所周知，汉字是一个字表示一个音节，而一个音节是声韵调的统一体。然而，在读一个复辅音声母前边的一个辅音时，往往把它读成一个带有元音的音节形式，然后再接读第二个辅音。例如，今天的彝语中仍有这种现象，“菩提”一词，按老彝文应读“sli”，书写时也用一个“C”符号来表示这种复辅音倾向。但是在新傣文中，这个词的记录和发音就都毫无例外地在前一个辅音“S”的后面加上了一个元音“i”，整个词就读成较慢的两个音节“Si-li”。这个例子具体地显示了复辅音单音节词变成单辅音双音节单纯词的过程，对汉语联绵词成因的探讨具有启发性的意义。

（二）论证和构拟远上古汉语复辅音时所用的资料给我们的启发

近几十年来，随着汉语研究的发展，越来越多的学者开展了对远上古复辅音的研究，并取得了可观的成绩。“时至今日，好多学者在汉藏语系诸语言的比较研究上取得了可观的成绩，越来越多的人倾向于上古汉语有复辅声。”（见殷焕先先生《关于复辅声的一些看法》）总结这些研究，其方法大致有两种：一是与亲属语言进行类型学的比较；二是分析《说文》谐声异常现象，旁及通假、又音、异文、联绵词等。这些都是研究复辅音现象的可行途径。

反过来，既然远上古汉语中的复辅音愈来愈被认识，从多方面证实它是曾经存在过的，那么，我认为用复辅音从存在到演变至消失的动态观点，分析研究联绵词的产生，便成为汉语词汇学研究中不可或缺的一件事情了。

事实上，学者们研究复辅音时所使用的许多词汇资料，已经给我们以启发，如以下几例：

1. 罗常培先生在《研究国内少数民族语文的迫切需要》（见《国内少数民族语言文字的概况》一书，中华书局 1954 年 12 月出版）一文中说："彝语管风叫做 brum，从它分化，一支把复辅音的 b 成素丢掉就变成西藏文言 rlung，西藏口语 lung，掸语 lon。另外一支把复辅音的 l 成素丢掉就变成景颇语的 mbong……有了这条彝语的证据，这个风字的流变就可以讲得很清楚了。如果再拿孙穆《鸡林类事》'风曰孛缆'一条作旁证，那岂不就解释得更圆满了么？"

2. 罗常培先生还说过"又如北京话的'孔'字跟泰语的 Klong（圆筒）、Kloang（空，有洞），从表面上看也毫没有关系。可是，如果你知道宋景文《笔记》有一条'孔曰窟窿'的俗语，你就不嫌把他们联系的太唐突了"。

3. 殷焕先先生在《关于复辅声的一些看法》一文中提到过这样的例子："比如'邾娄'，《春秋·公羊传》：'公及邾娄仪父盟于眛'，释文：'邾人语声后曰娄，故曰邾娄。《礼记》同；《左氏》《穀梁》无娄字'。《公羊》《礼记·檀弓下》记'邾娄'而《左氏》《穀梁》只记'邾'，这当然导引我们想到复辅声。"

4. 邵荣芬先生则说："古代浙江话和四川话把'笔'叫做'不律'，可能当地'笔'的声母就是 bl。"（见《汉语语音史讲话》第27页)(按:《尔雅·释器》“不律谓之笔”。)

5. 特别是张世禄、杨剑桥的《论上古带r复辅音声母》[见《复旦学报》(社会科学版)1986年第5期]一文,在谈到为什么在构拟上古汉语复辅音时总把流音r置于基本辅音之后时,谈了三点认识,其中第三点与我的看法完全一致,现转录于下:

> 第三,汉语有相当一部分的联绵词来自于上古带r复辅音的音节,其中大多是来母置于其他辅音声母之后,例如“朦m-胧l-”、“傀kh-儡l-”;虽然也有一些是来母置于其他辅音声母之前,但它们并不是最早的形式。

以上诸位先生所提到的联绵词都是在论述复辅音时提及的。今天我们则应站在词汇研究的角度,凭借这些研究成果,去观察所有上古汉语联绵词,则必有新的收获。

二、有的汉语联绵词是上古汉语辅音韵尾的遗迹

除了上述复辅音问题,上古汉语复韵尾的问题也是古音学界长期争论不已的课题。有的学者认为上古汉语本有一部分词有复韵尾,后来则趋于减少;有的学者则认为远上古汉语根本无复韵尾,复韵尾只是后来(上古)才产生的,后来又趋于减少;还有的学者则认为远上古汉语的所有词都曾有复韵尾,后代趋于减少。

我们且不管这些争论孰是孰非,反正上古汉语曾经有比今天多得多的复韵尾是大家所公认的。如到中古汉语的《广韵》时代,还有-p、-t、-k、-m、-n、-ng之类。我们的目的还是要借语音现象研究联绵词的成因。

通过对上古汉语中带辅音韵尾的单音节词的考察，便可意外地发现它往往变为今天的联绵词。下面仅举“芥”字为例加以说明：“芥”字上古音 * kad 去（据董同龢拟音，见王力《汉语音韵学》。又，唐作藩《上古音手册》芥：月·见·入，正与董所拟音相同）；今天有的少数民族语言中，如壮语，“芥”仍发近似的音 byaekgat（见《壮汉词汇》第 77 页）。《说文解字》：“芥，菜也。”《尔雅翼》：“芥似菘而有毛，味极辛辣。”今天山东章丘、济南方言中把芥菜叫作“辣疙瘩”，用它腌的咸菜叫作“疙瘩咸菜”。“芥”又作微小讲。《说文解字》段注：“借为草芥、纤芥字。”今章丘方言中，贱称小女孩时叫作“疙瘩妮子”，意思是“小妮子”“微不足道的小女孩”。又章丘方言中说心中怨恨或不快叫“心中疙疙瘩瘩的”。“疙疙瘩瘩”是“疙瘩”的叠音词，实际则是“芥蒂”的音变。

上述“疙瘩”或“芥蒂”都是联绵词。它们的变化轨迹应是：上古时“芥”读 kad，由于带有复韵尾 d，“这种不吐气的辅音 d 在发音时往往要带上一个不完整的元音”（见《汉语音韵学》第 34 页），即实际读音近似“kadə”。这样一来，在用汉字记录这个原来的单音节词时，必须使用两个单音节汉字才能较准确地记下它的读音。于是“芥”就被用“疙瘩”两个字记录了下来，并一直保留在某些方言中。至于“疙瘩”与“芥蒂”相互代替，则是由于音近，特别是声母相同使它们相通的。

类似“芥”变成联绵词“疙瘩”的现象，汉语中还有许多，（如“缩——蜷曲、蜷古”。）只是我们还没有认真挖掘有关材料罢了。但仅由“芥”字变为“疙瘩”这一事实，我们便可以说，有的汉语联绵词是上古汉语辅音韵尾的遗迹。

三、一部分汉语联绵词是由双言制（雅言与方言）产生的

汉语有着悠久的历史，自周秦以来，就有在公开场合使用的雅言。《论语·述而》篇“子所雅言，《诗》《书》，执礼，皆雅言也”，可使我们对当时雅言的使用范围略见一斑。与雅言相对的，是除《诗》《书》，执礼”之外的场合所使用的方言俗语。这种“在同一语言集团内使用同一种语言的两种变体的现象”，叫作“双言现象”。这一现象已经引起了国内外语言研究工作者愈来愈大的兴趣。有的学者认为，对这种现象的深入研究和“充分解释这种情况，对于处理语言描写、历史语言学和语言类型学中的问题会有很大的帮助”（见[美]Charles A. Ferguson《双言现象》，《国外语言学》1983年第3期）。这种双言现象，不仅是平常所说的说不说普通话的问题，而且在交际功能、语言环境、获得方式、稳定性、词汇、语言系统等等许多方面都有许多值得研究之处。“双言制”研究表明，每个人在公开场合、正式场合都使用一种他认为适合这种环境的话，而在家庭、家乡或某些场合又使用他认为适合这后一种环境的另一种话。特别在语音、词汇方面，“双言制”表现最明显。雅言、普通话与方言土话各有相互对应的词。仅就联绵词而言，雅言、普通话中一个概念使用的一个单音节词或多音节合成词，在方言土语中可能对应成一个联绵词；反过来，方言土语中的一个概念是一个单音节词或多音节合成词，在普通话、雅言中可能对应成一个联绵词。下面将济南、章丘方言与普通话加以对照，说明这种现象（按：所举方言词只举其音，不一定是俗本字）：

济南、章丘方言联绵词	普通话
跍地〔ku21ti21〕	蹲

七里子〔t′ɕi44Ii43tsi44〕　　络、布条

丝馕〔si33nɑg31〕　　馊

铺塌〔p′u44t′ɑ〕　　滩、软

麻拉〔mɑ44Iɑ44〕　　眊

突撸〔tu44Iu〕　　褪、脱

坷垃〔kə21Iɑ〕　　土块

估出〔ku44t′ʂu44〕　　缩

了烂〔liɑu44Iɑn21〕　　褴褛

（此词为章丘方言，济南人少用）

扎裹〔tʂɑ21kuɣ〕　　打扮

提搭〔t′i44tɑ〕　　门槛

（此词为章丘方言，济南人少用）

普通话联绵词	**章丘话**
蚯蚓	曲蟮〔t′ɕu21ʂɑn33〕
慷慨	大方〔tɑ21fɑg〕
徘徊	转悠〔tʂuan21yu44〕
参差	长短不齐
胼胝	港子（茧子之音转）
玻璃	琉琉〔Iiu33Iiu33〕
狐狸	皮狐子、皮子、骚皮子
蟋蟀	蛐蛐
佝偻	锅腰子
侏儒	矬子

这种双言现象，必然产生一些新词，其中也就必然会有一些联绵词。这类联绵词，有的与相对应的单音节词或双音节合成词可以找出语音上的联系，有的则仅是意义上的相通而毫无语音瓜葛。如

上述麻拉—吨、扎裹—打扮、蚰蜒—曲鳝、侏儒—矬子，就是后一类；而七里子—绺、布条，丝馕—馊，突撸—褪，坷垃—土块等，则可属于前一类。可以进一步探求它们之间的源流关系。

四、一部分联绵词是历代民族交往的产物——外来音译词

中华民族是个历史悠久的民族，她有几千年的文明发展史，一直处在与其他民族的频繁接触、互相影响，甚至是相互融合的过程中。在这种相互接触中，汉语不断吸收外来词来丰富自己。这些外来词多以联绵词的形式出现在汉语中。例如，先秦两汉时吸收的外来词：鲜卑、师比、肃慎、月氏、阏氏、胭脂……魏晋以降直至唐宋，又吸收了大量佛教词汇：浮屠、菩萨、金刚、菩提、袈裟、和尚……再往后代，外来词就更多了。如福晋（满语，妮子）、觉罗（满语，皇室子孙）、咖啡、扑克、逻辑、尼龙、雷达……随着世界人民相互交往的发展，汉语中由外来词变来的联绵词还会不断增加。

五、其他原因产生的联绵词

这类联绵词还很复杂，如远古的一些双音节人名、地名、器物名，是否可以称为汉语原生式联绵词？目前还难以用上面几类联绵词形式概括它们。还有另一种联绵词，是上古汉语重言词中，特别是象声词、叠音形容词或叠音动词发展成相应的联绵词，如《诗经》中的“觱发”“栗烈”“交交”“雍雍”“喈喈”“蓁蓁”“萋萋”“菶菶”等等。由于这类词变化过程较复杂，当以另文专门讨论。

原载山东大学中文系编《汉语研究论集》，

中国矿业大学出版社 1989 年版

《诗经》联绵字与复辅音

联绵字（又叫联绵词）是汉语中很特殊的一种语言现象。它在各种古籍中频繁出现，古人对它早已有所注意。荀子就曾对包括联绵字在内的双音词有过“单足以喻则单，单不足以喻则兼”的精辟论述。王力先生曾这样给这种词下定义：“古人把纯粹的双音词（不能再分析为两个词素者）叫做联绵字。”①

明代以后，特别是近一百多年来，学者们对联绵字做了大量的有益探讨。但可惜的是，这种探讨一直停留在宏观方面，只对这种特殊的语言现象做了表层的研究。例如：1. 长期以来，只是以双声叠韵为依据，对联绵字进行分类、排比，如王筠的《毛诗双声叠韵说》即属此类。2. 只对各种古籍中的联绵词做数量统计，如王国维的《联绵字谱》，搜集了各种古籍中作者认为的联绵字 2800 余个。3. 在数量统计的基础上，再做一些意义的诠释和转语形式的搜辑，如《联绵字典》即属此类。4. 近几十年来还有不少学者或对联绵字的语根进行研究，或对个别联绵字进行较深入的横向和纵向的综合分析。诚然，上述这些研究都使我们更加了解联绵字，却都未能将联绵字作为一种特殊的语言现象从根本上揭示它的本质。

① 王力：《汉语史稿》上册，科学出版社 1957 年版，第 45 页。

更有甚者，由于在联绵字研究中缺乏统一的理论标准，研究者各自认定的联绵字，以及由此而得出的联绵字总量往往会有很大出入。理论上的薄弱造成的这种混乱，又反过来阻碍了联绵字研究的深入进行。这些，显然都不适应对这种特殊的语言现象进行深入研究的要求，更不适应整个汉语史研究的要求。

说到汉语史的研究，它必须注意语言发展的历史过程，必须重视语言各方面的联系，必须辨认语言发展的方向，等等。其中，词汇研究有相当重要的作用，特别是专书词汇研究与断代词汇研究，都能为汉语史的最终建立提供必要的证据。这已为许多学者所反复强调。在词汇研究中，联绵字的研究当然是不可或缺的一环。但迄今为止的联绵字研究成果是建立科学的汉语发展史所不能想象的。

因此，对最古老的联绵字或对某一专书的联绵字进行新的、严格的科学研究，是当前汉语史研究中非常必要和迫切的任务。

《诗经》向来被称为古籍中最有价值者。梁启超曾说："现存先秦古籍，真赝杂糅，几于无一书无问题。其精金美玉字字可信可宝者，《诗经》其首也。故其书于文学价值外尚有一重要价值焉：曰可以为古代史料或史料尺度。"[①] 对于汉语史来说，《诗经》的价值也是如此。《诗经》中有大量的联绵字，并早已为世人所瞩目。由于《诗经》的价值，《诗经》联绵字的价值自然也就不言而喻。

倘若我们能以科学的方法和程序，认真地而不是草率地对《诗经》中的所有联绵字进行一番考察，其结果也许不尽合宜，但相信这种尝试对最终揭示汉语联绵字的本质，以及对整个汉语

① 梁启超：《要籍解题及其读法》，见《国学指导二种》，中华书局1936年版，第69页。

史的研究，庶几不无裨益。

于是，我们便选定了《〈诗经〉联绵字研究》这个题目。

如上所述，历来各家所认识的《诗经》联绵字数量不尽相同。王国维《联绵字谱》中收录的《诗经》联绵字多达500余个。王筠的《毛诗双声叠韵说》中正例、变例两种联绵字共有130多个。还有的学者随文举例说到《诗经》联绵字，则可以少至几十个。数量上的这种差异，原因或者是没有严格的标准，或者虽有标准但未能贯彻始终，或者在随文举例中无须刻意求全，等等，不一而足。

然而本文面临的任务是对《诗经》联绵字做定量定性的分析，它要求我们必须掌握严格的标准。标准掌握得严与不严，不仅关系到数量的多少，更重要的是关系到能否正确地对联绵字的性质进行客观分析。就像化学分析实验，用蒸馏水则成，用普通水则败。成败之际，系乎纯与不纯之间。所以，标准问题不可不慎。我们必须自始至终严格运用联绵字科学的语言学定义，谨慎地处理收词问题。做到尽量不使非联绵字混入其中，以干扰我们对联绵字性质的观察。也尽可能不使真正的联绵字漏掉，以影响我们的量的统计，进而影响定性分析。但二者相较，我们宁可把标准掌握得严一些，宁可把个别可算可不算的词排除在外，决不可使不是联绵字的词混入。其道理与蒸馏水和普通水的例子是同样的。

为此，我们严肃地重申联绵字的定义：不能再分析为两个词素的双音节单纯词。

按这一定义，我们规定了本文具体的选词方法：

1. 严格按照上述定义收录《诗经》中的联绵字。

2. 某些词《诗经》中已开始分解或表现出结构松动，如“挑兮达兮”“萋兮斐兮”等，毛传、郑笺往往将其合为一词解释，如毛传“挑达，往来相见貌”“萋斐，文章相错也”等等，后代因之成了所谓的联绵字。对这类词，本文一律从严不予收录。当然，这类词应当另作讨论。

3. 某些词《诗经》中虽以双音节形式出现，但毛传、郑笺等汉代注解以为是两个词，往往将它们分训。如“谋犹回遹”，毛传：“回，邪；遹，辟”。又如“无沦胥以亡”，毛传：“沦，率也”，郑笺：“胥，皆也”。这类情况有两种可能。一是毛传、郑笺是正确的。这些词本不是联绵字，确实可以分训。二是毛传、郑笺是错误的。因为古人并不懂得什么叫联绵字，往往只按组成词的每个汉字的意义分别讲解其含义。

根据我们的收词原则，为保证所收联绵字的纯洁性、可靠性，对此类词也一律从严不予收录。尽管这样也许会将某些真联绵字排除在外，但也可以有效地防止某些假联绵字乘机混入，从而可以提高分析结果的可靠性和科学价值。

4. 重言词也不能算作严格定义下的联绵字，故本文不予收录。

对上述2、3、4项所不收录的词，理应单独予以讨论，但本文限于篇幅而不能论及。

5. 人名、地名、篇名一律不收。族名按联绵字定义严格入选。如“夷”是上古对边远少数民族的通称，故“混夷（串夷）”则应是偏正结构的合成词，故不予收录。

按上述选词标准，本文共收录《诗经》联绵字100个。现将它们及其音韵地位等情况以表格形式分析罗列于下：

（一）《诗经》联绵字音节组成类型情况表

类型	数量	词条及音节的声组开合
前一+后一 （前、后指联绵字前后两个字，数目字是该字的等，下同）	2	崔嵬清疑合合 果蠃见来合合　蜾蠃见来合合 菡萏匣定开开　木桃明定合开 伴奂并晓合合　滂沱滂定开开 婆娑并心合开　桑扈心匣开合 芄兰匣来合开　梧桐疑定合合 猗傩影泥开开
前一+后二	3	惛怓晓泥合开　木瓜明见合合 仓庚清见开开
前一+后三	4	蒙戎明日合合　木李明来合开
		畔援并匣合合　匍匐并并合合
前一+后四	2	莎鸡心见合开　唐棣定定开开
前二+后一	3	霡霂明明开合　朴樕滂心开合 邂逅匣匣开开
前二+后二	1	间关见见开合
前二+后三	3	夸毗溪并合开　黾勉明明开开 炰烋并晓开开
前二+后四	0	
前三+后一	5	敷奏滂清合开　虺隤晓定合合 女萝泥日合合 骏庞精来合合　劬劳群来合开
前三+后二	1	绵蛮明明开 开掘阅群馀合合　粟列来来开开

续表

类型	数量	词条及音节的声组开合
前三+后三	49	流 离 来 来 开 开 缱 绻 溪 溪 开 合　曲 局 溪 群 合 合 蘧 篨 群 定 合 合　权 舆 群 馀 合 合 荏 染 日 日 开 开　茹 藘 日 来 合 合 鸤 鸠 审 见 开 开　肃 霜 心 山 合 开 委 蛇 影 船 合 开　猃 狁 晓 馀 开 合 逍 遥 心 馀 开 开　鞅 掌 影 照 开 开 杨 柳 馀 来 开 合　夭 绍 影 禅 开 开 伊 威 影 影 开 合　熠 耀 匣 馀 开 开 优 游 影 馀 开 开　忧 受 影 禅 开 开 鸳 鸯 影 影 合 开　螽 斯 照 心 合 开 驺 虞 庄 疑 开 合　斯 螽 心 照 开 合 蔽 芾 帮 帮 开 合　觱 发 帮 帮 开 合 觱 沸 帮 帮 开 合　参 差 初 初 开 开 差 池 初 定 开 开　苌 楚 定 初 开 合 晨 风 禅 帮 开 合　鸱 鸮 穿 匣 开 开 踟 蹰 定 定 开 合　绸 缪 定 明 开 开 蜉 蝣 并 馀 开 开　阜 螽 并 照 开 合 附 庸 并 馀 合 合　诡 随 见 邪 合 合 脊 令 精 来 开 开　沮 洳 精 日 合 合 雎 鸠 清 见 合 开　卷 耳 见 日 合 开
前三+后四	4	常棣禅定开开　椒聊精来开开 蝤蛴从从开开　仔肩精见开开
前四+后一	2	蝃蝀端端开合　町畽透透开合
前四+后二	1	睍睆匣匣开合

续表

类型	数量	词条及音节的声组开合
前四+后三	8	涤场定定开开 殿屎端晓开开 拮据见见开合 荓蜂滂滂开合 栖迟心定开开 戚施清审开开 蟏蛸心心开开 窈纠影见开开
前四+后四	2	螟蛉明来开开 窈窕影定开开

（二）诗经联绵字词性统计表

词类	数量	百分比%
名词	52	52
动词	26	26
形容词	22	22

（三）诗经联绵字双声叠韵统计表

类型	数量	百分比%	词性分布及百分比			
			词性	数量	占总数%	占本词类%
非双声叠韵	42	42	名词	28	28	53. 85
			动词	10	10	38. 46
			形容词	4	4	18. 18
双声	22	22	名词	10	10	19. 23
			动词	6	6	23. 08
			形容词	6	6	27. 27
叠韵	31	31	名词	14	14	26. 92
			动词	9	9	34. 6
			形容词	8	8	36. 36

续表

类型	数量	百分比%	词性分布及百分比			
			词性	数量	占总数%	占本词类%
双声兼叠韵	5	5	名词	0	0	0
			动词	1	1	3.84
			形容词	4	4	18.18

如果就表（一）（二）（三）显示的结果做一下分析，可以有以下印象和问题：

1.《诗经》联绵字中的双声词占总数的22%，叠韵词占总数的31%，双声兼叠韵词占总数的5%，这三种词累计占总数的58%。（注：此处是严格意义上的双声、叠韵，不算准双声、旁纽、旁转、对转等。）这与《诗经》联绵字十分之九以上都是双声叠韵联绵字的传统说法是不同的。

2.《诗经》联绵字中名词占了一半以上，达到52%，其中非双声叠韵名词又占名词总数的53.85%。这比动词和形容词中的非双声叠韵词高出很多。这种现象是很值得注意的。

3. 如表（三）所示，《诗经》100个联绵字中，双双由三等字组成的联绵字竟有49个之多，几乎占了总数的一半，对于这种不寻常的现象理应给予特殊的注意。

4. 除双双由三等字组成的联绵字之外，还有12个联绵字双双由一等字组成，一个联绵字双双由二等字组成。这些联绵字多与喉音、唇音有关。这种现象也应引起我们的重视。

5.《诗经》联绵字除了以上3、4两项所说的类型，剩下的其他联绵字也往往与三、四等字有关，这种现象究竟应如何理解，也有待研究。

6.《诗经》联绵字中，有42个双双由开口字组成，有20个双双由合口字组成。剩下的是由开、合两呼的字组成的。这种现象透露了什么信息，也应予以注意。

上面这6项中，除了第2项说的是组成联绵字的词类情况，其他5项都是谈的联绵字的语音问题。由此，我们又联想到这样几个问题：

1. 词汇、语音、语法这三种语言要素是互相联系、不可分割的。它们在联系中互相存在和发展，又在存在和发展中保持着紧密的联系。构词法既与语法有关，又与词汇有关，一般说来与语音关系不大，只有语音构词法紧紧地与语音相连。既然联绵字的前后两个字仅是不能再分析为两个词素的音节，那么联绵字就应归入语音造词的范畴。除了传统上认为的联绵字多与双声叠韵有联系，它是否还与语音有其他更深刻的、未被人知晓的联系呢？通过前面对《诗经》联绵字做的初步排列和分析，我们对此已经有了浓厚的兴趣，加强了我们探讨这一问题的信心。我们必须抓住已经发现的《诗经》联绵字与等呼、声母有某些联系的蛛丝马迹，穷追不舍，深入分析，以期得出与此相适应的合乎逻辑的结论。

2. 我们注意到，许多专家在讨论古音演变时，往往使用联绵字做例证，致使联绵字成了窥探汉语上古音秘密的又一个窗口。如罗常培先生曾用“风曰孛缆”“孔曰窟窿”① 作为旁证，说明上古存在复辅音。张世禄先生曾用“朦胧”“傀儡”等词做例证，得出了“汉语有相当一部分的联绵词来自上古带r复辅音的音节，其中大多是来母置于其他辅音声母之后”的推断。② 他们的论断

① 参见罗常培《研究国内少数民族语文的迫切需要》一文，见《国内少数民族语言文字的概况》，中华书局1954年版，第9页。

② 张世禄、杨剑桥：《论上古带r复辅音声母》，载《复旦学报》（社会科学版）1986年第5期。

无疑都具有开创性和启发性。

我们面临的现实，是从《诗经》中用较严格的尺度挑选的100个联绵字，以及将它们初步排列之后所发现的某些现象。面对这些材料，我们似乎已很难进行更深入一步的分析了。幸运的是现在恰恰相反，诸位先生已经在探索上古复辅音方面取得了不少令人瞩目的成果，给我们的联绵字研究开辟了新领域，提供了新方法。孟非师也倡导说："大家从汉语各个方面去探讨上古汉语复辅音的有或没有，路子是正确的。当然，探索到的结果，肯定或否定，不能忘记再回到语言的各个方面去检验，看一看各个方面的反应。"①

3. 诚然，自从高本汉提出了上古汉语有19种类型的复辅音以来，音韵学界有过许多争论。王力先生不接受高本汉的复辅音拟测。理由是：（1）现代汉语没有复辅音的痕迹；（2）若依高本汉拟测复辅音的方法，则会出现远不止19类复辅音，王力先生认为这种结果是不可能的，上古声母系统不会这样杂乱无章。但是，他也没有排除上古有复辅音的可能性。他说："上古汉语有没有复辅音？这是尚未解决的问题。从谐声系统看，似乎有复辅音……"② 显然，王先生也认为这个问题需要继续探索。

既然我们是讨论《诗经》联绵字，发现了它们与等呼、声母有很多联系，并缺乏进一步分析的方法，既然主张上古有复辅音的专家们在讨论这一问题时往往使用联绵字作为例证，并声明等呼、声母与复辅音有许多联系，那么我们何不将近几年一些较有影响的复辅音拟测集中起来，把它们应用于我们对《诗经》联绵字的分析，观察一下可能得出的结果呢？同时，也是让这些拟测接受一下

① 引自殷焕先《关于复辅声的一些看法》。

② 王力：《汉语语音史》，中国社会科学出版社1985年版，第23页。

《诗经》联绵字的检验，看一看语言这一侧面对它们有何反应呢？

故此，我们决定将李方桂、张世禄和苏联雅洪托夫三位学者的有关论述作为我们的试验依据。①

运用它们，分析上面选定的100个联绵字中的每一个汉字，并给它们拟出一个音值。然后再观察分析这些拟音结果，看看可以给我们怎样的启发和得出怎样合乎逻辑的结论。

这样，我们即可为《诗经》联绵字全部拟出上古音值，虽不敢说必定正确，但绝非臆测。因为我们依托的是李、张、雅氏诸家已有的定论。我们在运用以上各家依据拟音时是谨慎的、有保留的。

为了在拟音的基础上深入进行我们的分析，有必要重述前面所引张世禄先生的一段话：“汉语有相当一部分的联绵词来自上古带r复辅音的音节，其中大多是来母置于其他辅音声母之后，例如‘朦m-胧l-’‘傀kh-儡l-’；虽然也有一些是来母置于其他辅音声母之前，但它们并不是最早的形式。例如‘蝼l-蛄k-’源于‘果k-蠃l-’是腰细而腹圆垂之意……”

我们认为这一说法虽不全面，却具有极高的认识价值。它启发我们重新认识我们亲手拟定的，似乎杂乱无章的《诗经》联绵字的拟音。从中我们发现有许多联绵字的拟音构成与果蠃相似，它们也应当是从上古口头语言中带L复辅音单音节演变而来的。虽然这些复辅音单音节的韵母已不得而知，但对它们各自的复辅音声母，可从它们演变成的联绵字的拟音中大致看出些端倪。现将《诗经》联绵字中算作“果蠃型”的55个联绵字全部列出，并对当初演变成它们的各自的“复辅音声母单音节”的声母加以

① 原文引李方桂《上古音研究》、张世禄《论上古带r复辅音声母》、雅洪托夫《上古汉语中的复辅音》诸文中的有关论述。本处因篇幅所限从略。

拟测。由于这种拟测更加困难，我们仅以 kL、ŋl、TL、SL、tsl、PL、ML、nL、Ps、hl 为代表，不再使用更细致的分辨符号。字条前写明“周南”“召南”“邶”等，表示该条出自十五国风或雅、颂的大致来源。应该有但构拟不出的辅音用［］表示。

豳、小雅　仓庚（*）KL-
邶　差池（*）TL
小雅　常棣（*）KL-
豳　鸱鸮（*）KL-
唐　绸缪（*）KL-
鄘　蝃蝀（*）KL-
唐　蕃衍（*）ML-
曹　蜉蝣（*）PL-
豳　果臝（*）KL-
陈　菡萏（*）KL-
唐　椒聊（*）tsl-
曹　掘阅（*）KL-
邶　流离（*）［］L-
小雅　螟蛉（*）ML-
陈、小雅　滂沱（*）PL-
陈　婆娑（*）PS-
大雅　缱绻（*）KL-
邶　籧篨（*）KL-
小雅　荏染（*）NL-
豳　肃霜（*）SL-
豳　町畽（*）TL-
召南　委蛇（*）KL-

周南　参差（*）tsl-
桧　苌楚（*）Tl-
秦　晨风（*）KL-
邶　踟蹰（*）TL-
豳　涤场（*）KL-
大雅　殿屎（*）KL-
周南　芣苢（*）PL-
鲁颂　附庸（*）PL-
小雅　螟蠃（*）KL-
小雅　间关（*）KL-
豳　拮据（*）KL-
豳　栗烈（*）［］L-
小雅　绵蛮（*）ML-
小雅　女萝（*）NL-
大雅　炰烋（*）PL-
召南　朴樕（*）PSL-
邶、小雅　劬劳（*）KL-
秦　权舆（*）KL-
郑　茹藘（*）NL-
召南　唐棣（*）TL-
卫　芄兰（*）KL-
小雅　倭迟（*）KL-

大雅　梧桐（*）ŋL-	唐　蟋蟀（*）SL-
邶　睍睆（*）KL-	郑、小雅　逍遥（*）SL-
豳　蟏蛸（*）SL-	周南　虺隤 HL-
大雅　惛怓 HL-	小雅　脊令 tsL-
小雅　狁狁 HL-	小雅　杨柳 KL-
召南　驺虞 tsL-	

在我们没有进一步解释之前，这种归类和拟测似乎是任意的、杂乱无章的、无规律可循的，因而可能被认为是非理性的。那么，让我们首先分析一下李方桂先生所举的“螟蛉”和张世禄先生所举的“果赢”这两个已经论定的由复辅音单音节演变成的联绵字，看看能给我们些什么启发。

从上面已拟出的“螟蛉”“果赢”的音值可以发现，它们都各自保存了某些演变轨迹的蛛丝马迹。

它们都不是从（*）xl-（x 代表任辅音下，下同）一下变成*X-的，而是有过其他形态的中间过程：

螟蛉 XL- →X-+ [ ] L-
果赢 XL- →WX+ [ ] LW-

这里，“螟蛉”留给了我们一个未知数 [ ]。“果赢”则留给了我们三个未知数：W、[ ]、W。这两个 W 演变到中古都成了合口韵的一部分。特别是 L 后的那个 W，由于 L 前 [ ] 的影响而变得与我们讨论的问题关系不大，可忽略不去细究。我们着重要说的是 X 后的 W 和 L 前的 [ ]。L 前的 [ ] 无疑是个声母，但已不能确指。至于 X 后的 W，李方桂曾经强调说合口介音 W、U “应当算是声母的一部分”。同时还强调三等介音 j，以及 r “跟前面的声母连起来也可以算是复辅音声母”（见《上古音研究・上古的介音》）。李先生的这些说法为我们理解联绵字为什么多跟合口字或三等字相联系，提供了一条线索。看来，XW-和［］L是从一种过渡性的复辅音演变而来的。因此，在XL-的演变中，下面这个过程应是可以理解的：

XL- →XY-+ZL-（Y、Z都代表辅音，但Y经常是L）

与这个过程同时或之后，依各自条件的不同，便有“螟蛉XL-→X-+［］L-”和“果赢XL-→XW-+［］LW-”的样式。当然，这两种样式远不是全部。更丰富多彩的表现蕴藏在前面55个联绵字的演变中。大致有如下各类：

XL→X-+［］L-（如螟蛉、茹藘等）
XL-+L-（如逍遥、杨柳等）
XL-+XL-（如仓庚、差池等）
XL-+XW-（如鸱鸮）
XY-+L-（如猃狁）
XW-+L-（如掘阅、劬劳等）
XL-+ZL-（如参差、苌楚等）
XW-+ZL-（如籧篨、戚施等）
XW-+［］LW-（如果赢）
XW-+XWL-（如权舆）
X-+XL-（如菡萏、滂沱等）
X-+XW-（如拮据、缱绻等）
［］L+［］L-（如栗烈、流离等）

很显然，我们的结论必须反过来对曾给我们启发的张世禄先生的说法加以补充和修正。他说：“由具有复辅音声母的单音节通过增加元音而成为具有单辅音声母的双音节……不过，在古代文献中具有复辅音声母的单音节和具有单辅音声母的双音节几乎是同时存在的，我们认为后者是由前者演变而来。”① 而我们认为应该这样说才更全面和更接近实际情况，即具有复辅音声母的单音节通过增加元音而最终成为具有单辅音声母的双音节，中间有一个相当漫长的演变过程，绝非一次完成的。完成这一过程大约用去了从开始使用文字记录口头语言，直到汉代足足二三千年的时间。其间应该有过用两个复辅音声母的单音节共同指代一个复辅音声母单音节，或用一个复辅音声母单音节和一个单辅音声母单音节共同指代一个复辅音声母单音节的长期摸索的实践过程。这个过程与上古汉语的语音演变同时进行。两个单辅音声母的双音节代替一个复辅音声母的单音节是这种演变的最终结果之一。张先生还说：“这些双音节的第一个音节大都是入声字，这表明第一音节原先的发音是极为短促的，这正符合复辅音声母的特征。”② 但从上述55个复辅音单音节演变成的联绵字看来，第一个音节是入声字的并不多。因此，这一说法尚需更多资料的验证。

上面我们通过对一部分《诗经》联绵字的归类，对复辅音单音节演变成单辅音双音节联绵字的过程，做了大胆的推断。对这些联绵字及其看起来有点奇特的演变方式，我们还有如下考虑：

---

① 张世禄、杨剑桥：《论上古带r复辅音声母》，载《复旦学报》（社会科学版）1986年第5期。

② 张世禄、杨剑桥：《论上古带r复辅音声母》，载《复旦学报》（社会科学版）1986年第5期。

1. 这些演变方式的式样虽多，但共同的特点都是由一个音节的声母分解成两个音节的声母。如果设想这些演变方式不是自然的演变而是人为的模状，那么它们便颇像是后代产生的反切。不同的仅是反切是用反切上字的声母和下字的韵调，共同组合起来表示另一个字的读音。而这种双音节联绵字则是用两个字的声母部分相加或各取一部分来表示原来的复辅音声母罢了（抑或可表示原来音节的全部读音也未可知）。一种方法，两种作用，都是"各取所需"，对于其他不需要的部分，"视而不见，听而不闻"可也。以往总是把这种方法看作是从反切才有的，现在应该对此产生一点怀疑。即便我们这种关于联绵字的成因不成立，那么"押韵"的方法也可说与"反切法"异曲同工。因为人们所说的"押韵"，只是指韵脚的"韵腹""韵尾"相同，至于"韵头"以至声母是否相同则"听而不闻"，一概不计较，好像它们不存在似的。从"关关雎鸠，在河之洲"，到"东方红，太阳升"无不如此。押韵方法比反切对我们更有价值，因为它的历史几乎与人类历史等长。因此，我们完全有理由把由复辅音演变而来的联绵字，看作是先民们自觉运用类似方法的又一种创举，而可能完全不是什么语音的自然演变。

2.《诗经》特别是国风，是由民歌通过记录而流传下来的。而当时掌握文字或能用文字记录语言的，正如陆志韦先生说的，"是宗教式的技术，是巫、祝等人的专门知识，普通人不敢尝试"①。他们如何描述或记录当时语言中的复辅音音节，与他们的文化素质直接相关，因而会有很大的任意性。这应该是演变方式多种多样，以及从字面上看使人不知其所以然的原因之一。

3.《诗经》的来源遍及成周各个角落，方言的差异必定很大，

---

① 陆志韦：《陆志韦语言学著作集》，中华书局1985年版，第71页。

各地复辅音的种类不一定相同，记录人处理这些复辅音的方式也并无统一的规则。这恐怕是造成我们推断演变方式十分纷繁的又一客观因素。

以上我们对“果蠃型”的 55 个联绵字进行了大体的分析，认为它们都是从复辅音单音节演变来的。那么其余的 45 个联绵字又是怎样的情形呢？

分析这一批联绵字，似乎一时找不出说明它们的方法。经过观察，我们发现壮语中木瓜、李、桃的读音竟与《诗经》中木瓜、木李、木桃的读音几乎完全相同：

《诗经》木瓜 * muk+ * kwrag　壮语木瓜［mo：ekkva］
木李 * muk+［］ * Ijəg　壮语李子［makhmaen］
木桃 * muk+ * gragw　壮语桃子［makhtau］

这使我们眼前豁然一亮。《诗经》中的这三种东西，鲜有确知其究为何物者，因而古人众说纷纭。毛传：“木瓜，楙木也。”马瑞辰《通释》：“木桃、木李，即木瓜别种耳。”① 相比之下，姚际恒《诗经通论》说的相去不远：“木桃、木李，乃因木瓜而顺呼之。《诗》中此类甚多，不可泥。其实桃李生于木，亦可谓之木桃、木李也。”② 但从“顺呼”一词，可知姚际恒也不过是猜测罢了，故此说始终不能取代其他鸿儒的旧说。确实，这三个词从汉字的组成上乍一看，很像偏正关系的合成词，难怪马瑞辰把木桃、木李理解为“木瓜别种”。但壮语保存了这三个词的古音。我们可以以此为证据，说明“木瓜”“木李”“木桃”三词，

① 马瑞辰：《毛诗传笺通释》，《续皇清经解》本。
② 姚际恒：《诗经通论》，中华书局 1958 年版。

都是《诗经》或更早的时代，用两个汉字的读音相加来摹写口语中木瓜、李、桃三种水果的名称而形成的联绵字。这种模写的特点是前后两个字的读音完全相加，不删不弃（起码造词的人是这样想的），从而较准确地摹状口语词原来的声音。这可以算是一种真正的“象声”词。它们或者是土生土长的方言词，或者是像后代的梵文音译词，如 karman—羯摩（一种神人）、bodhi—菩提（觉、智、道）、pippala—毕钵罗、比丘（一种香草，后称僧人）、dhya-na—禅那（禅、静虑）一样，是当初从其他族的语言中借来的词。如果是后者，那它们就是最早的一批“音译外来词”了。

这一发现，为我们分析剩余的 45 个联绵字提供了新线索和新方法。那些不能被认为是由复辅音单音节演变而来的联绵字，可以考虑是这种前后两字读音相加来摹状当初口语词读音的“木瓜型”联绵字。

特别是从木瓜等三个词的拟音中，可以发现这样的格式：-k+k-、-k+gr-、-k+［］LJ-。类似的格式存在于下列词的拟音中：

雎鸠—g+kj-	栖迟—t+dr-
曲局—k+gwj-	桑扈—ng+gw-
邂逅—g+g-	夭绍—gw+gr-
窈纠—gw+kj-	窈窕—gw+g-
忧受—gw+gr-	螽斯—gw+gj-
仔肩—g+k-	

这种现象远比上述“果赢型”的联绵字多。这就更加强了我们把这批联绵字认为是与木瓜有共同演变方法的信心。

另外的一些词，如蔽芾、觱发、觱沸、霡霂、熠耀、匍匐、戚施、歇骄、曲局、邂逅、厌湿，以及木瓜等词，虽然大多数不具备上述特点，但组成这些词的两个汉字最少有一个是入声字，甚至双双是入声。而且剩余的这些联绵字与入声相联系的数量和所占比例都比“果赢型”的要大。（按上古计 14：12，按中古计 12：7）。入声的存在似乎表明了这类联绵字两个音节当初紧密相连的特点，甚至也是类似复辅音的一种语音遗迹。

总之，我们把剩余的 45 个联绵字划分为一类并称为“木瓜型”，还是比较妥当的。

我们再把“果赢型”和“木瓜型”两大类联绵字在《诗经》风、雅、颂中的分布情况统计并对比一下，就可以看出，“果赢型”联绵字在国风与雅、颂中出现的比例是 39：21，“木瓜型”是 29：20，可见“果赢型”联绵字在国风即民歌中更多见；在雅、颂中即周朝上层社会则相对较少。而“木瓜型”联绵字则不太相同，它在上层社会中使用频率相对较高，而在民间则相对较低。这种情况提示我们：当时民间方言中可能存有较多的复辅音声母，它们的消失较缓慢。而在成周上层社会中，由于使用雅言或文字的关系，复辅音的使用相对较少，消失较快，记录联绵字则更多地使用前后两字相加的方式。同时，这种情况又可以启示我们：从语音史的角度讲，“木瓜型”联绵字或是“果赢型”联绵字的继续或较晚的发展形式。当然，其中也必定有一些是原始口语中的双音节词，通过汉字记录而形成的或用汉字记录当时外来词而形成的“木瓜型”联绵字。

小　结

通过以上讨论可以看出，本文开始建立的选词标准，以及将这种标准贯彻始终的工作方法，对探讨《诗经》联绵字是有决定性意义的，对《诗经》联绵字的各种定量定性分析结果，无不建立在这一基础之上。这种方法，以及由此而得到的结果，应该对《诗经》联绵字研究有所启发和推动。

通过分析可以看到，《诗经》联绵字与等呼联系的各种现象，都是上古语音演变的遗迹，特别是复辅音声母演变的遗迹。通过讨论，我们将《诗经》联绵字分为“果臝型”和“木瓜型”。虽然这种分类有待于对《诗经》中被我们排除在外的其他各类所谓联绵字，进行同样分析之后，得以补充和验证，从而会更加完备和可信，但由于我们的依据可靠和方法严谨，因此被我们确定的原则和类型是无可怀疑的。

通过我们的分析，又可以做出这样的判断：汉代之后，不会再产生“果臝型”的新联绵字。因为按照一般说法，汉代以后，这种联绵字赖以产生的语音基础复辅音已经消失。这种判断与本文命题已无关系，而且需要大量材料的验证，因而只是本文的副产品了。

（本文为《〈诗经〉联绵字研究》一文的部分内容。考虑到篇幅等原因，对题目、内容进行了改动。）

原载《庆祝殷焕先先生执教五十周年论文集》，
山东大学出版社 1994 年版

从联绵字看复辅音存在与消失的痕迹

一

自从高本汉提出上古汉语有复辅音声母以来，许多学者继续进行这方面的研究，并得出一些更深入的结论。近几十年中，李方桂、雅洪托夫等多家的研究为学术界所瞩目。尽管学者们在这一领域中的考察是严肃认真的，取得的成果也具有相当的说服力，但由于许多问题还未能系统化、严密化，特别是这些问题的确认将牵扯对古音体系及古汉语词汇体系的再认识，所以学术界对此总是持审慎的态度。这是理所当然的。

正因为如此，对复辅音的研究才更应加强并深入进行。李方桂先生指出“虽然我们没有肯定的解决办法，但是应当有个尝试”，应当“严格的试验一下”。[①] 显然，我们应当按照这种积极、科学的态度，去继续这一领域中的探讨。

有种现象引起了我们的注意，即在以往的古音研究中，人们的注意力主要集中在谐声、同源词等方面。对曾经给了我们很多暗示的联绵字，人们只是作为零星的辅助材料加以利用，尚未进行过广泛和集中的考察。这种状况或许是复辅音研究中的一个疏忽。

---

① 李方桂：《上古音研究》，商务印书馆 1980 年版，第 24、12 页。

造成这种状况的历史原因是复杂的。

多数联绵字源自上古的口头语言。后人据其特点称之为联绵字。自汉至唐，“联绵”一词的含义是清楚的。如，汉王褒《洞箫赋》：“联绵漂撇，生微风兮。”唐张铣注：“联绵，不绝也。”[①] 又，南朝宋谢灵运《过始宁墅》：“洲萦渚连绵。”唐刘良注：“连绵，不绝貌。”[②] 所谓“联绵字”，其含义也是如此。它是一种用不断绝的语音来表词义的特殊的“字”。只是后来在用汉字记录它时，由于某种原因被写成了两个字，进而被后人读成了两个音。由此失去了它本来语音“不绝”的原汁原味。再往后，人们在研究联绵字的时候，受文字这一载体的束缚，只注意到联绵字意义的单纯性而不考其语音的“不绝”。津津乐道于组成它的两个汉字如何双声、叠韵，并以此为得其肯綮。这样，便使得对联绵字的认识停留在以双声叠韵为基础的数量统计和转语形式的训诂学分析水平上长久徘徊不前。

古音研究的长足进展，使人们对联绵字越来越重视。不少学者已感到上古文献中的大批联绵字资料，也许还蕴藏着上古汉语语音更深层的秘密和信息。殷焕先先生指出：“联绵字之于古音研究是大有积极功用的：联绵字对古音研究给出了‘限制’‘纠正’，或者可以说是给出了‘启发’‘帮助’”，“联绵字实重在写声”。[③] 他反复强调：“联绵字实为一个声音单位而表之以两字，非由两字合成。”[④] 如果我们切实认真地理解这一忠告，循此对联绵字从全新的角度，即从原来词和词素的角度或简单的双声叠韵

① 《六臣注文选》，中华书局 1987 年版，第 320 页。

② 《六臣注文选》，中华书局 1987 年版，第 496 页。

③ 殷焕先：《联绵字和古音》，见《王力先生纪念论文集》，商务印书馆 1990 年版，第 50~51、52 页。

④ 《殷焕先语言论集》，山东大学出版社 1990 年版，第 256 页。

的角度变成从音节和音素的角度去观察分析它们，切实把它们看作是“一个语音单位”，并用已有的古音研究成果去衡量其“不绝”的原始特色，那么也许能从联绵字这种特殊的汉语形式中，更好地发现和揭露上古复辅音存在与消失的“蛛丝马迹”。

二

我们曾经从《诗经》中严格挑选了100个联绵字，对它们进行了“等”的组成情况的分析。其结果如下：

一一型（前后两个数字分别代表联绵字前后两字的等。下同）：崔嵬、果蠃、蜾蠃、菡萏、木桃、伴奂、滂沱、婆娑、桑扈、芄兰、梧桐、猗傩。共12个。

一二型：惛怓、木瓜、仓庚。共3个。

一三型：蒙戎、木李、畔援、匍匐。共4个。

一四型：莎鸡、唐棣。共2个。

二一型：霡霂、朴樕、邂逅。共3个。

二二型：间关。共1个。

二三型：夸毗、黾勉、怠炼。共3个。

二四型：无。

三一型：敷奏、虺隤、女萝、骏厖、劬劳。共5个。

三二型：绵蛮。共1个。

三三型：蔽芾、觱发、觱沸、参差、差池、苌楚、晨风、鸱鸮、踟蹰、绸缪、蕃衍、芣苢、蜉蝣、阜螽、附庸、诡随、脊令、沮洳、雎鸠、卷耳、掘阅、栗烈、流离、缱绻、曲局、籧篨、权舆、荏染、茹藘、鸤鸠、斯螽、肃霜、委蛇、倭迟、蟋蟀、猃狁、逍遥、歇骄、厌浥、鞅掌、杨柳、夭绍、伊威、熠熠、优游、忧受、鸳鸯、螽斯、驺虞。共49个。

三四型：常棣、椒聊、蝤蛴、仔肩。共4个。

四一型：蝃蝀、町疃。共2个。

四二型：睍睆。共1个。

四三型：涤场、殿屎、拮据、荓蜂、栖迟、戚施、蟏蛸、窈纠。共8个。

四四型：螟蛉、窈窕。共2个。

上述结果表明，双双由三等字组成的联绵字竟有49个之多，几乎占了二分之一。若按单字计算，三等字则接近全部用字量的63%，这种现象是超常的。因为三等字一般只占汉字的50%左右。若把所含四等字计算在内，则接近占全部字数的75%，而三、四等字一般只占汉字的60%。若把二等字也计算进去，则占全部字数的78.5%。而二、三、四等字一般只占汉字的约72%。显然，上述联绵字中二、三、四等字的实际数量比正常情况都是偏高的。

我们注意到，雅氏曾认为，二、三、四等字多与复辅音有关。[①] 这与仅用不同介音来区别它们的传统观点有较大的不同，这种观点给我们以启发。

以下列联绵字为例，组成它们各字的上古音参照雅洪托夫和李方桂先生的说法，便可以分别拟为：

苌楚　＊drjang + ＊khrjag

---

① 参见雅洪托夫《上古汉语的复辅音声母》，见《汉语史论集》，北京大学出版社1986年版，第47页。

逍遥　* srjagw + * rjagw

蟏蛸　* siəgw + * srjagw

荏染　* njam + * ngrjam[①]

乍一审视这些拟音，不仅不能说明它们所组成的联绵字原来读音“不绝”的特点，而且使原来简单的读音变得更复杂、更扑朔迷离了。但我们应当按“联绵字实为一个语音单位”，即它们原本应当是一个音节的思路去审视它们，努力寻求一个使这些互相独立的两个音节的拟音还原成一个音节的方法。

邢公畹先生在《原始汉台语复辅音声母的演替系列》[②] 一文中，把李方桂先生在《汉台语考》中“原始汉台语里可能有一些复辅音声母的‘字’，后来以双叠形式（re-duplica-tion）演替为后起词”的思想，进一步总结为两组公式，其中第一组“古同源词在侗台语和汉语里平行发生下列演替型式”的公式是：$*F_1F_2Y>F_1Y+F_2Y$（F 表示声母辅音，Y 表韵母）。这一公式同样给我们拟测上古汉语中一些复辅音单音节字演变成单辅音双音节联绵字的过程以启发。加之上面所列联绵字与二、三、四等字特别密切的事实，而二、三、四等字又多与复辅音有关，这就使我们可以进一步认为，对上述邢先生总结的汉、台语平行演替的公式还可加以补充，以专门用来说明上古汉语联绵字从口头读音向文字表述的演变过程：

---

① 以上拟音根据，综合参见《汉语史论集》和《上古音研究》，限于篇幅，不一一注明。

② 见吕叔湘等著《语言文字学术论文集》，知识出版社 1989 年版，第 665 页。

$$**F_1F_2Y>F_1(F_2)Y+(F_1)F_2Y>F_1Y+F_2Y$$

这就是说，在上古汉语的某一个阶段，应该有用两个带复辅音声母（或一个带复辅音声母，另一个不带）的文字符号，共同表述一个带复辅音声母音节的时期，其目的是用前后两个字分别强调复辅音中的前后两个辅音。这种方法中语音与文字表达的交互作用，不仅导致了复辅音在汉语中的最终消失，同时也促成了联绵字的凝成。这种推测，能较好地解释联绵字多与二、三、四等字相联系的现象。

其实，上文的设想李方桂先生已经用例证揭示过。例如，他认为“螟蛉”一词是由＊＊mliŋ叠韵派生的；“髑髅”一词，“＊duk-lug 是由＊＊dlug 叠韵演替而来的”[①]；等等。我们只不过是把这类现象加以综合并拟成了公式而已。

三

众所周知，联绵字研究中另一个费解的问题，是众多的转写形式，以及它们之间的关系问题。

汉语研究中，“双声叠韵”之说已经有一千多年的历史。对联绵字众多的同源转写形式及与其音义相近的联绵字的认识，深受“双声叠韵”说的影响。自从清人发明了“一声之转”“声近义通”之说以后，就与“双声叠韵”说相结合，一起被视为解释联绵字的圭臬。不可否认，这些理论都确有其一定的真理性和不可磨灭的历史功绩。今后也仍将是我们认识有关问题的关键之一。但要想彻底解开联绵字本身及其与古音关系之谜，仅靠它们

① 参见上引邢公畹文。

又是远远不够的。譬如，用双声叠韵去说明同源转写形式就没有多大用处，也不能指望用它揭示非双声叠韵联绵字的奥秘。而“一声之转”“声近义通”对一些近义词是可以揭示其关联的，但要用它说明实同一词的同源词，同样也显得不能得其要领。殷焕先先生在《联绵字的性质、分类及上下两字的分合》一文中，也曾说明双声叠韵分类方法的局限，此处不能赘述。我们仅用以下材料试从新旧两个角度证明以上我们的看法，并进而探讨一下联绵字的转写形式（实际上仅限于实同一词的同源词）与古音之间可能存在的联系。

《说文·鸟部》：“鴂，宁鴂也。”段玉裁注：“《离骚》‘恐鹈鴂之先鸣’，扬雄作鷤𪁉。或释为子规，或释为伯劳，未得其审。而《广韵》乃合䳏鴂、鶗鴂为一物。凡物名因一字相同而溷误之类如此。”①

《广雅·释鸟》：“鷤𪁉、鷶鶬，子鳺也。”②

《文选·张衡〈思玄赋〉》：“鶗鴂鸣而不芳。”李善注：“《临海异物志》曰：‘鶗鴂，一名杜鹃。’”③

上面材料中，宁鴂、䳏鴂、鹈鴂、鷤𪁉、鶗鴂、鷶鶬等词，是汉魏之前的一组联绵字。它们按义实为一词，据说都是子规（杜鹃）鸟的不同名字。按音可分为三组：(1)宁鴂、䳏鴂；(2)鹈鴂、鷤𪁉、鶗鴂；(3)鷶鶬。

按双声叠韵而言，宁鴂既不双声，也不叠韵。鹈鴂一组，一

① 《说文解字注》，上海古籍出版社1988年版，第150页。
② 《广雅疏证》，江苏古籍出版社1984年版，第372页。
③ 《广雅疏证》，江苏古籍出版社1984年版，第277页。

般认为互相之间是同音联绵字，不过，鷤，有又读“特计切”和“徒干切”。䳏，有又读“古惠切”。鶗，有又读“常支切”。鹈（脂）—鴂（月）可算作旁对转叠韵联绵字。按异读，鷤（特计切）—䳏（古惠切）可算叠韵联绵字。鷶（莫蟹切）—鵤（过危、鱼毁二切）或算作叠韵（支—支），或按异读算邻纽双声（明—疑）联绵字。(1)(2) 组之间，宁（泥脂）—鹈（定耕）属旁纽双声或通转叠韵。(1)(3) 组之间，宁（泥）鴂（见）—鷶（明）鵤（见或疑）属邻纽双声。(2)(3) 组之间，鹈（脂）鴂（月）—鷶（支）鵤（支）属通转叠韵。

看来，不管是内部还是各组之间，按双声叠韵和通转法则进行观察，其相通的理由都是较勉强的。这种传统做法的目的仅在于尽量找出有关联绵字之间能够通用、混用的理由。但现在我们却感到，这种做法，无形中已经掩盖和割裂了联绵字本是一个字和一个音节的根本性质，或者说，阻碍着对这种根本性质的还原。

现在让我们试着跳出这种传统的做法，而从新的角度，即从“上古联绵字实为古人用两个文字符号表示的一个音节”的角度，去审视它们，并借助古音研究的成果，加以分析，庶几可以发现或抓住联绵字与古音在更深层次上的相互关系的痕迹。

我们根据上述联绵字的音韵学地位，拟出了它们的上古音值（拟音参考李方桂《上古音研究》）和有关谐声字的情况：

联绵字	中古音	上古音	上古拟音	谐声字情况
䳂 鴂	奴丁切 古穴切	耕泥平 月见入	* ning * kwiat	 决　呼穴切 * xwiat
鹈 鴂	杜奚切 古穴切	脂定平 月见入	* didx * kwiat	梯　土鸡切 * thid 涕　他计切 * thidx

续表

联绵字	中古音	上古音	上古拟音	谐声字情况
鶗 鷤	同鵜 同䳏			单　时战切 * djanh 恚　於避切 * jigh
鶗 鴂	田黎切 常支切 古穴切	脂定平 支禅平 月见入	* didx * djiar * kwiat	
鷶 鵤	莫蟹切 过委切 鱼毁切	之明上 歌见上 微疑上	* mrəgx * kwjiarx * ngwjərx	

综合上表，可以发现，宁鴂、鷤鴂、鵜鴂、鷤䳏、鶗鴂、鷶鵤一组联绵字，其读音曾在下面范围中交替：

* ning　　　　　　* kwiat
* didx　　　　　　* xwiat
* thid（x）　　　　* jigh
* djanh　　　　　 * kwjiarx
* djiar　　　　　　* ngwjərx
* mrəgx

简言之，这组联绵字的声母是在鼻浊辅音 m、n、ng 和舌头浊辅音 d 与清辅音 x、j、th、k 之间交替。而且，从凝成联绵字前后两个字的声母看，往往是采用“浊+清”的形式。

这使我们猜想它们在上古单音节时期的声母有可能是一对“浊音+清音”样式的复辅音声母。

雅洪托夫在《上古汉语的复辅音声母》一文中曾经推测上古汉语存在着清擦音与响辅音相结合的复辅音声母 * sm-、 * sng-、 * sn-、 * sl-，即“清音+浊音”的复辅音声母。而我们的上述猜想与他的构拟在次序上有所不同，但这似乎是无关紧要的。这种差异，有可能是我们选用材料的偶然性所致，也可能是他使用的材料主要是谐声字，而我们使用的是联绵字的缘故。而对谐声字族中各字源流的不同认定，可以导致结果的不同。另外，众所周知，自古以来联绵字就有所谓“倒言”的体例。如“蜥易—易蜥”“句偻—偻句”“穹隆—隆穹”等。总之，上述联绵字似乎可以使我们推测它们是从上古汉语一类“浊+清”的复辅音演化而来的。如果这种推测可以成立，其演化过程同样可以用前面我们所拟定的演变公式来说明：

$$*F_1F_2Y>F_1（F_2）Y+（F_1）F_2Y>F_1Y+F_2Y$$

四

看来，只要我们真正把联绵字看作是一个音节而不割裂它们，充分理解其“不绝”的语音特点并寻求其演变的轨迹，它与复辅音（包括复辅音声母和复辅音韵尾）的联系就是不能排除的。但这种推测往往不易被接受。究其原因，大约在于声母（辅音）的研究远远落后于韵的研究，致使人们把古人在声母（辅音）方面也许是无所感受的推测，当作了历史事实，从而使人们的思路受到严重束缚。

我们尽可以对先民会用两个文字符号分别指代一个音节中相邻两个辅音的假设进行讨论，甚至表示反对。但同时不应忘记这样的事实，即“双声”“叠韵”联绵字同时都是上古时代的产物。如果先民只对“韵”很敏感，不仅能娴熟地用其作诗、歌咏，还用“叠韵”法造就了大批有音乐美的叠韵联绵字，那么，与之平行的“双声”联绵字又当作何解释？它们只是瞎打瞎撞的产物呢，还是应当与“叠韵”联绵字等量齐观的对“声”自觉运用的产物呢？答案只能是后者而不是前者，否则我们在逻辑上就将陷入自我矛盾之中。

因此，我们对联绵字的大部或全部似乎可以有这样的认识：它们完全可能是先民们用类似反切的方法摹状复辅音的产物。不同的是，后代反切是用反切上字的声母与下字的韵母和调来表示另一个字的读音，而联绵字则可能是用两个字的声母部分（或辅音部分）相加或各取一部分表示一个音节中的复辅音罢了。一种方法，两种作用，都是“各取所需”。对于其他不需要的部分“视而不见，听而不闻”可也。以往总是认为“反切”是从汉魏之际才有的，现在看来应当对此产生一点怀疑。反切不应当是二三世纪一下子从天上掉下来的，或是突然从西域引进的，而是人们对“押韵法”和“联绵字法”的一种升华和再创造。古人的“押韵”，只是指韵脚的“韵腹”“韵尾”相同，至于“韵头”以至声母，也是“听而不闻”，一概不计较的。这种对语音的分解能力，几乎与人类历史等长，这无疑给我们的假设以强有力的支持。

我们对于联绵字与复辅音相互关系的假设，受到张世禄先生研究成果的很大启发。他曾经说过：“汉语带 r 复辅音声母的演变……由具有复辅音声母的单音节通过增加元音而成为具有单辅音声母的双音节……不过在古代文献中具有复辅音声母的单音节和具有单辅音声母的双音节几乎是同时存在的，我们认为后者是由前者演变而来。”①

我们认为，张先生的话是很对的。对他的说法还可以做进一

① 张世禄、杨剑桥：《论上古带 r 复辅音声母》，载《复旦学报》（社会科学版）1986 年第 5 期。

步补充，即上古汉语具有复辅音声母的单音节通过增加元音而最终成为具有单辅音声母的双音节，中间有一个相当漫长的演变过程。这一过程大约用去了从开始使用文字记录口头语言直到汉魏时代足足二三千年的时间。其间应该有过用两个音节来指代一个复辅音音节的长期摸索和实践的过程，这两个音节可以同时是两个复辅音单音节，也可以是一个复辅音音节加一个单辅音音节。这种摸索，与上古汉语的语音演变同时进行。两个单辅音的双音节代替一个复辅音的单音节，是这种演变的最终结果，而联绵字则是这种演变的典型痕迹之一。

原载《语言研究》1994年增刊

释“荼”

《诗·豳·七月》“采荼薪樗”中的荼，当今有影响的注解或翻译，都解作苦菜：

1. 荼，苦菜。薪樗，拿樗当柴。(《古代汉语》)
2. 荼，苦菜。薪，动词，砍柴。(《诗经今注》)
3. 采荼当菜吃。荼，苦菜。(《中国历代诗歌选》)
4. 掐些苦菜打些柴，咱农夫把嘴糊起来。(《诗经选译》)
5. 荼，菊科，Sonchus. arrensis. L. (《诗草木今释》)

但细一推敲，感到这样注与情理相背，与诗义不合，似有可商榷之处。

上引今注是对郑玄注解的继承和发挥。郑云：“干荼之菜，恶木之薪，亦所以助男养农夫之具。”说今注本于郑玄，是因毛传对此句的“荼”未注。这里需将《诗经》中与荼有关的章句和毛传列出：

1.《邶·谷风》：谁谓荼苦，其甘如荠。毛传：荼，苦菜也。

2.《郑·出其东门》：出其闉阇，有女如荼。虽则如荼，匪我思且。毛传：荼，英膴荼也。

3.《豳·七月》：采荼薪樗，食我农夫。

4.《豳·鸱鸮》：予手拮据，予所捋荼。毛传：荼，萑苕也。

5.《大雅·绵》：周原膴膴，堇荼如饴。毛传：荼，苦菜也。

6.《周颂·良耜》：其镈斯赵，以薅荼蓼。

毛传对荼有三种解释：苦菜、英荼、萑苕。而对《七月》和《良耜》之荼未做解释。后来郑玄对前者做了基本的解释，而对后者只串讲为“以田器刺地，薅去荼蓼之事”。此外，郑玄对“有女如荼”的毛传进一步解释说：“荼，茅秀，物之轻者，飞行无常。”毛传未释之荼及郑玄对“有女如荼”之荼的解释，自唐至宋有了进一步的描述和说明。先看孔颖达关于荼的注解：

1.《邶·谷风》：言人谁谓荼苦乎，以君子遇我之苦毒比之荼，即其甘如荠。

2.《郑·出其东门》：《释草》有“荼，苦菜”。又有“荼，委叶”。《邶风》“谁谓荼苦”即苦菜也。《周颂》“以薅荼蓼”即委叶也。郑于《地官·掌荼》注及《既夕》注与此笺皆云“荼，茅秀”。然则，此言“如荼”，乃是茅草秀出之穗，非彼二种荼草也。言“荼，英荼”者，《六月》云“白斾英英”，是白貌。茅之秀者其穗色白，言“女皆丧服，色如荼然”。《吴语》说，吴王夫差于黄池之会，“陈兵以胁晋，万人为方阵，皆白裳白旗素甲白羽之矰，望之如荼”。韦昭云“荼，茅秀，亦以白色为如荼”。与此传意同。

3.《豳·七月》：荼以为菜，樗以为薪，各从所宜。

4.《豳·鸱鸮》：《七月》传云“薍为萑”，此为萑苕，谓蓷之秀穗也。《出其东门》笺云“荼，茅秀”，然则茅蓷之秀其物相类，故皆名荼也。

5.《大雅·绵》：其地所生堇荼之菜虽性本苦，今尽甘如饴味。

6.《周颂·良耜》，蓼是秽草，荼亦秽草，非苦菜也。《释草》云：“荼，委叶。”舍人曰：“荼，一名委叶。”某氏引此诗，则此荼谓委叶也。

朱熹对荼的注释如下：

1.《邶·谷风》：荼，苦菜，蓼属也。详见《良耜》。
2.《郑·出其东门》：荼，茅华。轻白可爱者也。
3.《豳·七月》：荼，苦菜也。
4.《豳·鸱鸮》：荼，萑苕，可藉巢者也。
5.《大雅·绵》：荼，苦菜，蓼属也。
6.《周颂·良耜》：荼，陆草；蓼，水草。一物而有水陆之异也。今南方人犹谓蓼为辣荼。或用以毒溪取鱼，即所谓荼毒也。

清代各家对《诗经》中的荼虽做了大量的训释说明，但都本于上引古注。特别是对“采荼薪樗”之“荼”即苦菜一说从未见人质疑。

综上所述，古人对《诗经》中荼的认识可以归纳为两大类：Ⅰ. 苦菜、秽草、委叶。Ⅱ. 英荼、茅华、萑苕。这与《尔雅·释草》关于荼的记载基本相合：1. 荼、苦菜。2. 蒤、委叶。3. 蕫、蒡，荼；猋、藨，芀；苇丑，芀。《尔雅·释木》另有“槚、苦荼”。虽涉及荼名，但属木部，与《诗经》中所涉及的草类荼不相混淆，故置之不论。上引《尔雅·释草》之1、2是我们归纳的Ⅰ类，3是Ⅱ类。这种分类上的相符绝非偶然。《尔雅·释草》的荼是被先民们称为荼的全部或大部草本植物的记录，而《诗经》中的荼则是这两类荼在作品中的具体运用。或者说《诗经》所见的荼必然是这两类荼中某一类的某一种。既然我们认为把“采荼薪樗”之荼注为苦菜不对，那它是否是Ⅰ类中的其他两种呢？显然也不是。秽草、委叶是无用的杂草，无须多辨。“采荼薪樗”之“荼”只有解为Ⅱ类中的某一种才符合诗的原意。

为什么不是苦菜呢？

《周颂·良耜》“以镈斯赵，以薅荼蓼”之郑笺、孔疏、朱注都说明，古人对Ⅰ类荼的认识之一是毒草、秽草。成语“荼毒生灵”也透示出古人对荼的这种认识。

或者，荼作为一种野菜，在古人看来也只是下等的、味道不好的一种。“谁谓荼苦，其甘如荠”和“周原膴膴，堇荼如饴”说明，古人认为荼是不能与荠菜相提并论的。荠是好野菜，荼是劣等野菜。《楚辞》“荼荠不同亩兮”就是很好的说明。所以，它只能是与堇同类的野菜。至于堇，《尔雅·释草》所载有两种：“啮苦堇”“芨，堇草”。对后一种，郭璞曰：“即乌头也。”乌头为毛茛科植物，有毒。对前一种，郝懿行义疏道：“《说文》：‘堇，草也。根如荠，叶如细柳，蒸食之甘。’《系传》云：‘《诗》所谓“堇荼如饴”，然则此菜味苦也。’《夏小正》：‘二月荣堇。堇，菜也。’……余按：生下湿者叶厚而光，细于柳叶，高尺许，茎紫色，味苦，瀹之则甘。……《内则》云：‘堇荁枌榆，免薧滫瀡以滑之。’是堇味苦，瀹则滑甘……又《后魏书》崔和为平昌太守，性鄙吝，其母季春思堇，惜钱不买。”郝注表明，此种堇味苦，但用开水焯过是能吃的。李时珍也说这种堇“瀹过，晒蒸黑色为蔬”。据陆文郁《诗草木今释》说，这种堇也是毛茛科的一种有毒植物。之所以能吃，大约是开水煮过，破坏了有毒成分的缘故。总之，堇在古人虽以为可食之菜，但从植物性质来说是味苦而有毒的。“堇荼如饴”“其甘如荠”实在都是反话，这正说明古人本来是把堇和荼都作为劣等野菜来看待的。

从生态学的角度看，荠、堇都是春生、春采。这由上述古人的话及今人春天吃荠菜的实情都可证明。那么荼、荠对举，堇、荼并提中的荼也应是与荠、堇同时的东西才合适。今天北方农村还有以苦菜为春天时鲜野菜之好。总之，苦菜之荼是春天才采集和食用的。然而《豳·七月》“采荼薪樗”写的却是农历九月的事情。把九月的“采荼”依然说成是采苦菜，显然不合时宜。因为在黄河中下游地区，秋末九月苦菜已不可采了。地在今陕西旬邑县、彬州市一带的豳，气候当与黄河中下游无大异。“九月肃霜，十月涤场”，从地理位置和今天的气候状况看，绝非夸张之词。农历九月，万物萧条，植物凋零，各种野菜即使不死，亦早已木质化而不堪食用了。

上面分析了古人对荼的看法、荼的生长季节和豳地九月的生态状况，使人感到把“采荼薪樗”中的“采荼”解为采苦菜确实与诗义不合，与情理相背。因为这既不符合豳地的地理气候条件，也不符合古人对荼的基本认识，更与诗中记载的其他各种必需的生产、生活活动不相一致。所以这种解释是大可怀疑的。

那么“采荼薪樗”之“荼”是指Ⅱ类荼中的哪一种呢？

我们先来看看这Ⅱ类荼到底是什么。

为此，需将与Ⅱ类“荼”有关的记载稍加胪列：

1.《荀子·劝学》：南方有鸟……以羽为巢……系之苇苕。

2.《诗·郑·出其东门》：有女如荼。毛传：荼，英荼也。郑笺：荼，茅秀，物之轻者，飞行无常。

3.《大戴礼·夏小正》：四月王萯秀，取荼。荼也者，以为君荐蒋也。……七月灌荼。灌，聚也。荼，萑苇之秀。为蒋褚之也。

4.《说文》：芀，苇华也，从艸刀声。萑，薍也，从艸萑声。薍，菿也，从艸乱声，八月薍为苇也。菿，萑之初生，一曰薍，一曰雚，从艸剡声；菼，菿或从炎。藨，苕之黄华也。苕，草也。

5.《汉书·礼乐志》：颜如荼。应劭曰：野菅白华也。

6.《国语·吴语》：万人以为方阵，皆白裳白旂素甲白羽之矰，望之如荼。韦昭曰：荼，茅秀也。

7.《尔雅·释草》：藨、荂，荼。郭注：即芀。猋、藨，芀。郭注：皆芀、荼之别名，方俗异语所未闻。苇丑，芀。郭注：其类皆有芀秀。

以上表明古人对Ⅱ类荼的认识是明确的。从《荀子》、《诗》毛传、《说文》各条可知，苕即芀的同音字。芀即苇华，萑、薍、菿（菼）都是芦苇一类的东西（按现代植物分类学，这些东西还有细微差别，此处无碍讨论，不再详辨）。正如《集韵》所说："荼，苕也，字或作芀。"也就是说荼就是苇华。

从《说文》、《尔雅》郭注又可推断苇华之荼还有藨、荂、猋、藨等俗名；或者说，这些东西也可称为荼。而《诗》郑笺、《汉书》应劭注及《国语》韦昭注又说明，这Ⅱ类荼不仅可以指苇华，还可以指茅秀、野菅，甚至其他任何植物的白华白穗都可称为荼。成语"如火如荼"之"荼"正是由此义引申开去的。特别是郑笺对毛传"荼，英荼也"，具体解释为"荼，茅秀，物之轻者，飞行无常"。由此解决了我们对《夏小正》"四月取荼"的疑惑：苇华、野菅花等是秋天扬花成穗的，只有春末就开花长穗的白茅花才是四月可取的。

需要说明的是，清代学者顾凤藻在《夏小正经传集解》中认为"四月取荼"之荼是"筡"，从而把"四月取筡"说成是四月剥取竹筤，这是不恰当的。因为《说文》"筡，析竹筤也"，"筤，竹肤也"。《方言》："析竹谓之筡。"（据笺疏，筤即篾）无疑，"筡"是动词。顾氏以"荼"为"筡"，则此句语法上不通。从季节上说，顾氏的解释也不合适，四月的竹子正是初生之时，古人不致在其未成材时砍而取筤，取下亦不堪编席之用。

第Ⅱ类荼既包括苇华、白茅华、野菅花等白花白穗的植物花穗，何以《说文》对"荼"仅注"苦荼也"，而只字未提这类荼呢？这要从苦荼之所以名荼的原因和荼字的词义变化上寻找答案。

荼的原始义、基本义应是指苇华、茅华及其他植物的白花白穗。苦荼之所以叫荼，也正是因为它有和苇华、茅华一样毛茸茸的白色花絮。对此，前儒多曾谈及。例如：

1.《豳·鸱鸮》孔疏：《七月》传云，薍为萑。此为萑苕，谓薍之秀穗也。《出其东门》笺云："荼，茅秀。"然则茅薍之秀其物相类，故皆名荼也。

2.《汉书·礼乐志》：颜如荼。师古曰：菅茅也。言美女颜貌如茅荼之柔也。荼者，今俗所谓蒹锥也。

3.《通艺录·释荼》：余见苦荼之秀而得其所以名荼之故，盖落英后所见子末之白毛圆如球者也。

4.《广雅疏证》：菅，茅也，是茅穗名荼，义取白色也。苏颂《本草图经》云："茅春生苗，布地如针，夏生白华茸茸然，即所谓荼矣。"

苦菜由花穗称荼，进而全草称荼，即以局部称整体。而苦菜的最大特点是味苦，所以人们渐渐忘却它由花穗而得荼名的事实，而把荼与苦菜的重要特点味苦联系到了一起。渐渐地，荼即苦菜成了人们的基本认识——由借代而来的非基本义跃为基本义，而荼是苇华、茅华、野菅花、苦菜花的毛茸茸的白色花穗这一原始义、基本义却退居非基本义，以致后来连这一非基本义也几乎泯灭。看来许慎所处的东汉已经完成了这个转化过程，加之他未注意古文献及Ⅱ类荼的存在，于是便在荼字下仅注“苦菜也”。这种推测从《国语》“望之如荼”韦注可得到验证：三国时人们对荼的意思已不甚了然，故韦昭才注“荼，茅秀也”。

荼的词义变化，使人们一提荼首先想到的是苦菜，从而自郑玄起便因袭将“采荼薪樗”之荼注成了苦菜，并成为不可动摇的定论。

为进一步弄清“采荼薪樗”之荼到底是什么，必须谈谈Ⅱ类荼在古代的用途和地位：

1.《周礼·地官》：掌荼，下士二人，府一人，史一人，徒二十人。郑注：荼，茅秀。

2.《周礼·地官·掌荼》：掌荼，掌以时聚荼，以共丧事。郑注：共丧事者，以著物也。《既夕礼》曰“茵著用荼”。

3.《仪礼·既夕礼》：茵著用荼，实绥泽焉。郑注：荼，茅秀也；绥，廉姜也；泽，泽兰也。皆取其香且御湿。

4.《大戴礼记·夏小正》：荼也者，以为君荐蒋也……七月灌荼。灌，聚也。荼，萑韦之秀，为蒋褚之也。

5.《礼记·檀弓》：君临臣丧，以巫、祝、桃、茢、执戈。郑注：茢，萑苕，可扫不祥。

6.《礼记·玉藻》：膳于君，有荤、桃、茢；于大夫，去茢；于士，去荤。

7.《周礼·夏官·戎右》：赞牛耳，桃、茢。郑注：茢，苕帚，所以扫不祥。

8.《周礼·春官·丧祝》：王吊则与巫前。郑注：丧祝与巫以桃、厉、执戈在王前。（按，《释文》：厉音列，《记》作茢。）

9.《左传·襄公二十九年》：（楚子昭卒，襄）公在楚，楚人使公亲襚，乃使巫以桃茢先祓殡。杜注：茢，黍穰。正义：今世所谓苕帚者，或用藨穗，或用黍穰。

10.《东京赋》：方相秉钺，巫觋操茢。

从上引1可知，上古设有一个拥有20多人的专门机关掌管荼的事务。可见上古对Ⅱ类荼确很重视。这是因为它有多种用途。

2、3表明茅花之荼的第一个用途是供丧事用。郑注已很明白，无奈时代久远，风俗迥异，今已难明其确义。幸亏孙诒让在《周礼正义》中对此做了很好的说明：

引《既夕礼》曰“茵著用荼”者，证丧纪用荼著物之事。贾疏云，案《既夕礼》为茵之法，用细剪布，谓浅黑色之布各一幅合缝，著以荼。柩未入圹之时先陈于棺下，缩二于下，横三于上，乃下棺于茵上是也。

原来是用布和茅花之荼做成茵垫棺材。所谓茵，其实不是别的，从用布缝制充以茅荼看，类似今天的褥子、坐垫。不过制法讲究，里面要充以各种香料。今绿草如茵之“茵”，正取其义。

5—10 都是芀荼用于仪仗的情况。这些对认识古代社会情况不失为一些有用的资料，但与我们要讨论的问题关系不大，故不详论。

4 最重要，它表明荼在上古最重要的用途是日常生活中的必需品。前述“四月取荼”是指四月采取白茅的花穗。做何用呢？“为君荐蒋也。”顾凤藻把“荐、蒋”都解为席是不妥的。此处荐字与贾谊《吊屈原赋》中“章甫荐履”的荐一样，都应解作动词“垫”。是说用它为国君垫席子。上古席地而坐，席底垫物以御寒湿是必需的。从丧事“茵著用荼”看，日常生活也可用茅荼做成布垫子。“为君荐蒋”也许就是这种用法。那么“七月灌荼”云云，又是什么意思？这里没说为君蒋褚，可见这种七月之荼不像四月的茅华是统治者专属，而应是属于一般人用的。孙诒让在解释郑玄多次对“荼”注以茅秀的原因时有很精辟的见解：“四月云：‘取荼。荼也者，以为君荐蒋也。’此即茅秀之荼。又七月云：‘灌荼，荼，萑苇之秀也，为蒋褚之也。’此为萑苇之荼。据彼文，则君尊宜用茅秀之荼。故郑《诗》《礼》注并云茅秀，不及萑苇之荼也。”

看来七月萑苇之荼除用作仪仗中的必需品之外，用于荐蒋时是无法与四月的茅荼相比的。因为苇华在轻白柔软方面较之茅荼逊色多了，故不为统治者所用，而成了下层人民的“蒋褚”之物了。总之，苇华在下层人民那里，其用途与白茅花穗在上层统治者那里相类似。这对理解“采荼薪樗”有至关重要的启发作用，是我们最后解决这一问题的钥匙。

那么，“采荼薪樗”之“荼”到底是什么呢？上面的论证已使这个问题的解决水到渠成。为更好地理解“七月灌荼。灌，聚也。荼，萑苇之秀，为蒋褚之也”，让我们再看下面的材料：

1.《说文》：褚，卒也。从衣，者声，一曰装也。段注："装"各本作"制"，误。今依《玉篇》《广韵》正。……《小正》："七月灌荼。灌，聚也。荼，萑苇之秀，为将褚之者。"褚之者，装衣也。"将"各本作"蒋"字之误也。

2.《玉篇》：以绵装衣曰褚。

这进一步说明了七月苇华之荼与四月茅华之荼相类似的用处，就是用它褚过冬的衣服。当然，从"寒"字篆文象人在室内蜷曲草中之状，也不排斥采荼来铺陈于地做卧具用。用途不同，目的一样：过冬御寒。

何以要用苇华褚冬衣呢？西周时代尚未种棉花，下层人民不可能享用兽皮、丝、棉等高级御寒物。段玉裁的话完全正确，苇华对于上古人民正像棉花对于我们——褚衣御寒。这在《豳·七月》中有许多描述：劳动者忙于蚕桑之事或冬季狩猎，都不过是"为公子裳""为公子裘"而已。从"无衣无褐，何以卒岁"的哀叹来看，一般劳动者连粗毛编制的褐也是难以得到的。从《孟子·滕文公上》可知，许子尚且衣褐，可见到了战国时代，劳动者的衣着仍是很可怜的。所以孟子一再提倡"五亩之宅，树之以桑，五十者可以衣帛矣""五十非帛不暖"。处于战国中期的孟子理想化的社会尚且如此，上推到西周劳动者的衣着，自可想见。但无裘、无帛、无褐可御寒的豳地人民并不是穿着单衣过冬的，多而易得的苇华正好可以用来褚进麻布复衣里，做成棉衣御寒。《说文》："复，重衣也。一曰褚衣。"《周礼·掌荼》孙诒让正义："凡衣服茵席之复者，中空而以物充之，并谓之著。……褚与著义同。"这些都有助于了解古人复衣的样式和制作方法。

"采荼薪樗"句中的"采荼"正是记叙了劳动者采苇华准备褚衣御寒的生活场景。这一活动在诗中并非是突然出现的，诗的前六章一直从正反两方面紧紧扣着“九月授衣”这一反复强调的内容。直接涉及“采荼”这一活动，则是从“八月萑苇”开始的。因为从《夏小正》“七月灌荼，灌，聚也”已知，七月的芦苇已接近成熟，毛茸茸的苇华已经丛聚待割。所以“八月萑苇”正是不误农时的收割活动。八月收割的芦苇留作蚕箔用，紧接着就是九月采荼：采下芦苇顶端的花穗，或供国君用作仪仗，或用以荐席，但更多的是作为御寒之物，准备褚衣之用，以解劳动者本身“无衣无褐，何以卒岁”之忧。

说到这里，使人想起了明传奇《芦花记》及明代唐寅“茅柴白酒芦花被”的诗句。这些都可以作为我们考释“采荼薪樗”之“荼”的旁证。

“采荼薪樗，食我农夫”中的“采荼”，一向解释为“采苦菜”，“食”字解为“给……吃”，是使动词。乍一看，全句的解释似很圆满，但细一推敲，便觉与情理相悖。因为若把“食”字解为“给……吃”之类，则“薪樗”二字不得落实。深秋的老苦菜即使可吃，砍来的臭椿无论如何也是不能吃的。“食”字的解释不能贯通，全句的解释仍不能使人信服。这里的“食”字，只能是《孟子》“治于人者食人，治人者食于人”中的“食（sì）”，只能释作比较宽泛的“养活”。这样，贯串上面对“荼”的解释，全句的意思应是：“采下苇花好褚衣，砍来臭椿当木柴，把咱农夫养活起来。”这不仅恢复了诗中“荼”字的本来意义，也使句中难解之处涣然冰释，进而与一、二两章的“七月流火，九月授衣”对应起来，并与第三章的“八月萑苇”建立了合理的联系。最后两章则转入对冬末春初活动的描述。全诗结构如此前后照应，成为一个有机的整体，内容和意境也更加完整、协调。

原载《大学生》1981年第5期，北京大学出版社1981年版

“蓬”与“飞蓬”解

《诗经》中的动植物，无一不与诗意有密切关系。对这些东西若不正确了解，必然影响体会诗人的原意，从而影响学习和研究《诗经》这部光辉的文学巨著。

本文拟对《诗经》时代至唐代的“蓬”与“飞蓬”及有关词语做一肤浅探讨，借以说明名物训释的重要并就教于方家。

一

“莲”与“飞蓬”在《诗经》中各出现过一次：《召南·驺虞》“彼茁者蓬”和《卫·伯兮》“首如飞蓬”。

自汉至唐，对它们的解说都很简单，甚至不加注释。如《召南·驺虞》毛传：“蓬，草名也。”郑笺、孔疏皆无注解。《卫·伯兮》毛传、郑笺、孔疏皆无注解。连晋代陆玑专门考订《诗经》动植物的《毛诗草木鸟兽虫鱼疏》对“蓬”“飞蓬”也未置一词。其原因只能是古人对这两个词语非常熟悉，毋须多言。正如清代陈奂所说：“蓬，易识之草，故《传》但云草也。”[①] 这点还可以从下面几方面进一步说明：

（一）《诗经》特别是国风，多是民歌。其中所用比兴之物，

---

① 《毛诗传疏》卷一，《续皇清经解》本。

皆先民所熟悉的事物，也是接近那个时代的人所熟悉的。

（二）从陆玑《毛诗草木鸟兽虫鱼疏》中可发现，凡当时人们熟悉的动植物一般都不收录，如桃、李、黍、稷、燕、虎……蓬也属于此类。

（三）先秦至唐代的著作中多有“蓬”“飞蓬”等与蓬有关的词语。举常见者如下：

1. 飞蓬之问，不在所宾。（《管子·形势》）

2. 譬之犹秋蓬也，孤其根而美枝叶，秋风一至，根且拔矣。（《晏子春秋·内篇杂上第五》）王念孙《读书杂志·晏子春秋二》：“案：《群书治要》作‘孤其根荄，密其枝叶，春气至，偾以揭也’。偾，仆也；揭，蹶也。秋蓬末大而本小，故春气至则根烂而仆于地。”

3. 则夫子犹有蓬之心也夫。（《庄子·逍遥游》）郭象注：“蓬非直达者也。”《释文》引向秀注：“蓬者，短不畅。”

4. 玉山……西王母……蓬发戴胜。（《山海经·西山经》）郭璞注：“蓬头乱发。”

5. 今夫飞蓬遇飘风而行千里，乘风之势也。（《商君书·禁使》）

6. 蓬生麻中，不扶而直。（《荀子·劝学》）

7. 见飞蓬转而知为车。（《淮南子·说山训》）

8. 蓬，蒿也。（《说文解字·艸部》）

9. 风飘蓬飞。（曹植《朔风诗》）又：吁嗟此转蓬，居世何独然！（《吁嗟篇》）

10. 蓬，蒿草也。（《玉篇》）

11. 孤蓬自振，惊砂坐飞。（鲍照《芜城赋》）

12. 此地一为别，孤蓬万里征。（李白《送友人》）又：飞

蓬各自远，且尽手中杯。(《鲁郡东石门送杜二甫》)

13. 嗟余听鼓应官去，走马兰台类转蓬。(李商隐《无题》)

14. 我身何所似？似彼孤生蓬。秋霜剪根断，浩浩随长风。(白居易《我身》)

15. 旻马上立走，轮刀雷发，箭若星流，应刀而断。贼不敢取，蓬飞而去。(张鹭《朝野佥载》卷六)

综上可以看出，唐之前古人对“蓬”的性状十分熟悉。上举诸例中，蓬、秋蓬、飞蓬、蓬飞、转蓬、孤蓬、孤生蓬、蓬之心、蓬发、蓬头乱发中的“蓬”，指的都是这种蓬草。看来，这种草春生秋枯、风霜一至便剪根而断或偾以揭，继而便“浩浩随长风”了。根据这一特点，古人便称之为“飞蓬”“转蓬”。又因它被刮断后离母根孑然而去的特点，寄寓了一定的感情色彩，称之为“孤蓬”“孤生蓬”。《庄子》《山海经》《晏子春秋》等，以及这些书的注解，都表明这种草长得“孤其根荄，密其枝叶”，叶子像头发，有短而不畅的特点。所以古人又拿它喻乱发，又用它比喻思想不通达等。总之，唐之前众多以蓬为譬的例子，都是与《诗经》中的“蓬”一脉相承的。

众所周知，古汉语是以单音节词为主的。以今天词、词组的划分标准来衡量，“蓬”作为同一种草，从上古到中古应该是一个词。而“秋蓬”“飞蓬”“转蓬”“孤蓬”等，都是用蓬做根词加上修饰成分组成的词组。“飞蓬”又可说成“蓬飞”，“孤蓬”又可说成“孤生蓬”；还可以组成“蓬之心”“蓬发”“蓬头乱发”等等。由于古人对“蓬”较熟悉，“蓬”的使用频率就较高，其组合能力也就较强，用它组成的词组都有表意形象而深刻的特点。这是分析上面材料自然得出的结论。

二

客观事物本是复杂的，语言中异物同名和异名同物的现象不为罕见。由于“蓬”在古代是一个非常活跃的词，所以古人常将与蓬草有相似点的植物比附于蓬，以致逐渐形成了以蓬为名的草不止一种的情况。这种情况自《尔雅》时代就已出现：

《尔雅·释草》：“齧，雕蓬；荐，黍蓬。”郭璞注：“别蓬种类。”邢昺疏：“此别蓬种类也。《说文》云‘蓬，蒿也’，草之不理者也，种类非一，故有‘齧，雕蓬；荐，黍蓬’。《诗·召南·驺虞》云‘彼茁者蓬’，《月令》云‘藜、莠、蓬、蒿并兴’是也。”①

《尔雅》列举了两种蓬名，表明了古人蓬非一种的看法。郭注、邢疏都不过更点明了这点而已。基于此，后代对“蓬”的解释枝蔓旁出，愈晚愈乱，自然也就难免是非混杂了：

1.《埤雅·释草》：“蓬，蒿属。草之不理者也。其叶散生如蓬，末大于本，故遇风辄拔而旋。《说苑》曰：‘秋蓬恶于根本而美于枝叶，秋风一起，根且拔矣，是以君子务本也。’《驺虞》一章曰‘彼茁者葭’，二章曰‘彼茁者蓬’。葭，泽草也；蓬，陆草也。……《庄子》曰‘夫子犹有蓬之心也夫’，蓬善转旋，非直达者也。《商子》曰：‘飞蓬遇飘风而行千里，乘风之势也。’盖蓬有利转之象，故古者观浮

① 《尔雅注疏》卷八，《四部备要》本。

木而知为舟，观转蓬而知为车。然蓬虽转徙无常，其相遇往往而有也。”

又：“蘩……白蒿也。叶粗于青蒿。从初生至枯，白于众蒿，欲似细艾者，所在有之，故曰皤蒿也，今俗谓之蓬蒿，可以为菹。”①

2.《通志·昆虫草木略》：“雕胡，菰蒋米也。《尔雅》云‘齧，雕蓬’。”②

3.《诗集传》：“彼茁者蓬”集传：“蓬，草名。”“首如飞蓬”集传：“蓬，草名，其华似柳絮，聚而飞，如乱发也。”③

4.《本草纲目·谷部》：“菰米《纲目》〔释名〕茭米《文选》，雕蓬《尔雅》，雕苽《说文》。时珍曰：菰本作苽，茭草也。其中生菌如瓜形，可食，故谓之苽。其米须霜凋时采之，故谓之凋苽。或讹为雕胡。……《尔雅》：‘齧，雕蓬；荐，黍蓬也。’孙炎注云：‘雕蓬即茭米。’……郑樵《通志》云：‘雕蓬即米茭，可作饭食，故谓之齧。其黍蓬即茭之不结实者，惟堪作荐，故谓之荐。’杨慎《卮言》云：‘蓬有水陆二种，雕蓬乃水蓬，雕苽是也。黍蓬乃旱蓬，青科是也。青科结实如黍，羌人食之。今松州有焉。’珍按：郑、杨二说不同，然皆有理，盖蓬类非一种故也。〔集解〕弘景曰：‘菰米一名雕胡，可作饼食。’藏器曰：‘雕胡是菰蒋草米，古人所贵，故《内则》云“鱼宜苽”皆水物也。’”

① 《埤雅》卷十五，顾棫校刻本。

② 《通志·昆虫草本略》卷七十五，《万有文库》本。

③ 《诗集传》，上海古籍出版社1980年版，第14、40页。

又：“蓬草子《拾遗》〔集解〕时珍曰：陈藏器《本草》载蓬子，不具行状。珍按：蓬类不一，有雕蓬，即菰草也，见‘菰米’下。有黍蓬，即青科也。又有黄蓬草、飞蓬草。……黄蓬草生湖泽中，叶如菰蒲，秋月结实成穗，子细如雕胡米，饥年人采食之，须浸洗曝舂，乃不苦涩。青科西南夷人种之，叶如茭黍，秋月结实成穗，有子如亦黍而细，其籽甚薄，曝舂炊食。又黍类有七棱青科、八棱青科。麦类有青稞、黄稞，皆非此类，乃物异名同也。其飞蓬乃藜、蒿之类，末大本小，风易拔之，故号飞蓬，子如灰藋菜子。”①

5.《通艺录·释蓬》：“扫帚菜……余以为此即蓬也。……首如飞蓬，谓发乱如之……《汉书·司马迁传》注‘师古曰，藜草似蓬’，余目验此物实似藜，故知其信为蓬也。……余案：蓬之干，草本也。枯黄后其质松脆，近本处易折，折则浮置于地，受风旋转不定，故法之为车轮焉。大风举之，乃戾于天，故言飞蓬也。蓬飞时叶已黄而陨矣，存者但有枯枝，发乱如飞蓬，如其枝之乱也。《说苑》言拔，《埤雅》言叶、言拔，皆考之不审矣。……蓬转而飞，不得与根荄连，是折而非拔也。司马彪诗云：‘秋蓬独何辜，飘飖随风转。……搔首望故株，邈然无由返。’若蓬之飞由遇风而拔，则故株随枝而逝，安得云‘搔首望故株’耶？”②

6.《说文解字注》“苽，雕胡，一名蒋”段注：“各本胡字作苽。今依《御览》正。《食医》《内则》皆有苽食。郑云：‘苽，雕胡也。’《广雅》曰‘菰，蒋也，其米谓之雕胡’……

① 《本草纲目》第三册，人民卫生出版社1979年版，第1487、1488页。
② 《通艺录》，《安徽丛书》第二期。

其叶曰茿、曰蒋，俗曰茭。”①

分析以上诸说，也可简要总结如下：

1. 自《尔雅》时代起，蓬草就非止一种。

2. 宋以来，所谓蓬草可包括：（1）菰草，又名雕蓬、雕苽、雕胡等，水生。（2）青科，又名黍蓬，此种乃西域植物，非中原所有。（3）黄蓬草，水生。（4）飞蓬草。（5）扫帚菜。

3. 这些植物都被称为蓬，一般说来是民间的语言现实，但个别也有人为的误解。如上述《通艺录》作者指扫帚菜为蓬就是犯了逻辑推理上的错误。当然，这种错误推理也有其原因，对此，后面还将论及。但其作者对蓬草性状所做的分析，以及对《说苑》《埤雅》的批评，却与王念孙对《晏子春秋》的校正不谋而合，足可供我们参考。

4. 其中“飞蓬”又有人认为即藜、蒿之类，是结子如灰藋菜子的一种草。也有人因为白蒿俗名蓬蒿，所以认为白蒿就是飞蓬。

5. 宋代至晚清，由于蓬草有多种，对中原所生陆草“飞蓬”的形态特点也变得说法不一。但多数人仍认为“飞蓬”的得名缘于其整体特征，“草之不理者也”，“其叶散生如蓬，末大于本”，“遇风辄拔而旋”，“枯黄后……近本处易折”，“受风旋转不定”，等等。又因为这种草“其遇往往而有”，不是什么罕见之物，所以对这种草的外形及其善仆而转的特点很熟悉。这些看法与唐代之前是一脉相承的，可谓渊源有自，因而基本上是正确的。

6. 朱熹却把“飞蓬”的得名说成是缘于其花：“其花似柳絮，聚而飞，如乱发也。”这与古人的一贯看法不相符合，因而是错

① 《说文解字注》，上海古籍出版社 1981 年版，第 36 页。

误的。但朱熹此说绝非自造，合理的解释似乎应该是南宋时人们把一种“花似柳絮，聚而飞，如乱发”的草叫作“飞蓬”，朱熹才把这种草误作是古代的“蓬”，并把它写进《诗集传》中。换言之，朱熹之说是有其社会语言基础的。这就使本来已够复杂的问题变得更复杂了。

关于“蓬”“飞蓬”的说法纷纭如是，无怪乎后代人难以据之识别其庐山真面目了。

三

清代乾嘉时期，朴学盛行，卓然成家者不乏其人。除已述及的《通艺录》的作者程瑶田，还有多人对“蓬”与“飞蓬”发表看法。如：

1. 陈启源《毛诗稽古编》：“《诗》‘彼茁者蓬’，又‘首如飞蓬’，蓬乃陆草，非水草也……蓬之名见古书甚多，云转蓬、孤蓬、飞蓬，并无言其水产者。”①

2. 王念孙《读书杂志·晏子春秋二》：“秋蓬末大而本小，故春气至则根烂而仆于地。”②

3. 郝懿行《尔雅义疏》：“今验秋蓬叶似松杉，秋枯根拔，风卷为飞，所谓‘孤蓬自振’。此即‘齧，雕蓬’矣。杨慎《卮言》以蓬有水陆二种，雕蓬乃水蓬，雕苽是也。黍蓬乃旱蓬，青科是也。此二说并无根据，蓬乃蒿类，与茭苽

① 《毛诗稽古编》卷二，嘉庆刻本。
② 《读书杂志》，江苏古籍出版社 1985 年版，第 545 页。

别。《本草》，菰米，下引孙炎云‘雕蓬即茭米’亦未可信。”①

4. 陈奂《诗毛氏传疏》：“《说文》云‘蓬，蒿也’。蓬春生，至秋则老，而为飞蓬，《卫风》所谓‘首如飞蓬’是也。蓬，易识之草，故《传》但云草也。”②

另外，古人重视图解的作用，往往“以图书并称，有书必有图”③，“六经”之首的《诗经》也不例外。可惜的是时代稍久远的这类图书多已佚失。至乾嘉时，有的学者又继承了这种传统，将《诗经》名物形之以图，并配以解说。如：

5. 徐鼎《毛诗名物图说》：“《说文》云‘蓬，蒿’，盖言蓬者，蒿也。非如蘩，邢氏所谓‘蓬蒿，可以为菹’者。(按：这是说蓬草不是俗名叫蓬蒿的蘩草。邢昺《尔雅注疏》：‘蘩，皤蒿。’疏曰：‘白蒿……粗涩，俗呼蓬蒿，可以为菹。’) 此草乱生，遇风则飞，故曰‘自伯之东，首如飞蓬’。有发乱如飞蓬之喻。”④

6. [日] 冈元凤《毛诗品物图考》：“‘彼茁者蓬’，《传》‘蓬，草名也’。《集传》‘其华如柳絮，聚而飞，如乱发也’。蓬生水泽，叶如瞿麦，花如初绽野菊，后作絮而飞，所谓飞蓬也。”⑤

---

① 《尔雅义疏》下之一，《四部备要》本。
② 《毛诗传疏》，《续皇清经解》本。
③ 叶德辉《书林清话》卷八。
④ 《毛诗名物图说》卷二，乾隆刻本。
⑤ 《毛诗品物图考》卷一，北京市中国书店 1985 年版。

上述诸条，除日本学者冈氏盲从朱熹，其他各家基本上都是恪守古训的。乾嘉学者们的谨严学风及功力，由此也可略见一二。无奈问题积重难返，到底也没能使问题的正确答案昭彰于后世。加之他们又有诸如科学知识、表现手段等方面的局限，因此既便说对了，今天我们若不仔细研究，也难辨其正误。这就造成了今天人们对“蓬”“飞蓬”的理解对者少、错者多，明白无误者少、含糊其辞者多的现象。例如：

1. 飞蓬：蓬草遇风，即狂飞四散，比喻女子的乱发。①

2. 蓬，又名飞蓬（诗经）、蓬草（俗名）、柳蓬（日本名）。菊科，学名 Erigeron acris L.②（按：此所谓菊科飞蓬，即朱熹所谓“其华如柳絮”者，详见后。）

3. 飞蓬：茎高尺余，叶如柳，花如球，常随风飞扬旋转，故名飞蓬或转蓬。古人常用以喻身世飘零。③

4. 孤蓬：蓬草，一名飞蓬，常随风飘转，这里用来比喻远行的友人。④

5. 蓬：草名，其状拳曲不直。⑤

---

① 林庚、冯沅君主编：《中国历代诗歌选》上编（一），人民文学出版社 1964 年版，第 14 页。

② 陆文郁编著：《诗草木今释》，天津人民出版社 1957 年版，第 16 页。

③ 复旦大学中文系古典文学教研组选注：《李白诗选》，人民文学出版社 1961 年版，第 106 页。

④ 复旦大学中文系古典文学教研组选注：《李白诗选》，人民文学出版社 1961 年版，第 282 页。

⑤ 王世舜主编：《庄子译注》，山东教育出版社 1984 年版，第 17 页。

6. 蓬，草本植物，种子有毛，能随风飘飞，故称“飞蓬”。[①]

7. 蓬，蓬草，也叫飞蓬。柳叶白花，子实有毛。[②]

8. 飞蓬，多年生草本植物，叶子像柳叶，边缘有锯齿，秋天开花，花外围白色，中心黄色。也叫蓬。[③]

9. 蓬，草名，也叫飞蓬。[④]

以上这些对“蓬”“飞蓬”的解释，除了第8条《现代汉语词典》的解释仅适用于现代汉语词义之外，其他各条用来解释古代“蓬”“飞蓬”都不妥。其中，2、3、6、7条沿袭朱说，因此是错误的。1、4、5、9条则都含糊其辞。因此，它们都无助于人们了解唐代之前，特别是《诗经》时代的“蓬”“飞蓬”到底是什么植物。

四

那么，《诗经》时代直至唐代，“蓬”“飞蓬”到底是什么呢？要正确解答这一问题，应先强调这样几个原则：第一，要坚持历史的客观态度。应该正视自先秦至清代的人们在辨别植物时，还不具备现代植物学的“自然分类系统”，而仅是采取“人为的分类系统”。这样，我们就不至于苛求古人。第二，要坚持科学的求知态度，力求得出既符合历史又符合科学的答案。决不

① 山东大学《商君书》注释组：《商君书新注》，山东人民出版社1976年版，第167页。

② 向熹：《诗经词典》，四川人民出版社1986年版，第332页。

③ 《现代汉语词典》，商务印书馆1979年版，第309页。

④ 《辞海·语词分册》，上海人民出版社1977年版，第583页。

可因古人没得出明确答案，我们就姑妄听之、姑妄言之。特别是从事语言或植物学研究的人，更应以科学的求实精神弄清源流，纠正讹误。这与不苛求古人的历史客观态度是并行不悖的。总之，根据以上原则，运用今天各学科的知识进行综合认真的考察并得出问题的正确答案，是完全必要和可能的。

从语言学和植物学的双重角度分析，几千年来，人们在长期的生活生产实践中，观察了各种植物的形态构造、生活习性等，积累了很多知识。《诗经》中记载了几百种动植物就是这种积累的表现。人们不断观察，逐渐找出了它们的共同点或不同点，自觉不自觉地将它们分类或合并。从《诗经》中的"蓬""飞蓬"到《尔雅》的"齧，雕蓬；荐，黍蓬"和郭璞的"别蓬种类"，可以看出这种归类的逐渐发展。据此，我们可以断言，凡古人约定俗成的、语言中以"蓬"为名的草，都会有性状上的某些相似性。而这些直至清末人们还时时提及的"易识之草"，又绝不会像某些野生动物那样很快绝灭，它们肯定至今仍生长在人们身边。今天人们对它们的称呼既不是从天上掉下来的，也不是刚刚被制造出来的。相反，即便是植物学界称呼这些草的通名时，也将毫不例外地使用那些古代约定俗成并被今天的人们在现代汉语中继续使用的名字。这是普通语言学所决定的无可怀疑的事实。如果我们能把今天所有以蓬为名的草和今天虽已无蓬名但古代曾有蓬名的草（如青科、菰），统统搜集起来进行综合分析，庶几能得出《诗经》至唐代并直至清代，人们所谓的"蓬""飞蓬"在今天到底是指哪种或哪几种草的答案了。

但中国之大、植物之多、名字之繁，怎样才能遍检无遗呢？这方面我们有古人不可比拟的条件。中国科学院植物研究所编写的《中国高等植物图鉴》（下称《图鉴》）遍收我国高等植物8000余种。现将此书中以蓬为名和虽无蓬名但被古人认为是蓬的所有草本植物，以及书中给出的别名、形态、分布区域等，全部摘出并列表附录于文后（见附录）。这些植物共 23 种，看来数量不少，但与 8000 多种常见植物相比，这个数目很小，到了可以细加分析的地步了。

这些植物在 100 多个植物分科中仅集中于 4 个分科中，实际以蓬为名的只在 3 个分科中。诚然，按科学的现代植物学的观点看来，这些亲缘关系相去甚远的不同科的植物竟共用蓬名，似乎是不合适的，甚至是荒谬的。但只要我们按古人把有相同性状的植物都命以同名的“人为分类系统”去看待这一问题，就会感到这是古人长期分类的遗迹，其中包含了人们累代认识的心血。在我国的 8000 多种常见植物中，仅以“蓬”字属此 23 种植物，已经是难能可贵的了。

但是，对于我们寻求最后答案，23 之数仍嫌太多了。我们必须沿着已有的线索去寻求我们所需要的答案。为此，应当重温古人所谓“蓬”与“飞蓬”的特征：1.“蓬”是中原本有之野草，而不是中原无而边地有的草，更不是异国舶来之草。2.“蓬”与“飞蓬”自古指草而不是指草的花；“蓬”之名因草而得，非因花而得。3.“蓬”与“飞蓬”自古指陆草而不是指水草。4.“蓬”草的外形特别是叶子应有以下特征：叶形似水藻或松杉的叶，细长似针状或条状，而不是像一般的草较宽、较薄的叶子，也不应是退化得几乎看不见的鳞片状的叶子。5. 蓬草的叶子往往卷曲不直，干枯后尤甚，且颜色发黑。枯后依然多在茎上不脱落。这些特点，古人都已指出过。

我们把上面这些特点与表中 23 种植物的形态和分布等情况逐一对照，便可发现：表一之 1、2、7、8 种和表三、表四的全部，共计 18 种植物，每种至少都有一条不能与上述特点相合(详细对比此处从略)。所以它们都不是古代的“蓬”。

剩下的还有5种植物，它们是表一藜科的3.翅碱蓬、4.灰绿碱蓬、5.角果碱蓬、6.刺蓬和表二茜草科的蓬子菜。将《图鉴》所提供的文字资料与古人所认识的“蓬”的特点相对照，这5种草大体是符合的。但是否真就是古人所说的“蓬”与“飞蓬”呢？这还需要我们带着古人的说法和当今植物学的知识，一起到大自然中去寻找最后的答案。

以上5种草确如《图鉴》所说，是在全国范围内分布较广的野草。其中藜科翅碱蓬、灰绿碱蓬和茜草科蓬子菜更是“广布种”，遍及中原大地，“相遇往往而有”。而藜科的角果碱蓬和刺蓬虽然分布范围也很大，但它们的具体生态环境要求在更加贫瘠的荒原、戈壁、河谷砂地、草甸等地，因此人们对它们远没有像前三种那样熟悉。而前三种“蓬”，因为形态相近，一般人往往也将它们视为一种。但仔细观察，无论外形，分布也都不同。大体说来，藜科翅碱蓬和灰绿碱蓬喜欢生在盐碱涝洼地，其叶互生、较短，植株一般较大；而茜草科蓬子菜则好长在坟茔地、沟渠路旁或较肥沃的土地上，其叶轮生，酷似水藻（藜科两种蓬初生或枝梢叶子多处，也与水藻肖似）。正因为它们长得相似，再加上鲜嫩时都是可吃的野菜，所以老百姓一般统称它们为“蓬蒿”“蓬蓬菜”“蓬子菜”，而将它们混为一谈。《救荒本草》中的记载说明了这种混淆：

> 蓬子菜，生田野中，所在处处有之。其苗嫩时，茎有红紫线楞，叶似碱蓬，叶微细，苗至结子，叶则生出叉刺，其子如独扫子大。苗叶味甜……①

① 《救荒本草》卷二，中华书局1959年版。

其实，它们不仅叶相似，茎也相似，都有红紫色棱纹，尤其干燥之后，这三种蓬是很难分辨的。济南市的中药收购部门，一直把藜科的两种蓬统统作为茜草科的蓬子菜收购入药。据《全国中草药汇编》载：蓬子菜性苦甘温，主治急性荨麻疹、静脉炎、痈疖疔疮。藜科碱蓬类则性淡凉，主治高血压。[①] 二者药性不同。好在都可食用，不致发生什么事故。如果见过干燥后的蓬草，就会感到中药界的混乱也确实情有可原。它们都蜷曲发黑，犹如短针刺或乱头发般聚在一起，使人难以分清它们的本来面目。大约正是由于这个缘故，山东章丘一带又管上述三种蓬草叫作“头发菜”“死人毛”（也许还因其多生于坟冢，故有此名）。这些名称使我们更好理解《诗经》中何以拿它比喻人发了。

更有趣的是，这三种蓬草还有一个其他草没有的重要特性：它们的茎都是下细上粗，越往上越健壮。这便形成了一种头重脚轻的株型，秋冬干枯之后，极易从近地处刮折，从而随风遍地乱滚，形成所谓“转蓬”“飞蓬”。这种长着蜷曲不直的针状叶的枯草团极易粘上柴草杂物，而且越来越多，这就使本来就像头发的草更似多日不梳洗的乱发了。这种“飞蓬”形体一般都较大，直径可达几十厘米，在秋冬萧瑟的荒野上滚动，很引人注目。这就是《诗经》中所谓的“首如飞蓬”。即便是现在，秋冬之季这种“飞蓬”在它生长的地区仍不为罕见。在地旷人稀的古代，说它“相遇往往而有”，更应不是虚话。否则，那么多古人都不约而同地把它写进作品倒成了不可想象的了。今天，有的地区根据蓬草的这一特点，又给它起了另外的名字，如山东文登就把它叫作“山绣球”。这个“球”字很符合“飞蓬”的特征。

问题至此似乎已经解决，但有人不免会问，有古人说“蓬”

---

① 详见《全国中草药汇编》，人民卫生出版社1976年版，第96、877页。

是扫帚菜，或是像灰藋菜，这又是怎么回事呢？是的，对此我们需要纠正，但又不能不佩服古人。扫帚菜，又名地肤；灰藋菜，又名灰菜、白藜。（分别见《图鉴》第一册第586、578页）它们都是人们熟悉的野草，同时又都是藜科植物，与我们所说的藜科蓬草全是一家兄弟，所以它们会有某些相似之处。从这一点说，古人可谓“虽不中，不远矣”。但它们终究不同于蓬，主要表现在它们的叶子不像头发而像柳叶（扫帚菜）或像苋菜叶（灰菜）颜色深绿。它们的植株一般都很高大，茎干粗壮，最终能长作小树状达一二米高，因此秋冬也不会扑折风转。扫帚菜农家常于秋季砍倒晒干做扫帚，故而得名。灰菜的茎干则可做杖，即所谓“藜杖”。唐代之前也没有发现将这两种草误作“蓬”的记载。相反，古人总是以“蓬、蒿、藜、莠”并称。

还有人会问：古人以为白蒿即“蓬”，又怎样解释呢？《尔雅·释草》明列“蘩，皤蒿”。郭注“白蒿”。显然，白蒿之蘩与蓬判为两类，人们的认识自古而然。而《埤雅》“蘩，白蒿……今俗谓之蓬蒿”，显然是陆佃所录白蒿的俗名。从植物学角度来分析，原因就更复杂一点。原来，白蒿与上述菊科飞蓬也是一家，也属菊科植物。它的花（实际是果实）也像菊科飞蓬一样长有白色冠毛。如果再说得通俗点，则可以拿人人皆知的蒲公英为例。蒲公英也是菊科，菊科各种飞蓬及白蒿都有蒲公英那样毛茸茸的花球。所以，陆佃说菊科白蒿叫“蓬蒿”，而朱熹进而将它认作是古代的“蓬”“飞蓬”，也就不足为怪了。大约正因为这种毛茸茸的花球到处飞舞，与蓬草团有相似之处，后代便因之称其为“飞蓬”，以致今天已经约定俗成，鲜有人知其所以然了。但是，若不辨源流，当真把这种菊科飞蓬或白蒿认为是古代所谓的“蓬”“飞蓬”，用它们毛茸茸的花球比喻乱发，那就大错特错了。

总之，白蒿等菊科植物之为飞蓬，完全是语言中词义演变造成的同物异名的结果。它们不应阻碍我们对《诗经》直至唐代的“蓬”“飞蓬”进行认真的科学解释。

至此，我们可以断言，《诗经》或其他文学作品中的所谓“蓬”“飞蓬”等，只能是指藜科翅碱蓬、灰绿碱蓬、茜草科蓬子菜这几种以蓬为名的野草。

附表：表一 藜科植物（《图鉴》第一册第589—599页）

名称	形态特征与分布
1. 盐角草（海蓬子）	一年生草本。高10—35厘米。茎直立，多分枝。叶不发育，鳞片状，对生，长1.5毫米。分布于新疆、内蒙古、青海、甘肃、宁夏、陕西、河北、辽宁、山东和江苏北部。生于盐湖边、海边、河谷和潮湿的重盐质土壤。
2. 沙蓬	一年生草本。高15—60厘米。茎直立，多分枝。叶互柄、互生，披针形至条形。长1.3—7厘米。宽4—10毫米，先端渐尖有短针刺。分布于东北、华北、西北和河南……生于沙丘和沙地。
3. 翅碱蓬（黄须菜）	一年生草本。高20—80厘米。绿色，晚秋变红紫色。茎直立，有红紫色纹条。上部多分枝，枝细弱，叶条形，半圆柱形，肉质，长1—3厘米，宽1—2毫米。先端尖或钝，无柄。分布于东北、内蒙古、河北、山西、陕西和江苏。生盐碱土。幼苗可做蔬菜。
4. 灰绿碱蓬	一年生草本。高40—80厘米。茎直立，浅绿色，有条纹。上部多分枝，枝细长，斜伸或开展。叶无柄，条状，丝形、半圆柱形或略扁平，灰绿色，长1.5—5厘米，宽1.5毫米。广布于东北、西北、华北及山东、河南、浙江和江苏。生于渠岸、洼地、荒野等盐碱地。

续表

名称	形态特征与分布
5. 角果碱蓬	一年生草本。高 20—60 厘米。全株深绿色，秋后变红紫色，茎直立或斜伸，有红色条纹。枝细长开展。叶无柄，肉质，条形或半圆柱形，长 1—2 厘米，宽 1—1.5 毫米。分布在东北、西北、华北和西藏等地。生草地、盐碱地、湖边、草原草甸、戈壁滩或河边。
6. 刺蓬	一年生草本。高 30—100 厘米。茎自基部分枝，被短糙硬毛。叶互生，条状，圆柱形，肉质。长 1.5—4 厘米，宽 1—2 毫米。先端有硬针刺。分布于吉林、辽宁、河北、山西、陕西、甘肃、青海和新疆。生于河谷砂地、砾质戈壁。
7. 散枝梯翅蓬	一年生草本。高 10—30 厘米……产新疆、蒙古、苏联中亚地区……
8. 梯翅蓬	一年生草本。高 10—50 厘米……产新疆、苏联中亚地区、伊朗……

表二　茜草科植物（《图鉴》第四册第 279 页）

名称	形态特征与分布
蓬子菜	多年生近直立草本。基部稍木质。枝有四棱角，被短柔毛。叶 6—10 片轮生。无柄，条形，长达 3 厘米。顶端急尖，干时常变黑色。分布于东北、西北至长江流域、亚洲温带其他地区。生旷地或路边。广布种，多型，变种较多。

表三　禾本科植物（《图鉴》第五册第46、89页）

名称	形态特征与分布
1. 茭笋（菰、茭儿菜、茭白）	多年生挺水草本……
2. 大麦（裸麦、青稞）	越年生。普遍栽培的重要粮食作物。西藏最普遍栽培……

表四　菊科植物（《图鉴》第四册第443—449页）

名称	形态特征与分布
1. 阿尔泰飞蓬	多年生草本。……产新疆北部，苏联也有。生高山和亚高山草地。
2. 橙舌飞蓬	多年生草本。……产新疆北部，苏联中亚地区也有。……生高山草地或云杉林下。
3. 山飞蓬	多年生草本。产吉林，苏联西伯利亚地区也有。生高山草地……
4. 短葶飞蓬	多年生草本。分布于西藏、云南、四川、贵州、湖南、广西。生于中山和亚高山开旷山坡或林缘。
5. 多舌飞蓬	多年生草本。……分布于西藏、云南、四川。……生于高山和亚高山草地……
6. 多叶飞蓬	多年生草本。……分布于西藏东部及云南西北部。生高山或亚高山草地……
7. 一年蓬	一年生或二年生草本。叶互生，中部和上部叶较小，矩圆状披针形，长1—9厘米，宽0.5—2厘米。具短柄或无叶柄，边缘有不规则的齿裂。……舌状花两层，白色或淡蓝色，两性花筒状，黄色，冠毛异形。……原产美洲，在我国驯化。

续表

名称	形态特征与分布
8. 飞蓬	二年生草本。茎直立，高 5—60 厘米。上部分枝，带紫色，有棱条，密生粗毛，叶互生，两面被硬毛，长 1.5—10 厘米，宽 3—12 厘米……瘦果矩圆形，压扁，冠毛二层，污白色。广布于新疆、内蒙古、东北、河北、山西、甘肃、陕西、青海、四川、西藏。生山坡草地、牧场或林缘。
9. 长茎飞蓬（紫苞飞蓬）	多年生草本。茎直立，高 10—50 厘米。叶全缘，基生叶集成莲座状，花后枯萎，倒披针形或矩圆形，长 1—10 厘米，宽 1—11 毫米。基部下延成叶柄，中部以上无叶柄，长 0.5—7 厘米，宽 0.7—8 毫米。瘦果矩圆状，冠毛白色，二层。分布于新疆、甘肃、山西、河北、东北、内蒙古、四川。
10. 小白酒草（小飞蓬）	一年生草本。……原产北美，在我国广布于黑龙江、吉林、辽宁、陕西、山西、河南、山东、浙江、台湾、江西、湖北、四川，生田野、路旁。
11. 白酒草（假蓬）	一年生或二年生草本。……分布于云南、四川、广东、广西、福建、台湾，生山坡或林缘。
12. 白花白酒草（粘毛假蓬）	一年生草本。……分布于云南、广东（海南）、广西、福建。生田边、路旁。

原载《山东大学学报》（哲学社会科学版）1988 年第 1 期

也说“毕月乌”

在古汉语中有不少难懂的词语是可以通过对文字形、音、义的辨析或校勘得到正确训释的。但是也有另外一些词语，就必须通过对这个词的来源、演变的考证才能加以解决，否则就有陷入穿凿附会泥淖的危险。《文史知识》1991年第6期《“毕月”辩讹》一文（下简称《辩讹》文），便是犯了这样的毛病。

《辩讹》文是从元睢景臣的散曲《［般涉调］哨遍·高祖还乡》说起的。睢曲与“毕月乌”一词有关的原文如下：

> 一面旗白胡阑套住个迎霜兔，一面旗红曲连打着个毕月乌，一面旗鸡学舞，一面旗狗生双翅，一面旗蛇缠葫芦。

该文作者沿袭他人之讹，将“迎霜兔”“毕月乌”句认定是“前句写月旗，后句写日旗”。最后又调侃说“在那个‘乡巴佬’的眼里，一面旗是‘白环套着个胖墩墩的兔子’，一面旗是‘红圈圈着个瘸脚的乌鸦’”。这种推论，倒是蛮有情趣，可惜本义全失。倘如这个“乡巴佬”问起“鸡学舞”“狗生双翅”“蛇缠葫芦”诸旗又表示什么？汉高祖回乡的仪仗旗上干吗要这么些兔、乌、鸡、狗、蛇呢？《辩讹》文的作者又将如何回答？显然，考释词语仅靠文学创作式的想象、推论是无法找到正确答案的。这个问题正确答案的得出，需要从“毕月乌”等词的来源说起，且要联系到中华传统文化中的一些复杂问题。

诚然，在中国古代文化中，“乌”与太阳、“兔”与月亮都有不解之缘。但是，“毕月乌”绝不指“日”，“迎霜兔”也绝不指“月”。“迎霜兔”是“乡巴佬”眼中漫画了的“房日兔”，它和“毕月乌”分别是二十八宿中的房宿和毕宿的别称。

二十八宿即角、亢、氐、房、心、尾、箕、斗、牛、女、虚、危、室、壁、奎、娄、胃、昴、毕、觜、参、井、鬼、柳、星、张、翼、轸。这是古人观察日月星辰运行时，对黄道附近二十八组恒星星座的认识与命名。其产生可上溯到远古，其全备不迟于战国初，湖北随州曾侯乙墓出土的漆箱盖上的二十八宿图就是明证。

从它产生至完备及在后世的流变过程中，这二十八组星座不断被涂抹上种种神秘色彩。如将二十八宿分为四象（实则四组），分配于东北西南四方，即东方苍龙七宿（角亢氐房心尾箕）、北方玄武七宿（斗牛女虚危室壁）、西方白虎七宿（奎娄胃昴毕觜参）、南方朱雀七宿（井鬼柳星张翼轸）。在阴阳五行思想的影响下，每一宿又与其他事物组合，各自得了个形象化的别名。这便是：角木蛟、亢金龙、氐土貉、房日兔、心月狐、尾火虎、箕水豹、斗木獬、牛金牛、女土蝠、虚日鼠、危月燕、室火猪、壁水貐、奎木狼、娄金狗、胃土雉（或作彘）、昴日鸡、毕月乌、觜火猴、参水猿、井木犴、鬼金羊、柳土獐、星日马、张月鹿、翼火蛇、轸水蚓。这些称呼，不仅在《西游记》中经常出现，今天在许多道观（如北京白云观）中也常常可以看到它们形象化的图像。

这些别名的搭配组合，看起来是无理性的，因此今人很容易产生误解。这就需要对古人的阴阳五行之说有所了解。

所谓阴阳，是宇宙化生万物之二气，古人以日、月为代表，

《易·系辞上》“阴阳之义配日月”是也。所谓五行，是组成宇宙万物的五种基本元素，即水、火、木、金、土。阴阳五行，又可称为七政，其代表就是日、月、五星，隋萧吉《五行大义·论七政》：“七政，谓日月五行之政。七政，即日，月、五星也。”而二十八宿乃是七政的二十八个落脚点，或者说，就是日、月、五星的二十八处宿舍或旅馆。《史记·律书》：“七正，二十八舍。”司马贞索隐：“七正，日、月、五星。……二十八宿，七正之所舍也。舍，止也。宿，次也。言日、月、五星运行，或舍于二十八次之分也。”不仅二十八宿与阴阳五行有关，其他万事万物也无不由阴阳五行而生，因此皆可与之相关联、相匹配。自然，禽兽等一切生灵便都分别配属阴阳五行了。正如萧吉《五行大义·论三十六禽》所说：“此等皆上应天星，下属年命也。三十六禽，各作方位，为禽虫之长，领三百六十，十而倍之，至三千六百，并配五行。”二十八宿与禽兽等一切生灵便都缘阴阳五行而搭上了关系。

阴阳五行之说，始于上古，盛行于汉魏。至唐宋崇奉道教，阴阳五行则成为金科玉律。它成为解释一切的无所不能的理论武器，并逐渐出现了种种直观的以阴阳五行（或阴阳变化而成的八卦）为中心内容的循环配属模式图。当然也有包含二十八宿、二十八禽的图形。这种模式图，在占候、卜筮等类著作及“时宪书”（俗称“皇历”）中，都可常常看到。它们除了向人们灌输阴阳五行无所不包、无所不在的思想，当然也宣传了迷信。而阴阳五行、二十八宿、二十八禽配在一起的直接副产品便是上文中所列的一套全新的、复合的、充满神奇色彩的二十八宿的图像和别称。众所周知，阴阳五行之说的产生及盛衰更多是与道家、道教的产生和盛衰共始终的。尽管这些别称的配合无甚科学根据，但它们在道教大盛的唐宋时代不容置疑地产生了。五代的徐子平

《珞琭子三命消息赋注》卷上载：

> 太冲者，卯也；昴胃者，酉也。胃土雉、昴日鸡，有二宿在酉也。①

南宋俞琰《席上腐谈》卷上则有：

> 二十八宿，有房日兔、毕月乌。丹书云日乌月兔，盖谓日月之交也。《易》以离为日，阳中有阴也；坎为月，阴中有阳也。张横渠谓阴阳之精，互藏其宅是也。②

这里，徐子平谈到了“胃土雉”和“昴日鸡”，俞琰则不仅提到了我们讨论的焦点“毕月乌”“房日兔”，而且以阴阳五行说赋予了这两个令人费解的二十八宿复合名称以理性色彩。即日虽为阳，但其中当含阴，譬之离卦之形☲，外阳内阴也。故“房日兔”中，日、兔相配不为忤理。同理，月虽为阴，但其中孕育着阳，譬之坎卦之形☵，外阴内阳也。故“毕月乌”中，月、乌相配恰称相宜。正所谓“阴阳之精，互藏其宅是也”。观此，我们不能不为古人阴阳五行说的圆通拍案叫绝。

退一步说，若按《辩讹》文所猜想的，“毕月乌”为日旗，“昴日兔”为月旗，而该文只将“毕月乌”变成了“毕日乌”，如何才能将“昴日兔”变成“昴月兔”？又如何处理二十八宿别名中其他含日、月的名称，如东方苍龙七宿中的“心月狐”、南方朱雀七宿中的“虚日鼠”“危月燕”、西方白虎七宿中的“昴

① 《珞琭子三命消息赋注》，《丛书集成初编》本。

② 《席上腐谈》，《丛书集成初编》本。

日鸡”、南方朱雀七宿中的“星日马”“张月鹿”呢？

显然，孤立地将“毕月乌”臆测一气，也许还勉强可行。但将这种做法进而扩大到二十八宿别名的大系统中，则立刻捉襟见肘，无法自圆其说了。它破坏了二十八宿别名中四象的阴阳五行的平衡，违反了古人的原意，且大悖于文化史的事实！

由此可见，“毕月乌”“房日兔”分别是毕宿、房宿的别称已不容置疑，但是，睢景臣笔下刘邦的仪仗队为什么用二十八宿旗？其形制又如何呢？

原来，在宋元时代，封建皇帝模仿古制，凡祭祀、典礼、出行都设有庞大的仪仗队，名曰“卤簿”。其规格、数量因事而异，多则数万人，少则成百上千。而二十八宿旗，在宋元的大小卤簿中总是不可或缺的，后来还成为军旅中的重要仪仗。宋代高承《事物纪原·旗旐采章部》说，宋太祖赵匡胤“建隆四年将郊祀，礼仪使陶縠建议取天文北角、摄提之象，作摄提旗及北斗、二十八宿、十二辰、五岳、五方神、五凤、四渎等旗也”。《元史·舆服志二·外仗》载：

> 二十八宿前队：舍人二人，四品服，骑导。……前井宿旗左，参宿旗右，各五盾从。次鬼宿旗左，觜宿旗右，各五弓从。次柳宿旗左，毕宿旗右，各五盾从。次星宿旗左，昴宿旗右，各五盾从。次张宿旗左，胃宿旗右，各五弓从。次翼宿旗左，娄宿旗右，各五矟从。次轸宿旗左，奎宿旗右，各五盾从。……
>
> 二十八宿后队：舍人二人，四品服，骑导。……角宿旗左，壁宿旗右，各从以执弓者五人。次亢宿旗左，室宿旗右，各从以执矟者五人。次氐宿旗左，危宿旗右，各从以执盾者五人。次房宿旗左，虚宿旗右，各从以执弓者五人。次

心宿旗左，女宿旗右，各从以执犦者五人。次尾宿旗左，牛宿旗右，各从以执盾者五人。次箕宿旗左，斗宿旗右，各从以执弓者五人。……

《元史·舆服志二·仪仗》载（为节省篇幅，仅录与本文关系密切者，他略）：

房宿旗，青质，赤火焰脚……外仗绘四星，下绘兔。
娄宿旗，青质，赤火焰脚……外仗绘三星，下绘狗。
昴宿旗，青质，赤火焰脚……外仗绘七星，下绘鸡。
毕宿旗，青质，赤火焰脚……外仗上绘八星，下绘乌。
翼宿旗，青质，赤火焰脚……外仗绘二十二星，下绘蛇。

可见，睢景臣写汉高祖还乡所用仪仗是有根据的。它是宋元皇帝出行图的投影，是作者根据自己时代的真实情况而进行的文学创作。

在《三才图会》《古今图书集成》等不少典籍中，除去文学描写，同时还有各种仪仗旗帜的图形。就笔者所见，以明代戚继光《纪效新书》中所绘二十八宿旗最为传神。

这些图加上前引《元史》的有关描写，使我们可以想见睢景臣笔下刘邦还乡时威武庄严的气概。不过在睢公的妙笔之下，这一切通过百姓眼睛的折射，却变得全无灵光，只剩下可笑的花里胡哨的“迎霜兔”（房日兔）、“毕月乌”和“鸡学舞”（昴日鸡）、“狗生双翅”（娄金狗）、“蛇缠葫芦”（翼火蛇）之类，从而表现了人民大众对皇帝权威的蔑视与嘲弄。

原载《文史知识》1991年第12期，中华书局1991年版

《汉语大词典》释义商兑与引书订讹举例

释义精当，举例引文准确，是一部高质量的语文词典的必备条件。《汉语大词典》在这两方面都堪称上乘。它已经成为文史哲专业工作者的良师益友和不可或缺的工具。正因为如此，人们更加希望它精益求精，减少瑕疵。然而，对于这样一部出自众手的大型工具书，瑕疵有时是难免的。

下面就是几例在释义或引书方面存在错讹的词目。现不揣鄙陋，列举并纠正于下，以就教于编者与方家，或可供该书修订时参考。

一、释义错误例

1. 卷一，1332 页：［使头］唐宋元明时奴仆对家主的称呼。例见五代王定保《唐摭言·贤仆夫》《警世通言·三现身包龙图断冤》。又“亦用于称上司以至国主”。例见《敦煌变文集·父母恩重经讲经文》、宋孙光宪《北梦琐言》。（按，为节省篇幅，引例原文略。）

按，“使头”一称，其本源当始自唐代对节度使、观察使等称作“使”的军政长官的俗称。宋王溥《唐会要·御史台中》：“大中五年七月敕，如闻江淮之间多有水陆两路，近日乘券牒使命等，或使头陆路，则随从船行；或使头乘舟，则随从登陆。一道券牒，两处祗供，害物扰人，为弊颇甚。”宋程大昌《演繁露续集·唐宪衔使头使下》：“在使幕之下者既名使下，故谓之使者名为使头也。”又：“使头，衔使之人也，首也。”由于有衔使之官乃朝廷钦差人员，人皆尊敬羡慕之，所以“使头”渐渐变成对位尊者或仆人对家主的敬称，如《汉大》“使头”条下所举例皆是。又如宋苏轼《杂纂二续·这回得自在》：“宠妾独随使头赴官。”《醒世恒言》卷三一：“郑信道：‘复使头，蒙台批，支二十两银，如今自把来取台旨。’”

另外，“使头”还用以称职司某事者。《水浒传》第三回：“郑屠道：‘使头！你们快选好的切十斤去！’鲁提辖道：‘不要那等腌臜厮们动手，你自与我切！’”这里是郑屠称手下的使佣头目。

综上，“使头”条的义项排列及释义应当改正为①唐代对节度使、观察使等朝廷命官的俗称。②对位尊者或对家主的敬称。③敬称职司某事者。

2. 卷一，1441 页：［俸户］唐宋时替官府收税，并领取薪俸的富户。《资治通鉴·后周世宗显德五年》：“（十一月）丙戌，诏凡诸色课户及俸户，并勒归州县。”胡三省注：“唐又薄敛一岁税，以高户主之，月收息给俸，此所谓俸户也。”

按，此条释义前半句是对的，后半句“领取薪俸的富户”则大谬。唐代初年，官吏的部分俸禄是由公廨田所收租税经放贷后所生利息支付，称为“月料钱”。此法弊病严重，后改为将每个官员所应有职田的一年赋税，集中起来交由当地一些富室大户作资本金去谋利，然后由这些富室大户按每月所得上缴官府，官府再用这些钱为官吏发放俸禄。《新唐书·食货志五》：“（开元）十八年，复给京官职田。州县籍一岁税钱为本，以高户捉之，月收赢以给外官。”这种“高户”就是所谓的“俸户”。他们只是被官府指定来用官田赋税进行放贷谋利的经营者，是官员薪俸的供给者，而不是像释义中所说的“领取薪俸”者。其实，该条所引例证《资治通鉴·后周世宗显德五年》的胡三省注，对此已经说得很明确，但编者未详其义，将“给俸”一词误认为“领取俸禄”，于是导致了释义的完全错误。

3. 卷二，216 页：［元舅］长舅。《诗·大雅·崧高》：“不显申伯，王之元舅，文武是宪。”汉班固《封燕然山铭》：“有汉元舅，曰车骑将军窦宪。”《新唐书·郭子仪传》：“宪宗寝疾，宦竖或妄议废立者。穆宗问计于钊。答曰：‘殿下为太子，当旦夕视膳，何外虑乎？’时称得元舅体。”

按，《诗·大雅·崧高》：“王之元舅，文武是宪。”孔颖达疏：“此王之长舅。”故以“长舅”释“元舅”似允当无不妥。其实不然。此“元舅”指周宣王之长男申伯，而非一般庶民百姓之舅。故此后“元舅”一称，十之八九皆专指天子之舅父。如引例中的“车骑将军”窦宪与郭钊，就分别是汉和帝与唐穆宗的舅父。再如《汉书·五行志下》：“是岁，帝元舅大司马大将军王凤始用事。”宋沈括《梦溪笔谈·故事二》：“李用和、曹郡王皆以元舅赐。”胡道静校注：“李用和，章懿皇太后弟”，“曹佾，字伯容，慈圣光献皇后兄也”。

以“元舅”称一般人的舅父则属罕见，笔者见闻有限，仅能举唐孟郊《送从舅端适楚地》诗：“元舅唱离别，贱生愁不穷。”

综上，“元舅”一词释义应以指天子（皇帝）长舅为本，亦泛称帝王舅父。晚后才偶或用为一般人对舅父的敬称。

4. 卷二，364 页：［亭民］①驿亭附近的居民。晋干宝《搜神记》卷十八：“安阳城南有一亭，夜不可宿，宿辄杀人……亭民曰：‘此不可宿，前后宿此，未有活者。’”

按，释为“驿亭附近的居民”，误。当为驿亭的驿卒，即亭卒，又名亭父或亭公。《方言》卷三：“楚东海之间，亭父谓之亭公。”郭璞注：“亭民。”丁惟汾《方言音释》：“《续汉书·百官志》注引《风俗通义》云：‘汉时因秦，大率十里一亭。亭，留也。盖行旅宿舍之所馆。亭之给役者为亭父。惟楚与东海之间谓之亭公。’《注》云‘亭民’者，亭之给役者。本为平民，尊其称，谓之父，谓之公。《汉书·高祖纪》应劭注：‘旧时亭有两卒，一为亭父，掌开闭扫除；一为求盗，掌捕逐盗贼。’《注》云‘亭民’，言非官吏也。”此解足可证“亭民”即“亭父”“亭卒”，绝不可释为驿亭附近的居民。又，例中所引《搜神记》卷十八之文，其后文是：“天明，亭民来视，惊曰：‘君何得独活？’书生曰：‘促索剑来。吾与卿取魅。’”也可显示此亭民即驿亭之驿卒，而不是与驿亭无关的附近居民，因为附近居民不得随便出入驿亭。

5. 卷二，374 页：［商庶］犹言百姓。《逸周书·武寤》：“王赫奋烈，八方咸发，高城若地，商庶若化。”

按，“犹言百姓”误。这里“商”特指殷商。“商庶”特指商王后裔等被周征服了的商代遗民百姓。“商庶”的此种用法在《逸周书》中多次出现，如《克殷》：“武王乃手太白以麾诸侯，诸侯毕拜，遂揖之。商庶百姓，咸俟于郊。”又《商誓解》：“今纣弃成汤之典，肆上帝命我小国曰：革商国。肆予明命汝百姓，其斯弗用朕命，其斯尔冢邦君商庶百姓，子则□刘灭之。”皆是。

6. 卷二，721—722 页：［副旦］元杂剧角色名。仅见于《元曲选》本《货郎旦》一剧。由副旦扮张三姑，自第二折以下主唱全折。此剧另有明脉望馆抄本，脚色安排是：正旦在第一折扮李彦和妻刘氏，第二折以下均扮张三姑。一般认为，副旦名目可能为《元曲选》编者臧懋循杜撰。

按，此释义有多种不妥。其一，不合《汉语大词典》释义体例，带有考据性，且考据结论不确，有误导之嫌。其二，“副旦”作为传统戏剧角色名，经常出现在元明杂剧中，并非仅见于《元曲选》之《货郎旦》。例如，明徐野君《春波影》第一出“［副旦扮杨夫人，旦儿扮小六娘同上］”即是。对此角色名，当时戏曲评论家或有关专著时有论及。明胡应麟《庄岳委谈下》：“元杂剧旦有数色：所谓装旦，即今正旦也。小旦，即今副旦也。以墨点破其面，谓之花旦。”可见，明代“副旦”这一角色名是通用的，而“小旦”一名则是别称（后世也叫“贴旦”，昆曲叫“六旦”）。《戏剧角色名词考》对此考证说：“这个小字，同小生一样，原来没有岁数小的意思，不过是正旦脚的帮差就是了……现在戏班里头，把闺门旦、花旦等脚，统名之曰小旦。”可见，“副旦”就是剧中正旦的辅助角色、次要角色。《货郎旦》中刘氏被定为主要角色，因此由正旦扮演；张三姑被认作次要角色，因此由副旦扮演。到明脉望馆本中，改编者认为自第二折起张三姑成了主角，所以改由正旦扮之。而《春波影》中小六娘是主角，由正旦扮演；杨夫人是配角，自然就由副旦扮演了。可见，“副旦”这一角色名，绝非该条释义所说，“为《元曲选》编者杜撰”云云。

7. 卷二，1002 页：［士素］士人与庶民。《晋书·郗鉴传》：“归乡里。于时所在饥荒，州中之士素……遂共推鉴为主。”

按，此处所引《郗鉴传》读破。《世说新语·德行》：“郗公值永嘉丧乱，在乡里甚穷馁。乡人以公名德，传共饴之。”余嘉锡笺疏：“《晋书》本传云：‘于时所在饥荒，州中之士，素有感其恩义者，相与资赡。’”余先生标点“州中之士，素有感其恩义者”，甚是。这正与《世语》原文“乡人以公名德”之义吻合。《汉大》及所本《晋书》之标点显然失误。故“士素”一条不仅释义错误，且由于未见其他“士素”用例，故该条不可立目。

8. 卷二，1409 页：［天文生］②旧指占卜吉凶、选择日子、勘察风水的人。《红楼梦》第六三回："目今天气炎热，实不能相待，遂自行主持，命天文生择了日期入殓。"

按，中国古代预测占卜之术的流派甚多。《史记·日者列传》记载的就有五行家、堪舆家、建除家、从辰家、历家、天人家、太一家等。而《汉书·艺文志》中则分为天文、历谱、五行、蓍龟、杂占、形法六类。此后，从事该类职业的人在大众眼中虽无须分别，但在行业内一般却不相杂厕。"天文生"一般是指根据日月星辰等天象变化，为人占卜有关事件时间吉凶的人，《易·贲》所谓"观乎天文，以察时变"者。在占卜术中，操该术者属天文星占一类。而"勘察风水的人"，一般是指"堪舆家"，俗称"风水先生""地理先生"，业内又称地理、青乌、青囊等。郭璞《葬书》中所谓"气乘风则散，界水则止，古人聚之使不散，行之使有止，故谓之'风水'"。操此术者，主要为人相看阳宅或阴宅的地脉、风向、水流等地理形势的吉凶福祸。在占卜术中，"堪舆"或"风水"属形法之学。"天文生"条的释义将二者相混，已属不妥，所引《红楼梦》第六三回例"命天文生择了日期入殓"又明显是让操前一种占卜术者选择入葬的时日，不涉及葬地的选择。因此用例也与"风水"毫无关联。另外，中国古代方术内容庞杂，精华糟粕杂糅。作为一部权威性大型汉语词典，对有关条目的释义只是笼统带过而不加详审推敲，是不合适的。

9. 卷二，1652 页：［少帝］②指新登基的皇帝。唐李白《上皇西巡南京歌》之十："少帝长安开紫极，双悬日月照乾坤。"

按，此释义不妥。新登基的皇帝并不能都称为"少帝"。只有在老皇帝逊位于皇太子，自己成为太上皇时，新登基的皇太子才能被称为“少帝”。“少帝”之“少”既对逊位的太上皇表尊崇，也指新皇帝相对年少。另外，“少帝”之称是在李白所谓“双悬日月”的情况下才会出现和使用的。若是先皇驾崩而后新帝登基，一般则不称新登基的皇帝为“少帝”。“少帝”之称，不仅见于唐代玄、肃时代，也见于宋代徽、钦二帝时代。如《宣和遗事》利集：“十六日，上皇方得与少帝相见，共居一室。”

10. 卷三，358 页：［哨长］（—zhǎng）哨官。举清陈康祺《郎潜纪闻》卷十二例。同页，［哨官］旧时军中管领一哨的长官。举明戚继光《纪效新书·治水兵》文例。

按，［哨官］条的释义无不妥。“哨长”条的释义则嫌不明晰，由于二条前后相邻，《汉大》释义易使人误认为“哨长”即“哨官”（一哨之长官）。

明清军队下层编制单位为哨，每哨有长官一名，即“哨官”。哨官之下有哨长等更下一层带兵头目，他们是哨官从手下兵丁中选拔指定的。明戚继光《纪效新书·束伍篇》：“将选中兵先尽哨官自定部下，哨长几名，就将几名内定。”每哨规模在百人左右。清陈康祺《郎潜纪闻初笔》卷十二：“哨官有哨长一名，有护勇（按，‘护勇’《汉语大词典》错引为‘护长’）五名，其外有什长、有正勇、有伙勇……每哨合哨官、哨长、护勇为一百八人。”哨长或可称“哨队长”。《纪效新书·操练营阵旗鼓》：“哨队长各到本管哨官处，再行宣说”，“哨官、哨队长俱听把总处”。

综上，“哨长”条释义宜改为“明清军队中哨官属下的小头目”或“哨官属下的低级军官”。

二、引文出处错误例

1. 卷一，191 页：［三台八座］泛指高官重臣。《歧路灯》第六十回："这叫做'狮象捍门'，三台八座都是有分的。"

按，出处"《歧路灯》第六十回"误，下引文句实出该书第六十一回。

2. 卷一，219页：[三班]①"宋崔公度《金华神记》卷二：'汴人有吴生者……'"

按，宋崔公度所撰《金华神记》，今仅见收于《香艳丛书》第十集第二卷中，篇幅也仅二页，不分卷。又《中国丛书综录·子目·子部·小说类》载："金华神记一卷（宋）崔公度撰。"可见，《金华神记》并无第二卷。[三班]条盖将《香艳丛书》第十集之卷次，误作了《金华神记》之卷次。

3. 卷一，484页：[屯田]①明·焦竑《焦氏笔乘·营田》："若屯田，则咸屯兵为之……"

按，此文句实出《焦氏笔乘续集·营田》条。作《焦氏笔乘·营田》，误。

4. 卷二，219页：允①信实，诚信。《书·顾命》："命汝作纳言，夙夜出纳朕命，惟允。"

按，《书·顾命》误，当为《书·舜典》。

5. 卷一，487页：[屯$_2$溜子]方言。指农村的二流子。周立波《暴风骤雨》第一部十七："全屯的屯溜子都来到农会的东下屋……"

按，所引文句实出自《暴风骤雨》第二部十七。"第一部十七"，误。

6. 卷三，65页：[司务]①官名。明代六部都设有司务。清沿袭不改……参阅《元史·职官志一》、《清文献通考·职官三、四》。

按，"参阅《元史·职官志一》"显然错误。明代职官名，不可能出现在《元史》中。当为"参阅《明史·职官志一》"。

7. 卷三，81页：[台$_2$铉] 引《晋书·韩伯传》："王湛门资台铉，地处膏腴，识表邻机，才惟王佐。"

按，以上文句实出自《晋书》卷七十五末王湛等人传论，作《晋书·韩伯传》，误。当作《晋书·王湛王承等传论》。

8. 卷三，1289页：[厅子都] 引《资治通鉴·梁太祖乾化元年》："帝亲帅军屯白司马阪以备之。"元胡三省注："梁祖选富家子有材力者置帐下，号厅子都。薛居正曰：'太祖置厅子都，最为亲军。'"

按，《梁太祖乾化元年》，误。当为《后梁太祖乾化元年》。又"元胡三省注"，不合引书体例。"元"当删。

9. 卷八，430页：[突将]（—jiàng）引《资治通鉴·唐肃宗上元二年》："突将王元振将作乱。"胡三省注："突将，以领骁勇驰突之士。"

按，《唐肃宗上元二年》误。当为《唐代宗宝应元年》。

10. 卷九，938页：[缇彀] 犹缇骑。穿赤色军服执弓弩的骑士。《文选·颜延之〈应诏观北湖田收〉诗》："飞奔互流缀，缇彀代回环。"李善注："缇彀，骑也。"

按，"李善注"，误。李善注无此语，当为李周翰注。

参考文献

1.《唐会要》，《丛书集成初编》，中华书局1985年版。

2. 程大昌：《演繁露续集》，《丛书集成初编》，中华书局1991年版。

3.《醒世恒言》，上海古籍出版社1987年版。

4.《水浒传》，人民文学出版社1997年版。

5.《新唐书》，《二十四史》，中华书局1997年版。

6.《十三经注疏》，中华书局 1979 年版。

7.《汉书》，《二十四史》，中华书局 1997 年版。

8.《梦溪笔谈校证》，上海古籍出版社 1987 年版。

9.《全唐诗》，上海古籍出版社 1986 年版。

10. 丁惟汾：《方言音释》，齐鲁书社 1985 年版。

11. 干宝：《搜神记》，中华书局 1979 年版。

12.《二十五别史》，齐鲁书社 2000 年版。

13. 余嘉锡：《世说新语笺疏》，上海古籍出版社 1993 年版。

14. 张海鹏：《学津讨原》，商务印书馆 1922 年版。

15.《新刊大宋宣和遗事》，中国古典文学出版社 1954 年版。

16. 威继光：《纪效新书》，中华书局 2001 年版。

17. 陈康祺：《郎潜纪闻初笔二笔三笔》，中华书局 1997 年版。

18. 李绿园：《歧路灯》，中州古籍出版社 1980 年版。

19.《中国丛书综录》，上海古籍出版社 1986 年版。

20.《晋书》，《二十四史》，中华书局 1997 年版。

21. 司马光：《资治通鉴》，上海古籍出版社 1987 年版。

22.《六臣注文选》，中华书局 1987 年版。

原载《山东大学学报》（哲学社会科学版）2003 年第 2 期

《汉语大词典》个别词目释义商订

《汉语大词典》是迄今为止海内外质量最高的一部大型语文工具书。出版十余年来，受到国内外广大学者和使用者的称赞。它已经成为许多专业人士的良师益友和研究工作中不可或缺的工具。然而由于参编者众，有些词目的释义往往有令人扼腕叹息之处。仅举数例于下，以就教于编者方家。

1. 卷一，204 页：［三武］②北魏道武帝、北周武帝和唐武宗的合称。他们皆禁佛教，令僧尼还俗，佛家称为“三武之难”。

按，此释义明显错误。其一，北魏道武帝拓跋珪，公元386—409 年在位；太武帝拓跋焘，公元 423—452 年在位。中国佛教史上第一次法难发生在公元 446 年，即太武帝太平真君七年，与道武帝殊无关系。中国佛教协会所编《中国佛教》之《中国佛教史略 · 北朝佛教》载：“北魏拓跋氏从道武帝（396—409）和晋室通聘后，即信奉佛教……明元帝（409—423）也在都城的四方建立佛像，并令沙门开导民俗。其嗣子太武帝（423—452）……于太延四年（438）三月，令五十岁以下的沙门一概还俗，以充兵役。太平真君五年（444）正月，又禁止官民私养沙门。到了七年（446）二月……又听信崔浩的话，命尽杀长安及各地沙门，并焚毁经像。……这就是中国佛教史上三武一宗灭法之始。”任继愈《中国佛教史》第三卷第一章第四节论北魏太武帝灭佛：“太武帝开始也信奉佛法，礼敬沙门”，“但对佛、道二教的社会作用却有一个认识的过程”，“太武帝‘锐志武功，每以平定祸乱为先’（《魏书·释老志》），他听信司徒崔浩的劝告，信奉寇谦之的天师道，排斥佛教，后来发展为灭佛的行动”。梁慧皎《高僧传》卷第十《释昙始》载：“后拓跋焘……以佛教无益，有伤民利……以伪太平七年，遂毁灭佛法。分遣军兵，烧掠寺舍，统内僧尼悉令罢道。其有窜逸者，皆遣人追捕，得必枭斩，一境之内，无复沙门。”

其二，释义中“他们皆禁佛教”一语不确。如上所引，北魏太武帝是由信佛渐转为灭佛，而北周武帝也大致如此，只有唐武宗李炎在位六年间一直是采取灭佛政策的。

因此，释义若改为“他们皆曾禁止过佛教”，庶几更符合历史。

2. 卷一，1041 页：［人事］④人为的动乱。《国语·越语下》：“人事不起，弗为之始。”韦昭注：“人事，谓怨叛、逆乱之萌也。”《汉书·吴王刘濞传》：“诸侯皆有背叛之意，人事极矣。”

按，此释义未审韦注“之萌”二字，把发生动乱之前的征兆简单地解为“人为的动乱”，违背了两个引例中的原意。实际上，“人事”只是指发生变故和动乱的条件、迹象、征兆等。这种意义在《国语·越语下》中屡屡出现。“又一年，王召范蠡而问曰：‘吾与子谋吴，子曰未可也。今吴王淫于乐而忘其百姓，乱民功，逆天时……上下相偷，其可乎？’对曰：‘人事至矣，天应未也。王姑待之。’”“又一年，王召范蠡而问焉，曰：‘……今其稻蟹不遗种，其可乎？’对曰：‘天应至矣，人事未尽也。’”韦昭注：“谓饥困愁怨之事未尽极也。”显然，这两处“人事”都不是已经发生了人为的动乱，而只是动乱前的条件、征兆等不断出现和积累，发生动乱的可能性越来越大。特别是后一句韦昭注点明“谓饥困愁怨之事未尽极也”。显然“人事”只是指“饥困愁怨之事”，与“动乱”无关。“人事”的此种用法很常见，如杜甫《暮春题瀼西新赁草屋五首》之五：“时危人事急，风逆羽毛伤。”

所以，释义应改为“动乱前的征兆、迹象”。

3. 卷二，1654页：［少御］太仆卿的别称。宋苏轼《与黄师是书》：“少御之除，未满公论，但朝廷正欲君子在内耳。”按，据《宋史·黄寔传》，黄寔（字师是）时除太仆卿。

按，释义据《宋史·黄寔传》“时除太仆卿”便推定“少御”为其别称，不妥。理由如下：其一，《黄寔传》原文是这样的：“哲宗……乃以知陕州，为江淮发运副使。贺辽主登位……还除太仆卿。”但传中“贺辽主登位”一事，《宋史·徽宗纪一》有记载：“建中靖国元年……三月……遣……黄寔贺其孙延禧立。”至于“还”朝日期，《宋史》无载，但《辽史·道宗纪》则有相关信息：“寿隆七年……十二月……癸巳，宋遣黄实来贺即位。”黄实，应即黄寔。“实”当为“寔”之假，“寿隆”又或称“寿昌”，寿昌七年，即建中靖国元年（1101）。可见，黄寔于该年三月受命使辽，至当年十二月使命方有结果。其间延宕十个月之久的原因虽然不得其详，但依然可以找到一些蛛丝马迹。据《宋史·黄寔传》：“贺辽主登位，及境，迓者移牒来，称为‘贺登宝位使’。寔报以受命无‘宝’字，拒不受。”是否因此外交名分之争，黄寔的使命一直拖延未能成礼呢？待考。但可以肯定的是，黄寔“返除太仆卿”的时间应是建中靖国元年十二月以后的事。而苏轼去世的时间则是该年七月二十八日。也就是说，苏轼不可能于其去世前的几个月，即在建中靖国元年春夏之交预知黄寔将“返除太仆卿”，更不可能为此展贺。对这段令人生疑的历史，清代王文诰在《苏文忠公诗编注集成总案》中就曾指出，《宋史》建中靖国元年三月乙丑遣黄寔使辽，“误甚，如谓使还甫出，必无此神速之事”。这里的所谓“出”，孔凡礼《苏轼年谱》卷四十“得黄寔（师是）寄到弟辙二月二十二日简”下考证说：“《宋史》卷三百五十四《黄寔传》亦载寔使辽。苏轼北归，与寔简频繁，未及使辽事。疑使辽之命，甫出即罢。《黄寔传》谓寔为江淮发运副使（即《总案》所云之‘出’）乃此时事。”孔凡礼先生虽然未能注意《辽史》的有关记载，但显然也断定苏轼卒年黄寔仅出任过“江淮发运副使”。

其二，“太仆卿”一职历代属九卿之一，是职掌皇帝车马或朝廷马政的长官。又称“太仆寺卿”“太仆”“太御”等，与“少御”之称无涉。

其三，“御”，一般指“御史”。历代乃君王亲近之职，掌纠察弹劾之权，为皇帝耳目。而宋代之“发运使”，除了职掌经度山泽财货之源，漕淮、浙、江、湖六路储廪以输京都，兼制茶盐、泉宝之政，还负责举刺官吏，犹如御史之职①。事实上，宋代发运使也往往挂以御史衔出使，别称“别使”。因此，发运使称“御史”，“发运副使”便可别称“少御”了。因为“少”字历代皆用以称副贰之职，如太师、太傅、太保之副分别称少师、少傅、少保等等，不一而足。

苏轼所谓“朝廷正欲君子在内”，是说御史之职皇帝总是希望由德行卓异的亲信担当，这是勉励黄寔之辞。

综上，“少御”一词应释为“御史之副职及相当于该官职者（如宋代的发运副使）的别称”。

4. 卷二，1658 页：［尖团音］尖音和团音的合称。声母 z[ts]、c[ts‘]、s[s] 跟 i[i]、ü[y] 或以 i[i]、ü[y] 开头的韵

---

① 详见张政烺主编《中国古代职官大辞典》“发运使”条，河南人民出版社 1990 年版，第 383 页。

母相拼，叫尖音；声母 j[tɕ]、q[tɕʻ]、x[ɕ] 跟 i[i]、ü[y] 或以 i[i]、ü[y] 开头的韵母相拼，叫团音。普通话语音中不分尖团。昆曲所谓尖团音范围还要广些。

按，此释义不妥。尖音和团音，是两个传统的说明部分中古音声母与相关的近现代汉语语音之间类别流变的概念。对它的释义，除了须用汉语拼音、国际音标和现代汉语语音的相关概念，还必须涉及见母（组或系）、精母（组或系）、齐撮（或细音）等音韵学术语。如王力《汉语语音史》说："尖字指的是精系齐撮字，读［ts-、tsʻ-、s-］，团字指的是见系齐撮字，读［tɕ-、tɕʻ-、ɕ-］。……京剧于精系齐撮字保存了古音，而见系齐撮字由舌根音变为舌面前音。"又如《辞海》说："尖团音：尖音和团音的合称。凡古代'精''清''从''心''邪'五母字，近代以来韵母属于细音（高元音）的叫尖音字，如'将''枪''节'；凡古代'见''溪''群''晓''匣'五母字，近代以来韵母属于细音（高元音）的叫团音字。如'姜''腔''结'。尖音字的读音以 zi-[tsi-]、ci-[tsʻi-]、si[si-] 为一般形式，叫做尖音；团音字的读音以 gi-[ki-]、ki-[kʻi-]、hi-[xi-] 为一般形式，叫做团音。有的方言分尖团，如老派上海话'精'念［tsiŋy］、'经'念［tɕiŋy］、'青'念［tsʻiŋy］、'轻'念［tɕʻiŋy］、'星'念［siŋy］、'兴'念［ɕiŋy］，相应的尖音字和团音字都不同音。普通话不分尖团，'精'同'经'、'青'同'轻'、'星'同'兴'都同音。"丁声树《汉语音韵讲义》说："分不分'尖团音'是指古声母精组（精清从心邪）和见晓组（见溪群晓匣）在细音前有没有分别说的。所调'分尖团'，是说精组和见晓组在今细音前有分别。所谓'不分尖团'，是说精组声母和见晓组声母在今细音前没有分别，读音相同。"

上述几种关于“尖团音”“尖团音字”，以及与之相关的“分尖团”和“不分尖团”的解释，都是比较权威和准确的。但《汉语大词典》“尖团音”的释义就不同了。它完全没有涉及这一概念的语音史脉络及相关术语，仅用汉语拼音和国际音标解释，所以根本无法解释明白。同时，由于它先是说声母 z［ts］组跟 i［i］、ü［y］或以它们开头的韵母相拼就叫尖音，j［tɕ］组跟 i［i］、ü［y］或以它们开头的韵母相拼就叫团音，而 z［ts］、j［tɕ］两组音节在普通话中都有，所以给人的感觉是普通话中有尖团音的分别。但释义紧接着强调说“普通话不分尖团”，这就使一般读者如堕云雾，无从理解。

要之，“尖团音”是中古语音演变为近现代语音过程中的一个概念，牵涉到传统语音学概念，也仍属传统语言学的范畴。解释它必然得像王力等先生或《辞海》那样，涉及音韵学概念。而与之相关的“普通话不分尖团”，则是在明确了什么是“尖团音”之后，进而说明中古精组和见组的齐撮字，在普通话中都已读成了 j［tɕ］组，不再有所分别。只有前者解释到位，后者才能解释得明白无误。而《汉语大词典》“尖团音”的释义在这两方面都做得不够。

5. 卷三，81 页：［台铉］犹台鼎。铉，鼎耳，以代鼎。鼎三足，有三公之象，故以喻宰辅重臣。

按，此解迂曲不妥。实际上，台指三台星，古人以喻三公。《后汉书·刘玄传》：“夫三公上应台宿。”李贤注引《春秋汉含孳》：“三公在天为三台。”与“台”字一样可喻指三公重臣的词还有鼎、铉、槐等。它们既可以单独使用，组成如台任、槐位、鼎臣、铉席、铉司、三槐、三铉等词；也可以交叉搭配，组成如台铉、鼎铉、槐铉、台鼎、台槐等同义并列的双音词。

“槐”之所以可喻三公，是因为周代宫廷中植三槐，朝见天子时，三公位三槐前。《周礼·秋官·朝士》所谓“面三槐，三公位焉”。

“鼎”喻三公，是由于它乃国之重器，是帝位和国家社稷的象征。国之三公犹鼎之三足，承国之重，缺一不可。

“铉”也可以直接喻三公宰辅重臣，而不必像释义那样迂曲。这就须弄明白“铉”到底为何物。《易·鼎》：“九三，鼎耳革，其行塞。”王弼注：“耳宜空以待铉。”孔颖达疏：“鼎耳之用，亦宜空以待铉。……常所纳物受铉之处，今则塞矣。”又：“六五，鼎，黄耳金铉。”陆德明释文：“铉，扛鼎而举之也。”孔颖达疏：“铉所以贯鼎而举之也。”由上可知，鼎耳与铉并非一物，“鼎耳乃受铉之处”，“铉所以贯鼎而举之”，也就是说，“铉”是横穿过鼎耳，将鼎抬扛于他处的一种工具。《仪礼·士冠礼》：“离肺实于鼎，设扃鼏。”郑玄注：“今文扃为铉，古文鼏。”又《仪礼·公食大夫礼》：“甸人陈鼎七……设扃鼏。”郑玄注：“扃，鼎扛，所以举之者也。”《周礼·冬官·匠人》：“庙门容大扃七个，闱门容小扃叁个。”郑玄注：“大扃，牛鼎之扃，长三尺。……庙中之门曰闱，小扃，膷鼎之扃，长二尺。”贾公彦疏：“牛鼎扃长三尺，据正鼎而言。此言膷鼎，据陪鼎三：膷、臐、膮而说也。”《说文解字·金部》：“铉，举鼎也。《易》谓之铉，《礼》谓之鼏。”《文选·史岑〈出师颂〉》：“泽霑遐荒，功铭鼎铉。”张铣注：“宣帝泽于远荒而功铭于鼎铉。鼎扛也。”所以，可以断定，铉是贯鼎耳以举鼎之器，绝不是鼎耳。它的形制是二三尺长，像杠子似的一个粗壮的工具。因鼎赖铉以扛举，故古人以之喻国君倚重的三公宰辅重臣。

但是，唯独唐代颜师古将铉误认为鼎耳。他说：“铉者，鼎之耳。”此说横出枝节，无所凭据，显然是错误的。因而此后的一些重要韵书、字书，如《集韵》《正字通》《康熙字典》等皆不取颜说而取古意。学者们也对颜说给予了批评纠正。段玉裁指出：“古说皆云铉贯于耳，颜师古独云‘铉者，鼎耳’。非鼎扃也。其说甚误！《易》言‘黄耳金铉’，则耳与铉非一物明矣！”刘晓东先生也指出：“师古以‘铉’为鼎耳，与扃异物，此说实非。”

综上，笔者认为，《汉语大词典》“台铉”一词的解释，由于对“铉”字弃古说而取误解，同时又忽略了“台”字的意义，于是该词的释义只好迂曲为解，不能为人所赞同了。

6. 卷三，342 页：［咬舌］指说话时舌尖常接触牙齿，发音不清。《红楼梦》第二十回：“我只保佑着明儿得一个咬舌儿林姐夫，时时刻刻你可听‘爱’呀‘厄’的去。”

按，此释义不对。此盖袭用《现代汉语词典》［咬舌儿］条的解释，属照搬他书错误。

民间所谓的“咬舌”，一般是指舌尖后音（卷舌音）zh、ch、sh、r 和舌尖前音发音不准，往往把 zh、z 二组分别发成舌面前音 j、q、x，r 总是读成零声母或舌根音 ng，也有把 z 组读成 zh 组的。例如：

“知道”读成 jidao 或 zidao（简写为：知道——jidao/zidao，下同）

吃屎——qīxǐ/ cīsǐ　　四个——xìge

柿子——xìji/sìzi　　十个——xíge

叔叔——xūxu/sūsu　　泚水——chīshuǐ/qīxuǐ

老师——lǎoxī/laosī　　死了——shile/xile

儿子——áiji/ngaiji

这种现象多在少年儿童中出现。若到年龄稍大还不能纠正，就会被人讥笑为“咬舌子”。史湘云正是因此而受到林黛玉揶揄的。

因为 zh 组是由舌尖上翘与硬腭前部构阻而发音，z 组是由舌尖靠近或接触上齿背构阻而发音，j 组是由舌面前部靠近或接触上腭前部构阻而发音，所以，只有把 zh 组发成 z 组时，才能算是有“舌尖接触牙齿”的动作。而这种情况远不如把 zh、z 组读成 j 组者多。而 j 或 zh 组都与舌尖和牙齿无关。特别是《红楼梦》的例证中，把“二”读成“爱”或“厄”，更是与舌尖、牙齿无涉。因此，我们说《汉语大词典》（或《现代汉语词典》）此条释义是不对的。该释义若要涉及发音部位和发音方法等专业用语，如“舌尖”“牙齿”等，就一定要科学、准确。若只是笼统说明，则只需说“俗指说话吐字不清”。我们认为《现代汉语词典》宜用前者，《汉语大词典》则可用后者。

参考文献

1. 中国佛教协会：《中国佛教》，知识出版社 1989 年版。
2. 任继愈：《中国佛教史》，中国社会科学出版社 1988 年版。
3.《历代高僧传》，上海书店 1989 年版。
4.《国语》，商务印书馆 1958 年版。
5.《宋史》，《二十四史》，中华书局 1997 年版。
6.《辽史》，《二十四史》，中华书局 1997 年版。
7. 孔凡礼：《苏轼年谱》，中华书局 1998 年版。
8. 王力：《汉语语音史》，中国社会科学出版社 1985 年版。
9.《辞海》，上海辞书出版社 1999 年版。
10. 丁声树：《汉语音韵讲义》，上海教育出版社 1984 年版。
11.《后汉书》，《二十四史》，中华书局 1997 年版。

12.《十三经注疏》，中华书局 1979 年版。
13. 段玉裁：《说文解字注》，上海古籍出版社 1981 年版。
14.《六臣注文选》，中华书局 1987 年版。
15. 刘晓东：《匡谬正俗平议》，山东大学出版社 1999 年版。

原载《齐鲁学刊》2003 年第 3 期

《汉语大词典》义项与引文补订举例
——读《汉语大词典》札记

义项齐备、引文正确，是一部高质量的大型语文词典所应具备的特点。《汉语大词典》在这两方面较其他语文工具书有了明显的进步和发展，基本上做到了古今兼收、源流并重、引文精当。但是有的词目在这两方面依然存有缺憾。现各举数例于下，并分别予以补充订正。

一、常见或重要义项缺失例

1. 卷二，370 页：［商人］贩卖货物的人。引《左传·僖公三十三年》、宋曾巩《义仓》、老舍《四世同堂》四五例。（按，为节省篇幅，《汉语大词典》引例原文略。下同。）

2. 卷二，371 页：［商民］商人。引《商君书·农战》《穀梁传·成公元年》例。

按，以上二词都应有“商代人或其后裔”一义。如《左传·昭公元年》：“迁阏伯于商丘，主辰，商人是因，故辰为商星。”孔颖达疏：“商谓宋也。宋，商后，故称商人也。”① 《礼记·乐记》：“商之遗声也，商人识之。”②《今本竹书纪年疏证》：“商人

① 《十三经注疏》，中华书局 1979 年版，第 2023 页。

② 《十三经注疏》，中华书局 1979 年版，第 1545 页。

后改天下之号曰殷。”①《逸周书·商誓解》：“我闻古商先誓王成汤，克辟上帝，保生商民，克用三德，疑商民弗怀，用辟厥辟。”②

3. 卷二，1108 页：［垸］[1]［huán《广韵》胡官切，平桓，匣。又胡玩切，去换，匣。］①用漆掺和骨灰涂抹器物。②转动。③通“锾”。［垸］[2]［yuàn］方言。①堤堰。②见“$垸_2$子”“$垸_2$田”。

按，“垸”除了上列二音义，还应当有第三个音读和义项，即［垸］[3]［wán］通“丸”。《列子·黄帝》：“我有道也。五六月，累垸二而不坠，则失者锱铢。”张湛注：“向秀曰：累二丸而不坠，是用手之停审也。故承蜩所失者不过锱铢之间耳。”杨伯峻集释引《释文》：“垸音丸。司马云，谓累丸于竿头也。”③

4. 卷二，1377 页，［大爷］㊀（—yé）①旧时大户人家仆役称排行居长的少主。②旧社会帮会中称辈分高的头目。（—ye）③伯父，亦用以尊称男性长者。

按，“大爷”还可以增加下列三个义项：

①对官衙差役或富豪家奴仆的敬称。《金瓶梅》第六十九回：“那个节级排军骂道：‘你这厮还胡说，当的甚么？各人到老爹跟前哀告，讨你那命是正经。’小张闲道：‘大爷教导的是。’”④《儒林外史》第二十五回：“（鲍文卿）知道向太爷已经回寓了，把手本递与管门的，说道：‘有劳大爷禀声，我是鲍文卿，来叩见太老爷。’”⑤

① 《二十五别史》（一），齐鲁书社 2000 年版，第 63 页。
② 《二十五别史》（一），齐鲁书社 2000 年版，第 44 页。
③ 《列子集释》，中华书局 1979 年版，第 65 页。
④ 《金瓶梅》，齐鲁书社 1987 年版，第 1065 页。
⑤ 《儒林外史》，作家出版社 1955 年版，第 251 页。

②旧称纨绔子弟。《官场现形记》第十九回："两个都是大爷身份，又是鸦片烟大瘾，晚上不睡，早上不起。"① 老舍《鼓书艺人》十五："要是秀莲出了头，她就会把那班来捧场的最有钱的大爷给拉过去。"②

③男子倨傲自称。《红楼梦》第九回："这里茗烟走进来，便一把揪住金荣问道：'……你是好小子，出来动一动你茗大爷！'"③ 茅盾《子夜》八："（冯云卿）咬着牙齿在心里骂道：'……你冯大爷，是有面子的地主。'"④

5. 卷二，1468 页，［太保］①古三公之一，位次太傅。周置，为辅弼国君之官。春秋后废，汉复置。后代沿置，多为重臣加衔，以示恩宠，并无实职。亦指太子太保，为辅导太子之官。参见"太师①""太傅"。②宋元时称庙祝、巫师为太保。③对绿林好汉的尊称。④对仆役的尊称。

按，"太保"还可以增加下列三个义项：

①传说五代后唐太祖李克用有儿子、义子十三人，皆为太保。后世遂以"太保"尊称他人之子。《宋史·宗室传·周恭肃王元俨》："帝不欲元俨早出宫，期以年二十始就封，故宫中称为'二十'八太保。盖元俨于兄弟中行第八也。"⑤ 清梁绍壬《两般秋雨庵随笔》卷八："又宋宗室名宗汉，自恶人犯其名，谓汉曰'兵士'。其妻斋罗汉，其子授《汉书》，宫人传语曰：'今日夫人供十八阿罗兵士，太保请官点兵士书。'"⑥

---

① 《官场现形记》，人民文学出版社 1957 年版，第 309 页。
② 《老舍文集》（六），人民文学出版社 1984 年版，第 403 页。
③ 《红楼梦》，人民文学出版社 1962 年版，第 101 页。
④ 《子夜》，人民文学出版社 1960 年版，第 227 页。
⑤ 《宋史》，《二十四史》，中华书局 1997 年版，第 8705 页。
⑥ 梁绍壬：《两般秋雨庵随笔》，上海古籍出版社 1982 年版，第 444 页。

②下级将士对将帅的尊称。宋司马光《涑水记闻》卷二“（曹）玮知秦州……玮即呼超指示之曰：‘汝能取彼否？’对曰：‘凭太保威灵，愿得五十骑裹送至虏阵前，可以取之。’”①

③港台地区对不良少年的贬称。沈征郎《细说台中·今昔不良少年，‘道行’天壤有别》：“二三十年前的不良少年称为‘太保’……不过到了拿刀杀人的程度，一般就不再以不良少年名之，而改称流氓了。”（按，朱广祁《当代港台用语辞典》：“［太保］流氓，阿飞：上高中的时候，他口衔香烟，穿着花俏，成了一方知名的太保。”② 释义色彩显然较重。又备一说。）

6. 卷七，1431 页：［盗］①偷窃；劫掠。引申为用不正当的手段谋取。②侵犯。③偷窃或抢劫财物的人。④谗佞的人。亦指欺世惑众的人。⑤对反叛者的贬称。亦指外来入侵者。⑥杀人者；刺客。⑦私通。⑧逃避。⑨篡夺。⑩窃据。⑪私下；暗中；非法。⑫浅色或杂色。

按，《说文解字·次部》：“盗，私利物也。”顾名思义，“盗”字的本义似乎应当是“为自己获取物质利益”。《列子·天瑞》：“吾善为盗。……若失为盗之道至此乎？今将告若矣。吾闻天有时，地有利。吾盗天地之时利，云雨之滂润，山泽之产育，以生吾禾，殖吾稼，筑吾垣，建吾舍。陆盗禽兽，水盗鱼鳖，亡非盗也。夫禾稼、土木、禽兽、鱼鳖，皆天之所生，岂吾之所有？然吾盗天而亡殃。夫金玉珍宝，谷帛财货，人之所聚，岂天之所与？若盗之而获罪，孰怨哉？”③ 清顾炎武《与潘次耕》：

---

① 《涑水记闻》，《丛书集成初编》，中华书局 1985 年版，第 16~17 页。
② 《当代港台用语辞典》，上海辞书出版社 1994 年版，第 307 页。
③ 《列子集释》，中华书局 1979 年版，第 36~37 页。

“列子盗天之说，谓取之造物而无争于人。”① 上述各用例，除《列子》“若盗之而获罪”句中的“盗”是“偷窃”“劫掠”义之外，其余“盗”字的用法都是“设法从自然界获取利益，增多自己的财物而不损害他们的利益”的意思，即所谓“取之造物而无争于人”。这与《说文解字》“盗，私利物也”所揭示的“盗”的本义十分相近，应当算是“盗”的一个最近的引申义。这一引申义，《汉语大词典》概括的12个义项没有包括，而上述12个义项也无一能解释《列子》“盗天”之“盗”。可见，“盗”字宜酌加一个义项或引申义：“设法从自然界获取利益，而不损害他人的利益。”

二、引文文句错误例

1. 卷一，183页：［三日新妇］引清陈维崧《酬许元锡》诗：“何肯龌龌学章句，三日新妇殊可怜。”

按，引文“何肯龌龌学章句”，“龌龌”不词。《清诗别裁》卷十一，此诗句作“何肯龌龊学章句”②，当为正。

2. 卷一，204页：［三长］㊀（—zhǎng）①北魏地方基层行政官吏党长、里长、邻长的合称。《魏书·高祖纪下》：“初立党、里、邻三长，安民户籍。”

按，“安民户籍”，误。据《魏书·高祖纪下》，原文为“定民户籍”③。

3. 卷一，484页：［屯$_2$正］清代管理五十屯户的小官。《清

① 《顾亭林诗文集》，中华书局1983年版，第141页。
② 《清诗别裁集》（上册），中华书局1975年版，第198页。
③ 《魏书》，《二十四史》，中华书局1997年版，第161页。

史稿·食货志一》："仍仿营田制，十户一屯长，五十户一屯正，每屯五正，设一管领专员。"

按，引文"每屯五正"，误。且会与下文"设一管领专员"句，合并产生歧义，误使人以为每屯设五个屯正，另外再设一管领专员。实际《清史稿·食货志一》原文为"十户一屯长，五十户一屯正，每屯正五，设一管领专员"①，即二十五屯才设一名管领专员。

4. 卷一，1681 页：［僮儿］男孩。《汉书·礼乐志》："初，高祖既定天下，过沛，与故人父老相乐，醉酒欢食，作'风起'之诗，令沛中僮儿百二十人，习而歌之。"

按，所引"醉酒欢食"，误，不知何本。据《汉书·礼乐志》，当为"醉酒欢哀"②。又据《史记·高祖本纪》："过沛，留。置酒沛宫，悉召故人父老子弟纵酒，发沛中儿得百二十人，教之歌。酒酣，高祖击筑，自为歌诗曰：'大风起兮云飞扬，威加海内兮归故乡，安得猛士兮守四方！'令儿皆和习之。高祖乃起舞，慷慨伤怀，泣数行下。"③ 文中"酒酣……慷慨伤怀，泣数行下"，正可作所引《汉书》"醉酒欢哀"句之注脚。

5. 卷二，1413 页：［天匠］天工神匠。引明袁宏道《南岩望绝顶及五龙诸宫有述》诗："珠题簸绝壁，人巧依天匠。"

按，"珠题簸绝壁"甚为不词。查《袁宏道集》，原文为"珠题嵌绝壁"④。"簸"为"嵌"之误。当据正。

6. 卷二，1473 页，［太尊］①远祖。引清梁章钜《称谓录·

① 《清史稿》，中华书局 1976 年版，第 3512 页。
② 《汉书》，《二十四史》，中华书局 1997 年版，第 1045 页。
③ 《史记》，《二十四史》，中华书局 1997 年版，第 389 页。
④ 《袁宏道集笺校》（中），上海古籍出版社 1981 年版，第 920 页。

远祖》："子云《长杨赋》为成帝时作，考高祖为成帝九世祖，而称之曰太尊，此以远祖之称。"

按，"此以远祖之称"句，误。当为"此亦远祖之称"①，"以""亦"盖音近而讹。

7. 卷三，80 页：［台$_2$背］（—bèi）指老人。台，通"鲐"。《诗·大雅·行苇》："黄耇台背，以引以翼。"朱熹集传："台，鲐也。六老则背有鲐文。"

按，引文"朱熹集传：'六老则背有鲐文'"，"六老"不词，当为"大老"之误。又，此句实出《诗·大雅·行苇》郑玄笺。原文为："台之言鲐也。大老则背有鲐文。"②

8. 卷六，466 页：［掩汉精］引元关汉卿《调风月》第三折："终身无，簸箕星……咽咽哽哽，觑着你掩汉精。"

按，据《元曲选外编》原文，"觑着你掩汉精"句，脱"个"字，当作"觑着你个掩汉精"③。

9. 卷六，780 页：［握拳透爪］《晋书·卞壶传》："卞壶拒苏峻，父子战死。其后盗发壶墓，尸僵，鬓发苍白，面如生，两手悉拳，爪甲穿达手背。"后以"握拳透爪"形容愤怒到极点。

按，查《晋书·卞壶传》，原文并无"卞壶拒苏峻，父子战死"之文。此句盖系《汉语大词典》编者为引用下文所做铺叙，不可充当原文引用。改正方法：①叙述加引用相结合。如《晋书·卞壶传》载，卞壶拒苏峻，父子战死。"其后盗发壶墓……爪甲穿达手背。"②忠实引用原文。《晋书·卞壶传》："（卞）壶时发背创，犹未合，力疾而战，率厉散众及左右吏数百人，攻贼

---

① 《称谓录》，天津市古籍书店 1987 年版，第 2 页。
② 《十三经注疏》，中华书局 1979 年版，第 535 页。
③ 《元曲选外编》（第一册），中华书局 1959 年版，第 88 页。

麾下。苦战，遂死之。……其后盗发壶墓……两手悉拳，爪甲穿达手背。”①

10. 卷八，12 页：［私兄弟］指妾的兄弟。《仪礼·丧服》：“凡妾为私兄弟如邦人。”郑玄注：“私兄弟，自其族亲也。”贾公彦疏：“以其兄弟总外内之称，若言私兄弟则妾家族亲也。”

按，清阮元《〈仪礼注疏〉校勘记》：“自其族亲也：‘自’，徐本、《集释要义》、敖氏俱作‘自’，与疏不合。毛本作‘目’。”②《四部备要·仪礼注疏》：“‘凡妾为私兄弟如邦人’，郑玄注：‘私兄弟，目其族亲也。’”③

《备要》本及阮元《校勘记》是对的。《汉语大词典》引用时未注意吸引校勘成果。故此句当以“私兄弟，目其族亲也”为正。

11. 卷八，389 页：［童子］②古代指未成年的仆役。《仪礼·既夕礼》：“朔月，童子执帚却之，左手奉之。”郑玄注：“童子，隶子弟若内竖寺之属。”

按，上古有“内竖”之称，指宫内地位低微的小吏或年龄小的童仆，后来也用来指宦官。又有“寺人”之称，指以阉者充任的宫内近待小臣。二者职责、地位虽相似，但未见有将二者合称为“内竖寺”者。上述［童子］条所引“隶子弟若内竖寺之属”句，“寺”后脱“人”字，当补。原文为：“童子，隶子弟。若内竖、寺人之属。”④

12. 卷十一，1072 页：［阳遂］②亦作“阳燧”。古代利用日

---

① 《晋书》，《二十四史》，中华书局 1997 年版，第 1873 页。
② 《十三经注疏》，中华书局 1979 年版，第 1127 页。
③ 《四部备要》（四一），台湾中华书局 1979 年版，第 371 页。
④ 《十三经注疏》，中华书局 1979 年版，第 1162 页。

光取火的凹面铜镜。《周礼·秋官·司烜氏》："司烜氏掌以夫遂取明火于日，以鉴。"

按，《周礼·秋官·司烜氏》原文为"司烜氏掌以夫遂取明火于日，以鉴取明水于月"①。《汉语大词典》将原文引破，使之成为不词之文。改正方法是，或删去"以鉴"二字，或引出"以鉴取明水于月"，皆可。

原载《人文述林》第六辑，山东大学出版社2003年版

① 《十三经注疏》，中华书局1979年版，第885页。

《汉语大词典》词目用例摘瑕补苴

——读《汉语大词典》札记

一、例证晚出例

王力先生在《理想的字典》一文中指出："字典举例，向来以始见之书为限……这是极艰难的工作。但是，字典如果做不到这一点，决不能达到最高的理想。"① 迄今为止，《汉语大词典》在这方面仍是各种语文字典、词典中做得较好的。不过，面对浩如烟海的典籍，这样一部众人参编的大型工具书，有的词条的用例确实尚未达到"最高的理想"，这也是不足为怪的。下面就是一些有更早例证可用的词条及相关例证。

1. 卷三，1571 页：［富汉］犹富人。钱财多的人。贺敬之、丁毅等《白毛女》第一幕："黄世仁：哼，杀不了穷汉，当不了富汉，我弄不了杨白劳，就得不到喜儿。"

按，"富汉"一词，古已有之。元无名氏《杀狗劝夫》第二折："巡军这早晚敢出来也，他是个富汉，便拿住他，只使得些钱罢了，怕甚的！"②

2. 卷七，1173 页：［省官］①宋时称官职及内侍之押班、都

① 王力：《龙虫并雕斋文集》，中华书局 1980 年版，第 371 页。

② 《元曲选》（一），中华书局 1958 年版，第 103 页。

知。引宋陆游《老学庵笔记》卷四及宋洪迈《容斋四笔·寄资官》例。

按，“省官”之称，自魏晋南北朝之后，就广泛用以称尚书、中书、门下或行省主要官员。《南史·王韶之传》：“晋帝自孝武以来，常居内殿，武官主书于中通呈，以省官一人管诏诰，住西省，因谓之西省郎。”①《旧唐书·张仲方传》：“（大和）九年十一月，李训之乱，四宰相、中丞、京兆尹皆死，翌日，两省官入朝，宣政衙门未开，百官错立于朝堂，无人吏引接。”②

3. 卷七，1423 页：［益进］长进；增进。引唐韩愈《送湖南李正字序》：“惟愈也，业不益进，行不加修，顾惟未死耳。”另又引李大钊《再论新亚细亚主义》例。

按，“益进”一词，见于《史记·孔子世家》：“孔子自周反于鲁，弟子稍益进焉。”③ 韩愈文中正是用此典，以示自谦。

4. 卷七，1509 页：［生番］①旧时侮称文明发展程度较低的人。多指少数民族或外族。引清魏源《圣武记》卷十一和《清史稿·穆宗纪二》例。

按，《明史·西域传三》：“时有番长移书松潘守将赵得，言欲入朝，为生番阻遏，乞遣兵开道。诏令得遣使招生番。”④

5. 卷七，1512 页：［生意人］商人，做买卖的人。引丁玲《母亲》及马识途《老三姐》例。

按，此称谓明清时已习见。《儒林外史》第十七回：“那人才立起身来为礼，青绢直身，瓦楞帽子，像个生意人模样。”⑤《官

① 《南史》，《二十四史》，中华书局 1997 年版，第 662 页。
② 《旧唐书》，《二十四史》，中华书局 1997 年版，第 4445 页。
③ 《史记》，《二十四史》，中华书局 1997 年版，第 1909 页。
④ 《明史》，《二十四史》，中华书局 1997 年版，第 8589 页。
⑤ 吴敬梓：《儒林外史》，作家出版社 1955 年版，第 172 页。

场现形记》第二十三回："因为归德府奉了上头的公事，要在本地开一个中学堂，款项无出，就向生意人硬捐。"①

6. 卷九，318 页：［苦主］命案中受害人的家属。首引《元史·刑法志四》："诸两家之子，昏暮奔还，中路相迎，撞仆于地，因伤致死者，不坐，仍征钞五十两给苦主。"后又引《水浒传》第三十一回及《官场现形记》第五十七回例。

按，"苦主"一词始见于宋。宋慈《宋提刑洗冤集录·圣朝颁降新例·检验法式》："检尸官吏于上署押，一幅给付苦主，一幅粘连入卷，一幅申达本管上司。"②

7. 卷九，967 页：［县尊］旧时对县官的尊称。川剧《拉郎配》第八场："县尊寄书信，实在难为人。"

按，此称谓明清时代已常见。《儒林外史》第十九回："竟是抚台访牌下来，县尊刻不敢缓，三更天出差去拿，还恐怕他走了。"又，"到了堂口，县尊叫差人回来，吩咐寄内号，同大盗在一处"。③《二十年目睹之怪现状》第九回："但是他那位太太爱女情切，暗暗的叫他大舅再到嘉定去，请嘉定县尊不要把那轿班办的重了。"④

8. 卷十，238 页：［贤臣］贤明的臣子。仅引《东周列国志》第二回"君王不畏天变，黜逐贤臣，恐国家空虚，社稷不保"为例证。

按，"贤臣"一词，自秦汉以来就已广为应用。《汉书·魏相

① 李伯元：《官场现形记》，人民文学出版社 1957 年版，第 366 页。

② 宋慈：《宋提刑洗冤集录》，《丛书集成初编》，中华书局 1985 年版，第 7 页。

③ 吴敬梓：《儒林外史》，作家出版社 1955 年版，第 195 页。

④ 吴趼人：《二十年目睹之怪现状》，人民文学出版社 2000 年版，第 79 页。

传》："数条汉兴已来国家便宜行事，及贤臣贾谊、晁错、董仲舒等所言，奏请施行之。"① 三国蜀诸葛亮《前出师表》："亲贤臣，远小人，此先汉所以兴隆也。"② 元无名氏《陈州粜米》第二折："想前朝有几个贤臣，都皆屈死，似老夫这等粗直，终非保身之道。"③

9. 卷十一，1181 页：［金瓯］③酒杯的美称。引元本高明《琵琶记·蔡宅祝寿》及明沈采《千金记·夜宴》例。

按，宋张先《庆佳节》词："我忆欢游无计奈，除却且醉金瓯。醉了醒来春复秋。"④

10. 卷十二，186 页：［靴工］鞋匠。清纪昀《阅微草堂笔记·滦阳消夏录四》："至靴工祀孙膑、铁工祀老君之类，则荒诞不可诘也。"

按，"靴工"一称早在隋唐已有之。隋卢思道《北齐兴亡论》："陆子骆提婆者，出于皂隶，本是靴工，愚暗庸短，仅辩菽麦。"⑤

二、无例证的词目（或义项）例

王力先生在《理想的字典》一文中指出："例子对于字典是很重要的……因为无论怎样好的注解，总不如举例来得明白"，"对于每一个近代常用的字义，是必须举例的"。在这一点上，《汉语大词典》已经做得相当好了。但偶尔也有个别词目只有解

① 《汉书》，《二十四史》，中华书局 1997 年版，第 3137 页。
② 《六臣注文选》，中华书局 1987 年版，第 686 页。
③ 《元曲选》（一），中华书局 1958 年版，第 42 页。
④ 《全宋词》（一），中华书局 1965 年版，第 63 页。
⑤ 《卢思道集》，《汉魏六朝百三家集》本。

说，没有例证。按照王力先生的要求，以及《汉语大词典》在辞书界的地位，这种情况应当是尽量避免或减少的。下面就是可以补出例证的几个例子。

1. 卷二，238 页：［先兄］已死的兄长。

按，《西游记》第十回："只见那街旁边有先主李渊，先兄建成，故弟元吉，上前道：'世民来了！世民来了！'那建成、元吉就来揪打索命。"①《歧路灯》第二十三回："先兄撇下一个舍侄，今年十一岁了。"《二十年目睹之怪现状》第六十五回："上前年先母见背下来，不上半年，先兄、先嫂，以及内人、小妾，陆续的都不在了。"

2. 卷二，238 页：［先主］③开国君主。亦以称三国蜀刘备。三国魏锺会《檄蜀文》："益州先主，以命世英才，兴兵新野。"《三国志·蜀书·先主传》："先主姓刘，讳备，字玄德。"

按，此条例证以"先主"专称刘备，于"开国君主"仍无所证。而上述《西游记》第十回"有先主李渊"句，可补其缺。

3. 卷二，879 页：［叔公］①丈夫的叔父。②父亲的叔父。即叔祖。

按：①丈夫的叔父。老舍《离婚》第十九："李太太自从自己打了顿嘴巴之后，脸上由肿而削瘦，心里老憋着一大下子眼泪。见了张大哥好像见了叔公，把委屈都倒了出来。"②

②父亲的叔父。即叔祖。《儒林外史》第二十二回："我们徽州人称叔祖是叔公，你从今只叫我做叔公罢了。"茅盾《第一阶段的故事》七："可是，昨天车里伤了风，今天不叫他出来；过

---

① 吴承恩：《西游记》，人民文学出版社 1990 年版，第 74 页。

② 《老舍文集》（二），人民文学出版社 1981 年版，第 351 页。

一天，再带他来见见叔婆和叔公。"①

4. 卷二，880页：［叔祖］父亲的叔父。

按：［叔祖］父亲的叔父。唐薛用弱《集异记补编·叶法善》："叔祖靖能，颇有神术。"② 宋司马光《涑水记闻》卷九："慕叔祖放之为人，既而，人莫之省。"③《二十年目睹之怪现状》第十八回："此人是我的叔祖，号叫做借轩。"

同页：［叔祖母］父亲的叔母。冰心《南归》："我那时还小，只记得你外祖母半夜咽了气，你外祖父便叫老妈子把我背到前院你叔祖母那边去了。"④

5. 卷四，339页：［姨丈］母亲的姐妹夫。

按，［姨丈］母亲姐妹的丈夫，即姨夫。白先勇《玉卿嫂》十："姨丈跑来我们家，死求活求，好歹要我妈去陪淑英姨娘几天。"⑤

6. 卷四，339页：［姨妹］②妻之妹。

按，［姨妹］妻之妹。李劼人《大波》第一部第九章："这倒不仅龙老太太的旧脑筋为然，便是号称维新而开通的黄澜生夫妇，也一直没向他们的姨妹提说一言半语。"⑥

7. 卷七，1490页：［生父］生育已身的父亲。如：他三岁时生父就去世了。

---

① 《茅盾文集》（四），人民文学出版社1958年版，第249页。

② 薛用弱：《集异记》，《丛书集成初编》，中华书局1985年版，第58页。

③ 司马光：《涑水记闻》（二），《丛书集成初编》，中华书局1985年版，第99页。

④ 《冰心选集》（第二卷），四川人民出版社1984年版，第117页。

⑤ 《白先勇短篇小说选》，福建人民出版社1982年版，第244页。

⑥ 《李劼人选集》（第二卷），四川人民出版社1980年版，第319页。

按，[生父] 生身父亲的省称。《七国春秋平话》卷中："太子闻得烦恼，曰：'便做齐王无道，是俺生父！'"① 清梁章钜《称谓录》卷一《本生父》："甚至有称嫡父、生父者。"② 《上海小刀会起义史料汇编·大明太平天国统理政教招讨大元帅刘示》："上帝即人类之生父，何以人类不信仰上帝，竟崇拜释道之邪神？"

8. 卷八，500 页：[疏客] ②关系疏远的客人。

按，《韩非子·五蠹》："故饥岁之春，幼弟不饷；穰岁之秋，疏客必食。"③

三、例证标点错误例

1. 卷三，1301 页：[守门] ②看守门户的人。《左传·僖公二十八年》："卫侯先期入，甯子先长牂，守门以为使也，与之乘而入。"

按，例句记叙的是鲁僖公二十八年（前 632）的一段历史：晋国允许逃亡在外的卫成公回国，成公在约定的日期之前进入卫国。大夫甯武子为了使都城的人有思想准备，就比卫侯更早一些进入国都。大夫长牂守卫国都大门，以为甯武子是国君的使者，就和他同乘一辆车进了城。引文误将原文标点为"甯子先长牂，守门以为使也"，意思就成了"甯武子赶在了长牂之前，守门的人以为他是国君的使者"。这与《左传》原意不符。应当改为"卫侯先期入，甯子先，长牂守门，以为使也，与之乘而入"。

2. 卷五，588 页：[昆孙] ①兄之孙。《左传·昭公十六年》：

① 《七国春秋平话》，古典文学出版社 1955 年版，第 33 页。
② 梁章钜：《称谓录》，天津市古籍书店 1987 年版，第 48 页。
③ 《诸子集成》（五），上海书店 1986 年版，第 340 页。

“孔张，君之昆孙子孔之后也。”杜预注：“昆，兄也。子孔，郑襄公兄，孔张之祖父。”

按，若无杜预注，所引《左传》原文则会被理解为“子孔是君之昆孙，孔张则是子孔的后代”。这显然是由引文标点不当引起的误解。据杜预注可知，正确的标点应为“孔张，君之昆孙。子孔之后也”。

3. 卷八，389 页：［童子］④引清陈康祺《郎潜纪闻》卷七：“潘文恭公试童子，日端坐试席，风度凝重。”

按，引文中所说潘文恭公，是清代道咸间著名宰执大臣、乾嘉道咸四朝元老潘世恩，字槐堂，谥文恭。以上标点“日端坐试席，风度凝重”，使人误以为是说潘世恩做童子试考官时，态度端庄严肃，整天正襟危坐在考场中。实际上，《郎潜纪闻初笔》卷七《潘文恭公童试时对》原文是：“潘文恭公试童子日，端坐试席，风度凝重。吴县令李逢春异之，因命对云：‘范文正以天下自任。’公应声曰：‘韩昌黎为百世之师。’夫文正、昌黎，后世殊难追逐，然公口气如此，则已安排作状元宰相矣。”①

原来，此条记述的是潘世恩儿时参加童子试时的情况，他少年老成，态度严肃地端坐在考场里，引起了县令的注意，特意考察他对对子。《汉语大词典》“日端坐试席”句，误将“日”字从下读，意思变成了潘世恩终日端坐在考场中，这有悖于考试的常理，使人误以为他不是参考者而是监考官了。故此句正确的标点当为“潘文恭公试童子日，端坐试席……”

原载《人文述林》第七辑，山东大学出版社 2004 年版

① 〔清〕陈康祺撰，晋石点校：《郎潜纪闻初笔二笔三笔》，中华书局 1984 年版，第 153 页。

《汉语大词典》释义错误的几种类型

《汉语大词典》作为目前最权威的大型汉语词典，出版十年来，使广大读者深受其益。在使用过程中，广大语文工作者也不断发现并指出它在词目释义方面存在的一些瑕疵，笔者也曾做过一些这方面的工作。但这类指正往往不成系统。为促进《汉语大词典》自身今后的修订和其他同类词典今后的编纂，方便读者在使用时的总体把握，笔者把自己在使用《汉语大词典》（以下简称《汉大》）过程中发现的释义方面的问题，综合起来做了一点归类性的考察，集为此文。

一、因资料占有不全，不明词的源头和词的全部含义，从而造成释义错误

卷一，1332 页：【使头】唐宋元明时奴仆对家主的称呼。例举五代王定保《唐摭言·贤仆夫》《警世通言·三现身包龙图断冤》。又“亦用于称上司以至国主”。例举《敦煌变文集·父母恩重经讲经文》、宋孙光宪《北梦琐言》。（按，为节省篇幅，引例原文略。下同。）

按“使头”一称，其本源当始自唐代对节度使、观察使等称作“使”的军政长官的俗称。宋王溥《唐会要·御史台中》：“大中五年七月敕，如闻江淮之间多有水陆两路，近日乘券牒使

命等，或使头陆路，则随从船行；或使头乘舟，则随从登陆。一道券牒，两处祇供，害物扰人，为弊颇甚。”① 宋程大昌《演繁露续集·唐宪衔使头使下》：“在使幕之下者既名使下，故谓之使者名为使头也。”又：“使头，衔使之人也，首也。”② 由于有衔使之官乃朝廷钦差大员，人皆尊敬羡慕之，所以“使头”渐渐变成对位尊者或仆人对家主的敬称，如《汉大》“使头”条下所举例皆是。又如：宋苏轼《杂纂续二·这回得自在》：“宠妾独随使头赴官。”③《醒世恒言》卷三一：“郑信道：‘复使头，蒙台批，支二十两银，如今自把来取台旨。’”④

另外，“使头”还用以称职司某事者。《水浒传》第三回：“郑屠道：‘使头！你们快选好的切十斤去！’鲁提辖道：‘不要那等腌臜厮们动手，你自与我切！’”⑤ 这里是郑屠称手下的使佣头目。

综上，“使头”条的义项排列及释义应当改正为：①唐代对节度使、观察使等朝廷命官的俗称。②对位尊者或对家主的敬称。③敬称职司某事者。

有的释义甚至加入了编者个人的猜测或评论。如“副旦”。

卷二，721页：【副旦】元杂剧脚色名。仅见于《元曲选》本《货郎旦》一剧，由副旦扮张三姑，自第二折以下主唱全折。此剧另有明脉望馆抄本，脚色安排是：正旦在第一折扮李彦和妻刘氏，第二折以下均扮张三姑。一般认为，副旦名目可能为《元

① 《唐会要》，《丛书集成初编》，中华书局1985年版，第89页。

② 程大昌：《演繁露续集》，《丛书集成初编》，中华书局1991年版，第25页。

③ 苏轼：《杂纂》，《丛书集成初编》，中华书局1985年版，第20页。

④ 《醒世恒言》，上海古籍出版社1987年版，第1916页。

⑤ 《水浒传》，人民文学出版社1997年版，第26页。

曲选》编者臧懋循杜撰。

按，此释义有多种不妥。其一，不合《汉语大词典》释义体例，带有考据性，且考据结论不确，有误导之嫌。其二，副旦作为传统戏剧角色名，经常出现在元明杂剧中，并非仅见于《元曲选》之《货郎旦》。例如，明徐野君《春波影》第一出“【副旦扮杨夫人，旦儿扮小六娘同上】”即是。对此角色名，当时戏曲评论家或相关专著时有论及。明胡应麟《庄岳委谈》下：“元杂剧旦有数色：所谓装旦，即今正旦也。小旦，即今副旦也。以墨点破其面，谓之花旦。”可见，明代“副旦”这一角色名是通用的，而“小旦”一名则是别称（后世也叫“贴旦”，昆曲叫“六旦”）。《戏剧角色名词考》对此考证说：“这个小字，同小生一样，原来没有岁数小的意思，不过是正旦脚的帮差就是了……现在戏班里头，把闺门旦、花旦等脚，统名之曰小旦。”可见，“副旦”就是剧中正旦的辅助角色、次要角色。《货郎旦》中刘氏被定为主要角色，因此由正旦扮演；张三姑被认作次要角色，因此由副旦扮演。到明脉望馆本中，改编者认为自第二折起张三姑成了主角，所以改由正旦扮之。而《春波影》中小六娘是主角，由正旦扮演；杨夫人是配角，自然也就由副旦扮演了。可见，“副旦”这一角色名，绝非该条释义所说，“为《元曲选》编者……杜撰”云云。

二、对关键词语理解错误，或简单地根据组成词目的字面意义曲解词义，从而造成释义错误

卷一，1441页：【俸户】唐宋时替官府收税，并领取薪俸的富户。《资治通鉴·后周世宗显德五年》：“（十一月）丙戌，诏凡诸色课户及俸户，并勒归州县。”胡三省注：“唐又薄敛一岁

税，以高户主之，月收息给俸，此所谓俸户也。”

按此条释义前半句是对的，后半句“领取薪俸的富户”则大谬。唐代初年，官吏的部分俸禄是由公田所收租税经放贷后所生利息支付，称为“月料钱”。此法弊病严重。后改为将每个官员所应有职田的一年赋税，集中起来交由当地一些富室大户作资本金去谋利，然后由这些富室大户按每月所得上缴官府，官府再用这些钱为官吏发放俸禄。《新唐书·食货志五》：“（开元）十八年，复给京官职田。州县籍一岁税钱为本，以高户捉之，月收赢以给外官。”① 这种“高户”就是所谓的“俸户”。他们只是被官府指定来用官田赋税进行放贷谋利的经营者，是官员薪俸的供给者，而不是像释义中所说的“领取薪俸”者。其实，该条所引例证《资治通鉴·后周世宗显德五年》的胡三省注，对此已经说得很明确，但编者未详其义，将“给俸”一词误认为“领取俸禄”，于是导致了释义的完全错误。

卷二，364 页：【亭民】①驿亭附近的居民。晋干宝《搜神记》卷十八：“安阳城南有一亭，夜不可宿，宿辄杀人……亭民曰：‘此不可宿，前后宿此，未有活者。’”

按释为“驿亭附近的居民”，误。当为驿亭的驿卒。即亭卒，又名亭父或亭公。《方言》卷三：“楚东海之间，亭父谓之亭公。”郭璞注：“亭民。”丁惟汾《方言音释》：“《续汉书·百官志》注引《风俗通义》云：‘汉时因秦，大率十里一亭。亭，留也。盖行旅宿舍之所馆。亭之给役者为亭父。惟楚与东海之间谓之亭公。’《注》云‘亭民’者，亭之给役者。本为平民，尊其称，谓之父，谓之公。《汉书·高祖纪》应劭注：‘旧时亭有两卒，一为亭父，掌开闭扫除；一为求盗，掌捕逐盗贼。’《注》云‘亭

① 《新唐书》，《二十四史》，中华书局 1997 年版，第 1398 页。

民'，言非官吏也。"[①] 此解足可证"亭民"即"亭父""亭卒"，而绝不可释为驿亭附近的居民。又，例中所引《搜神记》卷十八之文，其后文是："天明，亭民来视，惊曰：'君何得独活？'书生曰：'促索剑来。吾与卿取魅。'"[②] 也可显示此亭民即驿亭之驿卒，而不是与驿亭无关的附近居民。因为附近居民岂得随便出入驿亭。

卷三，358 页：【哨长】（—zhǎng）哨官。举清陈康祺《郎潜纪闻》卷十二例。同页：【哨官】旧时军中管领一哨的长官。举明戚继光《纪效新书·治水兵》文例。

按 【哨官】条的释义无不妥。"哨长"条的释义则嫌不明晰。由于二条前后相邻，《汉大》释义易使人误认为"哨长"即"哨官"（一哨之长官）。

明清军队下层编制单位的哨，每哨有长官一名，即"哨官"。哨官之下有哨长等更下一层带兵头目。他们是哨官从手下兵丁中选拔指定的。明戚继光《纪效新书·束伍篇》："将选中兵先尽哨官自定部下，哨长几名，就将几名内定。"[③] 每哨规模在百人左右。清陈康祺《郎潜纪闻初笔》卷十二："哨官有哨长一名，有护勇（按，'护勇'《汉大》错引为'护长'）五名，其外有什长，有正勇，有伙勇……每哨合哨官、哨长、护勇为一百八人。"[④] 哨长或可称"哨队长"。《纪效新书·操练营阵旗鼓篇》："哨队长各到本管哨官处，再行宣说"，"哨官、哨队长俱听把总处"。[⑤]

综上，"哨长"条的释义宜改为"明清军队中哨官属下的小

---

① 丁惟汾：《方言音释》，齐鲁书社 1985 年版，第 46~47 页。
② 干宝：《搜神记》，中华书局 1979 年版，第 229 页。
③ 戚继光：《纪效新书》，中华书局 2001 年版，第 46 页。
④ 陈康祺：《郎潜纪闻初笔二笔三笔》，中华书局 1984 年版，第 256 页。
⑤ 戚继光：《纪效新书》，中华书局 2001 年版，第 113 页。

头目”，或“哨官属下的低级军官”。

卷六，800页：【损人】自我损害的人。晋葛洪《抱朴子·行品》：“见成事而疑惑，动失计而多悔者，暗人也；背训典而自任，耻请问于胜己者，损人也。”

按，《抱朴子·行品》共列善人40种，恶者45种。每种都用一句话概括该类人的品行特点。其他典籍未发现有这样集中的类似的文字，所以，这里的用例既是词源，也是唯一关于此词的解释。“背训典而自任，耻请问于胜己者”，显然是指一意孤行，不肯向书本和他人学习，刚愎自用、自以为是的人。释义“自我损害的人”不能概括原文所述该类人的特点，因此宜改正。

三、未能深究一词在其特定历史文化背景下形成的习惯意义，仅以词的浅层字面义为解，从而造成释义错误

卷二，216页：【元舅】长舅。《诗·大雅·崧高》：“不显申伯，王之元舅，文武是宪。”汉班固《封燕然山铭》：“有汉元舅，曰车骑将军窦宪。”《新唐书·郭子仪传》：“宪宗寝疾，宦竖或妄议废立者。穆宗问计于钊。答曰：‘殿下为太子，当旦夕视膳，何外虑乎？’时称得元舅体。”

按，《诗·大雅·崧高》：“王之元舅，文武是宪。”孔颖达疏：“此王之长舅。”[1] 故以“长舅”释“元舅”似允当无不妥。其实不然。此“元舅”指周宣王之长舅申伯，而非一般庶民百姓之长舅。故此后“元舅”一称，十之八九皆专指天子之舅父。如引例中的“车骑将军”窦宪与郭钊，就分别是汉和帝和唐穆宗的舅父。再如，《汉书·五行志下》：“是岁，帝元舅大司马大将军

① 《十三经注疏》，中华书局1979年版，第567页。

王凤始用事。"① 宋沈括《梦溪笔谈·故事二》："李用和、曹郡王皆以元舅赐。" 胡道静校注："李用和……章懿皇太后弟"，"曹佾，字伯容，慈圣光献皇后兄也"。②

以"元舅"称一般人的舅父则属罕见，笔者见闻有限，仅能举唐孟郊《送从舅端适楚地》诗："元舅唱离别，贱生愁不穷。"③

综上，"元舅"一词的释义应以指天子（皇帝）长舅为本，亦泛称帝王舅父。晚后才偶或用为一般人对舅父的敬称。

卷二，1652页：【少帝】指新登基的皇帝。唐李白《上皇西巡南京歌》之十："少帝长安开紫极，双悬日月照乾坤。"

按，此释义不妥。新登基的皇帝并不能都称为"少帝"。只有当老皇帝逊位于皇太子，自己成为太上皇，新登基的皇太子才能被称为"少帝"。"少帝"之"少"，既是对逊位的太上皇表尊崇，也指新皇帝相对年少。要之，"少帝"之称是在李白所谓"双悬日月"的情况下才会出现和使用的。若是先皇驾崩而后新帝登基，一般则不称新登基的皇帝为"少帝"。"少帝"之称，不仅见于唐代玄、肃时代，也见于宋代徽、钦二帝时代。如《宣和遗事》利集："十六日，上皇方得与少帝相见，共居一室。"④

有的是因为没能全面把握词的用法和意义。如"逍遥"。

卷五，1207页：【消摇】逍遥。悠闲自得貌。消，通"逍"。《礼记·檀弓上》："孔子蚤作，负手曳杖，消摇于门。"《文选·

① 班固：《汉书》，《二十四史》，中华书局1997年版，第1441页。

② 沈括：《梦溪笔谈校证》，上海古籍出版社1987年版，第92、96、103页。

③ 《全唐诗》，上海古籍出版社1989年版，第941页。

④ 《新刊大宋宣和遗事·利集》，中国古典文学出版社1954年版，第100页。

司马相如〈上林赋〉》：“消摇乎襄羊，降集乎北纮。”李善注引司马彪曰：“消摇，逍遥也。”宋张孝祥《清平乐·杨侯书院闻酒所奏乐》词：“玉人双鞚华镳，翠云深处消摇。”清刘献廷《广阳杂记》卷四：“愚计此时，当直捣黄龙而痛饮矣，乃阻兵不进，河上消摇，坐失机宜。”

按“消摇”，又作“逍遥”。是古籍中习见的一个联绵词。其意义较复杂，常见义有如下几个：

1. 游，游戏。《楚辞·离骚》：“折若木以拂日兮，聊逍遥以相羊。”姜亮夫校注：“逍遥相羊，王注皆游也……逍遥相羊皆游戏之义。”①

2. 行貌。《文选·司马相如〈长门赋〉》：“夫何一佳人兮，步逍遥以自虞。”刘良注：“逍遥，行貌。”②

3. 自得舒畅貌。《庄子·逍遥游》郭庆藩集释：“唐释湛然《止观辅行传宏决》引王瞀夜云：‘消摇者，调畅逸豫之意。夫至理内足，无时不适，止怀应物，何往不通。以斯而游天下，故曰消摇。又曰：理无幽隐，消然而当，形无巨细，摇然而通。故曰消摇。’解消摇义视诸儒为长。”③ 又：“彷徨乎无为其侧，逍遥乎寝卧其下。”成玄英疏：“逍遥，自得之称。”④

4. 除上述三义外，“消摇”还有一义，虽也常见却往往被忽视。如《楚辞·哀郢》：“去终古之所居兮，今逍遥而来东。”姜亮夫校注：“王以游戏释逍遥，字义虽是，而文义扞格多蹇矣。”⑤姜先生已经感到此处释逍遥为游戏是不妥的，却未能进一步说明

---

① 《屈原赋校注》，人民文学出版社 1957 年版，第 86 页。

② 《六臣注文选》，中华书局 1987 年版，第 293 页。

③ 《庄子集释》，《诸子集成》（三），上海书店 1991 年版，第 1 页。

④ 《庄子集释》，《诸子集成》（三），上海书店 1991 年版，321 页。

⑤ 《屈原赋校注》，人民文学出版社 1957 年版，第 1421 页。

当释何义。《汉语大词典》第十卷893页【逍遥】条①引用《哀郢》此句为例证，释义为“徜徉，缓步行走貌”。虽有所改进，但显然仍未尽得其义。同条中③又有“徬徨，徘徊不进”一义，引例是《史记·孔子世家》：“子路死于卫。孔子病，子贡请见。孔子方负杖逍遥于门。曰：‘赐，汝来何其晚也？’”此例与［消摇］条所用《礼记·檀弓上》之文句大同小异。释为“徬徨，徘徊不进”，虽较【消摇】条释为“悠闲自得貌”稍有改进，但也未得要领，于文义仍属“扞格多蹇”。

其实，对这类“消摇”或“逍遥”，著名语言学家殷焕先先生在其《逍遥释义——纪念袁家骅师》[①] 一文中已经做过精辟分析，并给出了释义。该文多次申明：“‘逍遥’亦可以用以释忧，《礼记·檀弓》记孔子以‘梦坐奠于两楹，而旦负手曳杖，消摇于门’，此‘逍遥’乃因忧而起，其义不为‘游戏’也。”文章通过概括“逍遥”及其同源诸词的共性和引申义指出：逍遥、相羊、踌躇等词“可用以表示无所用心……复可用以表示心有所不能决或不能释，如前却义是。夫疑而徘徊、哀而徘徊之与无所用心，事之不类甚至于相反，而皆可以示之以一词，是则引申之故矣”，“盖疑者心有所不能决，哀者心有所不能释，语其心情……正其妙喻矣”。先生唯恐其说尚不能引起注意，特在文章最后，又回忆袁家骅先生与他的一次有关谈话，以强调上述意见：“一次，袁师一定要从承泽园住处亲自送焕先到北京大学门前的车站，一路谆谆教诲，说：王逸注《楚辞》每在‘逍遥’之类的词上注错。孔子的负手曳杖消摇于门，旧疏于消摇就误解。”

综上，“消摇”的释义，绝不可简单释为“悠闲自得貌”。也不可囿于旧注，仅以“游戏”“行貌”“自得之称”等为解，甚

① 《殷焕先语言论集》，山东大学出版社1990年版，第228~255页。

至“徜徉”“彷徨”“徘徊不进”等语也不为确解。必须分析不同语境、不同用法才能较好地对它进行概括。对于卷五《礼记·檀弓上》“孔子蚤作，负手曳杖，消摇于门”之“消摇”，释以“因忧虑或哀伤而徘徊”，才是正确的。

四、忽略关键限定语，从而造成释义错误

卷二，374页：【商庶】犹言百姓。《逸周书·武寤》：“王赫奋烈，八方咸发，高城若地，商庶若化。”

按“犹言百姓”误。这里“商”特指殷商。“商庶”特指商王后裔等被周征服的商代遗民百姓。“商庶”的此种用法在《逸周书》中多次出现，如《克殷》：“武王乃手太白以麾诸侯，诸侯毕拜，遂揖之。商庶百姓，咸俟于郊。”[①] 又《商誓》：“今纣弃成汤之典，肆上帝命我小国曰：革商国。肆予明命汝百姓，其斯弗用朕命，其斯尔冢邦君商庶百姓，予则□刘灭之。”[②] 皆是。

有时这种忽略可能是因为占有资料不全而造成的。这种情况下表现出的是义项残缺。如“商人”“商民”“大爷”“太保”。

卷二，370页：【商人】贩卖货物的人。引《左传·僖公三十三年》、宋曾巩《义仓》、老舍《四世同堂》四五例。

卷二，371页：【商民】商人。引《商君书·农战》《穀梁传·成公元年》例。

按，以上二词都应有“商代人或其后裔”一义。如《左传·昭公元年》：“迁阏伯于商丘，主辰，商人是因，故辰为商星。”

---

① 《二十五别史》，齐鲁书社2000年版，第33页。

② 《二十五别史》，齐鲁书社2000年版，第44页。

孔颖达疏："商谓宋也。宋，商后，故称商人也。"① 《礼记·乐记》："商之遗声也，商人识之。"②《今本竹书纪年疏证》："商人后改天下之号曰殷。"③ 《逸周书·商誓》："我闻古商先哲王成汤，克辟上帝，保生商民，克用三德，疑商民弗怀，用辟厥辟。"④

卷二，1377 页：【大爷】㊀(—yé) ①旧时大户人家仆役称排行居长的少主。②旧社会帮会中称辈分高的头目。㊁（—ye）③伯父，亦用以尊称男性长者。

按，【大爷】㊀还可以增加下列三个义项：

①对官衙差役或富豪家奴仆的敬称。《金瓶梅》第六十九回："那个节级排军骂道：'你这厮还胡说，当的甚么？各人到老爹跟前哀告，讨你那命是正经。' 小张闲道：'大爷教导的是。'"⑤《儒林外史》第二十五回："（鲍文卿）知道向太爷已经回寓了，把手本递与管门的，说道：'有劳大爷禀声，我是鲍文卿，来叩见太老爷。'"⑥

②旧称纨绔子弟。《官场现形记》第十九回："两个都是大爷身分，又是鸦片烟大瘾，晚上不睡，早晨不起。"⑦ 老舍《鼓书艺人》十五："要是秀莲出了头，她就会把那班来捧场的最有钱的大爷给拉过去。"⑧

---

① 《十三经注疏》，中华书局 1979 年版，第 2023 页。
② 《十三经注疏》，中华书局 1979 年版，第 1545 页。
③ 《二十五别史》，齐鲁书杜 2000 年版，第 63 页。
④ 《二十五别史》，齐鲁书社 2000 年版，第 44 页。
⑤ 《金瓶梅》，齐鲁书社 1987 年版，第 1065 页。
⑥ 吴敬梓：《儒林外史》，作家出版社 1955 年版，第 251 页。
⑦ 李伯元：《官场现形记》，人民文学出版社 1957 年版，第 309 页。
⑧ 《老舍文集》（六），人民文学出版社 1984 年版，第 403 页。

③男子倨傲自称。《红楼梦》第九回："这里茗烟走进来，便一把揪住金荣问道：'……你是好小子，出来动一动你茗大爷！'"① 茅盾《子夜》八："（冯云卿）咬着牙齿在心里骂道：'……你冯大爷，是有面子的地主。'"②

卷二，1468页：【太保】①古三公之一，位次太傅。周置，为辅弼国君之官。春秋后废，汉复置。后代沿置，多为重臣加衔，以示恩宠，并无实职。亦指太子太保，为辅导太子之官。参见"太师①""太傅"。②宋元时称庙祝、巫师为太保。③对绿林好汉的尊称。④对仆役的尊称。

按"太保"还可以增加下列三个义项：

①传说五代后唐太祖李克用有儿子、义子十三人，皆为太保。后世遂以"太保"尊称他人之子。《宋史·宗室传·周恭肃王元俨》："帝不欲元俨早出宫，期以年二十始就封，故宫中称为'二十'八太保。盖元俨于兄弟中行第八也。"③ 清梁绍壬《两般秋雨庵随笔》卷八："又宋宗室名宗汉，自恶人犯其名，谓'汉'曰'兵士'。其妻斋罗汉，其子授《汉书》，宫人传语曰：'今日夫人供十八阿罗兵士，太保请官点兵士书。'"④

②下级将士对将帅的尊称。宋司马光《涑水记闻》卷二："（曹）玮知秦州……玮即呼超指示之曰：'汝能取彼否？'对曰：'凭太保威灵，愿得五十骑裹送至虏阵前，可以取之。'"⑤

③港台地区对不良少年的贬称。沈征郎《细说台中·今昔不

① 曹雪芹：《红楼梦》，人民文学出版社1957年版，第101页。
② 茅盾：《子夜》，人民文学出版社1960年版，第227页。
③ 《宋史》，《二十四史》，中华书局1997年版，第8705页。
④ 梁绍壬：《两般秋雨庵随笔》，上海古籍出版社1982年版，第444页。
⑤ 司马光：《涑水记闻》，《丛书集成初编》，中华书局1985年版，第16~17页。

良少年，“道行”天壤有别》：“二三十年前的不良少年称为‘太保’……不过到了拿刀杀人的程度，一般就不再以不良少年名之，而改称流氓了。”（按，朱广祁《当代港台用语辞典》：“【太保】流氓、阿飞：上高中的时候，他口衔香烟，穿着花俏，成了一方知名的太保。”① 释义色彩显然较重。又备一说。

五、因读破原文而误立词目并强为释义

卷二，1002页：【士素】士人与庶民。《晋书·郗鉴传》：“归乡里。于时所在饥荒，州中之士素……遂共推鉴为主。”

按，此处所引《郗鉴传》读破。《世说新语·德行》：“郗公值永嘉丧乱，在乡里甚穷馁。乡人以公名德，传共饴之。”余嘉锡笺疏：“《晋书》本传云：‘于时所在饥荒，州中之士，素有感其恩义者，相与资赡。’”② 余先生标点“州中之士，素有感其恩义者”，甚是。这正与《世说新语》原文“乡人以公名德”之义吻合。《汉大》及所本《晋书》之标点显然失误。故“士素”一条不仅释义错误，且由于未见其他“士素”用例，故该条不可立目。

六、混淆古代文化中某些相似相近但实际不同的内容，从而造成释义错误

卷二，1409页：【天文生】②旧指占卜吉凶、选择日子、勘

① 朱广祁：《当代港台用语辞典》，上海辞书出版社1994年版，第307页。

② 余嘉锡：《世说新语笺疏》（修订本），上海古籍出版社1993年版，第25页。

察风水的人。《红楼梦》第六三回："目今天气炎热，实不能相待，遂自行主持，命天文生择了日期入殓。"

按中国古代预测占卜之术的流派甚多。《史记·日者列传》记载的就有五行家、堪舆家、建除家、从辰家、历家、天人家、太一家等。而《汉书·艺文志》中则分为天文、历谱、五行、蓍龟、杂占、形法六类。此后，从事该类职业的人在大众眼中虽无须分别，但在行业内一般不相杂厕。"天文生"一般是指根据日月星辰等天象变化为人占卜有关事件时间吉凶的人，即《易·贲》所谓"观乎天文，以察时变"者。在占卜术中，操该术者属天文星占一类。而"勘察风水的人"，一般是指"堪舆家"，俗称"风水先生""地理先生"，业内又称地理、青鸟、青囊等。郭璞《葬书》中所谓"气乘风则散，界水则止，古人聚之使不散，行之使有止，故谓之'风水'"①。操此术者，主要为人相看阳宅或阴宅的地脉、风向、水流等地理形势的吉凶福祸。在占卜术中，"堪舆"或"风水"属形法之学。"天文生"条的释义将二者相混，已属不妥，所引《红楼梦》第六三回例"命天文生择了日期入殓"又明显是让操前一种占卜术者选择入葬的时日，不涉及葬地的选择。因此用例也与"风水"毫无关联。要之，中国古代方术内容庞杂，精华糟粕杂糅。作为一部权威性大型汉语词典，对有关条目的释义只是笼统带过而不加详审推原，是不合适的。

七、不注意利用已有的校勘成果，从而造成释义错误

卷八，12 页：【私兄弟】指妾的兄弟。《仪礼·丧服》："凡妾为私兄弟如邦人。"郑玄注："私兄弟，自其族亲也。"贾公彦

① 《古本葬书》第九集，《学津讨原》本。

疏："以其兄弟总外内之称，若言私兄弟则妾家族亲也。"

按清阮元《〈仪礼注疏〉校勘记》："自其族亲也：'自'，徐本、《集释要义》、敖氏俱作'自'，与疏不合。毛本作'目'。"①《四部备要·仪礼注疏》："'凡妾为私兄弟如邦人'郑玄注：'私兄弟，目其族亲也。'"②

《备要》本及阮元《校勘记》是对的。《汉大》引用时未注意吸引校勘成果。故此句当以"私兄弟，目其族亲也"为正。

八、对一些有深厚文化背景的词，未能深入考察，仅随文而释，从而造成释义错误

卷七，1173页：【省官】①宋时称馆职及内侍之押班、都知。宋陆游《老学庵笔记》卷四："馆职常苦俸薄，而吏人食钱甚厚。周子充作正字时，尝戏曰：'岂所谓省官不如省吏耶？'都下旧谓馆职为省官，故云。"宋洪迈《容斋四笔·寄资官》："内侍之职，至于干办后苑，则为出常调，流辈称之曰苑使。又进而干办龙图诸阁，曰阁长。其上曰门司，曰御药、曰御带。又其上为省官，谓押班及都知也。"

按此释义囿于用例，随文而释，大不妥。省，本指皇宫禁中，汉元帝时因避讳改称省（参见汉蔡邕《独断》）。魏晋之后，因中央官署如尚书、门下、中书等都设于宫禁附近，故这些官署皆以省名。各地若有重要事务需处理，也偶有临时派出机构"行省"，去行使"省"的职权，事已即罢，不为常制。直至金元时，各地则常设行尚书省或行中书省，简称"行省"。于是"省"从

---

① 《十三经注疏》，中华书局1979年版，第1127页。
② 《四部备要》（四一），中华书局1936年版，第371页。

中央官署又变成了地方一级行政区划和地方官署的称呼。到了清代，又去掉“行”字，直称为“省”。

由此可知，自魏晋之后，不管是中央如尚书、中书、门下的主要官员，还是各行省的主要官员，一般皆可称“省官”。如《南史·王韶之传》：“晋帝自孝武以来，常居内殿，武官主书于中通呈，以省官一人管诏诰，住西省，因谓之西省郎。”① 《旧唐书·张仲方传》：“九年十一月，李训之乱，四宰相、中丞、京兆尹皆死。翌日，两省官入朝，宣政衙门未开，百官错立于朝堂，无人吏引接。”②

《汉大》【省官】所用例中，馆职和内侍押班都知分属秘书省和中书省，故也可称为“省官”，却绝不可将“省官”之称专属宋代馆职和内侍押班都知。

卷九，580页：【萧郎】①对姓萧的男子的敬称。《梁书·武帝纪上》：“俭一见（萧衍）深相器异，谓庐江何宪曰：‘此萧郎三十内当作侍中，出此则贵不可言。’”②唐崔郊之姑有一婢女，后卖给连帅，郊十分思慕她，因赠之以诗曰：“公子王孙逐后尘，绿珠垂泪滴罗巾。侯门一入深如海，从此萧郎是路人。”见旧题宋尤袤《全唐诗话·崔郊》。后因以“萧郎”指美好的男子或女子爱恋的男子。（下举唐于鹄《题美人》诗、宋张孝祥《浣溪沙》词、清吴伟业《琴河感旧》诗、郁达夫《毁家诗记》等用例。）

按此条在义项、释义及用例多方面皆有不妥。仅从以下几方面说明：

其一，义项②以叙述方式引出唐代元和年间崔郊的故事，意在点明其诗中“萧郎”一词是此义项的典源。但崔郊为何能以

① 《南史》，《二十四史》，中华书局1997年版，第662页。

② 《旧唐书》，《二十四史》，中华书局1997年版，第4445页。

“萧郎”自喻？一般读者对此定生疑惑。按照义项①和义项②崔郊故事之后的释义，“后因以‘萧郎’指美好的男子或女子爱恋的男子”，似乎崔郊是以萧衍自比，而萧衍充其量只能与“美好的男子”相关联。这样，似乎是崔郊创造性地赋予了“萧郎”一词以爱情色彩，使其具有了“女子爱恋的男子”之义。事实上，这是不对的，这属于对读者的一种误导。

其二，具有爱情色彩的“萧郎”，主要应以著名的萧史与弄玉的故事为典源。汉刘向《列仙传》卷上：“萧史者，秦穆公时人也。善吹箫，能致孔雀白鹤于庭。穆公有女字弄玉，好之，公遂以女妻焉。日教弄玉作凤鸣，居数年，吹似凤声，凤凰来止其屋。公为作凤台，夫妇止其上，不下数年。一旦，皆随凤凰飞去。”[①] 这段脍炙人口的爱情神话故事广为传颂。旧时民间贺人新婚，多送“吹箫引凤”喜幛，以颂新人乃神仙眷属。

另外，南朝齐废帝东昏侯萧宝卷，也是一多情种子。他与潘妃的故事也多有流传，其人其事是否对后来“萧郎”一词的意义多少也有影响，未可确考。总之，以萧史为主，杂以萧衍、萧宝卷等萧姓男子形象而成的“萧郎”一词，后代便渐渐出现于文人笔端了。

其三，在崔郊之前，已有不少文人运用“萧郎”一词。如被《汉大》置于崔郊故事之后的唐大历、贞元间诗人于鹄的《题美人》诗：“秦女窥人不解羞，攀花趁蝶出墙头。胸前空带宜男草，嫁得萧郎爱远游。”[②] 这里“萧郎”明指是女子之夫。又如另一位早于崔郊的唐贞元年间诗人欧阳詹，有《韦晤宅听歌》诗：“服制虹霓鬟似云，萧郎屋里上清人。等闲逐酒倾杯乐，飞尽虹

① 《列仙传　神仙传》，上海古籍出版社 1990 年版，第 11 页。
② 《全唐诗》，上海古籍出版社 1989 年版，第 775 页。

梁一夜尘。"① 这里的"萧郎屋里上清人"，显然是以仙去的萧史与弄玉喻指朋友与其爱妓了。综上，"萧郎"一词，是以萧史与弄玉的故事为源，杂以萧衍与萧宝卷的内容，遂具有了美称贵家男子或夫婿、情郎之意义。且早在崔郊之前，该词就已被广泛使用。故不可囿于旧说，将其误解。

卷十，50页：【贞吉】②谓占卜问卦，遇"需"卦则吉利幸福。后指吉利与幸福。

按《易》卦爻辞中，"贞吉"共出现36次之多。按高亨先生《周易古经今注·元亨利贞解》的分类，"泛言贞吉"之辞27处，其中需、颐、蹇卦之卦辞中各一次，其余在各卦之爻辞中。言"某事贞吉"者7处，其中坤卦卦辞中一次，其余各卦之爻辞中6次。言"某人贞吉"者2处，其中旅卦卦辞中一次，履卦爻辞中一次。这样，"贞吉"一词共分以上三类，且遍布近三十卦之卦爻辞中，其意义皆谓占问遇此卦或此爻则吉。不计爻辞中出现"贞吉"之卦，仅卦辞中有"贞吉"者仍有如下五卦：

《坤》："元、亨……安贞吉。"

《需》："有孚，光。亨。贞吉。利涉大川。"

《颐》："贞吉。观颐自求口实。"

《蹇》："利西南，不利东北。利见大人。贞吉。"

《旅》："小亨，旅贞吉。"②

因此，《汉大》编者将"贞吉"专属"需"卦，显然是不恰当的。

---

① 《全唐诗》，上海古籍出版社1989年版，第865页。

② 《周易古经今注》（重订本），中华书局1984年版，第121、165、175、236、272、325页。

九、将典故来源张冠李戴，错误地解释，误导了读者

卷十二，1317页：【鼎味】②相传商武丁问傅说如何治理国家，傅以如何调鼎中之味对。后以“鼎味”指国政。

卷十二，1319页：【鼎饪】相传商傅说以调鼎烹饪之事向武丁喻说治国之理。后遂以“鼎饪”喻治理国政或治国的大臣。

卷十二，1320页：【鼎鼐调和】（调 tiáo）相传商武丁问傅说治国之方，傅以如何调和鼎中之味喻说，遂辅武丁以治国。后因以“鼎鼐调和”比喻处理国政。

按以上三词竟皆以传说商武丁问傅说治国之方、傅说以调鼎喻对为据立目。虽然三词皆未能举出典源，但对于一般读者，在如此再三重复之下，对三词的释义和相关传说，一定会留下深刻的印象，信以为真了。

然而据笔者所知，传说中仅有商代开国之君成汤，接受过伊尹以调鼎为喻阐发的治天下之道一说。如：

1.《孟子·万章上》：“万章问曰：‘人有言伊尹以割烹要汤，有诸？’孟子曰：‘否。……吾闻其以尧舜之道要汤，未闻以割烹也。’”①

2.《韩非子·难言》：“上古有汤，至圣也；伊尹，至智也。夫至智说至圣，然且七十说而不受，身执鼎俎为庖宰，昵近习亲，而汤乃仅知其贤而用之。”②

3.《吕氏春秋·本味》：“汤得伊尹……明日，设朝而见之，

---

① 《孟子正义》，《诸子集成》（一），上海书店1986年版，第385页。

② 《韩非子集解》，《诸子集成》（五），上海书店1986年版，第15页。

说汤以至味。汤曰：‘可对而为乎？’对曰：‘君之国小，不足以具之，为天子然后可具。……调和之事，必以甘、酸、苦、辛、咸。先后多少，其齐甚微，皆有自起，鼎中之变，精妙微纤。口弗能言，志弗能喻，若射御之微，阴阳之化，四时之数。……天子不可强为，必先知道……天子成则至味具。’”①

4.《史记·殷本纪》：“伊尹，名阿衡。阿衡欲奸汤而无由，乃为有莘氏媵臣，负鼎俎，以滋味说汤，至于王道。”②

5.《韩诗外传》卷七：“伊尹故有莘氏僮也，负鼎操俎调五味，而立为相，其遇汤也。”③

以上记载，当是“鼎味”“鼎饪”“鼎鼐调和”三词的正确语源。至于“相传商武丁问傅说”“傅以如何调鼎中之味对”等释语，实在令人不知所出。

但众所周知，《伪古文尚书·说命》载有商高宗武丁得傅说于傅岩之野的一些传说。其中有这样的文句：“王曰：‘来，汝说！……尔惟训于朕志。若作酒醴，尔惟曲糵；若作和羹，尔惟盐梅。’”④ 此是武丁自己寄厚望于傅说，言其于己犹曲糵于酒醴、盐梅于和羹之辞。既非傅说以和羹说武丁，更与伊尹以鼎鼐调和说汤至于王道无涉。伪书文句明白易懂，不是佶屈聱牙之属，但《汉大》三词的释义都与武丁、傅说有涉，是否由此产生了错误瓜葛，不得而知。

卷一，204 页：【三武】②北魏道武帝、北周武帝和唐武宗的合称。他们皆禁佛教，令僧尼还俗，佛家称为“三武之难”。

---

① 《吕氏春秋校释》，学林出版社 1984 年版，第 740 页。

② 《史记》，《二十四史》，中华书局 1997 年版，第 94 页。

③ 《韩诗外传集释》，中华书局 1980 年版，第 244 页。

④ 《十三经注疏》，中华书局 1979 年版，第 175 页。

按此释义明显错误，因为：其一，北魏道武帝拓跋珪，公元396—409年在位；太武帝拓跋焘，公元423—452年在位。中国佛教史上第一次法难发生在公元446年，即太武帝太平真君七年，与道武帝殊无关系。中国佛教协会所编《中国佛教》之《中国佛教史略·北朝佛教》载："北魏拓跋氏从道武帝（396—409）和晋室通聘后，即信奉佛教……明元帝（409—423）也在都城的四方建立佛像，并令沙门开导在俗。其嗣子太武帝（423—452）……于太延四年（438）三月，令五十岁以下的沙门一概还俗，以充兵役。太平真君五年（444）正月，又禁止官民私养沙门。到了七年（446）二月……又听信崔浩的话，命尽杀长安及各地沙门，并焚毁经像。……这就是中国佛教史上三武一宗灭法之始。"[①] 任继愈《中国佛教史》第三卷第一章第四节《北魏太武帝灭佛》："太武帝开始也信奉佛法，礼敬沙门"，"但对佛、道二教的社会作用却有一个认识的过程"，"太武帝'锐志武功，每以平定祸乱为先'（《魏书·释老志》），他听信司徒崔浩的劝告，信奉寇谦之的天师道，排斥佛教，后来发展为灭佛的行动"。[②] 梁慧皎《高僧传》卷第十《释昙始》载："后拓跋焘……以佛教无益，有伤民利……以伪太平七年，遂毁灭佛法。分遣军兵，烧掠寺舍，统内僧尼悉令罢道。其有窜逸者，皆遣人追捕，得必枭斩，一境之内，无复沙门。"[③]

其二，释义中"他们皆禁佛教"一语不确，如上所引，北魏太武帝是由信佛渐转为灭佛，而北周武帝也大致如此，只有唐武宗李炎在位六年间一直是采取灭佛政策的。

---

① 《中国佛教》，知识出版社1980年版，第41页。

② 《中国佛教史》，中国社会科学出版社1981年版，第57页。

③ 《历代高僧传》，上海书店1989年版，第392页。

因此，释义若改为“北魏太武帝、北周武帝和唐武宗的合称。他们皆曾禁止过佛教，佛家称为三武之难”，庶几更符合历史。

十、沿袭其他辞书的释义错误

卷二，1658 页：【尖团音】尖音和团音的合称。声母 z[ts]、c[ts‘]，s[s] 跟 i[i]、ü[y] 或以 i[i]、ü[y] 开头的韵母相拼，叫尖音；声母 j[tɕ]、q[tɕ‘]、x[ɕ] 跟 i[i]、ü[y] 或以 i[i]、ü[y] 开头的韵母相拼，叫团音。普通话语音中不分尖团。昆曲所谓尖团音范围还要广些。

按，此释义不妥。尖音和团音，是两个传统的说明部分中古音声母与相关的近现代汉语语音之间类别流变的概念。对它的释义，除了要用汉语拼音、国际音标和现代汉语语音的相关概念，还必须涉及见母（组或系）、精母（组或系）、齐撮（或细音）等音韵学术语。如王力《汉语语音史》说：“尖字指的是精系齐撮字，读［ts-、ts‘-、s-］，团字指的是见系齐撮字，读［tɕ-、tɕ‘-、ɕ-。］。……京剧于精系齐撮字保存了古音，而见系齐撮字由舌根音变为舌面前音。”① 又如《辞海》说：“尖团音：尖音和团音的合称。凡古代‘精’‘清’‘从’‘心’‘邪’五母字，近代以来韵母属于细音（高元音）的叫尖音字，如‘将’ ‘枪’ ‘节’；凡古代‘见’‘溪’‘群’‘晓’‘匣’五母字，近代以来韵母属于细音（高元音）的叫团音字。如‘姜’‘腔’‘结’。尖音字的读音以 zi-[tsi-]、ci-[ts‘i-]、si[si-] 为一般形式，叫做尖音；团音字的读音以 gi-[ki-]、ki-[k‘-]、hi-[xi-] 为一

---

① 《汉语语音史》，中国社会科学出版社 1985 年版，第 611 页。

般形式，叫做团音。有的方言分尖团，如老派上海话‘精’念［tsiŋ1］、‘经’念［tɕiŋ1］、‘青’念［ts‘iŋ1］、‘轻’念［tɕiŋ1］、‘星’念［siŋ1］、‘兴’念［ɕiŋ1］，相应的尖音字和团音字都不同音。普通话不分尖团，‘精’同‘经’、‘青’同‘轻’、‘星’同‘兴’都同音。”① 丁声树《汉语音韵讲义》说：“分不分‘尖团音’是指古声母精组（精清从心邪）和见晓组（见溪群晓匣）在细音前有没有分别说的。所谓‘分尖团’，是说精组和见晓组在今细音前有分别。所谓‘不分尖团’，是说精组声母和见晓组声母在今细音前没有分别，读音相同。”②

上述几种关于“尖团音”“尖团音字”，以及与之相关的“分尖团”和“不分尖团”的解释，都是比较权威和准确的。但《汉语大词典》“尖团音”的释义就不同了。它完全没有涉及这一概念的语音史脉络及相关术语，仅用汉语拼音和国际音标解释，所以根本无法解释明白。同时，由于它先是说声母 z［ts］组跟 i［i］、ü［y］或以它们开头的韵母相拼就叫尖音，j［tɕ］组跟 i［i］、ü［y］或以它们开头的韵母相拼就叫团音。而 z［ts］、j［tɕ］两组音节在普通话中都有，所以给人的感觉是普通话中有尖团音的分别。但释义却紧接着强调说“普通话不分尖团”，这就使一般读者无从理解，只好坠入迷茫之中了。

要之，“尖团音”是中古语音演变为近现代语音过程中的一个概念，牵涉到传统语音学概念，也仍属传统语言学的范畴。解释它必然得像王力等先生或《辞海》那样，涉及有关音韵学概念。而与之相关的“普通话不分尖团”，则是在明确了什么是“尖团音”之后，进而说明中古精组和见组的齐撮字，在普通话

① 《辞海》，上海辞书出版社 1999 年版，第 1347 页。

② 《汉语音韵讲义》，上海教育出版社 1984 年版，第 7 页。

中都已读成了 j[tɕ] 组，不再有所分别。只有前者解释到位，后者才能解释得明白无误。而《汉语大词典》“尖团音”的释义在这两方面都做得不够。

卷三，342 页：［咬舌］指说话时舌尖常接触牙齿，发音不清。《红楼梦》第二十回：“我只保佑着明儿得一个咬舌儿林姐夫，时时刻刻你可听‘爱’呀‘厄’的去。”

按此释义不对。此盖袭用《现代汉语词典》［咬舌儿］条的解释，属照搬他书错误。

民间所谓的“咬舌”，一般是指舌尖后音（卷舌音）zh、ch、sh、r 和舌尖前音发音不准，往往把 zh、z 二组分别发成舌面前音 j、q、x。r 总是读成零声母或舌根音 ng。也有把 z 组读成 zh 组的。例如：

“知道”读成 jidao 或 zidao（简写为：知道——jidao/zidao，下同）

吃屎——qīxǐ/cīsǐ　　四个——xìge

柿子——xìji/sìzi　　十个——xíge

叔叔——xūxu/ sūsu　　泚水——chīshuǐ/ qīxuǐ

老师——lǎoxī/laosī　　死了——shile/xile

儿子——áiji/ngaiji

这种现象多在少年儿童中出现。若到年龄稍大还不能纠正，就会被人讥笑为“咬舌子”。史湘云正是因此而受到黛玉揶揄的。

因为 zh 组是由舌尖上翘与硬腭前部构阻而发音；z 组是由舌尖靠近或接触上齿背构阻而发音；j 组是由舌面前部靠近或接触上腭前部构阻而发音。所以，只有把 zh 组发成 z 组时，才能算是有“舌尖接触牙齿”的动作。而这种情况远不如把 zh、z 组读成

j组者多。而j或zh组都与舌尖和牙齿无关。特别是《红楼梦》的例证中，把“二”读成“爱”或“厄”，更是与舌尖、牙齿无涉。因此，我们说《汉语大词典》(或《现代汉语词典》)此条释义是不对的。该释义若要涉及发音部位和发音方法等专业用语，如“舌尖”“牙齿”等，就一定要科学、准确。若只是笼统说明，则只需说“俗指说话吐字不清”。我们认为《现代汉语词典》宜用前者，《汉语大词典》则可用后者。

原载《语言学论丛》第三十辑，商务印书馆2004年版

对新中国成立前新诗格律探讨的回顾与思考

历史正在缓缓开启21世纪的大门。人类即将跨进一个崭新的纪元。在这世纪交替的时刻，中华民族正踌躇满志地迎接新世纪的到来。然而，在百废俱兴之时，我们却不得不承认，有着数千年优良传统的汉语诗歌，却仍然萎靡不振，步履蹒跚，延续着近百年来日渐凋零的厄运，丝毫没有将随民族的崛起而重新振兴的迹象。相反，诗歌就像一束枯萎的鲜花，被无可惋惜地抛弃在新世纪的大门之外，很少有人向它投去关注的一瞥。

我们祖先所创造的数千年的诗歌传统，难道真的已经走到尽头了吗？现代汉语条件下，诗歌到底还有没有重现往日繁荣的希望？每一个关心中华民族文化的人，都无时不在苦苦地思索着这一问题。实际上，近百年来，无数诗人、文艺理论家、语言学家，都一直在为了寻求现代汉语条件下中国诗歌走出困境的道路而孜孜不倦地摸索着、探求着。

回顾历史，从五四运动之后白话诗产生至新中国成立前，关于新诗发展方向和新诗格律问题的大规模讨论就在两个时段进行过两次。为了使现代汉语诗歌创作能够早日摆脱困境，找到正确的发展道路，进而在新世纪走上坦途，对这两次探讨的情况，做一下历史的回顾和反思，是十分有益和必要的。

一

1917~1937年，是各种新诗形式产生与发展的时期，同时，也是引发对新诗格律问题进行探讨的时期。

1917年1月，胡适在《新青年》第二卷第五号上发表了《文学改良刍议》，吹响了文学革命的进军号。紧接着，又在当年二月《新青年》第二卷第六号上发表了白话诗八首，作品的形式与他在此后不久《谈新诗》一文中提出的“文体大解放”和打破“束缚精神的枷锁镣铐”的口号相契合，其矛头都是直指旧诗特别是格律诗的。胡适的号召和举动立即得到了广泛的响应，刘半农、沈尹默、郭沫若等许多人，纷纷加入到创作和宣传白话诗的行列当中。尤其是郭沫若，曾是这一时期猛烈抨击旧诗格律，主张凭“情绪”“情调”去创作自由诗的代表人物。他在1920年《致宗白华》的信中说：“他人已成的形式只是自己的镣铐。形式方面我主张绝端地自由，绝端地自主。”① 1921年秋，他又说：“诗之精神在其内在的韵律……内在的韵律（或曰无形律）并不是甚么平上去入，高下抑扬，强弱长短，宫商徵羽；也并不是甚么双声叠韵，甚么押在句中的韵文！这些都是外在的韵律或有形律。……内在的韵律便是‘情绪的自然消涨’。”② 1925年7月在《论节奏》中，他写道：“诗自己的节奏可以说是情调，外形的韵语可以说是音调。具有音调的不必一定是诗，但我们可以说，没有情调的便决不是诗。”③ 1935年在《关于诗的问题》一文中，

---

① 《沫若文集》第十卷，人民文学出版社1959年版，第212页。
② 《沫若文集》第十卷，人民文学出版社1959年版，第200页。
③ 《沫若文集》第十卷，人民文学出版社1959年版，第232页。

他说："好诗大抵有韵脚，但也不必一定有韵脚。"[①] 在《七请》中，他说："口号标语诗也不失为诗的一种。"[②] 直到1936年，在《我的作诗的经过》中，他还说："我高兴做个'标语人'，'口号人'，而不必一定要做'诗人'。"[③]

总之，由胡适发动并以胡适、郭沫若为代表的"反镣铐"派共同参与的白话诗、自由诗运动确实是首战告捷，大获全胜。"诗体大解放"的任务似乎顺利完成，旧体诗特别是格律诗一时间也销声匿迹，彻底被逐出了诗坛。从1917年至1923年数年中，诗坛上基本是白话诗、自由诗、小诗、散文诗等各种新诗体一统天下。这些新诗体对于当时口头语言与书面语言严重脱节，旧诗格律标准已完全脱离现实语言基础的局面，无疑是种起死回生的福音。从这一点上说，它的勃兴是天然合理的，是值得肯定的。

然而，当国人对白话诗和自由诗从初恋般的追求，迅速过渡到对热恋对象进行冷静的审视和评价时，不少学者和诗人们却不太情愿地发现，这些取代了旧诗的新诗体，绝非如它的钟爱者所说的那么美好。它既缺乏几千年来国人所早已习惯的诗歌那朗朗上口的音乐性，也没有原本属于汉语诗歌这一文体经过千锤百炼凝聚而成的浓郁和深沉的意境。相比之下，白话诗还不如大白话，自由诗失于太自由。它们从形式到内容都显得那么浅薄、粗糙、寡淡无味，甚至是蹩脚。所以，当直面文学革命中"诗体解放"的巨大成功时，人们忽然感到一种强烈的失望和空虚。于是，学者们对此纷纷做出了反应。

首先发难的当属梁实秋。1922年5月，他在《晨报》副刊

---

① 《沫若文集》第十一卷，人民文学出版社1959年版，第106页。
② 《沫若文集》第十一卷，人民文学出版社1959年版，第111页。
③ 《沫若文集》第十一卷，人民文学出版社1959年版，第148页。

《诗镌》上发表了《读诗底进化的还原论》一文。他说："但自白话入诗以来，诗人大半走错了路，只顾白话之为白话，遂忘了诗之所以为诗。收入了白话，放走了诗魂"，"诗真可以算是命途多舛了！才从脂粉堆里爬出来，又要到打铁抬轿的手里去了"，"诗魂快要逃走无纵了，快要迷途了！"[①] 很快，文学革命的先驱之一，山东大学老校长成仿吾也勇敢、直率地发出了与当时潮流不和谐的呼声。他在 1923 年 5 月《创造周报》第一号上发表了《诗之防御战》。他痛心疾首地写道："现在试把我们目下的诗的王宫一瞥，看它的近情如何了。一座腐败了的宫殿，是我们把它推翻了，几年来正在重新建造。然而现在呀，王宫内外遍地都生了野草了，可悲的王宫啊！可痛的王宫！"[②] 他丝毫不"顾虑一下饭碗问题"，以"天王的胆量"[③]，用近乎刻薄的言辞，指斥胡适等人的白话诗只是"文字的游戏""恶作剧""不成其为诗""不知道是什么东西""浅薄""无聊""不值半文钱"[④]。同时又对当时出现的"所谓小诗或短诗"和"所谓哲理诗"给予了一针见血的批评。他认为，"这两种（按：指小诗与哲理诗）因为它们的外样比前面的那些野草来得漂亮一点，它们的蔓延颇有一日千里之势"，然而这些东西是真正的诗人们"犯不着去制造的一种风格甚低的诗形"，因为"现在的那些小诗实在令人作呕，我真不知作者怎样能泰然发表出来"，"它们大抵是一些浅薄无聊的文字，作者既没有丝毫的想象力，又不能利用音乐的效果"，"这样的文字可以称诗，我不知我们的诗坛终将堕落到什么样子"。因

① 《新文学里程碑 · 评论卷》，文汇出版社 1997 年版，第 256~257 页。
② 《新文学里程碑 · 评论卷》，文汇出版社 1997 年版，第 138 页。
③ 《沫若文集》第七卷，人民文学出版社 1959 年版，第 153 页。
④ 《新文学里程碑 · 评论卷》，文汇出版社 1997 年版，第 138~141 页。

此，他大声疾呼："我们如不急起而从事防御，我们的新文学运动怕要在这两种倾向之间沉滞起来了"，"我们要起而守护诗的王宫，我愿与我们的青年诗人共起而为这诗之防御战！"①

闻一多先生就是参与这"诗之防御战"的主帅之一。同时，他又是推翻了旧体诗的统治地位之后，首先提出要建立新诗格律的先驱和理论家。他在1926年5月13日的《晨报》副刊《诗镌》第七号上发表了《诗的格律》，在文章一开始就直截了当地指出：

> 我们尽可以拿下棋来比作诗；棋不能废除规矩，诗也就不能废除格律。假如你拿起棋子来乱摆布一气，完全不依据下棋的规矩进行，看你能不能得到什么趣味？游戏的趣味是要在一种规定的格律之内出奇制胜。做诗的趣味也是一样的。假如诗可以不要格律，做诗岂不比下棋、打球、打麻将还容易些吗？难怪这年头儿的新诗"比雨后的春笋还多些"。我知道这些话准有人不愿意听。但是 Bliss Perry 教授的话来得更古板。他说"差不多没有诗人承认他们真正给格律缚束住了。他们乐意戴着脚镣跳舞，并且要戴别个诗人的脚镣"。
>
> 这一段话传出来，我又断定许多人会跳起来，喊着"就算它是诗，我不做了行不行？"老实说，我个人的意思以为这种人就不做诗也可以，反正他不打算来戴脚镣，他的诗也就做不到怎样高明的地方去。②

他严厉批评了把诗与说话等同起来的主张：

① 《新文学里程碑·评论卷》，文汇出版社1997年版，第143~149页。
② 《新文学里程碑·评论卷》，文汇出版社1997年版，第197页。

偶然在言语里发现一点类似诗的节奏，便说言语就是诗，便要打破诗的音节，要它变得和言语一样——这真是诗的自杀政策了。①

然后，他又重复了诗的格律好比戴着脚镣跳舞的比喻和它对于诗人与诗歌创作的重要性：

恐怕越有魄力的作家，越是要戴着脚镣跳舞才跳得痛快，跳得好。只有不会跳舞的才怪脚镣碍事，只有不会做诗的才感觉得格律的缚束。②

同时，他又尖锐地指出：

本来诗一向就没有脱离过格律或节奏。这是没有人怀疑过的天经地义。如今却什么天经地义也得有证明才能成立，是不是？但是为什么闹到这种地步呢——人人都相信诗可以废除格律？也许是“安拉基”精神，也许是好时髦的心理，也许是偷懒的心理，也许是藏拙的心理，也许是……那我可不知道了。③

接着，闻一多先生提出了关于新诗格律的原则：

诗的实力不独包括音乐的美（音节）、绘画的美（词

① 《新文学里程碑·评论卷》，文汇出版社 1997 年版，第 198 页。
② 《新文学里程碑·评论卷》，文汇出版社 1997 年版，第 198~199 页。
③ 《新文学里程碑·评论卷》，文汇出版社 1997 年版，第 199~200 页。

藻），并且还有建筑的美（节的匀称和句的均齐）。[1]

在论证了新诗格律应当既与古代律诗格律不同，又与自由诗的杂乱无章不同之后，他提出了“绝对的调和音节，字句必定整齐”的看法。文章最后他以乐观的口吻预言说：“我断言新诗不久定要走进一个新的建设的时期了。”

闻一多先生的这篇文章，字里行间明显地表现出与反镣铐派针锋相对的观点，反映了新诗发展的必然要求，奠定了新诗创作必须走格律化道路的理论基础，对“五四”以来白话诗、自由诗毫无节制地散漫发展，起到了一定的扼制作用。正如后来朱自清先生在《中国新文学大系·诗集导言》中所指出的那样，从此之后“大家都作格律诗，有些从前极不顾形式的，也上起规矩来了”[2]。

特别值得指出的是，尽管闻一多先生所预言的新诗“新的建设的时期”没有如期而至，但此后直至抗战前，学者和诗人们却始终没有停止在新诗格律化道路上，从理论和创作实践两方面的摸索与前行。闻一多、徐志摩等人创办的《晨报》副刊《诗镌》，以及当时其他的诗歌杂志，如《新月》《诗刊》等，还有众多诗人的结集，都为新诗的发展做出过贡献。他们在新诗格律化方面的探索，既有启迪后人的创见，也有足以使后人警觉的教训。其中如闻一多提倡“节的匀称”“句的均齐”，以及讲究音尺、韵脚；刘半农“破坏旧韵，重造新韵”的主张；陆志韦“有节奏的自由诗”的提法等，都是很有见地和价值的。创作方面，则有被沈从文称为“用东方的声音，唱东方的歌曲”“使新诗与旧诗在

① 《新文学里程碑·评论卷》，文汇出版社 1997 年版，第 200 页。

② 《中国新文学大系（1917—1927）·诗集》，上海文艺出版社 1980 年版，第 1 页。

某一意义上成为一种渐变的联续”的朱湘的诗，以及其他一大批“五四”时代的诗人诗作。还有孙大雨等许多人模仿西洋格律诗“十四行诗”（商籁）而创作的中国式的十四行诗和翻译诗等。所有这一些，无不包含着新诗格律探索者们的筚路蓝缕之功。

由于处于破旧立新的初始阶段，新诗这一形式太过稚嫩。所以，尽管经过了十多年的摸索和争论，直到30年代中期，新诗到底应该如何进一步发展？新诗格律问题到底应该如何解决？这些问题都仍然没有一种清晰的答案。但与开始不同的是，激烈坚决地表示要彻底抛弃传统的主张，已逐渐收敛。倒是坚持探讨新诗格律的人，却因为过多受到国外诗歌韵律的影响，而使自己终于不能有所作为。新诗和新诗格律的研讨陷入了进退两难的境地。这种状况，可以从这一阶段后期鲁迅、叶公超等人的言论中略见一斑。

1934年11月，鲁迅在《致窦隐夫》中说道：“诗歌虽有眼看的和嘴唱的两种，也究以后一种为好，可惜中国的新诗大概是前一种。没有节调，没有韵，它唱不来。唱不来，就记不住，记不住，就不能在人们的脑子里将旧诗挤出，占了它的地位。……新诗直到现在还是在交倒楣运。”① 叶公超在1937年《文学杂志》创刊号上发表的《论新诗》一文则写道：“上官碧在《大公报》文艺第四十期的《新诗的旧账》里似乎也为新诗感觉这种彷徨在十字街口的悲哀，他说：‘就目前状况说，新诗的命运恰如整个中国的命运，正陷入一个可悲的环境里。想出路，不容易得出路。……也许还得另外有人找更新的路，也许得回头，稍稍回头。’这是切近事实的观察。把自己一个二千多年的文学传统看作一种背负，看作一副立意要解脱而事实上却似乎难于解脱的镣

① 《鲁迅全集》第十卷，人民文学出版社1957年版，第180页。

铸，实在是很不幸的现象。事实果真这样无情，那诚然是‘可悲’了。”① 文章重申了格律对诗歌的必要性，“格律是任何诗的必需条件”，“没有格律，我们的情绪只是散漫的，单调的，无组织的……假使诗人有自由的话，那必然就是探索适应于内在的要求的格律的自由，恰如哥德所说，只有格律能给我们自由”。但是，由于作者未能把握新诗的语言与旧诗的文言既联系又不同的关系，而只是像以往学者的思路那样，借鉴西方诗歌韵律中“音步”的概念，在文章中提出了以中国语言的“音组”来构建新诗节奏的想法，其主张也没能产生大的影响。“音组”这个概念，孙大雨在 1930 年《诗刊》第二期上发表的《黎玡王》的译文说明里就已经创造出来并使用了。二人可能不谋而合，但显然都带有模仿和套用西方诗歌格律的倾向。这种倾向正是自白话文运动以来一直影响甚至基本主导着新诗创作和新诗格律探索的主要倾向之一。对于整个新文学运动，对国外特别是西方的借鉴曾起过积极的促进作用，但对于新诗格律的构建，这种借鉴只能使人们忽视甚至忘记汉语自身的特点和内在规律。这也许是这一阶段新诗格律探索始终未能在实质上取得进展的又一重要原因。

二

从 1937 年到新中国成立，是对新诗格律问题进行探讨的第二阶段。

抗日战争全面爆发后，一切文学艺术无不服从于抗战这一全民族的中心任务，融入了“民族革命战争的大众文学”之中，诗歌当然也不例外。1938 年 10 月，毛泽东在《中国共产党在民族

① 《新文学里程碑·评论卷》，文汇出版社 1997 年版，第 345~346 页。

战争中的地位》中发出了“我们不应当割断历史，从孔夫子到孙中山，我们应当给以总结，承继这一份珍贵的遗产”① 的号召，并提出“洋八股必须废止，空洞抽象的调头必须少唱，教条主义必须休息，而代之以新鲜活泼的，为中国老百姓所喜闻乐见的中国作风和中国气派”②。1942 年，在《在延安文艺座谈会上的讲话》中，他又强调提出了“我们的文学艺术都是为人民大众的”这一口号，反对在文学创作中使用“一些生造出来的和人民的语言相对立的不三不四的词句”③，提出“应当认真学习群众的语言”。这些都对这一阶段乃至后来几十年诗歌创作和诗歌格律的探讨有着至关重要的影响和指导作用。因此，在回顾该阶段新诗格律的研讨时，应当首先提到它们。

全面抗战初期，诗歌从内容到形式，基本上仍旧沿袭着前一阶段的状况。1939 年 6 月，萧三在《论诗歌的民族形式》一文中，对此做了评论：

> 近来的新诗大多是社会问题的，政治的。尤其是“九·一八”、“七·七”以来的诗充满了抗战的各方面的情愫，这是可喜的。但是……十五六年前所批评的“矫揉造作”和“构造潦草”这些缺点，到现在还是“新诗”的最大的缺点……具体的说，就是新诗的形式问题。
>
> 中国的新诗直到现在还没有“成形”——这是无可讳言的。这原因在哪里呢？我以为是，自从“白话”战胜“文

① 《毛泽东选集》（合订一卷本），人民出版社 1966 年版，第 499~500 页。

② 《毛泽东选集》（合订一卷本），人民出版社 1966 年版，第 499~500 页。

③ 《毛泽东选集》（合订一卷本），人民出版社 1966 年版，第 808 页。

言”以来，作新诗的一下子从古诗的各种形式和体裁“解放”了出来，于是绝对“自由”，你也“尝试”，我也“尝试”。结果，弄得毫无“章法”，没有一个完全“尝试”成功的，也就到现在还没有许多很好的诗的。

另一方面，“五四”以来，介绍了一些西洋的文艺到中国来。从古文下面“解放”出来了的读者，受了对中国的旧文化旧文艺犯了“左的”幼稚病地一概拒绝、鄙视的态度的影响，一时无所适从，于是拼命模仿，学习西洋文艺的作风，以为只要是“洋货”便是好的。因而有少数的新诗人完全学西洋诗的作法。结果呢，中了“洋八股”的毒，写出来的东西不合中国人的口胃，不受一般读者的欢迎。……诗呢？说来惭愧，至今还很少“脍炙人口”的作品。①

这里，虽然没有正面涉及新诗格律的问题，但对前一阶段新诗存在的毛病和偏颇进行了深沉的总结和批判。

在民族处于生死存亡的关头，一切文艺形式最迫切的任务就是宣传、组织群众进行抗日救亡。在这种形势下，过多讨论新诗格律化显然是不合时宜的。借“民族化”“大众化”的讨论，反对格律的主张倒又有所发展。如艾思奇在 1939 年写的《旧形式运用的基本原则》中说：“在词曲上就是格律，这是旧形式自身的镣铐，是对于它灵活地把握现实的一个致命的限制”，“文艺的格律化，就代表着中国社会的保守的方面”，“格律化的方面常常使它的现实的方面窒息。所以，旧形式格律化愈严的东西，就愈更离开民众而成为贵族的游戏品。……旧诗比民歌是更格律化

① 《中国新文学大系（1937—1949）》第二集，上海文艺出版社 1990 年版，第 131 页。

的，因此也就是更离开民众的、更‘高雅’的东西”。[①]

在这种形势下，源于民间、贴近群众、服务于抗战的作品日渐增多。新诗在第一阶段那种脱离群众和生吞活剥的洋八股弊病却由此日渐消失。特别是根据地的诗歌创作，其形式更是以通俗化、大众化为主基调。这种风气的转变，从一些诗人和理论家的文章中也可以感受到。如郭沫若在《民族形式商兑》中说：“民族形式……我相信不外是‘中国化’或‘大众化’的同义语。”[②]

在提倡文学创作“民族形式”“大众化”的同时，要求进一步扫除“晦涩难懂的欧化”语句和文言文句子，明确提出应当建立和使用“真正现代普通话”[③] 的要求也随之产生。如果说这种要求对于其他文学形式还不是特别重要的话，对新诗格律的探讨来说，却是万万不可少的基础。可以说，只有当这种要求真正实现之后，新诗格律的建立才可能正式开始。

大约正是由于这一时期尚处在缺乏共同基础的阶段，也由于对新诗的现实社会功能与它的发展趋势做不同层面探讨的缘故，对于新诗到底是应当彻底抛弃格律还是需要重建格律，往往有表面看似完全相反，实则是闪烁其词、模棱两可的主张。艾青在1941年发表的《诗论》中说：“格律是文字对于思想与情感的控制，是诗的防止散文化的芜杂与松散的一种羁勒；但当格律已成

① 《中国新文学大系（1937—1949）》第二集，上海文艺出版社1990年版，第127页。

② 《中国新文学大系（1937—1949）》第二集，上海文艺出版社1990年版，第169页。

③ 《中国新文学大系（1937—1949）》第二集，上海文艺出版社1990年版，第228页。

了仅只囚禁思想与情感的刑具时，格律就成了诗的障碍与绞杀。”① 在《展开街头诗运动》中又说：“从惠特曼、凡尔哈仑以及马雅可夫斯基所带给诗上的革命，我们必须努力贯彻。……我们要改变诗的生产方法——把诗从小手工业的形式中突破出来，用任何新的形式去适合新的时代的新的需要。”② 这里且不管这些说法是否合乎逻辑，我们仅仅是想指出当时许多诗人对新诗格律问题的矛盾心情。

端木蕻良在1943年发表的《论艾青》中，同样表现了这种矛盾的心理。他一方面说“艾青是运用新形式来写诗的第一个成功的诗人，艾青的诗已经传达了未来中国的消息”，“因此我以为新诗必须运用新形式来写，至于没有创造成功，我们当再继续创造”。另一方面他又说，“新诗为了创造自己，可以到处去乱撞、遨游，流浪，旅行，在旷野上放猪放羊，替人家佣工，吃糟吃糠，但浪子必须回家，浪子必须回家来补充他的血液，只有在他的父亲的爱里，他才能获得他的最充足的面包。他可以在风露里长大，但最安顿的食粮还是在家里。浪子吃了野狼的奶长大了，又回到父亲的家里，他的生命才会更丰富。因此我才劝一切的艾青们要首先懂得杜甫！”③

这个阶段中，一直密切关注新诗格律的，当属朱自清和王力两位学者。

朱自清的《新诗杂话》所收的20多篇文章，都是写于这一

① 《中国新文学大系（1937—1949）》第一集，上海文艺出版社1990年版，第359页。

② 《中国新文学大系（1937—1949）》第一集，上海文艺出版社1990年版，第354页。

③ 《中国新文学大系（1937—1949）》第一集，上海文艺出版社1990年版，第552页。

时期。其中多有涉及这一问题的文字。1941年，他在《抗战与诗》中写道："抗战以来的新诗的一个趋势，似乎是散文化"，"一切文艺形式为了配合抗战的需要，都朝普及的方向走，诗作者也就从象牙塔里走上十字街头"，"而朗诵诗的提倡更是诗的散文化的一个显著的节目。……民间形式暗示格律的需要，朗诵诗虽在散文化，但为了便于朗诵，也多少需要格律。所以散文化民间化同时还促进了格律的发展"。① 在《诗的形式》中写道："但格律运动实在已经留下了不灭的影响。只看抗战以来的诗，一面虽然趋向散文化，一面却也注意'匀称'和'均齐'，不过并不一定使各行的字数相等罢了"，"复沓是诗的节奏的主要成分"，"韵脚跟双声叠韵也都是复沓的表现。诗的特性似乎就在回环复沓"。② 朱自清先生还谈到了他对新诗诗行的字数和轻音、儿化、虚字如何处置的想法，他说："中国语在文言里似乎以单音节和双音节为主，在白话里似乎以双音节和三音节为主。顾亭林说过，古诗句最长不过十个字；据卞之琳先生的经验，新诗每行也只该到十个字左右，每行最多五个音节……再长就拗口了。这里得注重轻音字……这种字不妨作为半个音……行里有轻音字，就不妨多一个两个字的。点号却多少有些相反的作用；行里有点号，不妨少一两个字"，"双声叠韵，阴声阳声，开齐合撮四呼等，如能注意，自然更多帮助"。③ 在《诗韵》一文中，他肯定地说："到现在通盘看起来，似乎新诗押韵的并不比不押韵的少得很多。……旧诗词曲的形式保存在新诗里的……只有韵脚。这

---

① 《朱自清散文》（中集），中国广播电视出版社1994年版，第155页。

② 《朱自清散文》（中集），中国广播电视出版社1994年版，第202～207页。

③ 《朱自清散文》（中集），中国广播电视出版社1994年版，第206页。

值得注意。新诗独独的接受了这一宗遗产，足见中国诗还在需要韵，而且可以说中国诗总在需要韵。”① 可以看出，朱自清先生在这些文章中谈及这一阶段关于新诗格律探讨的各个方面。许多看法对今天继续进行这一问题的研究，仍有重要的启发和参考作用。

王力先生对新诗格律问题的关注，具有更浓重也更客观的学术意味。1942 年，他在《诗歌的起源及其流变》中说道："新诗求解放，当然首先摆脱了韵书的拘束。……现在用韵既然以口语为标准，而中国方音又如此复杂，到底该以什么地方的话为标准呢？……由此看来，除非写方言的白话诗，否则还应该以一种新诗韵为标准，例如民国三十年教育部所公布的'中华新韵'。……新诗韵是以现代的北平实际口语为标准的。这样，才不至于弄成四不像的诗歌。”② 确立新诗韵，实际也就是统一语音标准。这确实是当时甚至也是现在讨论新诗格律最基本也最重要的问题。王力先生正是首先注意和强调这一问题的。1947 年，《汉语诗律学》完稿，该书是白话诗产生以来第一部研究包括白话诗、自由诗韵律在内的汉语诗律学著作。书的最后一章用大量的篇幅分析论述了自由诗、十四行诗的格律问题，这又是从来没有人做过的工作。特别应该注意的是，该书的结尾语是这样的："近二十年来，中国一部分的诗人确有趋重格律的倾向，而最方便的道路就是模仿西洋的格律。纯粹模仿也不是个办法；咱们应该吸收西洋诗律的优点，结合汉语的特点，建立咱们自己的新诗律。”③ 这表明了王力先生的正确立场：中国新诗要建立符合自己语言特点的格律，一味模仿西方诗律的做法是不可取的。

① 《朱自清散文》（中集），中国广播电视出版社 1994 年版，第 208 页。
② 《王力文集》第十九卷，山东教育出版社 1990 年版，第 242 页。
③ 《汉语诗律学》（增订本），上海教育出版社 1979 年版，第 950 页。

除了理论和学术上的探讨，这一阶段诗歌在创作方面较好地完成了配合抗日战争、解放战争的任务，产生了许多“为中国老百姓所喜闻乐见的中国作风和中国气派”的作品，如《王贵与李香香》等，从而为下一阶段新诗格律的探讨提供了一些可供分析的样品。

虽然这一阶段新诗格律的探讨依然没能为新诗的发展确定明确的坐标，但是可以发现，这种探讨随着时间的推移已经进入了一个更加深沉的阶段。这一点，可以用朱光潜 1948 年《现代中国文学》中的一段话加以证明，同时也权且借为本文的结束语：

> 新诗似尚未踏上康庄大道，旧形式破坏了，新形式还未成立。任何人的心血来潮，奋笔直书，即自以为诗。……完全放弃固有的传统，历史会证明这是不聪明的。文学是全民族的生命的表现，而生命是逐渐生长的，必有历史的连续性，所谓历史的连续性是生命不息，前浪推后浪，前因产后果，后一代尽管反抗前一代，却仍是前一代的子孙。历史上还没有一个先例，让我们可以说某一国文学在某一个时代和它的整个的过去完全脱节，只承受一个外国的传统，它就能着土生根。中国过去的文学，尤其在诗方面，是可以摆在任何一国文学旁边而无愧色的。难道这长久的光辉的传统就不能发生一点影响，让新文学家们学得一点门径？这问题是值得我们思量的。①

原载《人文述林》第二辑，山东大学出版社 1999 年版

---

① 《新文学里程碑 · 评论卷》，文汇出版社 1997 年版，第 166、168 页。

新中国成立后新诗格律探讨的回顾与思考

20 世纪初，几乎是在白话诗诞生的同时，学者们便开始了新诗格律的探索工作。从 1917 年开始的“文学革命”到新中国成立之前，这种探索尽管没找到最终的出路，却没有间断，而是不断有所深入。新中国成立之后，这种探索又掀起过几次高潮，也有一些可喜的收获和经验。后来，由于历史原因，探索的步伐被阻断。今天，要把新诗格律问题的研究继续下去，并最终找到解决问题的办法，就必须对以往探索的全过程进行认真检讨。

一

由于新中国成立之前新诗已经经历了三十几年的发展，几十年中，中国人需要诗歌，诗歌离不开中国人的生活，被历史一次又一次地反复验证着。然而散漫的新诗确实不能让国人满意。这促使人们对新诗应该而且必须重建格律，渐渐取得了共识。这时，新中国成立了，百废待举，百废俱兴。新诗格律的探讨工作在新中国成立伊始便大张旗鼓地展开了。

1950 年初，刚刚创刊的《文艺报》就以“在目前的诗歌运动中和创作上存在着一些什么问题”为题，邀请了 11 名学者和诗人在第 1 卷第 12 期上展开了笔谈。其中不少意见都涉及新诗格律化的问题。

萧三写道："新诗和中国千年以来的诗的形式（或者说习惯）太脱节了。所谓'自由诗'也太'自由'到完全不像诗了。……新诗直到现在还没有能在这块土壤里生根"，"我想，汉字如果暂时仍不能废除，何以不能写旧形式的诗呢？……总之，现在各种各样形式的诗，我们都该欢迎"。他认为："要使诗歌真正新鲜、活泼、大众化，只有用新文字来写诗才有可能。"[①] 田间提议说："写新诗的人也要注意格律，创造格律。五四以来，我们曾经反对过格律……有点过于勇敢"，"我们要把自己所声明不要的东西，再捡一部分回来重新研究。……至于什么样的格律我们才要它……第一是要看我们如何继承过去数千年诗歌好的传统（包括民间诗歌）。第二是要看我们能否正确地丰富地运用群众语言"。彭燕郊则指出了新诗的两种缺憾：一是内容平淡缺乏"诗质"，二是语言"不是过于洋化了，就是无条件地向旧语言讨救兵"，因此他认为"新中国的文字语言最后必将被我们的诗人们发现而且组织起来的"。马凡陀表示："新诗歌最好要建立起一个形式来，七言以至十一个字一句的形式是可以多多采用的。"林庚的意见比较具体，他说："五七言无疑的正是中国民族传统的形式……我们顺着这一个形式的传统就很容易普及，离开了这一个传统就难于为大众接受。……今天我们要接受这一个民族形式就得要把五、七言形式的传统同今天语言文字（也即口语或白话）的发展统一起来。"他特别强调指出，研究新诗格律"基本问题必须先建立诗行"。直到如今，林先生仍在坚持探索从十一言到九言的新诗格律化最基础的建行工作。1999 年他又在《文史哲》第 3 期上发表了题为《从自由诗到九言诗》的文章。尽管探索没有取得成功，但林先生算得上是半个多世纪以来一直热衷于新诗

① 《新诗歌的一些问题（笔谈）》，载《文艺报》1950 年第 12 期。

格律探索的绝无仅有的前辈学者了。

1950 年 5 月，郭沫若、何其芳二人也参加了这一讨论，他们在《文艺报》第 2 卷第 4 期上分别发表文章。郭沫若说："新诗的形式在今天依然还在摸索的途中"，"旧式诗词的形式……它的语法和韵律，在民族的语言规律和生活情绪上，是有它的根蒂的"，"写作新诗歌……在形式上则当就现存的民歌民谣中求得民族的语言规律和生活情调而施以新的加工，或发挥新的创造"。[①] 郭沫若的这番话，比起此前他主张创作自由诗，激烈地反对新诗格律的态度有了较大的转变。何其芳的文章题为《话说新诗》，他说："五四以来的新诗，从形式方面概括地说，就是在格律诗和自由诗两者之间曲折地走了过来。……真有些像一股风，一会吹向那边，一会又吹向这边"，处在"近乎笑话似的曲折的发展中间"。[②] 对于新诗的形式问题，他认为应该防止两种偏向：一种是"借口'内容决定形式'来掩盖某些新诗的形式方面的缺点，不知道任何文艺的形式还有它本身的传统"；另一种是"全部抹杀五四以来的新诗，或者企图简单地规定一种形式来统一全部新诗的形式"。他认为，打算主要或完全依靠五言七言的形式，解决今天中国新诗的形式问题，"恐怕还是把问题看得太简单了"，因为"五言七言首先是建立在基本上以一字为一单位的文言的基础上的。我们今天的新诗的语言文字基础却是基本上以两个字以上的词为单位的口语。用口语来写五言七言诗就必然比用文言来写还要限制大得多"。所以他提出"如果不是以字为单位的五言七言，而是说基本上采取了五言七言的节奏的，字数不定的类似陕北民歌那样的形式……可能有发展的前途"。他主张新诗形式

① 郭沫若：《论写旧诗词》，载《文艺报》1950 年第 4 期。

② 何其芳：《话说新诗》，载《文艺报》1950 年第 4 期。

“是可以多元的”，“不可能定于一，也不必定于一”。

可以看出，这次讨论是对新中国成立前几十年新诗创作和实践经验的又一次反省与总结。较之以往对新诗如何发展的讨论，意见更趋集中，目标更趋一致。现代诗歌应当继承民族传统和建立新格律的要求被越来越多的人提出。在如何建立新诗格律的问题上，讨论也更广泛更具体，也更深入。

特别值得注意的是，讨论中许多人提到了诗歌创作的语言问题。如萧三主张“用新文字”来写诗；田间主张“正确地丰富地运用群众语言”；彭燕郊提到诗歌创作者存在“不知道用什么样的语言来写诗”和对“新中国的文字语言”的期盼；林庚主张“要把五言七言形式的传统同今天语言文字的发展统一起来”；郭沫若则提出要“求得民族的语言规律……而施以新的加工”。而何其芳则更明确地提出了“新诗的语言文字基础”的问题。所有这些都说明了学者和诗人们开始觉察到语言问题（按：实际上就是现代汉语的语言规范化问题）是建立新诗形式和格律最重要的条件和前提。但这个条件和前提——现代汉语的规范化标准，当时还没有产生。因此，人们对这种条件和前提的认识及需求仍处在朦胧的水平与阶段上。这样，就又不可避免地使许多问题的讨论，显得散漫和不得要领。如主张把“口语或白话”而不是标准的现代汉语当作现代诗歌的语言标准，就是这类模糊认识的代表。另外，仅仅把民歌民谣当作探索现代诗歌格律的主要参照物或样品，而对大量优秀的堪称中华民族诗歌瑰宝的近体格律诗等，却依然视而不见，甚至有意排斥在外，也表明了这次讨论还远不够深入。这类问题，在此后的讨论中才逐渐从一定程度上得以纠正。

总之，这次讨论一方面是对此前三十多年新诗格律问题探索的继续，另一方面，在思想上和理论上，以及其他条件的配合上，显然仍是在准备不充分的情况下展开的。但是，能在新中国成立之初的几个月中就组织了这样一次关于新诗形式和新诗格律的讨论，其意义是非常重大的。它是此后更大和更深入讨论的必要准备和演习。

二

此后十几年中，关于新诗形式和新诗格律的讨论时起时伏，但一直没有停止过。其中，比较集中的讨论就有两次。

第一次是 1953 年底到 1954 年，其间，先是中国作家协会创作委员会诗歌组连续召开了三次关于诗歌形式的讨论会。会上，诗人和学者们有多种不同甚至相反的意见。一种意见认为，格律诗是中国诗歌的优良传统，应该继承和发展，特别是五七言的形式，更是应当认真加以研究利用。另一种意见认为，民歌民谣也与格律诗一脉相承，在当代将是有发展前途的一种格律形式。第三种意见认为，不应当用格律诗否定和排斥自由诗，自由诗也是民族形式的一种，进而认为规定诗歌的字数或要求形式上的排列整齐是没有必要的。还有一种意见则主张当代诗歌形式应当多样化，格律诗、自由诗都应当发展。这些意见，综合并体现着半个多世纪以来对新诗和新诗格律的各种态度。其中，把民歌民谣也算成一种格律诗的主张，与严格的格律诗标准存在着较大差距。不难看出，当时对“格律”这一概念存在着定义宽严不一的重大分歧，泛格律化的主张在新诗格律问题的研究中还是很有市场的。

1954 年 4 月，何其芳在《中国青年》杂志上发表了题为《关于现代格律诗》的长篇文章，从而把新诗格律的讨论又向前推进了一步。文中写道：“一个国家如果没有适合它的现代语言的规律的格律诗……是一种不健全的现象”，“很有必要建立中国现代的格律诗”，“没有很成功的普遍承认的现代格律诗，是不利于新诗的发展的”。文章指出：我们必须在民歌体之外“建立一种更和现代口语的规律相适应，因而表现能力更强得多的现代格律诗”。[①] 何其芳大声疾呼，指出建立新诗格律的必要性，同时又婉转地避开了一些非学术因素的干扰，在一定程度上较明确地批评了把民歌民谣作为格律诗的泛格律化主张。这种做法包含着他对建立现代诗歌格律的良苦用心。但文章中只是笼统地把古代五七言诗当作研究现代诗歌格律的借鉴，没有说明是指五七言古诗还是五七言近体诗。显然这又是在有意回避讨论近体诗及其格律。这种做法，在当时的情况下是可以理解的。虽然它比把民歌民谣当作格律诗的主张有所进步，其目的也许是想化难为简，把注意力先集中和限制在五七言诗的节奏和韵律上。但从另一种角度看，这种做法仍是一种与泛格律化没有本质区别的方法。由此决定了这次讨论也必将是无法找到最终出路的。

从讨论中可以看出，几十年来不断得以强化的否定传统的偏颇思潮是多么难以阻挡。同时，也表明了几十年来诗界和学界从理论上对于什么是解决现代汉语诗歌格律的关键，依然没有明晰的方向和目标，绝大多数人仍然处在混乱与迷惘的状态中。学者和诗人们一方面真心想探求现代诗歌格律，另一方面却又怀有企图绕开传统、绕开近体诗格律而另辟蹊径的不切实际的幻想。正是这种偏颇、迷惘和幻想的综合作用，决定了当时对现代诗歌格律讨论的深度和广度都还远远不够。另外，讨论没有充分注意汉语的自身规律，而是依旧从外国语言和外国格律诗中生搬硬套一些不适用于汉语的术语，如音位、音步等名词概念。而且，还常

① 何其芳：《关于现代格律诗》，《何其芳选集》第二卷，四川人民出版社 1979 年版。

常新增加一些自造的标新立异的名词术语。而人们对这些新旧概念术语的认知度存在着很大差异，更增加了这场讨论的混乱和人们的迷惘。例如，何其芳提出的“顿”就是最具代表性的例子。他在文章中说道，格律诗和自由诗的“最主要的区别就在于格律诗的节奏是以很有规律的音节上的单位来造成的”，“中国古代格律诗的节奏主要是以很有规律的‘顿’造成的，这已经是许多研究诗歌的人所共有的看法”。何其芳就这样把“顿”引入了现代诗歌格律的讨论。为了让人们认可，他又对这个新概念做了更详细的解释。他说：“我说的顿是指古代的一句诗和现代的一行诗中的那种音节上的基本单位。每顿所占的时间大致相等”，“凡是有过读旧诗的经验的人都是这样的，把五言诗的一句读为三顿，七言诗的一句读为四顿”，“顿是音节上的单位，但它和意思上的一定单位（一个词或者两个词合成的短语）基本上也是一致的。只是有时为了音节上的必要，也可以不管意思上是否可以分开。比如‘秋瑟—瑟’‘无管—弦’‘雨潺—潺’就是这样”。从以上这些话可以看出，这一概念的含义是含混不清的。何其芳却希望以这个不仅在语言中有歧义、自己也还不能完全说明白的概念为核心，去构建现代格律诗的基本格律形式和具体方法；并再三强调这个所谓的新格律诗的格律要素。他说：“从顿数上来说，我们的格律诗可以有每行三顿、每行四顿、每行五顿这样几种基本形式”，“我们说的现代格律诗在格律上就只有这样一点要求：按照现代的口语写得每行的顿数有规律，每顿所占时间大致相等，而且有规律的押韵”。

何其芳认为，只要大家掌握了他所引进并阐释了其意义的“顿”这个新诗格律的单位或概念，现代格律诗的格律问题就将一蹴而就，现代格律诗形式的创建也将大功告成。然而事实却远非想象的那样简单。何其芳的文章发表后，不仅没能使现代格律诗的研究有所进展，相反，学术界对他一系列言之凿凿的解释普遍难以接受，从而引起了许多围绕“顿”这一概念及其格律诗形式的更激烈的争论，由此使这次讨论陷入了进退维谷的尴尬局面。

第二次大讨论是1958年到1959年。在新一轮讨论开始前，发生了对新诗格律探讨有极其重要影响的两件事。第一件事是，继1955年中国科学院召开现代汉语规范问题学术会议，确定了汉语民族共同语普通话及其标准之后，1958年2月11日，第一届全国人民代表大会第五次会议批准公布了《汉语拼音方案》。它正式宣告了汉语进入现代阶段以来混乱局面的结束。从此，现代汉语语音有了法定规范。以《汉语拼音方案》为依据的推广普通话运动也因此得以在全国广泛开展并不断深入和普及。《汉语拼音方案》的问世和普通话的推广，不仅在当时对现代汉语诗歌形式，特别是对现代汉语诗歌格律的探讨，有着深远的影响；即便在今天，它依然对最终解决这一问题具有决定性的意义。第二件事则带有一点神秘色彩和戏剧色彩，但它绝对是一件直接引发新一轮诗歌格律问题讨论的事情。据北京大学1967年油印本的《学习资料》记载，1958年3月22日，毛泽东主席在成都会议上讲了这样一段话：“中国诗的出路第一条是民歌，第二条是古典。在这个基础上产生出新诗来。形式是民歌的，内容应当是现实主义和浪漫主义的对立统一，太现实了就不能写诗了。现在的新诗不成形，没有人读，我反正不读新诗，除非给一百块大洋。”今天看起来，毛泽东的这段话，风趣而幽默，当是有感而发，带有一定的随意性，有些地方不免失之偏颇，但在那时是不能这样认识的。尽管这段话没有公开发表，却很快在文学和文学评论界，特别是诗歌界不胫而走，并最终引发了1958年至1959年间“关于诗歌形式问题”的第二次大讨论。

从题目及后来的讨论内容都不难看出，这次讨论带有毛泽东上述谈话的影子。事实上，在开始很长一段时间里，讨论也是紧扣毛泽东谈话所涉及的“诗歌形式”和中国诗歌的两条出路等内容展开的。但是随着讨论的深入进行，逐渐变成了一场关于现代汉语诗歌格律问题的讨论，并且堪称新诗问世以来规模最大的一次学术性大讨论。在长达一年多的时间里，全国各大报刊，如《人民日报》、《红旗》杂志、《文汇报》，以及《文学评论》《文艺报》《诗刊》等，几乎无一例外地都参与了。许多著名学者也都先后以不同形式发表了个人意见。毋庸讳言，这次大讨论必然带有明显的时代政治色彩，因而有些意见像何其芳当时就指责的那样：“很大一部分文章是浪费的论争，是建筑在歪曲和武断的基础之上的批评。”① 今天，我们重新审视这次大讨论时，应当而且已经有可能注意去除这类时代色彩很浓的意见，而专注于那些如何构建现代汉语诗歌格律的纯学术性观点了。我们发现，即使是在当时，通过一年多的讨论，学者们在许多方面也统一了认识。特别是对现代汉语诗歌要走多样化的道路、现代汉语诗歌格律化的必然性，以及进行现代汉语格律诗格律的具体探讨等问题都取得了共识。并且越到后来，讨论越是变成主要围绕如何建立现代汉语格律诗，以及与之相关的一些具体问题进行激烈而深入的论争了。

进入1959年，《文学评论》加大了对讨论的组织和宣传力度。在它改刊后的第1、2期上，先后发表了何其芳《关于诗歌形式问题的争论》和《再谈诗歌形式问题》两篇重要文章，以及其他多名学者有关的讨论文章。以这两期为前导，第3期干脆办成了《关于诗歌格律问题讨论专辑》。专辑收录了王力、朱光潜、

① 何其芳：《再谈诗歌形式问题》，载《文学评论》1959年第2期。

季羡林等九位学者的文章。他们从不同角度谈了自己对于新诗形式和诗歌格律的观点和看法，其中许多看法对今天继续进行现代汉语诗歌格律问题的研究仍具有启发作用和指导意义。限于篇幅，仅对一些重要的意见概括如下。

王力的意见是：

1. 同意何其芳“新诗是一定会走格律化”和“会有一种新的格律”，以及“要解决新诗形式和我国古典诗歌脱节的问题，关键就在于建立格律诗”的意见。他认为“格律诗是中国诗的传统”，建立现代格律诗，应该具有民族特点和时代特点。

2. 民歌没有特殊的格律，民歌的特点就表现在突破格律而接近自由诗。因此，现代格律诗要以民歌的格律为基础的讨论没有意义。

3. 格律诗的要素一是韵脚，一是节奏。节奏是可以较量的语言单位在一定时隙中的有规律的重复。汉语中音色与节奏无关，只有音长、音强、音高与节奏有关。现代格律诗的格律应该反映语音体系的特点，声调（平仄四声）正是汉语语音体系的最大特点。律诗以后，平仄的因素在中国诗的格律上占着非常重要的地位。现代格律诗对此不能不有所反映。但不能再用古代的平仄，而应该用现代的平仄。①

朱光潜的意见是：

1. 新诗的格律“应该是崭新的更适合于现代生活和现代语言的形式”。

2. 把新诗格律单纯建立在民歌基础上，而不建立在全部民族诗歌传统的基础上，那无疑是片面的，过于简单化的。

---

① 王力：《中国格律诗的传统和现代格律诗的问题》，载《文学评论》1959 年第 3 期。

3.“四声是中国诗歌格律的主要基础之一。‘五四’以来的新诗放弃了四声基础。”①

金克木提出：应该考虑“旧格律和现代汉语之间的矛盾点在哪里”和“根据什么来定格律”的问题。他指出“平仄（音）、单复（词）、奇偶（节奏单位）、虚实（句中节奏）相错成文，是历来汉语诗歌格律的基本东西”。②

周煦良提出：“五言律和七言律是中国诗里面最精致的格律”，我们“不能不对这种平仄律好好加以研究”。

为了把讨论推向更高峰，《人民日报》文艺部、《文学评论》、《文艺报》、《诗刊》杂志联合于1959年7月9日、7月28日和8月3日，又连续三次邀请多位著名学者、诗人召开座谈会，就一年多来大家争论的一些建立现代汉语诗歌格律的焦点问题，进一步进行集中座谈和探讨。③ 讨论会的意见，既代表了第二次大讨论的最高学术水平，也集中反映了第二次大讨论的最后结果。其中主要的内容，可归纳为如下几方面：

1. 关于格律诗的概念。这个问题一直存在宽严不同的认识。多数人认为只要押韵就应该叫格律诗。王力则主张，讨论格律应当将格律诗的定义限制在狭义的、更严格的意义上，例如民歌就不能算是格律诗。

2. 关于节奏问题。讨论中对这一问题的争论最大。对于什么是节奏和影响节奏的因素，都存在多种看法，其中不乏至今仍有参考价值的意见。王力认为：“节奏是一种声音的回环。两种不同的声音（比如轻重音）交替就构成节奏”，“节奏不等于停

---

① 朱光潜：《谈新诗格律》，载《文学评论》1959年第3期。
② 《关于诗歌格律问题讨论专辑》，载《文学评论》1959年第3期。
③ 《诗歌格律问题的讨论》，载《文学评论》1959年第5期。

顿”。陈业劭认为：“构成节奏的决定因素是有规律的音节，也就是每一个诗行‘音节组合形式’都应该是一定的‘音节组合形式’。”林庚认为：“最理想的节奏，是字数一样，音数也一样……这样的诗行的重复，造成了节奏。”

3. 关于汉语的特点——声调平仄，能否形成节奏的问题，意见也比较分散。林庚、何其芳等认为平仄在汉语诗歌中，特别是在新诗中不可能形成节奏。袁水拍、徐迟等人则认为平仄有一定的效果，新诗可以考虑利用它的作用。王力、陆志韦则认为平仄可以理解为一种节奏关系。但指出，现在平仄在方言中有很大不同，按现在的方言将声调分平仄是困难的。

4. 关于“顿”“音组”“音步”等概念的含义。我们知道，“顿”这个概念，在汉语中早就有停顿之义。但自南北朝至唐代，在格律诗产生的过程中，未见中原或汉族文人使用这一概念解说格律。之后，直至19世纪，虽然格律诗因其格律所依据的中古语言的声调平仄与现实语言的声调不再符合而日渐衰落，但即便如此，也极少见把“顿”充当格律诗规则者。因此，可以肯定，“顿”这个概念是不适合传统诗歌格律的。它只是在新诗格律探讨中才试图被用以描写或衡量汉语诗歌格律的。与此相似，“音组”“音步”两个概念更是在新诗诞生之初才出现的概念。但这两个概念来源不同。“音步”是源自西方不同语言针对诗歌格律的概念，其含义因语种不同而各有不同。讨论过程中，王力先生已在他的文章中有详细辨析。而“音组”则是20~30年代由中国学者照“音步”这一舶来概念而创造的。当初，其意义大略是“二三个汉字为常态而有各种不同变化的”诗歌语言节奏单位。①

① 孙大雨：《我与梁实秋》，见孙兴振主编《随笔集萃》（中），《济南日报》创刊50周年纪念珍藏本，1998年。

在当时，也并没引起认真讨论与分辨。新中国成立后，特别是1958至1959年的讨论中，何其芳又使用了“顿”这个定义不明的概念，更加重了三个概念纠缠不清的程度。因此，直到最后的三次讨论会上，诗歌界、学术界对这三个概念的含义，仍是各执一端，最终也未能取得一致。

以上即1958年至1959年诗歌形式大讨论，实际即新诗格律大讨论的基本情况。

三

从1959年至今，这种大讨论再也没有进行过。但从以上回顾可以看出，从20世纪初到20世纪50年代末，学术界建立现代汉语诗歌格律的要求不是减弱了，而是愈来愈强烈。但由于其基础现代汉语的语言规范和现代诗歌创作的滞后，以及学术和理论方面的探讨都尚处在萌芽与发轫的状态，因此这种努力总显得步履蹒跚。历史经验也证明，学术和理论的探讨应当甚至必须超前进行，才能更好地给予创作实践以指导。可惜的是，由于当时客观条件的恶化，在几次大讨论之后，这方面的学术和理论研讨日渐沉寂。只有极少数学者还一直关心着汉语诗歌格律问题的研究。其中，王力、秦似父子二人就是这方面为数不多的代表。

1958年，王力先生的《汉语诗律学》问世。他关于建立新诗格律的主张在这部专著中就已经表明。在该书的末尾，他一针见血地批评了近几十年来新诗格律探索中的偏颇，同时高瞻远瞩地说明了现代汉语格律诗格律建设的方向。他说：“近二十年来，中国一部分的诗人确有趋重格律的倾向，而最方便的道路就是模仿西洋的格律。纯粹模仿也不是个办法；咱们应该吸收西洋诗律的优点，结合汉语的特点，建立咱们自己的新诗律。”[①] 在此基础上，他在 1958 至 1959 年的大讨论中，进一步坚持提出了上文述及的一系列重要观点和主张。

1962 年，王力先生在《文艺报》和《光明日报》上又先后发表了题为《中国古典文论中谈到的语言形式美》和《略论语言形式美》的文章。在这两篇堪为姊妹篇的文章中，王力先生从汉语的特点和历史的经验两方面，反复阐述了汉语语言形式美的原因和表现方法。在第一篇文章中，他写道：“《文心雕龙》声律篇有很重要的两句话：‘异音相从谓之和，同声相应谓之韵。’‘同声相应谓之韵’这一句话好懂：韵就是韵脚，是在同一位置上同一元音的重复，这就形成声音的回环，产生音乐美。但是刘勰所强调的不是这一句，而是前一句‘异音相从谓之和’。……什么是‘异音相从谓之和’呢？范文澜同志认为是‘指句内双声叠韵及平仄之和调’。这是对的……实际就是避同求异。”他又将这一原理与近体诗特别是现代诗歌格律联系起来，说道：“律诗的平仄格式是逐渐形成的，而平仄的讲究主要还是求其‘异音相从’。……现代的诗即使讲究格律，也不一定要拘泥平仄，但是古典文论中谈到的语言形式美，从原理上说，还有许多可以借鉴的地方。”[②]

第二篇文章是第一篇文章的展开和深化。文章归纳总结出“语言形式的三种美”，即“整齐的美，抑扬的美，回环的美”，指出“诗不过是语言形式美的集中表现罢了”，从而强调了诗歌必须讲究“三美”的观点。文章指出，整齐的美对汉语来说就是

---

① 王力：《汉语诗律学》（增订本），上海教育出版社 1979 年版，第 950 页。

② 王力：《王力诗论》，广西人民出版社 1988 年版，第 41~45 页。

对偶，因为“对偶作为修辞手段却是汉语的特点所决定的”。文章强调：“现代汉语虽然双音词颇多，但是这些双音词大多数都是以古代单音词作为词素的，各个词素仍旧有它的独立性。这样就很适宜于构成音节数量相等的对偶。”

关于抑扬的美，文章指出：“诗人常常运用语言中的节奏来造成诗中抑扬的美”，“对于可以衡量的语音单位，我们也可以有意识地让它们在一定时隙中成为有规律的重复。这样就构成了语言中的节奏”，“由于语言具有民族特点，诗的节奏也具有民族特点。音乐的节奏只是强弱的交替，而语言的节奏……除了强弱的交替之外，还可以有长短的交替和高低的交替”。文章再次强调：“汉语的特点不容许有跟西洋语言一样的节奏。”最后，王先生一语破的，宣告了他建立在对汉语特点洞察基础上的权威论断：“从传统的汉语诗律学上说，平仄的格式就是汉语诗的节奏。”

值得注意的是，这些观点几乎都是作者对自己在1958—1959年诗歌形式大讨论中所发表意见的重复。如前所述，由于那次讨论最终没有统一的意见，而是众说纷纭，王力先生当时发表的观点也只能在那场混乱的争论中被无奈地湮没。三年之后，作者又经过一番认真的学术思考，才重新提出了这些观点。而这一次比三年之前更加系统化、理论化，所以也更加成熟，更具有权威性，因而对今天现代汉语诗歌格律问题的研究也具有更重要的参考价值。其中，王力先生重点重复和强调的关于平仄在汉语诗歌格律中不可忽视的作用，以及对其性质的判定，特别值得我们后来者细心玩味。他说：“平仄格式到底是高低律呢，还是长短律呢？我倾向于承认它是一种长短律。……但也可能既是长短的关系，又是高低的关系。”我们十分惋惜王力先生没有把这一研究最后完成并拿出一个定论，但足以受到他关于平仄对汉语诗律重要性判断的鼓舞和启发，认真研究声调或平仄对现代汉语诗歌必然的应有的作用。王力先生在文章中还多次强调说："有了平仄的节奏，这就是格律诗的萌芽"，"汉语的声调是客观存在的，利用声调的平衡交替来造成语言中的抑扬的美，这也是很自然的"。文中指出"韵脚就是回环的美""双声叠韵也是一种回环的美"，但后者"在对仗中才能显示出来"。直到 1981 年，王力先生在《语言与文学》一文中，又一次全面地复述过上述观点，再次强调平仄对汉语诗词格律的重要性，由此足见这些观点的价值。

受王力先生关于平仄在汉语诗歌格律中作用的观点的影响，同时也为了摸索和推动现代汉语诗歌格律的创建，秦似先生曾在"文革"期间就对现代汉语声调进行过平仄类别的划分。1975 年，他在编著的《现代诗韵》中，第一次将现代汉语阴平、阳平划为平声，而把上声、去声定为仄声。① 这种划分方法，王力先生等在 50 年代就曾提出过设想，但没有付诸实行；而秦似先生则把它交由大众实验和使用了。由此可以看出，他们父子二人在关于汉语平仄对汉语诗律的作用上，认识是一致的。然而，由于缺乏广泛的宣传和尽可能多的创作实践的验证，以及更加深入的理论研究的支持，这种新的平仄划分方法，至今一直没有引起人们的重视。

"文革"前夕，对新诗格律问题具有影响力的还有毛泽东和陈毅。1965 年 7 月 21 日，毛泽东在给陈毅的信中写道："要作今诗，则要用形象思维方法……古典绝不能要。但用白话写诗，几十年来，迄无成功。民歌中倒是有一些好的。将来趋势，很可能从民歌中吸引养料和形式，发展成为一套吸引广大读者的新体诗歌。"② 1965 年 11 月 8 日，陈毅在给王力先生的信中则说道：

---

① 秦似：《现代诗韵》，广西人民出版社 1979 年版，第 25 页。

② 《毛泽东书信选集》，人民出版社 1984 年版，第 608 页。

“中国诗歌问题40多年来未获解决。写旧体此路已走不通，写新体也未能使人满意。我主张写旧体，也写新体，也写民歌，三条腿走路，走的人多了，自然会开辟一条新的诗歌道路。”两位伟人的说法虽然都只限于原则的议论，但它们像给止于“文革”之前的已有六七十年实践历史的新诗，以及新诗格律的探索，画上了一个阶段性的句号。

十年浩劫期间，进行现代汉语诗歌格律的探索是不可能的。20世纪70~80年代以来，现代汉语诗歌格律的探索工作又逐渐有所展开，不仅时有这方面的文章见诸报刊，而且全国各地还成立了几处相关研究机构。然而从总的成果看来，研究者还没有走出50年代几次讨论所形成的定向思维模式；有些甚至还有着较明显的不切合现代汉语实际的洋八股味道。总之，目前的研究无论在规模还是水平上都还远没有达到历史的高度和前辈的水平。

四

综合近百年来对新诗格律的探讨情况，特别是对新中国成立以来几次新诗格律大讨论进行回顾，其目的就是希望能引起人们对现代汉语诗歌前途的关注，进而引发新一轮对现代汉语诗歌格律的探讨，在21世纪之初能够尽快展开并取得新的进展。相信这是每个珍爱汉语诗歌传统者所期盼的。至于以下几点看法，则是笔者通过上述综合与回顾得出的合乎逻辑的思考。

1. 现代汉语诗歌需要并必将产生它的格律诗及其格律。这一目标的实现，无疑是项长期而复杂的任务。它已经历史地落在了新世纪所有有志于此的诗人、学者、语言学家及其他有识之士的肩上。

2. 展望这一工作的未来，须知现代汉语语音标准是现代汉语诗歌格律研讨和最终制定的无可替代的唯一标准。各种方言口语的语音情况则只能作为参考。

3. 对现代汉语声调的平仄进行科学的重新划分，是建立现代汉语诗歌格律的首要条件。在此基础上，现代汉语诗歌格律才有产生和建立的可能性。而这一工作，必须建立在科学严谨的语音实验和大量的诗歌实践基础上。截至目前，这方面的工作尚属空白。

4. 现代汉语诗歌格律应当是现代汉语条件下对近体诗格律（包括词律等）的扬弃与发展。因此，它的建立离不开对后者的继承和借鉴。

原载《文史哲》2002 年第 3 期

山东大学“现代汉语普通话新诗韵诗歌”课讲义

辛丑年孟春之月

开场诗

枯木朽株心未死，
愿施甘露育新枝。
中华诗统重振日，
山大风骚擎纛旗。

课程说明

此课内容自设创新，具有知识性、学术性与探索性多种特点。

本课将要和想要讲述的“汉语诗歌传统与创新发展”，偏重汉语诗歌形式语言（语音、句式、修辞等方面）的传统与继承、发展、创新方面，而非其内容与艺术性等方面。其目的则在于摸索“山东大学现代汉语普通话新诗韵”和“山东大学现代汉语普通话新诗韵格律诗规则”的建立与推广。并通过初步创作环节，为现代汉语普通话新诗韵格律诗打下理论基础与创作基础。

本课内容已在山东大学文学院与儒学高等研究院尼山学堂讲述过三学年，取得了较好的效果。经过进一步修改，现在权且作为本书的重要组成部分，首次刊发。希望能满足广大读者的需要，更希望能引起海内外语言、文学、诗歌各界专家学者与社会各界的批评指正，以期对现代汉语普通话新诗韵与新诗韵格律诗的产生和发展起到一定的推动作用。

第一节　汉语诗歌的定义与汉语诗歌的起源

一、汉语诗歌的定义（什么叫诗歌?）

1.《说文解字・言部》

（1）“诗，志也。”（诗为抒发情志的一种文学样式/体裁。

在心为志，发言为诗。)

（2）“志，意也。”（意念，心情）

（3）“詠（咏，后起字，咏行詠废），歌也。”（歌唱，曼声长吟）

（4）歌（欠部）：“詠也。”（歌即咏，歌唱，歌谣）

（5）“言，直言曰言，论难曰语。”（言是一般的说话，“语”和“言”的区别：语是辩论、谈论、议论；言，甲骨文为指事字，表示言说。)

为何要追溯这几个与“诗”有关的字呢？这牵涉到与“诗”“诗歌”这两个概念密切相关的一句话，或者说最古老典籍中关于“什么是诗”的论述，《尚书·舜典》：“夔，命汝典乐，教胄子。直而温，宽而栗，刚而无虐，简而无傲。诗言志，歌永言，声依永，律和声……”

又《毛诗序》：“诗者，志之所之也……情动于中而形于言。”《毛诗序》为我国诗歌理论的开山之祖，先秦诗论之首。

综上，用歌咏的方式、合乎汉语音乐性韵律的方式，把胸臆中想要表达的事物表达出来，叫作“诗歌”。

2.《汉语大词典》

（1）“文学体裁的一种。通过有节奏、韵律的语言反映生活，抒发情感。最初诗可以吟咏……《文心雕龙·乐府》：‘凡乐辞曰诗，诗声曰歌。’”

为音乐配的唱词叫诗，这种唱词人们唱出来叫歌。所以诗、歌是从不同角度说的一种东西。诗与歌两个概念，可以混而不分，合在一起就叫诗歌。

元刘祁《归潜志》卷十三：“夫诗者，本发其喜怒哀乐之情，如使人读之无所感动，非诗也。”这又从内容上说，诗是言志的。

鲁迅《书信集·致蔡斐君》：“诗须有形式，要易记，易懂，易唱，动听，但格式不要太严。要有韵，但不必依旧诗韵，只要顺口就好。”

七要：要有形式，要易记，要易懂，要易唱，要动听，要有韵，要顺口。二不要：格式不要太严，不必依旧韵。

（2）“诗歌”：“中国古代不合乐的称为诗，合乐的称为歌。现代一般统称为诗歌。它按照一定的音节、韵律的要求，表现社会生活和人的精神世界。”

二、汉语诗歌的起源

汉语诗歌是世界各民族各语言所记载的最早的、存量最大的诗歌。但汉语诗歌的起源问题，一直是人们争论不休、莫衷一是的话题。

1. 言志说：《尚书·舜典》：“帝曰：‘夔，命汝典乐，教胄子。直而温，宽而栗，刚而无虐，简而无傲。诗言志，歌永言，声依永，律和声，八音克谐，无相夺伦，神人以和。夔曰：‘於，予击石拊石，百兽率舞。’”

朱自清《诗言志辨》认为“诗言志”与政权、人生义理有关。

2. 缘情说：《诗·大序》（相传为孔子弟子子夏作，又说毛公，或卫宏作）：“诗者，志之所之也。在心为志，发言为诗。情动于中而形于言。”

3. 讽喻说：《诗·大序》：“诗有六义……一曰风……上以风化下，下以风刺上。主文而谲谏。言之者无罪，闻之者足以戒。故曰风。”

4. 劳动起源说：《淮南子·道应训》：“今夫举大木者，前呼‘邪许’，后亦应之，此举重劝力之歌也。”

鲁迅《门外文谈·七》：“我们的祖先的原始人，原是连话也不会说的，为了共同劳作，必须发表意见，才渐渐地练出复杂的声音来。假如那时大家抬木头，都觉得吃力了，却想不到发表，其中有一个叫道‘杭育杭育’，那么，这就是创作；大家也要佩服，应用的，这就等于出版；倘若用什么记号留存了下来，这就是文学；他当然就是作家，也是文学家，是‘杭育杭育’派。”

朱光潜：“诗歌是最早出世的文学，这是文学史家公认的事实。”

5. 宗教娱乐说：《吕氏春秋·古乐篇》：“昔葛天氏之乐，三人掺牛尾，投足以歌八阕。”（与宗教、崇拜有关）

综上，上古为了生存、生活的劳动合作，逐渐创作发明了用声响——音乐的运用，在此原始乐曲的基础上配以言语，以抒发情志。对于天地、神灵、祖宗的崇拜祈颂，以及人们的述志言情（可参见《吕氏春秋》仲夏、季夏、适音、古乐、音初、制乐多篇），都应该是诗歌产生的基础，它们共同造就了最早的汉语诗歌。

三、传说中最早的汉语诗歌

王力《汉语诗律学》：“诗歌起源之早，是出于一般人想象之外的。有些人以为先有散文，后有韵文，这是最靠不住的说法”，“韵文以韵语为基础，而韵语的产生远在文字的产生之前”。

（一）“诗歌起源之早，是出于一般人想象之外的。”

1.《列子·仲尼篇》记载了当时传说的尧帝时的诗歌《康衢歌》：

立我烝民，莫匪尔极。不识不知，顺帝之则。

2.《帝王世纪》则记载了尧时的《击壤歌》：

日出而作，日入而息；凿井而饮，耕田而食。帝力何有于我哉？

王力认为：前者即《康衢歌》，是凑合《诗·周颂·思文》与《诗·大雅·皇矣》文句而成；后者即《击壤歌》，按用韵绝不是汉以后的人所能伪造的，作者当是战国之后的人。

3.《孔子家语》《尸子》中载有帝舜所作《南风歌》：

南风之薰兮，可以解吾民之愠兮；
南风之时兮，可以阜吾民之财兮。

其用韵也不是汉之后的人所能伪造的。

王力：“总之，尧舜时代虽不一定能有这种风格的诗，却一定已经有了诗歌的存在……”

这些中华民族与汉语中最古老的诗歌，两千年来皆被确信存在，并被看作是汉语诗歌的滥觞。

（二）《礼记》《吕氏春秋》《文心雕龙》等古老文献记载了一批更古老的汉语诗歌

1.《礼记·效特牲》载《伊耆氏蜡词》：“土反其宅，水归其壑！昆虫毋作，草木归其泽！”（伊耆氏，有说即神农氏。蜡，腊祭。）

2.《吕氏春秋·仲夏纪·古乐》：“昔葛天氏之乐，三人掺牛尾，投足以歌八阕：一曰《载民》，二曰《玄鸟》，三曰《遂草木》，四曰《奋五谷》，五曰《敬天常》，六曰《达帝功》，七曰《依地德》，八曰《总万物之极》。”

3.《吕氏春秋·仲夏纪·古乐》：“帝喾命咸黑作为《声歌》——《九招》《六列》《六英》。”

毕沅曰：“声，一作唐。”《文心雕龙·颂赞篇》云：“昔帝喾之世，咸黑为颂，以歌《九招》。”即本《吕氏》。陈奇猷《吕氏春秋新校释》注曰："《唐歌》即《康歌》……其内容有《九招》《六列》《六英》共二十一章。"

4.《吕氏春秋·仲夏纪第五》凡五篇：仲夏、大乐、侈乐、適乐（和乐）、古乐；《季夏纪第六》凡五篇，其中季夏、音律、音初、制乐四篇多有古乐，特别是夏禹之后乐、歌之信息。又或见于《乐记》二十三篇。

《吕氏春秋·音初》："涂山氏之女乃令其妾候禹于涂山之阳。女乃作歌，歌曰：'候人兮猗！'实始作为南音。周公及召公取风焉，以为《周南》《召南》。"

5.《吴越春秋·勾践阴谋外传》载：（弹歌）（阵）音曰："……古者人民朴质……孝子不忍见父母为禽兽所食，故作弹以守之，绝鸟兽之害。故歌曰'断竹，续竹，飞土，逐肉'之谓也。"（又《古诗源》卷一载："名之《弹歌》。"）

6.《文心雕龙·明诗第六》："昔葛天乐辞，《玄鸟》在曲；黄帝《云门》，理不空弦。至尧有《大唐》之歌，舜造《南风》之诗。……及大禹成功，九序惟歌；太康败德，五子咸怨，顺美匡恶，其来久矣。自商暨周，《雅》《颂》圆备，四始彪炳，六义环深……"

○理不空弦：不会有曲无辞。

○《大唐》：尧时乐名，《尚书大传》郑玄注："美尧之禅。"

○"太康"句：据《尚书·夏书·五子之歌》："夏君太康无德，其弟五人怨而作歌。"

综上，多种文献对商、周之前的远古自葛天氏至五帝（黄帝、帝喾……）及尧舜禹之世，多有诗歌存在的记载，甚或有诗文词句传留。

以上远古所载传统的诗歌，其共同点是：有韵；有较明显句式；有抒发胸臆、表达情感的作用；有写实的内容等。都足可为后世研究汉语诗歌者所参考，也为前面所说的诗歌起源诸说提供着支持！

第二节　汉语诗歌盛装亮相的揭幕期

——《诗经》《楚辞》《成相篇》与汉乐府

尽管文献记载中多有上古直至夏商周（春秋战国）许多汉语诗歌起步发轫的例证或痕迹，但汉语诗歌正式拉开帷幕并盛装登场，是西周、东周（春秋战国）至秦汉时期的事情。因为这个时期涵盖的一千多年中，汉语诗歌先后出现了惊艳世人、影响后世的《诗经》、南方的《楚辞》、北方的《成相篇》，以及汉乐府四种汉语诗歌原型。它们都堪称汉语诗歌的基因和原型态。

一、《诗经》

《诗经》是至今我们能见到的最早的汉语诗歌总集。据说它经孔子编订过，共 305 篇，分为风、雅、颂三大类。其中十五“国风”160 篇，分别来自“周南、召南、邶、鄘、卫、王、郑、齐、魏、唐、秦、陈、桧、曹、豳”十五个西周地区和诸侯国。诗篇大都是所属各国的民谣、民歌，也有极小部分是当地贵族的作品。“雅”分为《小雅》74 篇和《大雅》31 篇，共计 105 篇。《小雅》74 篇多是当时贵族的作品，也有少数民歌。《大雅》则全是上层贵族的作品。“颂”则分为《周颂》31 篇、《鲁颂》4 篇、《商颂》5 篇，共计 40 篇。全是祭祀时的宗庙乐歌，其中不乏民族史诗式的作品，充满着现实主义精神。它们共同记录了先民的生活与感情、信仰和追求等。

《诗经》305 篇的产生时间，上至西周初年（公元前 1100

年)，下至春秋中期（孔子去世于公元前 479 年夏四月己丑，鲁哀公十六年)，跨度达五六百年。《诗经》最早只叫《诗》，汉代才被冠以“经”。

305 篇中，《周颂》最早，有些是西周初的作品。《鲁颂》次之，《商颂》又次之（商代后裔宋国君主祭祀时的颂歌)。

《大雅》中的有些作品也很早，仅晚于《周颂》。这些作品是研究彼时历史的可贵资料。《小雅》中则既有贵族的作品，也有贵族中下层知识阶层不满于现实的作品（也称“变雅”）。

十五国风绝大多数是民间歌谣，产生时代普遍晚于雅颂，但绝对也在公元前五世纪之前。自古以来研究者对《诗经》多方面的价值极为重视，梁启超说：“现存先秦古籍，真赝杂糅，几乎无一书无问题；其真金美玉、字字可信者，《诗经》其首也。”可谓一语中的的不刊之论。从汉语诗歌形式、内容、语言等多角度分析观察，它们都具有极高的价值，是可靠的汉语诗歌源头和汉语诗歌基因宝库。由于《诗经》在中国历史、文化等诸多方面的崇高价值，所以在专门讨论其诗歌形式方面的特点之前，我们仍不得不介绍一下关于《诗经》的一些重要知识点。

1. 六义：指风、雅、颂、赋、比、兴。[“赋：铺陈其事而直言之也。比：以彼物比此物也。兴：先言他物以引起所咏之词也。”（朱熹语）实际即三种表现方法。]

2. 四家诗：齐诗，辕固生；鲁诗，申培公；韩诗，韩婴；毛诗，(鲁人）毛亨。(前三家属古文经，后一家毛诗属今文经。)

3. 重要注疏和参考书：毛亨传，郑玄笺，孔颖达疏《十三经注疏》；朱熹《诗集传》；王力《诗经韵读》；高亨《诗经今注》；向熹《诗经词典》……

下面，我们专门说一说《诗经》在汉语诗歌形式上的特点与影响、价值：

（一）句式

通过前面所述，我们知道文字记载下来的一些古代诗歌在句式上已有雏形，如《弹歌》的二字句：“断竹，续竹。”涂山氏女的“候人兮猗”，则可分别被分析为一、二、三、四字句等不同句式。再如《三齐记》载齐桓公遇甯戚，后者歌曰：“南山矸，白石烂，生不遭尧与舜禅……”，则有三字句、七字句之不同。如果认为它们是后代典籍的杜撰，有传说之嫌，那么这些句式，在《诗经》中则都已实实在在具备：

1. 二字句

《诗·小雅·鹿鸣之什·鱼丽》：“鱼丽于罶，鲿鲨。君子有酒，旨且多。鱼丽于罶，鲂鳢。君子有酒，多且旨。”

《诗·王风·扬之水》：“怀哉怀哉，曷月予还归哉！”

2. 三字句

《诗·周南·麟之趾》：“麟之趾，振振公子，于嗟麟兮！麟之定，振振公姓，于嗟麟兮！”

《诗·唐风·山有枢》：“山有枢，隰有榆……山有栲，隰有杻……山有漆，隰有栗……”

若不把“兮”字算在字数内，只算是衬字、垫字的话，则三字句更多。(例略)

3.《诗经》自古以四字句为主

《诗·周南·关雎》、《豳风·七月》、《王风·采葛》“一日不见”、《魏风》“硕鼠硕鼠，无食我黍”、《秦风·无衣》“岂曰无衣，与子同袍”……俯拾皆是。

4.《诗经》中五言、六言、七言皆有出现，特别是五、七言句的数量，仅次于四言。此点颇值得注意。

《小雅·无羊》：“谁谓尔无羊，三百维群。谁谓尔无牛，九十其犉。”

《小雅·大东》“维南有箕，不可以簸扬；维北有斗，不可以挹酒浆。”

《小雅·北山》：“或燕燕居息。或尽瘁事国。或息偃在床。或不已于行。或不知叫号。或惨惨劬劳。或栖迟偃仰。或王事鞅掌。或湛乐饮酒。或惨惨畏咎。或出入风议。或靡事不为。”

《魏·伐檀》：“河水清且涟猗……胡取禾三百廛兮？”

《小雅·雨无正》：“谓尔迁于王都，曰予未有室家。”

《小雅·小旻》：“维迩言是听，维迩言是争。如彼筑室于道谋，是用不溃于成。”

《郑·溱洧》：“溱与洧方涣涣兮。士与女方秉蕑兮。”

《大雅·召旻》：“昔先王受命，有如召公，日辟国百里。今也日蹙国百里。”

甚至还有八言的诗句：

《周颂·我将》：“我其夙夜畏天之威，于时保之。”（无韵）

《魏·伐檀》：“胡瞻尔庭有悬貆兮。”

（二）押韵方式

《诗经》中已经具有多种押韵方式。如：

1. 一韵到底：偶句韵、首句入韵、句句用韵

（1）偶句韵：“桃之夭夭，灼灼其华，之子于归，宜其宜家。”

（2）首句入韵：“关关雎鸠，在河之洲。”

（3）句句用韵：《周南·卷耳》：“陟彼崔嵬，我马虺隤。我姑酌彼金罍，维以不永怀。”

《郑风·出其东门》：“出其东门，有女如云。虽则如云，匪我思存。缟衣綦巾，聊乐我员。”

2. 一首诗歌中押两韵或两韵以上的

（1）换韵：《邶风·静女》：“静女其娈，贻我彤管。彤管有炜，说怿女美。”

甚至一篇中可换多达九韵者（例《周颂·载芟》，略）。

（2）交韵（两句交叉进行，单句与双句各押一韵）

《召南·野有死麇》：“野有死麇，白茅包之。有女怀春，吉士诱之。”

（3）抱韵与准抱韵：四句两韵

《小雅·伐木》：“伐木丁丁，鸟鸣嘤嘤。出自幽谷，迁于乔木。嘤其鸣矣，求其友声。”

（4）密韵：诗经用韵的最大特点是句句用韵，包括交韵、抱韵在内的都称作密韵。

（5）疏韵：诗经也有隔两句用韵的例子，或开头第三句才开始用韵，叫疏韵。疏韵多应用于雅颂之中。

（6）无韵：全篇无韵，只在《周颂》极少数篇章中出现。

（7）遥韵：隔章押韵，且是重复相同的句子。如《周南·麟之趾》《郑风·褰裳》等诗篇。

（三）《诗经》韵之二十九韵部

在汉语音韵学领域中，把研究《诗经》至汉代音韵的学问称为古韵学，把研究唐宋音韵的学问称为今韵学。

古韵学对《诗经》用韵的分部，自宋郑庠分为六部，直到当代王力分为二十九部（顾炎武：十部；王念孙：二十一部；黄侃：二十八部），后出转精。

王力二十九部（战国韵部：三十部）把入声独立出来，分为阴、入、阳三声相配。如下表：

类	阴	入	阳
1	之 ə（1）	职 ək（10）	蒸 əŋ（21）
2	幽 u（2）	觉 uk（11）	（冬） uŋ（30）
3	宵 ô（3）	药 ôk（12）	

续表

类	阴	入	阳
4	侯 o（4）	屋 ok（13）	东 onŋ（22）
5	鱼 a（5）	铎 ak（14）	阳 anŋ（23）
6	支 e（6）	锡 ek（15）	耕 enŋ（24）
7	脂 ei（7）	质 et（16）	真 en（25）
8	微 əi（8）	物 ət（17）	文 ən（26）
9	歌 ai（9）	月 at（18）	元 an（27）
10		缉 əp（19）	侵 əm（28）
11		盍 ap（20）	谈 am（29）
	（部）	（部）	（部）

（四）语言形式和修辞方式

回环：《郑风·狡童》："彼狡童兮，不与我言兮。维子之故，使我不能餐兮。彼狡童兮，不与我食兮。维子之故，使我不能息兮。"

尾声：《鄘风·柏舟》："母也天只！不谅人只！"

《郑风·溱洧》："伊其将谑，赠之以芍药。"

整齐：字、句、韵脚位置相同。

《魏风·伐檀》："坎坎伐檀兮，置之河之干兮。河水清且涟猗。不稼不穑，胡取禾三百廛兮？不狩不猎，胡瞻尔庭有县貆兮？彼君子兮，不素餐兮！

坎坎伐辐兮，置之河之侧兮。河水清且直猗。不稼不穑，胡取禾三百亿兮？不狩不猎，胡瞻尔庭有县特兮？彼君子兮，不素食兮！

坎坎伐轮兮，置之河之漘兮。河水清且沦猗。不稼不穑，胡取禾三百囷兮？不狩不猎，胡瞻尔庭有县鹑兮？彼君子兮，不素飧兮！"

参差：诗句字数参差不齐。（略）

叠句：重叠相同两句，字全同。(略)

《诗经》305 篇反映当时社会生活的内容全面广泛，凡生产、政治、历史、祭祀、爱情、日常生活……几无所不包。

综上，《诗经》已经实实在在地为汉语诗歌揭开了辉煌的序幕。

二、楚辞

楚辞有广义、狭义之分。

狭义的楚辞是指战国时期楚国伟大的诗人屈原（约前 340—前 278?）所创作的《离骚》《天问》《九歌》等 27 篇（或说 26 篇）诗歌的总称。这 27 篇作品全部出自屈原之手。语言内容上极具战国时期楚国的特点，“书楚语，作楚声，纪楚地，名楚物”，故被后人称作《楚辞》(后又被称作骚、赋)，成为与《诗经》并列的中国最古老可靠的两种诗歌总集之一。

关于屈原的生平，可参见《史记·屈原贾生列传》。简单说，他是楚国王室贵族，曾一度受到楚怀王（前 328—前 299）信任，任左徒、三闾大夫等要职，参与楚国朝政。他对内主张修明政治，选贤任能以摒除奸佞；对外主张联齐抗秦。但由于佞臣的挑拨离间，他很快失去了楚怀王的信任，且被放逐到汉水以北。在受到百般排挤打击下，屈原始终坚持高尚情操毫不屈服。满怀忠君爱国之情，创作了《离骚》等 27 篇流传千古的诗歌。后来怀王被秦骗至秦国，客死于秦。其子楚顷襄王（前 298—前 263）即位，同样昏庸，二次流放屈原于江南。很快，秦国攻破楚郢都。屈原大约在流放中不久自沉汨罗而亡。

其后，其学生或同时代人宋玉、景差等模仿屈原的笔法，写作了《九辩》《大招》等诗篇，附在屈原原作之中，共计十卷。

到汉代，西汉贾谊、淮南王刘安门客淮南小山、东方朔、刘向，以及东汉严忌（庄忌）、王褒等都仿作过。第一次汇总编订《楚辞》的是西汉刘向。刘向在结集时又将其个人所作《九叹》加入其中，共计16卷。东汉末年，王逸再次整理结集并第一次注解，是为《楚辞章句》，也加入了自己的作品《九思》。《楚辞章句》达到17卷，这就是今天所谓广义《楚辞》的全部内容。

我们谈论汉语诗歌的发展，特别是战国时代汉语诗歌的发展，就只是关注狭义的楚辞——即屈原个人所创作的作品。

楚地虽偏在大江南北，不在中原，但其文化早已与中原文化深入融合。这从大量历史文献中已可以充分证明，从楚辞创始人屈原的作品的思想及内容更可证明。在诗歌传统上，楚辞虽有鲜明的地域特点（楚人、楚语、楚物很多），但总体上仍充分体现出中华文化大一统的特点。它既从多方面继承了《诗经》的成就，又有许多突破和创新发展的个人特色，从而使汉语诗歌发展到了一个新高度，开创了新局面。

（一）篇幅

楚辞在篇长（诗歌单篇长度）上开创了新局面，成为汉语诗歌的顶峰，甚至达到了空前绝后的程度，由此使长篇叙事或抒情诗歌有先例成为可能。其中最长的两篇，也是最有代表性的两篇：《离骚》长达373（或344）句，2500余字；《天问》也长达373句，2500余字，甚为巧合。

（二）句式

楚辞在句式上打破了《诗经》以四字句为主的格式，变得更加多样、丰富多彩。《天问》仍以四字句为主，《离骚》则以六字句为主，若算上语气词“兮”字，则可以说六字句、七字句并重。甚至有“4+4”（《招魂》）、“5+5”（《礼魂》）、“6+6”、“7+

7”、“7+6”、“8+6”、“10+6”、“8+8”等等不一而足、灵活多样的句式和句式组合方式。这种现象，既可看作是对《诗经》句式的突破，也可看作是战国阶段汉语诗歌在句式上的摸索创新，同时也反映了此时的汉语诗歌句式还处于无定式的发展阶段。

（三）押韵

楚辞在押韵方式上也在《诗经》的基础上有所继承、发展和创新：

1. 偶句押韵：（主要篇章都取此式，如《离骚》《天问》《哀郢》等）其中又有多种形式：四句一换韵，最为常见：如《离骚》《橘颂》《天问》；六句一换：如《惜往日》；八句一换：如《招魂》；十八句一换、二十句一换：如《悲回风》；二十二句一换：如《惜往日》。

2. 句句押韵：如《国殇》《山鬼》《礼魂》

3. 阴、入、阳三声混押：合韵（元音相近或相同，或韵尾相同）、通韵（元音相同，可以互相对转）情况，与《诗经》相似。

4. 楚辞在内容、写作手法上进一步开拓创新：内容更加丰富；写作手法上表现了浓重的浪漫主义色彩，以及抒情性和跳跃性。作者思绪跨越时空（类似今天所谓的“穿越”）运用得娴熟自如。后代评论认为，它在写作手法等多方面，堪称古今汉语诗歌的顶峰。

三、战国时期与屈原南北双雄并峙的汉语诗歌开创者和伟大诗人——荀子

（一）荀子及其诗人身份

厚重的历史往往会遮盖一些真相：在汉语诗歌史上，谈到最

早的汉语诗歌和诗人，除了《诗经》，人们往往只会想到战国时期南方楚国的屈原及其创造的《楚辞》。

其实，几乎与屈原同时的北方的伟大思想家、哲学家荀子，同时也是一位被后人忽视甚至遗忘的汉语诗歌的开创者和伟大诗人。他创作的诗歌《成相篇》，堪称与《楚辞》南北双峰并峙的汉语诗歌奇葩。

荀子（前313—?，较屈原稍晚，或有说荀子存活百多岁者）战国赵人，春秋晋荀息之后裔。名况，字卿。后人避汉宣帝刘询讳又称其为孙卿。据说自十五岁就在齐稷下学宫读书，并三次任稷下学宫祭酒。后又为楚春申君所器重，任楚兰陵令（今山东临沂?）。荀子对古代中国之文化、哲学、政治贡献极大，是继孟子之后的又一儒家代表人物，有著名的“性恶说”。又因其入室弟子韩非、李斯、张苍是法家代表，于历史也颇多贡献，影响举足轻重；其再传弟子贾谊又是西汉著名文学家；等等。后人都只顾研究述及他的这些贡献，而竟忽视了他在汉语诗歌方面的杰出贡献，以及他在汉语诗歌史上应有的与屈原并列的成就与地位。

何以如此言之，是否是我独出心裁的向壁虚造？且请看正史记载与荀子存留的诗歌成就。

除此之外，还有一个次要却不能不指出的原因是：在汉语文体发展史上，诗、辞、歌、赋的分别，特别是对“赋”的指认的变化，恐怕也成了认识荀子诗人地位的一个障碍。

（二）《汉书·艺文志》的评价

1. 关于《汉书·艺文志》的说明

《汉书·艺文志》是《汉书》中十志之一志。是对汉语典籍与学术研究源流、名家等最古老权威的记载。它的产生也是有渊源的。西汉末（成帝时），刘向领校群书，每书作《叙录》，合为《别录》，但已佚。其子刘歆据此作《七略》（概说），其中“辑略”为群书总要。辑略之外，将所有典籍（或学术门类、著作家）分为六大部分（六略）：“六艺”（按：“六经”之“六艺”）、“诸子”、“诗赋”、“兵书”、“术数”、“方技”。这就是赫赫有名的对汉语最古老且确有过的典籍的记载与目录。可惜的是，刘歆的《七略》今也亡佚。而东汉大史学家班固作《汉书》，据《七略》而撰成的《艺文志》却保存了下来。如其中著名的《汉书·艺文志·诸子略》，至今仍是很多大学文科生的必读文献之一。

《汉书·艺文志·诗赋略》共收诗赋五大类，106 家，1318 篇。其中分类分别是“赋二十家，三百六十一篇”“赋二十一家，二百七十四篇”“赋二十五家，百三十六篇”“杂赋十二家，二百三十三篇”“歌诗二十八家，三百一十四篇”。共“凡诗赋百六家，千三百一十八篇，入扬雄八篇”（只添加了扬雄八篇，其余皆刘歆《七略》之旧有）。

重要的是，班固于“诗赋略”最后有一总序（著作权存疑：刘向？刘歆？班固？），叙述评估了诗赋的学术源流。其内容对我们了解中国古代诗歌的发展极有帮助与启发，其中就有对被后人忽略和遗忘的荀子在汉语诗歌发展历史上的地位、作用的评价定论。

2.《汉书·艺文志·诗赋略》总序原文

传曰：“不歌而诵谓之赋，登高能赋可以为大夫。”言感物造耑，材知深美，可与图事，故可以为列大夫也。古者诸侯卿大夫交接邻国，以微言相感，当揖让之时，必称《诗》以谕其志，盖以别贤不肖而观盛衰焉。故孔子曰“不学《诗》，无以言”也。春秋之后，周道浸坏，聘问歌咏不行于列国，学《诗》之士逸在布衣，而贤人失志之赋作矣。大儒孙卿及楚臣屈原离谗忧国，皆作赋以风，咸有恻隐古诗之义。其后宋玉、唐勒，汉兴枚乘、司马相如，下及扬子云，竞为侈丽闳衍之词，没其风谕之义。是以扬子悔之，曰："诗人之赋丽以则，辞人之赋丽以淫。如孔氏之门人用赋也，则贾谊登堂，相如入室矣，如其不用何！"

自孝武立乐府而采歌谣，于是有代赵之讴，秦楚之风，皆感于哀乐，缘事而发，亦可以观风俗、知薄厚云。

3. 诗、辞、歌、赋辨

班固《汉书·艺文志·诗赋略》总序中，"赋"与"诗"基本是同义的。诗人作的各种诗，皆可泛称赋。（按：赋字《说文》在贝部，"敛也"，字义以征收敛取为本义。）

诗赋：古代指配以琴瑟乐器奏乐唱咏的诗。

《楚辞·大招》："二八接舞，投诗赋只。"王逸注："诗赋，雅乐也。古者以琴瑟歌诗赋为雅乐，《关雎》《鹿鸣》是也。"

王褒《四子讲德论》："何必歌咏诗赋。"

顾炎武《音学五书·序》："下及唐代，以诗赋取士，其韵一以陆法言《切韵》为准。"

按，历代科举考试只考"诗"，从未考过"赋"。可见自古所谓"诗赋"即与"诗"无别。

诗：《国语·周语下》："诗以道之。"韦昭注："诵之曰诗。"

《文心雕龙·乐府》："凡乐辞曰诗。"

歌：《国语·周语下》："歌以咏之。"

《文心雕龙·乐府》："诗声曰歌。"

诗歌＝诗；诗咏＝诗。只是后来，不合乐的称"诗"，合乐的称"歌"了，但二者合称仍指"诗"。

因此，我们可以说，古人"诗赋"泛指"诗歌"，并不像后代将"赋"局限于指汉代之后兴起的"赋"（大赋、小赋、文赋）。如此可知，班固（或刘向、刘歆）所言所载之"赋"，实际上就是指的“诗歌”。

所以，《汉书·艺文志·诗赋略》中的“大儒孙卿及楚臣屈原离谗忧国，皆作赋以风”（按：屈原也从未或此时尚无所谓作赋，更没有所谓的“赋”传世。屈原的《楚辞》只被认为是诗，而从未被列于赋）。

刘歆、班固早就十分明确肯定地把荀子、屈原并列为战国两大诗人，且将荀子置于屈原之前。可见在（刘向、刘歆、）班固心目中，荀子在汉语诗歌发展史上无比崇高的地位！

4. 从清末王先谦（1842—1917）《荀子集解·成相篇》序，看自唐至清学者对荀子诗人地位的认识。

唐代杨倞《荀子注》把原本编在第八篇的《成相篇》改为第二十五篇，并解释说：“以初发语名篇。杂论君臣治乱之事……今以是荀卿杂语，故降在下。”但他也注意到了《汉书·艺文志·诗赋略》中载有“成相杂辞十一篇”的事实，即汉人以“成相”为“诗赋”的事实，所以杨倞又肯定地说荀子的《成相篇》“盖亦赋之流也”。可见唐代杨倞既否定了荀子的《成相篇》内容上是“杂论君臣治乱之事”，但也从体裁上指出它是“盖亦赋之流”（亦即诗）的事实。这无疑是唐代人肯定荀子诗人地位的证明。

接下去，王先谦接连引用了清代三位学者在此问题上的意见，最终从正反两面的意见中，做出了个人判断：

（1）“卢文弨（1717—1796，乾嘉时期著名学者，有《抱经堂文集》等）曰：‘《礼记》“治乱以相”。相乃乐器，所谓“舂牍”……古者瞽必有相。审此篇音节，即后世弹词之祖。（按：卢说《成相篇》只是民间曲艺说唱鼓词一类的滥觞，实在大错特错，应当坚决予以纠正。）篇首即称“如瞽无相何伥伥”，义已明矣。首句“请成相”，言请奏此曲也。《汉艺文志》“成相杂辞十一篇”，惜不传。大约托于瞽蒙讽诵之词。亦古诗之流也。’”

（2）“王引之（1766—1834）曰：杨、卢二说皆非也。……《志》所载‘成相杂辞’，在汉人杂赋之末，非谓荀子之《成相篇》也。……卢以相为乐器之舂牍，斯为谬矣……成相者，成此治也。”

（3）俞樾（1821—1907，字荫甫，自号曲园居士，浙江德清人，俞平伯之曾祖，章太炎之师）：“卢说是也……此相字即‘舂不相’之相。《礼记·曲礼》篇‘邻有丧，舂不相’，郑注曰：‘相谓送杵声。’盖古人于劳役之事，必为歌讴，以相劝勉。亦举大木者‘呼邪’之比，其乐曲即谓之‘相’”，“请成‘相’者，请成此曲也。《汉志》有‘成相杂辞’，足征古有此体，王氏必以卢说为谬，何也？”

王先谦最后案：“俞说近是。王以成相为成治，于《汉书》之‘成相杂辞’及本篇云‘托于成相以喻意’，义未洽。”

综上，王先谦以一个严谨学者的态度，引用了自唐至清，以及个人的意见，充分表明《荀子·成相篇》毫无疑问是古代的诗歌。而其作者荀子，亦为战国时与屈原比肩的伟大诗人无疑。（按：1957年，余冠英先生在其《〈乐府诗选〉前言》中谈到民歌对于汉语诗歌的价值时，曾顺便提到“屈原曾采取民间形式写出《九歌》《离骚》等伟大诗篇，荀卿也曾采取民间形式写了《成相辞》，而屈荀时代的民歌却湮灭不见”。——仅此而已）

（三）《荀子·成相篇》原文

（根据王先谦《荀子集解》（《诸子集成》本）审定，每小节前的序数字，为作者所添加，以便讲解之用。）

1. 请成相：世之殃，愚暗愚暗堕贤良！人主无贤，如瞽无相何伥伥！

2. 请布基，慎圣人，愚而自专事不治。主忌苟胜，群臣莫谏必逢灾。

3. 论臣过，反其施，尊主安国尚贤义。拒谏饰非，愚而上同国必祸。

4. 曷谓“罢”？国多私，比周还主党与施。远贤近谗，忠臣蔽塞主势移。

5. 曷谓“贤”？明君臣，上能尊主爱下民。主诚听之，天下为一海内宾。

6. 主之孽，谗人达，贤能遁逃国乃蹶。愚以重愚，暗以重暗成为桀。

7. 世之灾，妒贤能，飞廉知政任恶来。卑其志意，大其园囿高其台。

8. 武王怒，师牧野，纣卒易乡启乃下。武王善之，封之于宋立其祖。

9. 世之衰，谗人归，比干见刳箕子累。武王诛之，吕尚招麾殷民怀。

10. 世之祸，恶贤士，子胥见杀百里徙。穆公任之，强配五伯六卿施。

11. 世之愚，恶大儒，逆斥不通孔子拘。展禽三绌，春申道缀基毕输。

12. 请牧基，贤者思，尧在万世如见之。谗人罔极，险陂倾侧此之疑。

13. 基必施，辨贤罢，文武之道同伏戏，由之者治，不由者乱何疑为？

14. 凡成相，辨法方，至治之极复后王。慎墨季惠，百家之说诚不详。

15. 治复一，修之吉，君子执之心如结，众人贰之，谗夫弃之形是诘。

16. 水至平，端不倾，心术如此象圣人。人而有势，直而用拙必参天。

17. 世无王，穷贤良，暴人刍豢仁糟糠。礼乐灭息，圣人隐伏墨术行。

18. 治之经，礼与刑，君子以修百姓宁。明德慎罚，国家既治四海平。

19. 治之志，后势富，君子诚之好以待。处之敦固，有深藏之能远思。

20. 思乃精，志之荣，好而壹之神以成。精神相反，一而不贰为圣人。

21. 治之道，美不老，君子由之佼以好。下以教诲，子弟上以事祖考。

22. 成相竭，辞不蹶，君子道之顺以达。宗其贤良，□□□辨其殃孽。

23. 请成相，道圣王，尧舜尚贤身辞让。许由善卷，重义轻利行显明。

24. 尧让贤，以为民，泛利兼爱德施均。辨治上下，贵贱有等明君臣。

25. 尧授能，舜遇时，尚贤推德天下治。虽有圣贤，适不遇世孰知之？

26. 尧不德，舜不辞，妻以二女任以事。大人哉舜，南面而立万物备。

27. 舜授禹，以天下，尚得推贤不失序。外不避仇，内不阿亲贤者予。

28. 禹劳力，尧有德，干戈不用三苗服。举舜甽亩，任之天下身休息。

29. 得后稷，五谷殖，夔为乐正鸟兽服。契为司徒，民知孝弟尊有德。

30. 禹有功，抑下鸿，辟除民害逐共工。北决九河，通十二渚疏三江。

31. 禹傅土，平天下，躬亲为民行劳苦。得益皋陶，横革直成□为辅。

32. 契玄王，生昭明，居于砥石迁于商。十有四世，乃有天乙是成汤。

33. 天乙汤，论举当，身让卞随举牟光。□□□□，道古贤圣基必张。

34. 愿陈辞，□□□，世乱恶善不此治。隐讳疾贤，良由奸诈鲜无灾。

35. 患难哉！阪为先，圣知不用愚者谋。前车已覆，后未知更何觉时？

36. 不觉悟，不知苦，迷惑失指易上下。中不上达，蒙揜耳目塞门户。

37. 门户塞，大迷惑，悖乱昏莫不终极。是非反易，比周欺上恶正直。

38. 正直恶，心无度，邪枉辟回失道途。己无邮人，我独自美岂无故？

39. 不知戒，后必有，恨后遂过不肯悔。谗夫多进，反覆言语生诈态。

40. 人之态，不如备，争宠嫉贤利恶忌。妒功毁贤，下敛党与上蔽匿。

41. 上壅蔽，失辅势，任用谗夫不能制。郭公长父之难，厉王流于彘。

42. 周幽厉，所以败，不听规谏忠是害。嗟我何人，独不遇时当乱世！

43. 欲衷对，言不从，恐为子胥身离凶。进谏不听，刭而独鹿弃之江。

44. 观往事，以自戒，治乱是非亦可识。□□□□，托于成相以喻意。

45. 请成相，言治方，君论有五约以明。君谨守之，下皆平正国乃昌。

46. 臣下职，莫游食，务本节用财无极。事业听上，莫得相使一民力。

47. 守其职，足衣食，厚薄有等明爵服。利往卬上，莫得擅与孰私得？

48. 君法明，论有常，表仪既设民知方。进退有律，莫得贵贱孰私王？

49. 君法仪，禁不为，莫不说教名不移。修之者荣，离之者辱孰它师？

50. 刑称陈，守其银，下不得用轻私门。罪祸有律，莫得轻重威不分。

51. 请牧基，明有祺，主好论议必善谋。五听修领，莫不理续主执持。

52. 听之经，明其请，参伍明谨施赏刑。显者必得，隐者复显民反诚。

53. 言有节，稽其实，信诞以分赏罚必。下不欺上，皆以情言明若日。

54. 上通利，隐远至，观法不法见不视。耳目既显，吏敬法令莫敢恣。

55. 君教出，行有律，吏谨将之无铍滑。下不私请，各以所宜舍巧拙。

56. 臣谨修，君制变，公察善思论不乱。以治天下，后世法之成律贯。

（四）《荀子·成相篇》对汉语诗歌（形式方面）发展的意义与贡献

认真阅读和审视《成相篇》可以发现，它有多方面的鲜明特点（或创新）：

1.《成相篇》是由56首诗组成的内容一贯的组诗（杨倞所谓“杂论君臣治乱”），即全以解说和劝谏遵循历史发展经验为内容，颇有后世现实主义诗歌的特征。它是作者一气呵成而非杂凑在一起的，却又可分可合，最终形成了完整的组诗形式。是《诗经》《楚辞》所没有的。

2. 56首的语言格式完全一致（按：从王先谦所作《集解》可以发现。对流传过程中已佚失、不合格式的，注疏家们基本给予了补正解释）。每首诗内部的分句组合方式完全一致，即皆是三、三、七、四、七的句式组合方式（或言三、三、七、十一，不确，故不取）。这是《诗经》《楚辞》所不具备的又一显著特点。

3. 每首诗中的五个分句，除使用了《诗经》中最常用的三字句（每首用两句）和四字句（每首用一句），还用两个七字句来表述所要抒发的内容，占了大头。56首诗加起来，则更是多达112句。这一数量，比《诗经》305篇或者《楚辞》全篇的七字句都多得多。因此，它是汉语诗歌使用七字句的一个创举。

4. 更重要的是，这些七字句首次开创了“二二三”的音节节奏，更适合汉语语音节奏和意义表达的特点。（按：后代研究者有引用西方“音步”概念分析它的，本人以为很不合适。汉语一字一词、一字一音，但又以双音词为主，三音节结构已经有较强的语法和意义表达能力，是西方语言诗歌之音步不可相比的。乱搬外来概念，终属不伦不类。）这又是《诗经》和《楚辞》七字句所未曾普遍使用过的，是荀子或说战国北方诗歌或诗人适应汉语音乐性的一次崭新尝试。

5.《成相篇》56首诗不仅开了句式组合基本相同的先河，而且尝试了首句入韵、句句押韵、一韵到底的《诗经》已有的押韵方式。与《诗经》不同的是，它是在全部56首诗中基本贯彻始终的熟练运用的押韵方法。对其内部的押韵情况，学者们也有不同意见（可参见《集解》第22首王先谦注）。

即使有不同意见，王先谦也得出结论："全篇与《诗三百篇》中韵同。"可见其用韵情况已经引起了学者们的关注。（按：王先谦此说未必正确。因为荀子时代的押韵，必定是战国北方之音韵，既不可能与《诗经》同，也不可能与《楚辞》同。但由此可证明，《荀子·成相篇》在用韵及用韵方式上也是很讲究的，足可供后世研究者参考。）据此，我们不禁感慨，不将荀子作为与《诗经》、屈原并列的汉语诗歌的伟大开拓者，无乃不可乎！

通过以上分析，我们可以更有把握地宣称：荀子不愧是战国时期与屈原南北双雄并峙的汉语诗歌伟大的开创者和诗人。他的《成相篇》也等待后人更多的关注和研究。

我们可以理直气壮地说，汉语诗歌因为有了《诗经》《楚辞》《成相篇》，从而在2400年之前，既已揭开其盛大而华丽的序幕，必将迎来的一定是一个个更加华美的篇章！

事实上，有许多著名学者也早已把《荀子·成相篇》定位在汉语诗歌与《诗经》《离骚》并肩的崇高位置上了。其中特别值得一提的是山东大学原副校长、著名学者陆侃如（1903—1978），他在近百年前所著《中国诗史》中，就宣称"这（《成相篇》）真是后代七言诗不祧之祖！"可惜陆侃如校长的这一远见卓识，并未引起人们的注意，而仅仅是沉淀于历史文献中。《成相篇》的七言句有一定的结构和规模，且全是上四下三的结构，具备七言诗酝酿产生的基础。我庆幸自己与陆先生的这种观点不谋而合，但撰此讲义时尚未及拜读陆先生的相关文章原文（陆侃如、冯沅君著《〈中国诗史〉手稿》大江书铺本卷上，第三册，中华书局2021年版，第1116页。）

《成相篇》280句中有112句是七言。（今本“辨其殃孽”句佚三字，“横革真窥为辅”及“各以宜舍巧拙”句各佚一字。此外，还有衍一字作八言的几句。）这真是古代七言诗之大本营，后代七言诗不祧之祖。《楚辞》虽与七言诗的发达有关系，但杂了“兮”“些”等字便觉不纯粹，故《成相篇》弥觉重要。

第三节　汉语诗歌从自发到自觉的关键发展期

——汉魏六朝诗歌概说

一、两汉诗歌

（一）西汉

存世的多是一些真赝难辨或支离破碎的诗句，例如，《楚汉春秋》（陆贾，约前240—前170）等载录的项羽《垓下歌》：“力拔山兮气盖世，时不利兮骓不逝！骓不逝兮可奈何，虞兮虞兮奈若何！”刘邦的《大风歌》：“大风起兮云飞扬，威加四海兮归故乡。安得猛士兮守四方！”还有如《文选》中收载的李陵《与苏武三首》之类，其形式都与前代无异，谈不上对诗歌的影响，更可能是后代（东汉—唐）的仿作。至于出自多人之手的汉武帝与群臣的联句《柏梁台诗》，虽全部七言，但它是一人一句各说各话的拼凑作品，与出自一人之手的诗歌有较大差异，所以也不能算作是真正的七言诗。但这不能说明两汉四百多年间没有诗歌传世。相反，两汉时期产生了汉语诗歌史上著名的继《诗经》而来的汉乐府诗。

（二）乐府

乐府本是西汉开始设置的主管音乐的官府。汉武帝时更将它巩固、扩大至八百多人的编制，让它负责搜集民间诗歌，配以乐曲，供祭祀、朝会、宴饮时演奏歌唱。其目的之一是实行古代"乐教"和"观风俗"，二则更是可以歌舞升平。其间，采集而来的民歌民谣也经乐府文人们修改加工，更便于演奏演唱。后人把乐府中演唱的这种诗歌称作乐府，它逐渐成了一种古代诗歌体裁的专名。

西汉乐府实际仅仅流传下来 40 多首乐府诗，加上东汉的作品，乐府诗现存总数 138 篇。据考证，仅存的西汉作品中许多也都经过东汉人之手，其他则更多是东汉人创作的作品。

后代收集乐府最权威的著作是宋代郭茂倩的《乐府诗集》。该书将"乐府"分为六类：鼓吹曲、相和歌、杂曲、清商曲、横吹曲、杂歌谣辞。一般认为"前五类正是乐府诗的精华所在"（余冠英《〈乐府诗选〉前言》）。特别是前三类，汉代作品居多。其中鼓吹曲（铙歌十八篇）因涉西及北方少数民族北狄乐，故有些文字艰涩难懂，字多讹误，甚不成句读。但也有《上邪》《有所思》等精彩的民间爱情诗歌。

如《朱鹭》："朱鹭，鱼以乌。路訾邪！鹭何食，食茄下。不之食，不以吐，将以问谏者？"大意（据余冠英《乐府诗选》，人民文学出版社 1954 年版，大意有改动）：朱鹭把鱼吐出来。（路訾邪）朱鹭吃什么？朱鹭本在荷叶下把鱼吃。现在它却不把鱼吞下，也不吐掉它。他是要把鱼送给敢于提意见的人吧？

《上邪》：“上邪！我欲与君相知，长命无绝衰。山无陵，江水为竭，冬雷震震，夏雨雪，天地合，乃敢与君绝。”

相和歌保留了34首汉代各地的歌谣，内容丰富多彩，如五言的《陌上桑》：“日出东南隅，照我秦氏楼。秦氏有好女，自名为罗敷……”也有以七言句为主的，如东齐民讴挽歌《薤露》和《蒿里》（又名《下里》）。

《薤露》：“薤上（朝）露何易晞！露晞明朝更复落，人死一去何时归？”

《蒿里》：“蒿里谁家地？聚敛魂魄无贤愚。鬼伯一何相催促，人命不得少踟蹰！”

杂曲也是乐府诗的精华，收录16首汉代民歌。如《焦仲卿妻》、《迢迢牵牛星》（《文选》在《古诗》十九首之十）、《上山采蘼芜》等。如《焦仲卿妻》：

序曰：“汉末建安中，庐江府小吏焦仲卿妻刘氏，为仲卿母所遣，自誓不嫁。其家逼之，乃投水而死。仲卿闻之，亦自缢于庭树。时人伤之，为诗云尔。”孔雀东南飞，五里一徘徊……（共5×353句，1765字）

分析汉乐府诗歌，我们可以有以下几点认识：

1. 内容：汉乐府涉及当时生活的方方面面，爱情、政治、劳役……通过抒情、说理、叙事等表达方式，深刻反映了那一时代的民间疾苦、人生感叹、风土人情等多种社会现实。其内容和手法是对《诗经》风雅颂赋比兴的全面继承和发展。所以余冠英先生说："《诗经》本是汉以前的'乐府'，'乐府'就是周以后的《诗经》。"又说："《诗经》时代和乐府时代隔着四百年，这四百年间……屈原曾采取民间形式写出《九歌》《离骚》等伟大诗篇，荀卿也曾采取民间形式写了《成相辞》，而屈、荀时代的民歌却湮灭不见，这是多么可惜的事！因此……汉代乐府民歌能够保存下来是大可庆幸的。"(《〈乐府诗选〉前言》)

2. 句式：西汉早期的乐府诗歌表明，汉代诗歌四言句式已不再为重，但五言、七言也并不多见或固定，而是呈现出以杂言句式为主的格局。不过五、七言的诗句明显增加。后期五言句式的乐府已经大批出现，为后代五言诗先于七言诗成熟打下了基础。

3. 押韵：汉乐府的押韵仍呈自由多样的状态，仍无定式。

4. 修辞方面有了进一步发展，更加刻意多样，显然是对《诗经》赋比兴手法的全面继承和发展。

（三）古诗十九首——最早成熟的五言诗

如上，西汉乐府中已开始出现句式整齐的诗篇，特别是五言诗（如《陌上桑》）。在此影响下，东汉文人则更加自觉地采用五言形式创作诗歌。著名的无名氏之作《古诗十九首》一般认为即东汉文人之代表作（参见季镇淮等学者意见），"也不能说其中绝对没有西汉的产物"（隋树森语）。隋树森又说："古代的四言诗在周朝充分地发达了以后，诗界便渐行沉寂，直到新体的五言诗起来，才又另现出一番灿烂与光辉。而《古诗十九首》便是这五言新体诗的星宿海。它一方面继承了诗三百篇，一方面又开了建安魏晋的五言诗的风气。它的艺术价值也到了纯熟的境界，它既有完整优美的外形，复有丰富充实的内容，而表现的方法，特具的风味，更是妙得难以用言语形容出来。它是五言诗的规范……这寥寥的十九首诗，真抵得上后来无数的篇什……钟嵘评为'一

字千金’，决不是过分推崇之语。”（《〈古诗十九首集释〉序》，中华书局 1958 年版）

可见，《诗经》以四言为主的汉语诗歌形式，发展到东汉末年，已经被《古诗十九首》的五言形式所取代。

仅将《古诗十九首》其一展示如下：

行行重行行，与君生别离。相去万余里，各在天一涯。
道路阻且长，会面安可知？胡马依北风，越鸟巢南枝。
相去日已远，衣带日已缓。浮云蔽白日，游子不顾反。
思君令人老，岁月忽已晚。弃捐勿复道，努力加餐饭。

古今各家对《古诗十九首》其一的评论：

1. 张铣：“此诗意为忠臣遭佞人谗谮，见放逐也。”

2. 林庚、冯沅君以之为女子思念远人。

3. 方廷珪：“此为忠人放逐、贤妇被弃，作不妄欲返之词。顿挫绵邈，真得文人之旨。”

4. 董讷夫：“怨而不怒，有诗人忠厚之意焉。其放臣、弃友所作与？盖不徒伤别之感也。”

5. 陆时雍：“此诗含情之妙，不见其情；寓意之深，不知其意。”

二、魏晋诗歌

（魏：220—265，西晋：265—317，东晋：317—420）

此时期前后历时二百年。魏、蜀、吴三国鼎立虽只有近五十年，但持续的割据战争使中华大地民不聊生、满目疮痍。特别是建安时期，战乱连年，时疫肆虐，民生更加困苦。（曹植《说疫气》：建安二十二年（217），疠气流行。家家有僵尸之痛，室室有号泣之哀。或阖门而殪，或覆族而丧……）此时出现了“建安七子”等一批著名文人。他们的诗歌作品，很好地反映了这一时期的政治、社会等状况，同时也反映了这一时期汉语诗歌的时代特点。

（一）汉魏诗歌

我们不妨稍微举几篇曹操三父子与著名的“建安七子”文人们的作品，大体感受一下这一时代汉语诗歌的概貌。

1. 曹操（155—220）：存诗 22 首，都是乐府歌辞类的诗作。曹操的诗歌虽然历来被认为四言诗最优秀，如《步出夏门行》《龟虽寿》《短歌行》等。但实际上他的五言诗也留下了千古绝唱的名篇名句，如仿乐府的《蒿里行》：

铠甲生虮虱，万姓以死亡。白骨露于野，千里无鸡鸣。（特点：五言变韵）

2. 曹丕（187—226）：现存约 40 首诗，建安文坛领袖人物。特别是他的《燕歌行》，被认为是现存最早的一人完成的七言诗。全诗十五句，句句为韵，一韵到底。

秋风萧瑟天气凉，草木摇落露为霜。群燕辞归雁南翔，念君客游思断肠。慊慊思归恋故乡，君何淹留寄他方？贱妾茕茕守空房，忧来思君不敢忘，不觉泪下沾衣裳。援琴鸣弦发清商，短歌微吟不能长。明月皎皎照我床，星汉西流夜未央。牵牛织女遥相望，尔独何辜限河梁。（特点：句句押韵的个人创作的七言诗）

3. 曹植（192—232）：广为人知的《七步诗》很有名。他的多篇五言诗，在诗歌发展史上很有代表性。

如《送应氏诗二首》之一：

步登北邙阪，遥望洛阳山。洛阳何寂寞，宫室尽烧焚。
垣墙皆顿擗，荆棘上参天。不见旧耆老，但睹新少年。
侧足无行径，荒畴不复田。游子久不归，不识陌与阡。
中野何萧条，千里无人烟。念我平常居，气结不能言。

（特点：首句入韵，一韵到底，押平声韵。内容、形式都很有名，被认为对推动五言诗的发展有很大贡献。）

4. 建安七子之陈琳（？—217）
《饮马长城窟行》：

作书与内舍，便嫁莫留住。善事新姑嫜，时时念我故夫子。报书往边地，君今出语一何鄙？身在祸难中，何为稽留他家子？生男慎莫举，生女哺用脯。君独不见长城下，死人骸骨相撑拄。结发行事君，慊慊心意关。明知边地苦，贱妾何能久自全？（特点：五七杂言诗，变韵，其内容是写戍边战士夫妻之间的通信）

5. 建安七子之王粲（177—217）
《七哀诗三首》之一（节录）

……出门无所见，白骨蔽平原。路有饥妇人，抱子弃草间。顾闻号泣声，挥涕独不还。未知身死处，何能两相完？……
（特点：写战乱中妇弃儿，五言，偶句韵，一韵到底）

建安七子：阮瑀（阮籍父）、刘桢、徐干、孔融、应玚、陈琳、王粲。

（二）两晋诗歌

1. 西晋（265—317）50 年，是魏晋时期难得的和平统一时代。但政治上诚如《晋书·刘毅传》所记载的，阶层固化，士族门阀制度使社会矛盾日益尖锐，“上品无寒门，下品无势族”。下层庶族知识分子用诗歌记录了对社会的不满与个人的无奈。如左思（250—305）《咏史》：

> 郁郁涧底松，离离山上苗。以彼径寸茎，荫此百尺条。世胄蹑高位，英俊沉下僚。……

2. 在庶民知识分子和小官吏的无奈声中，东晋时期出现了陶渊明（365—427）向往“桃花源”式理想生活的田园诗篇，充分表现了这一阶层的诗人逃避现实、消极避祸、乐天知命的无奈和超脱。这些诗篇基本上都是五言。如“结庐在人境，而无车马喧……”，《饮酒之五》“采菊东篱下，悠然见南山……”。

又如《归田园居》之一：

> 少无适俗韵，性本爱丘山。误落尘网中，一去三十年。
> 羁鸟恋旧林，池鱼思故渊。开荒南野际，守拙归园田。
> 方宅十余亩，草屋八九间。榆柳荫后檐，桃李罗堂前。
> 暧暧远人村，依依墟里烟。狗吠深巷中，鸡鸣桑树颠。
> 户庭无尘杂，虚室有余闲。久在樊笼里，复得返自然。

（特点：偶句押韵，一韵到底。诗中间多不规则对仗句。）

3. 这一时期的诗歌，既受到《诗》《骚》《成相》等前期诗歌的深刻影响，又脱离了它们的形式，走向了新阶段。特别是一些五言诗，今天看来已是较成熟的偶句入韵、一韵到底的诗歌。内容清新自然，其修辞有很高的研究价值，对偶对仗显然也在努力摸索，频频应用。整体说来，两晋诗歌体裁均属古体。此时汉语声调平仄还没有被发现，但我们能感到诗人们似乎在努力摸索运用一些语音语法上的规律，刻意使诗句更加和谐，内容更具表现力。东晋的汉语诗歌，尽管依旧处于自发阶段，但是已经在为下一步进入自觉阶段进行着摸索和准备。（这一时期按内容还有避世的玄言诗一派。略。）

三、南北朝（420—589）诗歌

——汉语诗歌自觉化的发端

两晋时代中国北方有五个少数民族（匈奴、羯、鲜卑、羌、氐）先后建立过20多个政权。其中较强大的就有16个之多，史称“五胡十六国”。由于两晋末年政治腐败，永嘉七年（313）发生了“八王之乱”。匈奴与羯不断南下、东扩，西晋不久灭亡。“衣冠南渡”（刘知幾语），东晋继兴。直至420年，北魏拓跋氏统一了北方，东晋则更迭为宋、齐、梁、陈四朝，从而形成了南北分治的局面，史称“南北朝”。直至隋文帝杨坚于公元581年建立了隋朝，才又重新统一了中国。

对于南北朝时期汉语诗歌的发展，我们首先要强调的是这一时期出现的极其重要的情况。大约从汉代特别是东汉开始，古老的中华文化中新添了一个重要元素——佛教文化。从东汉明帝（58—74）开始，佛教已经成了官方引进的宗教，派蔡愔、秦景去西域探求，并请迦叶摩腾、竺法兰来华传布佛法。传播佛教需要持续大量译经（三国的朱士行曾往西域求法达20年，最终译经死于西域），于是东晋时期，法显再次去西域取经。前后15

年，成为中土去西域取经的第一高僧，较之唐玄奘西域取经要早两百多年。总之，佛教在中土的传播，到南北朝已有长达三百年的经验积累。汉族知识分子逐渐受到佛经梵文翻译的启发，并将其运用于汉语语音的分析，终于发现了汉语语音竟可分解为声母、韵母、声调三部分。于是，学者们发明了汉语新的拼合手法和记音方法——反切法（上字表声，下字表韵和声调），从而确定了汉语是有声调的语言的事实。

更为重要的是，这一伟大发现，对汉语诗歌的发展产生了巨大的划时代的影响。它最终使汉语诗歌由原来深厚的上千年的自发发展阶段，大踏步地进入自觉发展阶段；并进而在此后两百年的时间内，走上了其发展的巅峰，创造出举世无双、较上一个千年更加绚丽多彩的汉语诗歌历史。

在这个进程中，以下两个人物起到了重要作用。

周颙（？441—493）、沈约（441—513）对汉语“四声”的揭示与宣传

1. 周颙

在汉语史和汉语诗歌史上，周颙无论如何都算一个有开创之功、不可或缺的人物，被后人称为“声律鼻祖”。梁萧子显《南齐书》、唐李延寿《南史》分别在卷四十一和卷三十四有本传。

> 周颙字彦伦，汝南安城人。……颙音辞辩丽，出言不穷，宫商朱紫［按：宫商借指诗律中的平仄和声韵中的四声。南朝梁钟嵘（468—518）《〈诗品〉序》：“昔曹（曹植）、刘（刘桢）殆文章之圣，陆（晋陆机）、谢（南朝谢灵运）为体贰之才，锐精研思。千百年中，而不闻宫商之辨、四声之论。”朱紫：指辞采］，发口成句。泛涉百家，长于佛理。

著《三宗论》。……宋明帝（刘彧）颇好言理，以颙有辞义，引入殿内，亲近宿直。……每宾友会同，颙虚席晤语，辞韵如流，听者忘倦。兼善《老》《易》……清贫寡欲，终日长蔬食……赞曰：……彦伦辞辩，苦节清韵（按：指声韵高雅、铿锵和谐之文辞）。（《南齐书·周颙传》）

可见，周颙既是一个著名佛学家，又是一个少见的精通“辞韵”“音辞”“宫商”、“善识声韵”的新兴学问专家。且涉猎百家，兼善《老》《易》，是个博学多才的汉语语言文献学者。

《南齐书·陆厥传》中也特别提到“永明末……汝南周颙善识声韵”。

但直到《南史》卷三十四《周朗传附族孙颙传》中，周颙关于汉语声韵的著作才被著录，然而仅寥寥数字：

（永明末，颙）始著《四声切韵》（按：切韵，指反切。沈括《梦溪笔谈·艺文二》：“上字为切，下字为韵。”）行于时。

周颙发现汉语四声并著有《四声切韵》，如此重大的事件，在茫茫史海中仅留下以上这么一点“雪泥鸿爪”。（按：苏轼《和子由渑池怀旧》诗：“人生到处知何似？应似飞鸿踏雪泥。泥上偶然留指爪，鸿飞那复计东西？”）更可惜的是，《四声切韵》已佚。虽有其他著作传世，但他的诗歌也不见著录。

需要补充说明的是，在周颙之前，对汉语语音研究有贡献被记载的尚有三国魏李登，据说他曾著有《声类》一书，但亦已佚。又有晋代吕静，据说著有《韵集》一书，也已佚。所以汉语语音的研究（音韵学研究）在早期很长时间中皆为空白，偶尔有之也不被人重视。李登、吕静的研究内容，较之周颙的四声研究更加久远、湮灭无迹，仅仅限于传说而已。

2. 沈约（441—513）

与周颙同时，也对汉语四声研究有发现之功，且同时在诗歌理论、诗歌创作方面都有极大贡献的，是活跃于宋、齐、梁三朝的沈约。

史书所载沈约的生平事迹，较之周颙要丰富得多。除沈约自著的《宋书》卷一百有《自序》一篇，实为沈约自作传记（但其中记载以身世为主，我们关心的内容几乎没有）。同时代萧子显所著《南齐书》卷三十三《陆厥传》中详细记载了陆厥因质疑沈约所发现和推行的四声，并应用于诗歌创作（即后世所谓“永明体”诗歌），写信诘问沈约，以及沈约为此复信的全文。二者都是极其宝贵的历史文献资料。因为后代凭借它们，可以看到沈约对发现四声和运用四声创作汉语诗歌的自豪，以及从此使汉语诗歌创作进入新的自觉时代的自信。

沈约所著《宋书》卷六十七《谢灵运传》末尾，还有一段十分著名的“史臣曰”文字。也充分表现了沈约对自己发现发明的音韵、四声和用于诗歌创作并开创了汉语诗歌新纪元的自信，以及对古来诗歌创作皆处于自发暗昧不明的论述。

此外，唐姚思廉所撰《梁书·沈约传》、唐李延寿所撰《南史·沈约传》，也都记录了沈约宣传四声并用诸创作实践、引起的社会反响、但也未被时人看重等可贵的史料。

沈约有诗歌作品传世，可以与他的音韵四声主张做对照研究。另外，几乎与之同时的文学评论家刘勰《文心雕龙》和钟嵘《诗品》的一些章节的相关论述也可为对沈约的研究提供参考。

总之，沈约在汉语诗歌史研究方面留给了后人较丰富饱满、可贵可信的资料。

下面，我们不嫌辞费，将前面提到的三种史料的有关文字，逐一列举如下：

1.《南齐书·陆厥传》（按：陆厥476—499，反对沈约“声病说”的代表人物）：

永明末，盛为文章。吴兴沈约、陈郡谢朓、琅邪王融以气类相推毂。汝南周颙善识声韵。约等文皆用宫商，以平上去入为四声，以此制韵，不可增减，世呼为“永明体”。沈约《宋书·谢灵运传》后，又论宫商。厥与约书曰：

范詹事（范晔）自序：“性别宫商，识清浊，特能适轻重，济艰难。古今文人，多不全了斯处，纵有会此者，不必从根本中来。”

沈尚书亦云“自灵均以来，此秘未睹”，或“暗与理合，匪由思至。张、蔡、曹、王，曾无先觉，潘、陆、颜、谢，去之弥远”。大旨钧使“宫羽相变，低昂舛节，若前有浮声，则后须切响；一简之内，音韵尽殊。两句之中，轻重悉异”。……云“此秘未睹”，近于诬乎？……古今好殊，将急在情物，而缓于章句。情物，文之所急；章句，意之所缓，故合少而谬多。义兼于斯，必非不知，明矣。……不得言曾无先觉也。

约答曰：宫商之声有五，文字之别累万。以累万之繁，配五声之约，高下低昂，非思力所举。又非止若斯而已也。十字之文，颠倒相配，字不过十，巧历已不能尽，何况复过于此者乎？灵均以来，未经用之于怀抱，固无从得其仿佛矣。若斯之妙，而圣人不尚，何邪？此盖曲折声韵之巧无当于训义，非圣哲立言之所急也。是以子云譬之“雕虫篆刻”，云“壮夫不为”。

自古辞人岂不知宫羽之殊，商徵之别？虽知五音之异，而其中参差变动，所昧实多，故鄙意所谓“此秘未睹”者也。以此而推，则知前世文士便未悟此处。

若以文章之音韵，同弦管之声曲，则美恶妍蚩，不得顿相乖反。譬由子野操曲，安得忽有阐缓失调之声？以《洛神》比陈思他赋，有似异手之作。故知天机启，则律吕自调；六情滞，则音律顿舛也。

士衡虽云“炳若缛锦”，宁有濯色江波，其中复有一片是卫文之服？此则陆生之言，即复不尽者矣。韵与不韵，复有精粗，轮扁不能言，老夫亦不尽辨此。

2. 沈约《宋书·谢灵运传》：

史臣曰：……若夫敷衽论心，商榷前藻，工拙之数，如有可言。夫五色（青黄赤白黑）相宣，八音（古时对乐器的总称，按制造乐器的主要材料分金、石、土、革、丝、木、匏、竹八类。）协畅，由乎玄黄律吕，各适物宜，欲使宫羽相变 ，低昂互节，若前有浮声，则后须切响。一简之内，音韵尽殊；两句之中，轻重悉异。妙达此旨，始可言文。至于先士茂制，讽高历赏：子建“函京”之作，仲宣“霸岸”之篇，子荆“零雨”之章，正长“朔风”之句，并直举胸情，非傍诗史。正以音律调韵，取高前式。自骚人以来，多历年代，虽文体稍精，而此秘未睹。至于高言妙句，音韵天成，皆暗与理合，匪由思至。张、蔡、曹、王，曾无先觉；潘、陆、谢、颜，去之弥远。世之知音者，有以得之，知此言之非谬。如曰不然，请待来哲。

注解：

曹植：字子建。“函京”，指其《赠丁仪王粲》诗中“从军度函谷，驱马过西京”句。

王粲：字仲宣。“霸岸”，指其《七哀诗三首》之一中“南登霸陵岸，回首望长安”句。

孙楚：字子荆。“零雨”，指其《征西》诗中“晨风飘歧路，零雨被秋草”句。

王赞：字正长。“朔风”，指其《杂诗》中“朔风动秋草，边马有归心”句。

张、蔡、曹、王：指张衡，蔡邕，曹植，王粲。

潘、陆、谢、颜：指潘岳，陆机，谢灵运，颜延之。

浮声：轻柔、浮泛的。平缓的？指音长、音强，还是音高？

切响：与之配合得响亮。低沉的？长短，强弱，高低？

一简：五言诗的一句，五字。

音韵：四声，平仄。

轻重：轻重音（平仄?）

3.《南史·沈约传》：

(沈约)又撰《四声谱》，以为“在昔词人累千载而不悟，而独得胸衿，穷其妙旨”。自谓入神之作。武帝（萧衍）雅不好焉，尝问周舍曰：“何谓四声?”舍曰：“天子圣哲”是也。然帝竟不甚遵用约也。”

下面，再将沈约及“永明体”作家谢朓、王融的诗歌举例展示如下：

1.沈约：

(1)《别范安成》：

生平少年日，分手易前期。及尔同衰暮，非复别离时。

——|—|，—||——。||——|，—||——。

勿言一樽酒，明日难重持。梦中不识路，何以慰相思？

丨—丨—丨，—丨———。丨—丨丨丨，—丨丨——？

（2）《夜夜曲》

河汉纵且横，北斗横复直。星汉空如此，宁知心有忆？

—丨丨丨—，丨丨—丨丨。—丨—丨丨，丨——丨丨？

孤灯暖不明，寒机晓犹织。零泪向谁道，鸡鸣徒叹息。

——丨丨—，——丨—丨。—丨丨—丨，———丨丨。

（3）《早发定山》

夙龄爱远壑，晚莅见奇山。标峰彩虹外，置岭白云间。

丨—丨丨丨，丨丨丨——。——丨—丨，丨丨丨——。

倾壁忽斜竖，绝顶复孤圆。归海流漫漫，出浦水溅溅。

—丨丨—丨，丨丨丨——。—丨—丨丨，丨丨丨丨丨。

野棠开未落，山樱发欲然。忘归属兰杜，怀禄寄芳荃。

丨——丨丨，——丨丨丨。丨—丨—丨，—丨丨——。

卷言采三秀，徘徊望九仙。

丨—丨—丨，——丨丨—。

2. 谢朓（464—499）

（李白最倾心的诗人。与沈约等共创“永明体”，对近体诗的建立也有所贡献。）

（1）《晚登三山还望京邑》

灞涘望长安，河阳视京县。白日丽飞甍，参差皆可见。

丨丨丨——，——丨—丨。丨丨丨——，———丨丨。

余霞散成绮，澄江静如练。喧鸟覆春洲，杂英满芳甸。

——丨—丨，——丨—丨。——丨——，——丨—丨。

去矣方滞淫，怀哉罢欢宴。佳期怅何许，泪下如流霰。

丨丨—丨—，——丨—丨。——丨—丨，丨丨——丨。

有情知望乡，谁能鬒不变？

丨——丨—，——丨丨丨？

(2)《之宣城郡出新林浦向板桥》

江路西南永，归流东北骛。天际识归舟，云中辨江树。

—丨——丨，———丨丨。—丨丨——，——丨—丨。

旅思倦摇摇，孤游昔已屡。既欢怀禄情，复协沧洲趣。

丨—丨——，——丨丨丨。丨——丨—，丨———丨。

嚣尘自兹隔，赏心于此遇。虽无玄豹姿，终隐南山雾。

——丨—丨，丨—丨丨丨。———丨—，—丨——丨。

(3)《同王主簿有所思》(同：和；王主簿：王融)

佳期期未归，望望下鸣机。徘徊东陌上，月出行人稀。

———丨—，丨丨丨——。———丨丨，丨丨———。

(4)《王孙游》

绿草蔓如丝，杂树红英发。无论君不归，君归芳已歇。

丨丨丨——，丨丨——丨。—丨—丨—，———丨丨。

3. 王融（468—494）

(深知音律，与沈约等共创“永明体”。)

《巫山高》

想像巫山高，薄暮阳台曲。烟霞乍舒卷，蘅芳时断续。

丨丨———，丨丨——丨。——丨—丨，—丨—丨丨。

彼美如可期，寤言纷在瞩。怃然坐相思，秋风下庭绿。

丨丨—丨—，丨——丨丨。丨—丨—丨，——丨—丨。

4. 庾信（513—581，字子山）

[季镇淮说：(庾信) 在诗歌形式上有所发展，开唐人五、七言律诗、绝句的先声。]

(1)《拟咏怀》二十七首·其十七（仿阮籍《咏怀》)

日晚荒城上，苍茫余落晖。都护楼兰返，将军疏勒归。

丨丨——丨，———丨—。—丨——丨，———丨—。

马有风尘气，人多关塞衣。阵云平不动，秋蓬卷欲飞。
丨丨——丨，———丨—。丨——丨丨，——丨丨—。
闻道楼船战，今年不解围。
—丨——丨，——丨丨—。
(2)《拟咏怀》二十七首·其二十六
萧条亭障远，凄惨风尘多。关门临白狄，城影入黄河。
———丨丨，—丨———。———丨丨，—丨丨——。
秋风别苏武，寒水送荆轲。谁言气盖世，晨起帐中歌。
———丨丨，—丨丨——。——丨丨丨，—丨丨——。
(3)《乌夜啼》
促柱繁弦非子夜，歌声舞态异前溪。
丨丨———丨丨，——丨丨丨——。
御史府中何处宿，洛阳城头那得栖。
丨丨丨——丨丨，丨———丨丨—。
弹琴蜀郡卓家女，织锦秦川窦氏妻。(窦滔妻，苏蕙)
——丨丨丨—丨，丨丨——丨丨—。
讵不自惊长泪落，到头啼乌恒夜啼。
丨丨丨——丨丨，丨————丨—。

四、关于沈约的“声病说”

综上，齐梁时期，周颙、沈约二人最早发现并提出了汉语是有声调的语言，并曾对其进行分析、总结，分别著有《四声切韵》和《四声谱》。而且自觉地将其运用于诗歌（五言诗）创作，开始提出创作五言诗歌时的一些声律要求，且传说提出过需要避忌的八种弊病。唐代人总结为“八病”，宋代人更进一步总结发挥，这就是所谓的“永明体”诗歌的“四声八病”说。

“四声”即汉语的“平上去入”四个声调。“八病”据说即“平头、上尾、蜂腰、鹤膝、大韵、小韵、旁纽、正纽”作诗时应当避忌的八种弊病。

下面我们根据《汉语大词典》对“八病”的解释，简介如下：

1. 平头：指五言诗的第一字、第二字不得与第六字、第七字同声（同平上去入）。

又一说：句首二字不得并是平声。

例如：芳时淑气清，提壶台上倾。

—— ——

芳时、提壶——平头（出自《平头诗》，〔唐〕日本·佐伯空海撰）

2. 上尾：指五言诗的第五字不得与第十字同声（连韵者可不论）。

例如：青青河畔草，郁郁园中柳。

又如：西北有高楼，上与浮云齐。

3. 蜂腰：指五言诗的第二字不得与第五字同声。言两头粗、中间细。

又：宋蔡宽夫说：“五字首尾皆浊音，而中一字清。”

例如，《饮马长城窟行》：“客从远方来，遗我双鲤鱼。”

①从、方——同是平声

②我、鲤：皆浊音；双：清音

4. 鹤膝：指五言诗的第五字不得与第十五字同声。言两头细、中间粗。

又一说：首尾皆清音，而中间一字浊者，为鹤膝。

例如：傅玄诗“徽音冠青云”句。

徽、云：清音；冠：浊音

5. 大韵：指五言诗两句之内，不能用韵脚为同韵部的字。如韵脚为“新”字，则其他九字中，不能再用人、津、邻、身、陈等同韵字（不得与押韵字相犯）。

例如：汉乐府“胡姬年十五，春日独当垆”。

“胡”与“垆”相犯。

又如阮籍《咏怀》八十二之十四：“微风吹罗袂，明月耀清晖。”微犯晖、袂。

又之二十“绿水扬洪波，旷野莽茫茫”，扬、莽犯茫。

6. 小韵：指五言诗除韵脚之外的九个字，不得有同一个韵脚的字（指九字间互犯）。

例如，阮籍《咏怀》八十二之一：“薄帷鉴明月，清风吹我襟。”明、清互犯。

又如唐温庭筠《题卢处士山居》：“古树老连石，急泉清露沙。”树、露互犯，连、泉互犯。

7. 旁纽：又名“大纽”。即五言诗一句五字中有“月”字，不得更著“鱼、元、阮、愿”等与“月”字同声纽的字（又或曰：不能有相同韵母的字）。

8. 正纽：又名“小纽”。即以壬、衽、人、任同纽，五言一句中有一“壬”字，则全句中不得更著“衽、任、人”字，致犯四声相纽（按：声韵母相同，只声调不同）。即五言诗两句中不得杂用声韵母相同、仅声调不同的字。

例如，梁简文帝诗“轻霞落暮锦，流火散秋金”中，锦、金二字仅声调不同，犯“正纽”。又如庾阐诗“朝济清溪岸，夕憩五龙泉”，溪、憩犯“正纽”。

综上大体可知什么叫“八病”。显然，在流传过程中人们对它们的认识已产生歧义，甚至已不知确指。若对照沈约和谢朓等人的诗作进行一番比对，可以发现他们自己的诗作中，似乎也时有“八病”。

然而这种理性的“八病”说，原为研讨五言诗的用字布局和讲究声韵调的和谐变化而设，对初期诗歌格律的探讨曾起到一定的促进作用。但其弊病在于刻意追求形式，雕琢烦琐，强为规则，反而束缚了诗歌内容和形式的创新表达，实际上是不利于后代格律规则的产生和推行的。但是也不能否认，“永明体”及沈约的“八病”说，对汉语诗歌格律的探索与开创，曾经起到前导作用。

正如清代王士禛（王渔洋曾于大明湖畔创“秋柳诗社”，开“神韵说”，至今大明湖北岸存有“秋柳园”旧址。）在答刘大勤书信中所言：“蜂腰鹤膝、双声叠韵之类，一时记不能全，须检书乃可条答。”然则诗家对于“八忌”，亦不甚注重矣。

我们爬梳汉语诗歌格律的发展，对此则不可不知。因为它是汉语诗歌史上第一次自觉运用汉语音的平仄、声调等固有规律，引领汉语诗歌创作，使其达到音乐性的和谐动听的理论性尝试和总结。

五、其他诗人

除了上面提到的南朝齐谢朓、沈约等共同开创了“永明体”，开始自觉讲究声律，对后世所形成的近体诗格律有启发和推动，这一时期中，对后代汉语诗歌包括近体诗、古体诗等在形式、内容等方面也有过较大影响的，还有不少诗人。我们仅举如下几个：

1.〔南朝宋〕鲍照（412—466），字明远，东海人（江苏涟水人）

鲍照的诗内容丰富，有思想性，有浪漫色彩，通俗自然，较之谢灵运、颜延之等似乎更胜一筹。尤其乐府诗，多是七言，故对唐代的七古（七言古诗）有较大影响。有《鲍参军集》。杜甫有诗《春日忆李白》："白也诗无敌，飘然思不群。清新庾开府，俊逸鲍参军。"

鲍照有《拟行路难》十八首，其中多首为七言。

其一：

奉君金卮之美酒，玳瑁玉匣之雕琴。
七彩芙蓉之羽帐，九华蒲萄之锦衾。
红颜零落岁将暮，寒光宛转时欲沉。
愿君裁悲且减思，听我抵节《行路吟》。
不见柏梁铜雀上，宁闻古时清吹音？

（按：这是最早的隔句押韵的七言诗。）

其六：

对案不能食，拔剑击柱长叹息。丈夫生世会几时？
安能蹀躞垂羽翼！弃置罢官去，还家自休息。
朝出与亲辞，暮还在亲侧。弄儿床前戏，看妇机中织。
自古圣贤尽贫贱，何况我辈孤且直！

2.〔南朝梁〕何逊（466—517）与〔南朝陈〕阴铿（生卒年未详）

何逊，字仲言，东海郡（今山东郯城）人。

阴铿，字子坚，今甘肃武威人。

二人齐名多并称，深为唐宋名家赞仰。如杜甫《与李十二白同寻范十隐居》"李侯有佳句，往往似阴铿"，又《解闷》"孰知二谢将能事，颇学阴何苦用心"等名句。唐殷尧藩《酬雍秀才》之二有"兴来聊赋咏，清婉逼阴何"句，宋辛弃疾《西江月·粉面都成醉梦》词有"诗在阴何侧畔，字居罗赵前头"句，皆可见二人在诗坛上的影响。何逊长于羁旅行役诗，而阴铿长于山水景物诗。

何逊《临行与故游夜别》：

历稔共追随，一旦辞群匹。复如东注水，未有西归日。

夜雨滴空阶，晓灯暗离室。相悲各罢酒，何时同促膝。

《相送》：

客心已百念，孤游重千里。江暗雨欲来，浪白风初起。

阴铿《江津送刘光禄不及》：

依然临送渚，长望倚河津。鼓声随听绝，帆势与云邻。

泊处空余鸟，离亭已散人。林寒正下叶，钓晚欲收纶。

如何相背远？江汉与城闉。

《开善寺》：

鹫岭春光遍，王城野望通。登临情不极，萧散趣无穷。

莺随入户树，花逐下山风。栋里归云白，窗外落晖红。

古石何年卧，枯树几春空？淹留惜未及，幽桂在芳丛。

注：“淹留”句，淮南小山《招隐士》：“桂树丛生兮山之幽……攀援桂枝兮聊淹留。”故此句指诗人惜自己未在山中做隐士。

3.〔南朝陈〕庾信

庾信（513—581），字子山，南阳新野人。因被羁留北朝，故多怀念故国之诗。他的诗歌有承前启后、南北交流之效。杜甫有诗言：“清新庾开府，俊逸鲍参军。”“开唐人五七言律诗、绝句之先声。”（季镇淮语）

《昭君辞·应诏》：

敛眉光禄塞，还望夫人城。片片红颜落，双双泪眼生。

冰河牵马渡，雪路抱鞍行。胡风入骨冷，夜月照心明。

方调琴上曲，变入胡笳声。

《重别周尚书》：

阳关万里道，不见一人归。唯有河边雁，秋来南向飞。

综上，我们简明扼要地谈了《诗经》《楚辞》《成相篇》直到汉魏六朝诗歌的大体情况。除了诗、骚、成相各有其称，汉魏六朝的诗歌（包括南朝齐梁时代沈约、谢朓等创作的“永明体”诗歌），统统都称为“古诗”。

注意：此“古诗”是特指，是与“古体诗”相对应的概念，与平常泛指一切古人写的诗为“古诗”大不相同，后者是与“现代诗”相对应的概念。

特指的“古诗”，也有五言、七言之别。五言古诗成熟的代表作是《古诗十九首》，七言古诗最早的则是南朝宋鲍照的《拟行路难》一、三。

唐代以后直至清代（甚至现代），人们常常受到格律诗的影响，但仍然想以“古诗”的样子写五、七言诗，则只能叫“古体诗”或“古风”，而不可称为“古诗”。“古诗”专指汉魏六朝及以前的诗歌。

简单说来，“古体诗”或“古风”的特点是：

1. 一定是使用后代之韵（按：指《广韵》，实际后来简化合并为 106 韵，又称“诗韵”）和平仄划分。

2. 每首句数不固定，每句以五、七言为主，也多有杂言句。

3. 押韵要求不严格，如句句押、隔句押。用邻韵、换韵等皆可，且既可押平声韵，也可押仄声韵。

4. 对仗、平仄等唐代格律诗的许多硬性要求也不做硬性规定。多有律句与对仗、用典等。语法修辞多追求古朴。

5. 总之，“古体诗”绝不是完全没有章法，是有意无意仿古，或较格律诗限制较宽松和没有形成定式的一种诗歌形式而已。（要详细了解“古体诗”的情况，可参见王力先生《汉语诗律学》第二章。）

第四节　汉语诗歌的鼎盛阶段与五、七言格律诗（近体诗）的基本格式

这一节我们简略地介绍唐代出现的“格律诗”。要想深入细致学习，可参见王力《汉语诗律学》《诗词格律概要》《诗词格律十讲》，启功《诗文声律论稿》，郭锡良等《古代汉语》“诗律”章节等。

格律诗又称“今体诗”或“近体诗”。“今”或“近”，是唐人所谓“近代”或“当代”的意思。唐代人认为格律诗是新近产生的一种诗体，是前代所没有的，所以称之为“今体诗”或“近体诗”，它是相对于汉魏六朝诗歌的一个称呼。最早的今体诗作家一般认为是初唐的杜审言（645？—708）、宋之问（656—712）、沈佺期（656—716）等人。我们不妨举例看一下这几个作家的作品：

1. 杜审言

和晋陵陆丞早春游望

独有宦游人，偏惊物候新。
云霞出海曙，梅柳渡江春。
淑气催黄鸟，晴光转绿蘋。
忽闻歌古调，归思欲沾巾。

春日京中有怀

今年游寓独游秦，愁思看春不当春。
上林苑里花徒发，细柳营前叶漫新。
公子南桥应尽兴，将军西第几留宾。
寄语洛城风日道，明年春色倍还人。

2. 宋之问

度大庾岭

度岭方辞国，停轺一望家。
魂随南翥鸟，泪尽北枝花。
山雨初含霁，江云欲变霞。
但令归有日，不敢恨长沙。

3. 沈佺期

遥同杜员外审言过岭

天长地阔岭头分，去国离家见白云。
洛浦风光何所似，崇山瘴疠不堪闻。
南浮涨海人何处，北望衡阳雁几群。
两地江山万余里，何时重谒圣明君。

我们可以用平仄标注一下上面几首初唐诗歌，可以发现它们与永明体诗歌的平仄使用已经有很大不同，而与稍后定型的格律诗的平仄安排基本相同了。在句式对仗等方面，也已经有了一定之规。所以，上面杜审言的《和晋陵陆丞早春游望》诗，就被明代胡应麟称为初唐典型和优秀的五言律诗。据研究，杜审言存世的五言律诗有 28 首之多。

初唐对于格律诗的发展有所贡献的作家还有一些，如苏味道、崔融、李峤等。

所谓“格律”：格，法式、标准；律，规律。所以“格律诗”就是有一定严格法式标准和既定规律的诗歌。概括起来，格律诗的基本格律与古诗的主要不同处有五点：

1. 句数固定：五言八句或七言八句，绝句则是四句。

2. 押韵严格：只能押平水韵 106 韵（又称诗韵）；押韵位置

固定，都是偶句押韵。

3. 讲究平仄：句式和篇式的平仄固定，详见下。

4. 讲究对仗：一般在第二、三联使用对仗。

5. 注意用典：化用典故。

下面我们先说说关于诗歌特别是近体格律诗的七组（个）名词、概念术语。

一、（韵部、韵母）韵（辙）

上古有30韵部，今天现代汉语有38个韵母。明清时代民间各种曲艺形式押韵，则多按由元代《中原音韵》发展而来的十三辙。

中古使用《广韵》206韵，到南宋、金代，则已简并为106韵（王文郁《平水新刊韵略》）、107韵（刘渊《壬子新刊礼部韵略》），后来统一为诗韵106韵。

“韵”“压韵”之“韵”，当今少有人能分辨。网络上更是多有似是而非的错误解释，误导大众。所以很有认真分辨一下的必要。

今天现代汉语普通话只有38个韵母（不计声调）。若像古人不讲究韵头的话，则只有18个（按四个声调，则有72个音节）。若再加上邻韵可合并的话，则更少。（此事后面再详论）

为了直观快捷地说明韵和韵母的关系，我们可以用下图示意：

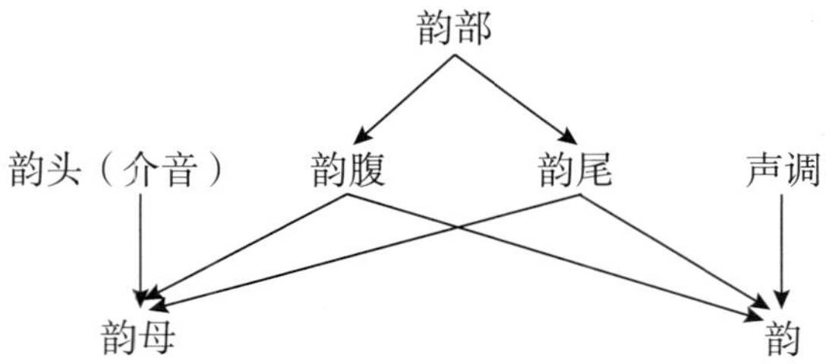

总结如下：

韵部：只要主要元音相同，韵尾相同。

韵：主要元音、韵尾、声调相同，不管介音是否相同。

韵母：主要元音相同，介音相同，韵尾相同。但声调不一定相同。

通过以上总结，我们就可以理解中古韵母为什么那么多，就是因为206韵都是要计算声调的。声调不同，就是不同韵。（注意：206韵不是206个韵母。据研究，《广韵》共有142个韵母。韵母与押韵无关。）后代特别是作格律诗时，押韵都要讲究声调，不同声调不能押韵，今体诗更是必须押平声韵（古诗可平仄混押）。

如：东、董、送、屋

冬、肿、宋、沃

江、讲、绛、觉

皆分属四声，各属一韵，不可混杂。

若要分析或写作近体诗，就要知道哪些字属于哪一韵。此时除了背诵或认真查阅诗韵表，别无他法。这也是近体诗在今天不可能再被很好地继承和发扬光大的重要原因之一。古韵的计调分韵实在太烦琐，更何况与今天的语音相比已经有较大变化。元明清人已经深受诗韵不合当时语音之苦。特别是参加科举考试的读书人，更是备受其害。人们要作诗，必须熟记各韵都包含哪些字，以免用错而出韵。例如，《红楼梦》第四十八回：“探春隔窗笑说道：‘菱姑娘，你闲闲罢。’香菱怔怔答道：‘闲字是十五删的，你错了韵了。’”

诗韵按各韵所含字数多少，可分为四种类型：

宽韵：支（171字，《广韵》464字）、先、阳、庚、尤、东、真、虞……

中韵：元、寒、鱼、萧、侵、冬、灰、齐、歌、麻、豪……

窄韵：微、文、删、青、蒸、覃、盐……

险韵：江（12 字，《广韵》51 字）、佳、肴、咸（17 字，《广韵》41 字）等。

近体诗在出韵、邻韵、换韵等规则上，与古体诗大不相同。近体诗不能出韵，不许换韵，不许用邻韵通押。只是在首句入韵时规定稍宽，可以用邻韵。

古体诗则可以用邻韵，也可以换韵。古诗更宽泛，还可以合韵（把邻韵相合），也可以不计声调，平仄混押（如《诗经》）。

二、关于平仄

近体诗最讲究的，除了用韵有严格规定，还有两件重要的事情，即讲究平仄和对仗。王力先生说：“没有平仄规则就没有诗词格律。”

1. 先说平仄

《说文》：“仄，侧倾也”，“倾，仄也”。即不平不正。仄，旧读“zhei”。平仄相对，即平声与上、去、入相对，所以“仄”就是上、去、入三声的总名。总体来说，古人的平仄分类似乎就是一种声调的分类。用这种二分法的对立和递用，构成汉语诗歌的节奏。为什么会有这样的效果呢？仔细追究这个问题会很复杂。

大约因为平声的音长相对而言是长的，音高（频率）是不升也不降的，且音速相对是慢的、和缓的。而仄声则相对是短的，有升有降的。特别是入声，听起来是急促的。因而平仄递用就是长短递用，平坦与不平坦（升降）递用。平仄律即长短律、快慢律、平曲律。但是不是一种“轻重律”呢？似乎还没有人对此做出准确回答，还应当深入进行实验语音学的科研才行。

不过可以肯定地说，平仄递用，可以避免单调，也可以使诗歌（甚至话语）更具音乐性。假设诗歌或话语中，总用五个平调或五个仄调的字连在一起，说起来或听起来就别扭。显然是不符合汉语习惯和审美韵律的。

所以，沈约等人一旦发现了汉语是有声调的语言之后，就大力开发、自觉利用，从而促进了汉语诗歌的大发展，并很快达到了高峰（格律化）。所谓“一简之内（五字之内），音韵尽殊；两句之中，轻重悉异”（沈约好像认为平仄律又是轻重律。那么，平仄的变化又是音强的变化了）。

2. 关于入声

按说，对平仄的把握，只要会说汉语就不困难。但是由于语音发展的迅速性（语言三要素中，语音是变化最快的），古人的平上去入四声调与今天已不对应，甚至变化极大。特别是中古的入声消失，进入了平、上、去三声（如右图所示）：

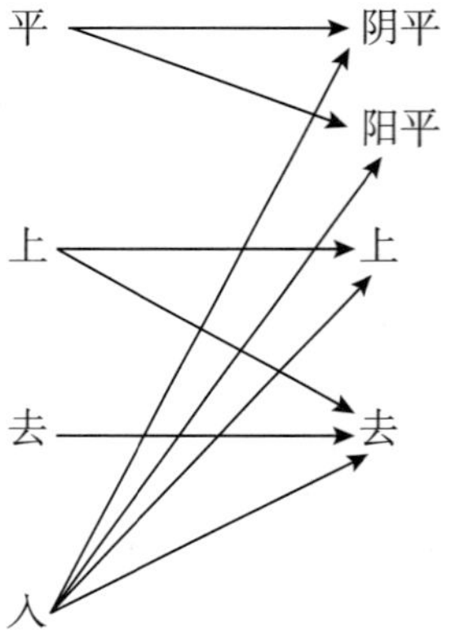

另外，辨别入声的困难还在于，入声既是一个声调，也是一个韵类（韵尾）。这使辨识入声又多了一个旁枝（但也多了个识别入声或非入声的方法，即入声字进入的是开韵尾字的四声，所以所有阳声韵中绝无入声）。这确实给今人辨别造成了困难（不能分辨入声字，也就不能分辨平仄。不能分辨平仄，就不能欣赏格律诗，更遑论仿作格律诗）。

在分辨平仄方面，困难主要还是入派三声造成的。这就得提出辨别入声字的问题，大体方法有以下几个：

1. 记住常用混入今平声的几百个入声字（见字表）。

2. 利用好自己方言中保留的入声（部分方言区的人）。

3. 利用下发的口诀，以便于记忆（见自创口诀）。

4. 查阅诗韵表中的入声字。

5. 利用工具书查阅，如《汉语大字典》《汉语大词典》《辞源》等工具书的字头、词头后，都标有每个字的古声调类。

辨别入声与如何处理古入声进入今平声的字，显然是今天欣赏、学习近体诗和创作新格律诗的难题。下面三则附录材料，可以帮助大家辨别入声字。

附录一　识别入声字口诀　2020/4/12

入声本是中古韵，普通话进上去平。
继往开来靠我辈，学诗必须辨分明。
Z 组拼 i 皆舒声，
uei、er、阳声韵亦同。
佛法（fo、fa）气短本归入，
入声喜变塞阳平（按，塞音：bp，dt，gk）。
无独有偶集资知（按，j，z，zh 阳平字也为入声），
uo 遇卷舌（按，指卷舌声母 zh，ch，sh）不舒声。
双唇（b、p、m）舌尖（d、t、n）拼 ie 入，
借茄姐谢爹舒声。
爷夜舒声液噎促，
Üe 家嗟瘸靴舒声。
u 韵入声俗福禄，
复渎督卒曝，璞（仆）足熟粟。
文白两读多为入，
还有一七和八不。
入声声符威力大，
G、z 二组拼 ei 促。
今古语音勤研究，

识别入声少困阻。

附录二　入声字在普通话中变为平声的常用字表

（按汉语拼音字母表音序排列）　2021/11/2

A

B　1. 读阴平的常用字：八、捌、剥、逼、憋、鳖、瘪（瘪三）、拨、钵

2. 读阳平的常用字：拔、跋、白、帛、泊、伯、箔、舶、柏薄、雹、鼻、别、蹩、勃、渤、脖、博、搏、膊、驳

C　1. 读阴平的常用字：擦、插、拆、吃、出、戳、撮

2. 读阳平的常用字：察

D　1. 读阴平的常用字：答（答应）、搭、滴、跌、督、咄

2. 读阳平的常用字：答、达、得、德、狄、荻、迪、的（的确）、涤、敌、嫡、笛、籴、迭、谍、堞、牒、碟、蝶、叠、毒、独、读、渎、犊、黩、夺、度（忖度）、踱、铎

E　读阳平的常用字：额

F　1. 读阴平的常用字：发（發、髮）

2. 读阳平的常用字：乏、伐、筏、阀、罚、弗、佛、怫、拂、伏、茯、服、幅、福、辐、蝠、匐、黻、绂

G　1. 读阴平的常用字：疙、胳、鸽、搁、割、骨、郭、刮、鸹、聒、蝈

2. 读阳平的常用字：轧（轧账）、阁、格、蛤、革、隔、嗝、膈、葛、国、掴、帼

H　1. 读阴平的常用字：喝、黑、嘿、忽、惚、淴、唿、豁

2. 读阳平的常用字：合、盒、颌、阖、核、阂、阖、貉、囫、斛、滑、涸、活

I　读阴平的常用字：一、壹、揖（又见 Y）

J　1. 读阴平的常用字：击、迹、唧、积、屐、绩、缉、激、

夹、浃、疖、结、秸、拮、接、揭、掬、鞠、撅

2. 读阳平的常用字：及、汲、级、极、吉、洁、诘、即、亟、急、疾、嫉、棘、集、脊、瘠、藉、籍、荚、颊、嚼、孑、节、杰、劫、捷、睫、竭、截、局、菊、决、诀、抉、玦、觉、珏、绝、倔、掘、崛、厥、獗、镢、蹶、爵、嚼、攫、孓

K 1. 读阴平的常用字：磕、瞌、哭、窟

2. 读阳平的常用字：壳、咳

L 读阴平的常用字：邋、勒、捋

M 1. 读阴平的常用字：抹、摸

2. 读阳平的常用字：没、膜

N 读阴平的常用字：捏

P 1. 读阴平的常用字：拍、泊、劈、霹、撇、瞥、朴、扑、仆、泼

2. 读阳平的常用字：枇、濮、璞

Q 1. 读阴平的常用字：七、戚、嘁、槭、漆、掐、切、曲、蛐、屈、缺、阙

2. 读阳平的常用字：麴

S 1. 读阴平的常用字：撒（撒手）、塞（瓶塞儿）、杀、刹（刹车）、失、虱、湿、叔、淑、刷、说、缩、朔

2. 读阳平的常用字：勺、芍、杓、舌、十、什、石、识、实、食、拾、蚀、孰、塾、熟、赎、俗

T 1. 读阴平的常用字：塌、剔、踢、帖（服帖）、贴、凸、秃、突、托、脱

2. 读阳平的常用字：拓

W 读阴平的常用字：挖、屋

X 1. 读阴平的常用字：夕、汐、矽、吸、昔、惜、析、淅、晰、息、熄、悉、蟋、锡、膝、蜥、瞎、歇、蝎、楔、削

2. 读阳平的常用字：习、席、袭、媳、檄、匣、狎、侠、峡、狭、硖、辖、胁、协、叶（叶韵）、挟、穴、学、噱（噱头）、踅、觋

Y 读阴平的常用字：压、押、鸭、噎、一、壹、揖、约、曰

Z 1. 读阴平的常用字：匝、咂、扎、摘、汁、只（一只）、织、粥、拙、卓、桌、涿、捉、作（作坊）

2. 读阳平的常用字：杂、砸、凿、责、则、铡、泽、择、贼、扎（挣扎）、轧（轧钢）、闸、宅、翟、着、折、哲、蜇、蛰、辄、辙、执、直、值、殖、侄、职、妯、轴、竹、竺、烛、逐、灼、酌、茁、镯、啄、琢、卒、族、足、昨

注意：按同声旁字类推入声字要小心，往往有例外。如买、辟、乍、敝、莫、亥、意等声旁皆是。

总之，入声是古代汉语的声调之一，又是古代汉语的韵类之一。以塞辅音结尾，发短而急促的音。现代汉语及大多北方方言入声已归入阴平、阳平、上声、去声四声之中。在汉语的一些方言及汉藏语系的一些语言中则仍能找到入声的踪迹，如江浙、福建、广东、广西、江西等处都还保存着入声；北方也有一些地方（如山西、内蒙古）还有入声遗留。

了解了哪些是入声字，在读古人的诗词时，就能在很大程度上解决一些似乎“不合”平仄规定处的困惑。另外，现在人若要习作古诗，特别是格律诗，依然须遵用平水韵，也必须知道哪些字是入声字。

附录三　辨别常用入声字方法集锦

1. 按简化汉字笔画的常见入声字举例

一画、二画：一七八十

三画：兀孑勺习夕

四画：不仆曰什及

五画：扑出发札失石节白汁匝

六画：竹伏戌伐达杂夹杀夺舌诀决约芍则合宅执吃汐

七画：秃足卒局角驳别折灼伯狄即吸劫匣

八画：叔竺卓帛国学实直责诘佛屈拔刮拉侠狎押胁杰迭择拍迪析极刷

九画：觉（觉悟）急罚

十画：逐读哭烛席敌疾积脊捉剥哲捏酌格核贼鸭

十一画：族渎孰斛淑啄脱掇郭鸽舶职笛袭悉接谍捷辄掐掘

十二画：菊犊赎幅粥琢厥揭渤割葛筏跋滑猾跌凿博晰棘植殖集逼湿黑答插颊

十三画：福牍辐督雹蹶歇搏窟锡颐楫睫隔谪叠塌

十四画：漆竭截牒碣摘察辖嫡蜥

十五画：熟蝠膝瘠骼德蝶瞎额

十六画：橘辙薛薄缴激

十七画：擢蟋檄

十九画：蹶

二十画：籍黩嚼

2. 诗韵入声韵部所含入声字

［一屋］屋木竹目服福禄熟谷肉咒鹿腹菊陆轴逐牧伏宿读犊渎牍椟黩毂复粥肃育六缩哭幅斛戮仆畜蓄叔淑菽独卡馥沐速祝麓镞蹙筑穆睦啄覆鹜秃扑鬻辐瀑竺簇暴掬濮郁矗复塾朴蹴煜谡碌毓舳柚蝠辘夙蝮匐觫囿 苜茯髑副孰谷

［二沃］沃俗玉足曲粟烛属录辱狱绿毒局欲束鹄蜀促触续督赎浴酷瞩躅 褥旭欲渌逯告仆

［三觉］觉角桷较岳乐捉朔数卓汲琢剥趵爆驳邈雹璞朴确浊

擢镯濯幄喔药握搦学

［四质］质日笔出室实疾术一乙壹吉秩密率律逸佚失漆栗毕恤蜜橘溢瑟膝匹黜弼七叱卒虱悉谧轶诘戌佶栉昵窒必侄蛭泌秫蟀嫉唧怵帅聿郅桎茁汩尼蒺

［五物］物佛拂屈郁乞掘讫吃绂弗诎崛勿熨厥迄不屹芴倔尉蔚

［六月］月骨发阙越谒没伐罚卒竭窟笏钺歇突忽勃蹶筏厥蕨掘阀讷殁粤悖兀碣猝樾羯汩咄渤凸滑孛纥核饽垡阏堀曰讦

［七曷］曷达末阔活钵脱夺褐割沫拔葛渴拨豁括聒抹秣遏挞萨掇喝跋獭 撮剌泼斡捋袜适咄妲

［八黠］黠札拔猾八察杀刹轧刖戛秸嘎瞎刮刷滑

［九屑］屑节雪绝列烈结穴说血舌洁别裂热决铁灭折拙切悦辙诀泄咽噎杰彻别哲设劣碣掣谲窃缀阅抉挈捩楔鳖亵蔑捏竭契疖涅颉撷撤跌蔑浙 澈蛭揭啜辍迭呐侄洌掇批橇

［十药］药薄恶略作乐落阁鹤爵若约脚雀幕洛壑索郭博错跃若缚酌托削铎灼凿却络鹊度诺橐漠钥著虐掠获泊搏勺酪谑廓绰霍烁莫铄缴谔鄂亳恪箔攫涸疟郝骆膜粕礴拓蠖鳄格昨柝摸貉愕柞寞膊魄烙焯厝噩泽矍各猎昔芍踱迮

［十一陌］陌石客白泽伯迹宅席策碧籍格役帛戟璧驿麦额柏魄积脉夕液册尺隙逆画百辟赤易革脊获翮屐适剧碛隔益栅窄核掷责惜僻癖辟掖腋释舶拍择摘射斥弈奕迫疫译昔瘠赫炙谪虢腊硕螯藉翟亦鬲骼鲫借啧蜴帼席貊汐摭咋吓刺百莫蝈绎霸霹

［十二锡］锡壁历枥击绩笛敌滴镝檄激寂翟逖籴析晰溺觅摘狄荻戚涤的吃霹沥惕踢剔砾栎适嫡阋觋淅晰吊霓倜

［十三职］职国德食蚀色力翼墨极息直得北黑侧饰贼刻则塞式轼域殖植敕饬棘惑默织匿亿忆特勒劾仄稷识逼克蜮唧即拭弋陟测冒抑恻肋亟殛忒嶷熄穑啬匐鲫或愎翌

［十四缉］缉辑立集邑急入泣湿习给十拾什袭及级涩粒揖汁蛰笠执隰汲吸熠岌歙熠挹

［十五合］合塔答纳榻杂腊蜡匝阖蛤衲沓鸽踏飒拉盍搭溘嗑

［十六叶］叶帖贴牒接猎妾蝶箧涉捷颊楫摄蹑谍协侠荚睫慑蹀挟喋燮褶靥烨摺辄捻婕聂霎

［十七洽］洽狭峡法甲业邺匣压鸭乏怯劫胁插押狎掐夹恰眨呷喋札

3. 古汉语入声字现代汉语读阴平的常用字（按音序排列）

A　啊

B　八、捌、剥、逼、憋、鳖、瘪（瘪三）、拨、钵

C　擦、插、拆、吃、出、戳、撮

D　答（答应）、搭、滴、跌、督、咄

F　发

G　疙、胳、鸽、搁、割、骨、刮、鸹、郭、聒、蝈

H　喝、黑、嘿、忽、惚、淴、唿、豁

J　击、迹、唧、积、屐、绩、缉、激、夹、浃、疖、结、接、揭、掬、鞠、撅

K　磕、瞌、哭、窟

L　邋、勒、捋

M　抹、摸

N　捏

P　拍、劈、霹、撇、瞥、朴、泼、泊、扑、仆

Q　七、戚、嘁、槭、漆、掐、切、曲、蛐、屈、缺、阙

S　撒（撒手）、塞（瓶塞儿）、杀、刹（刹车）、失、虱、湿、叔、淑、刷、说、缩、朔

T　塌、剔、踢、帖（服帖）、贴、凸、秃、突、托、脱

W　挖、屋

X 夕、汐、矽、吸、昔、惜、析、淅、晰、息、熄、悉、蟋、锡、膝、蜥、瞎、歇、蝎、楔、削

Y 压、押、鸭、噎、一、壹、揖、约、曰

Z 匝、咂、扎、摘、汁、只（一只）、织、粥、拙、卓、桌、涿、捉、作（作坊）

4. 古汉语入声字现代汉语读阳平的常用字（按音序排列）

B 拔、跋、白、薄、雹、鼻、荸、别、蹩、勃、渤、博、搏、膊、帛、泊、驳、伯、箔、舶

C 察

D 达、得、德、狄、荻、迪、的（的确）、涤、敌、嫡、笛、籴、迭、谍、堞、牒、碟、蝶、叠、毒、独、读、渎、犊、黩、夺、度（忖度）、踱、铎

E 额

F 乏、伐、筏、罚、阀、佛、弗、怫、拂、伏、茯、服、幅、福、辐、蝠

G 轧（轧账）、阁、格、蛤、革、隔、嗝、膈、葛、国、掴、帼

H 合、盒、颌、核、涸、阂、阖、阖、貉、囫、斛、滑、搳、活

J 及、汲、级、极、吉、即、亟、急、疾、嫉、棘、集、瘠、藉、籍、荚、颊、嚼、孑、节、杰、劫、洁、诘、捷、竭、截、睫、局、菊、决、诀、抉、觉、珏、绝、倔、掘、崛、厥、獗、镢、蹶、爵、嚼、攫、孓

K 壳、咳

M 没、膜

P 枇、濮、璞

S 勺、芍、杓、舌、十、什、石、识、实、食、拾、蚀、

孰、塾、熟、赎、俗

X 习、席、袭、媳、檄、匣、侠、峡、狭、硖、辖、胁、协、挟、穴、学、噱（噱头）

Z 杂、砸、凿、责、则、泽、择、贼、扎（挣扎）、轧（轧钢）、闸、铡、宅、翟、着、折、哲、蜇、蛰、辄、辙、执、直、值、殖、侄、职、妯、轴、竹、竺、烛、逐、灼、酌、茁、镯、啄、琢、卒、族、足、昨

5. 古汉语入声字现代汉语读上声的常用字表（按音序排列）

B 百、佰、柏、伯（大伯）、北、笔、瘪（干瘪）、卜

C 尺

D 笃

E 恶（恶心）

F 法、砝

G 葛（姓）、给（交给）谷、骨（骨肉）、鹄

H 郝

J 给（供给）、脊、戟、甲、胛、角、脚

K 渴

M 抹（抹煞）

P 匹、癖、撇（撇捺）、蹼、朴（朴素）

Q 乞、曲（歌曲）

R 辱

S 撒（撒种）、色（套色）、属、蜀、索

T 塔、獭、帖（请帖）、铁

X 血（流血）、雪

Y 乙

Z 眨、窄、褶、只（只有）、嘱

6. 古汉语入声字现代汉语读去声的常用字表（按音序排列）

B 必、弼、毕、哔、碧、壁、璧、辟、别（别扭）、不

C 策、侧、测、厕、恻、册、彻、澈、撤、叱、斥、赤、饬、绌、黜、畜（牲畜）、触、矗、啜、辍、绰、龊、促、猝、簇、蹙、蹴、错

D 的（目的）

E 厄、扼、呃、谔、鄂、愕、萼、腭、锷、鳄、遏、恶（善恶）、噩

F 发（理发）、珐、复、腹、蝮、鳆、覆、馥

G 个、各、梏

H 吓（恐吓）、褐、赫、鹤、壑、划、或、惑、获、霍、豁（豁免）

J 寂、鲫、稷、剧

K 克、刻、客、嗑、酷、扩、括、阔、廓

L 腊、蜡、辣、瘌、烙、酪、乐、勒、肋、力、历、沥、雳、立、粒、笠、砾、栗溧、傈、列、冽、烈、裂、劣、猎、六、陆、录、禄、碌、鹿、漉、麓、戮、律、率（效率）、绿、氯、掠、略、洛、落、骆、络

M 麦、脉、觅、宓、密、蜜、灭、蔑、篾、末、沫、抹（转弯抹角）、茉、没（埋没）、陌、莫、漠、寞、墨、默、秣、殁、木、沐、目、睦、牧、穆、幕

N 呐（呐喊）、纳、捺、衲、逆、匿、溺、昵、聂、嗫、蹑、镍、孽、虐、疟、诺

P 僻、辟（开辟）、迫、珀、粕、魄、朴（厚朴）、瀑

Q 讫、迄、泣、洽、恰、壳（地壳）、切、窃、怯、妾、锲、絜、惬、箧、却、雀、确、鹊、阕

R 热、日、肉、褥、入、弱、若

S 卅、萨、飒、色（颜色）、涩、瑟、啬、穑、塞（闭塞）、煞、霎、设、涉、慑、摄、式、试、弑、饰、室、适、释、术、述、束、刷（刷白）、率（率领）、蟀、烁、铄、朔、硕、速、肃、宿（住宿）、夙、粟、

T 沓、踏、挞、榻、蹋、忑、忒、特、逖、惕、帖（字帖）、拓（开拓）、拆

W 袜、沃、握、龌、勿、物、幄

X 隙、吓、泄、屑、亵、燮、旭、恤、畜（畜牧）、蓄、续、蓿、血（血液）

Y 轧（轧棉花）、药、钥、叶、业、页、液、掖、腋、谒、靥、亦、弈、译、驿、抑、邑、悒、佚、轶、役、疫、易、益、溢、逸、翼、亿、臆、绎、屹、蜴、玉、育、郁、狱、浴、欲、域、魃、毓、月、乐（音乐）、岳、悦、阅、跃、越、粤

Z 仄、栅（栅栏）、这、浙、帜、质、炙、秩、窒、掷、祝、筑、作（作用）、凿（穿凿）

7. 又：当代音韵学家陈伯元在《万绪千头次第寻》（《锲不舍斋论学集》）一文中提出辨识入声字的几条原则

（1）凡声母为 b、d、g、j、zh、z 的第二声字，都是古入声字。例如，b：拔、跋、白、帛、薄、博、勃、柏、泊、伯、驳、箔、白、荸、脖、卜、渤、踍、别、蹩、蹩……d：答、达、靼、鞑、怛、得、德、迪、敌、笛、涤、嫡、镝、籴、簉、觌、翟、叠、跌、迭、碟、牒、蝶、鲽、喋、瓞、绖、耋、堞、婕、谍、昳、蹀、楪、跕、垤、褋……g：隔、格、阁、革、蛤、镉、葛、合、膈、骼、搿、獦、輵、塥、輵、郃、国、掴、帼、虢、馘、漍……j：及、集、即、急、击、极、籍、吉、级、疾、寂、辑、汲、楫、嫉、藉、殛、笈、脊、棘、瘠、鹡、岌、姞、夹、颊、荚、戛、蛱、郏、筴、铗、舺、绝、节、结、截、杰、捷、杰、

劫、诘、撷、洁、桔、讦、竭、桀、婕、睫、碣、絜、栉……zh：执、值、质、职、直、植、掷、侄、殖、踯、跖、擿、竹、逐、筑、烛、筑、竺、术、蠋、躅、辄、折、澈、慑、哲、摘、磔、谪、辙、褶、酌、浊、濯、拙、擢、灼、卓、啄、茁、琢、镯、斲、斫、焯…… z：杂、砸、凿、则、泽、择、责、帻、窄、贼、足、族、卒、崒、昨……

（2）凡声母 d、t、l、z、c、s 跟韵母 e 相拼时，不论读何声调，都是古入声字。例如，de：德、得……te：特、忒、慝、忑、螣、铽……le：乐、勒、肋、垃、埒、捋、仂、扐、泐……ze：则、择、责、泽、帻、啧、窄、贼、笮、赜、迮、崱、舴、仄、昃、侧……ce：测、侧、策、册、厕、恻、栅、箣……se：色、塞、瑟、涩、啬、穑、濇、圾、瑟、铯……

（3）凡声母 k、zh、ch、sh、r 与韵母 uo 相拼时，不论读何声调，都是古入声。例如，kuo：扩、阔、廓、括、鞹、姡……zhuo：桌、捉、涿、焯、棹、拙、擢、卓、酌、茁、濯、浊、灼、啄、倬、琢、镯、斲、斫、棁、棳、踔、斮、蝃……chuo：戳、龊、啜、绰、辍、歠、醊、婥、婼……shuo：说、朔、硕、铄、烁、妁、槊、欶、搠、率、蟀、箾、勺……ruo：若、弱、箬、鄀、箬、爇……

（4）声母 b、p、m、d、t、l、n 跟韵母 ie 相拼时，除“爹”字外，其余无论读何声调，都是古入声字。例如，bie：鳖、憋、蘸、别、蹩、瘪、别 …… mie：灭、蔑、篾、蔑、蠛…… die：鲽、谍、叠、跌、迭、碟、牒、喋、蝶、耋、垤、绖、昳、瓞、蹀、堞……tie：贴、帖、怗、铁……lie：烈、猎、裂、列、劣、冽、躐、鬣、茢、捩……nie：捏、聂、涅、孽、蹑、啮、啮、闑、镊、陧、臬、镍、蘖……

（5）声母 d、g、h、z 与韵母 ei 相拼时，不论读何声调，都是古入声字。例如，dei：得……gei：给……hei：黑、嘿……zei：贼……

（6）声母 f 跟韵母 a、o 相拼时，不论读何声调，都是古入声字。例如，fa：发、伐、瞂、乏、筏、阀、罚、砝、发、珐……fo：佛、坲……

（7）韵母为 üe 的字，除“瘸、靴”二字外，其余都是古入声字。例如，lüe：略、掠、锊、撂 jue：撅、噘、绝、决、觉、掘、诀、爵、厥、谲、堀、崛、攫、蕨、蹶、獗、抉、矍、觖、珏、橛、爝、玦、屩、臄、孓、觼、蕝、躩、戄、桷、潏、駃、趹、鳜、玃、鐍、镢、嚼、蠼、鈌 que：缺、蒛、阙、却、确、雀、榷、怯、鹊、搉、阕、悫、埆、确、碻、礐、散、碏、硞、毃、恪、壳……pie：撇、瞥……xue：薛、学、削、血、雪、鳕、岤、泬……yue：约、曰、哕、箹、月、阅、越、乐、岳、跃、悦、戉、岳、粤钺、刖、瀹、籥、樾、爚、礿、禴、軏、龠、玥、泧、鸑、鈅、狘、耀、曜、药、乐、钥、说……nüe：虐、谑、疟……

三、格律诗的基本格式（单句和整篇的平仄组合安排规则）

（一）基本格式

（1）王力主编的《古代汉语》中，对格律诗句式基本格式的命名：

A．仄仄仄平平^仄起平收式　　a．仄仄平平仄^仄起仄收式

B．平平仄仄平^平起平收式　　b．平平平仄仄^平起仄收式

（2）郭锡良等主编的《古代汉语》中，对格律诗句式基本格式的命名：

五言格律诗句式：

丨 丨 — — 丨

甲. 仄起仄收式：仄仄平平仄（即王力 a）

——｜｜—

乙. 平起平收式：平平仄仄平（即王力 B）

———｜｜

丙. 平起仄收式：平平平仄仄（即王力 b）

｜｜｜——

丁. 仄起平收式：仄仄仄平平（即王力 A）

格律诗从五言变成七言，是在五言句式前面增加二字而成（俗称“戴帽不穿靴”）。所以七言格律诗句式就成为：

甲. 仄起平收式：平平仄仄平平仄

乙. 仄起平收式：仄仄平平仄仄平

丙. 仄起仄收式：仄仄平平平仄仄

丁. 平起平收式：平平仄仄仄平平

按：我们以为，上述格律诗句式的名称，按甲乙丙丁顺序命名，更方便初学者学习和理解。所以我们下面采用这种命名方式讲解。

一首完整的格律诗只有八句。它们就是以甲乙丙丁四种句式为基础，按一定顺序循环两遍而成篇的。

（二）整篇诗歌的四种句式组合方式

格律诗只有四种篇式。这四种篇式的组合规则很有规律，说破了也很简单。它们实际上就是遵循甲乙丙丁的基本顺序，然后安排甲乙丙丁四种句式各自担当首句一次，从而排列组合成了格律诗的四种篇式。为便于理解和记忆，我们把这种方法称为“轮流坐庄法”：

1. 甲句打头：甲乙丙丁，甲乙丙丁

【如：杜甫《旅夜书怀》】

细草微风岸，危樯独夜舟。

星垂平野阔，月涌大江流。
名岂文章著，官应老病休。
飘飘何所似？天地一沙鸥。

2. 乙句打头：乙丁甲乙，丙丁甲乙
【如：杜甫《登高》】

风急天高猿啸哀，渚清沙白鸟飞回。
无边落木萧萧下，不尽长江滚滚来。
万里悲秋常作客，百年多病独登台。
艰难苦恨繁霜鬓，潦倒新停浊酒杯。

3. 丙句打头：丙丁甲乙，丙丁甲乙
【如：王维：《山居秋暝》】

空山新雨后，天气晚来秋。
明月松间照，清泉石上流。
竹喧归浣女，莲动下渔舟。
随意春芳歇，王孙自可留。

4. 丁句打头：丁乙丙丁，甲乙丙丁
【如：王勃《送杜少府之任蜀州》】

城阙辅三秦，风烟望五津。
与君离别意，同是宦游人。
海内存知己，天涯若比邻。
无为在歧路，儿女共沾巾。

之说以说以上四种基本篇式，是由甲乙丙丁四种基本句式“轮流坐庄”、各自充当了一次首句而形成的，可以通过如下示意图的演示，予以揭示和便于记忆：

1.“甲乙丙丁，甲乙丙丁”式【即五言仄起仄收式（七言平起仄收式）】

2.“丙丁甲乙，丙丁甲乙”式【即五言平起平收式（七言仄起平收式）】（按：将第一图首尾相接，做成环形，向上转动一行，即得。）

3. “丁乙丙丁，甲乙丙丁”式【即五言平起仄收式（七言仄起仄收式）】［按：将环形道具继续向上转动一行，并把甲（已经打过一次头）换作丁，即得。］

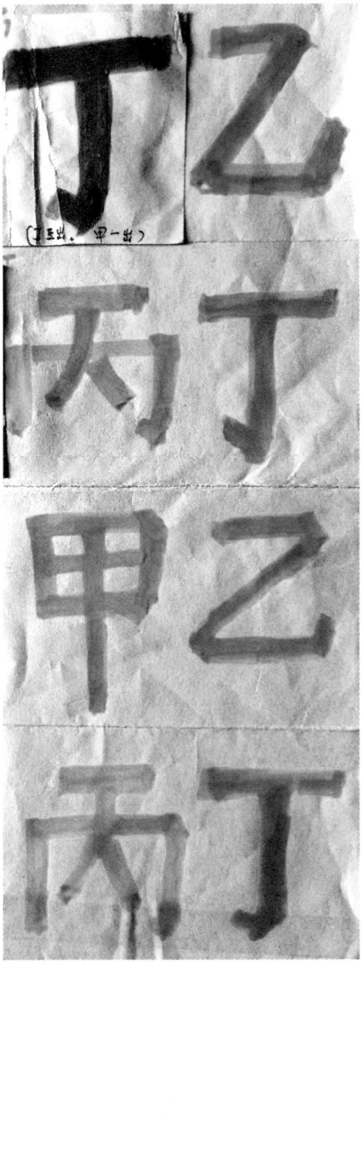

4.“乙丁甲乙，丙丁甲乙”式【五言仄起平收式（七言平起平收式）】[按：将环形道具继续向上转动一行，并把丙（已经打过一次头）换作乙，即得。]

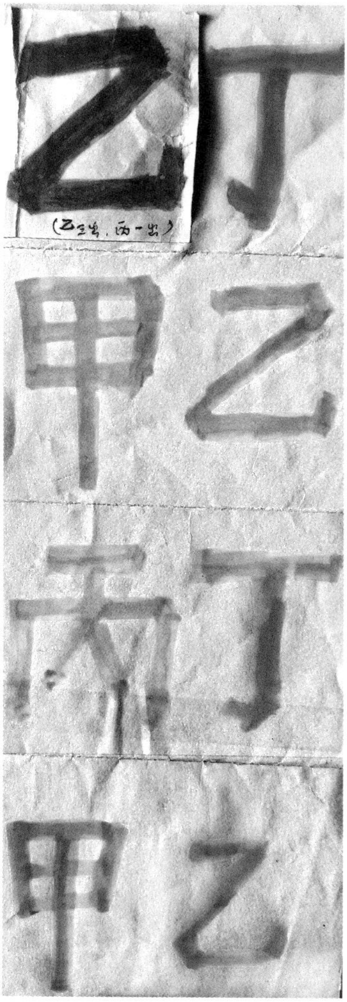

下面再以宋代格律诗为例，说明格律诗句式和篇式在宋代的继承发展：

1. 甲句打头　王安石《江亭晚眺》

　　　｜｜——｜　　　——｜｜—

（甲）日下崦嵫外，（乙）秋生沆砀间。

　　　———｜｜　　　｜｜｜——

（丙）清江无限好，（丁）白鸟不胜闲。

　　　｜｜——｜　　　——｜｜—

（甲）雨过云收岭，（乙）天空月上湾。

　　　———｜｜　　　｜｜｜——

（丙）归鞍侵调角，（丁）回首六朝山。

2. 乙句打头　文天祥《过零丁洋》

　　　—｜——｜｜—　　　——｜｜｜——

（乙）辛苦遭逢起一经，（丁）干戈寥落四周星。

　　　——｜｜——｜　　　—｜——｜｜—

（甲）山河破碎风飘絮，（乙）身世浮沉雨打萍。

　　　—｜——｜—｜　　　———｜｜——

（丙）惶恐滩头说惶恐，（丁）零丁洋里叹零丁。

　　　——｜｜——｜　　　—｜———｜—

（甲）人生自古谁无死，（乙）留取丹心照汗青。

3. 丙句打头　寇准《春日登楼怀归》

　　　———｜｜　　　｜｜｜——

（丙）高楼聊引望，（丁）杳杳一川平。

　　　｜｜——｜　　　——｜｜—

（甲）远水无人渡，（乙）孤舟尽日横。

　　　———｜｜　　　　　｜｜｜——
（丙）荒村生断霭，（丁）深树语流莺。
　　　｜｜——｜　　　　——｜｜—
（甲）旧业遥清渭，（乙）沉思忽自惊。

4. 丁句打头　欧阳修《离彭婆值雨》

—｜｜——　｜—｜｜—
投馆野花边，羸骖晚不前。
——｜—｜　—｜｜——
山桥断行路，溪雨涨春田。
｜｜——｜　——｜｜—
树冷无栖鸟，村深起暮烟。
｜——｜｜　—｜｜——
洛阳山已尽，休更望伊川。

（三）怎样记忆近体诗的四种形式？

上面展示的四幅示意图，形象地表现了格律诗以四种标准句式，通过“轮流坐庄”形成了四种篇式，即近体诗的四种标准篇式。四种句式“轮流坐庄”，循环打头，这种认识，我以为可能就是古人摸索格律诗基本格式时的思路与方法。

上述四种篇式的近体格律诗格式中，1、2 两种是首句不入韵的（甲、丙句起，仄收），3、4 两种是首句入韵的（乙、丁句起，平收）。

一般认为，五言律诗以首句不入韵为常，七言律诗以首句入韵为常。这就意味着：五言律诗以 1、2 两种格式，甲、丙句起首者为多；七言律诗以 3、4 两种格式，乙、丁句起首者为多。

另外需要强调，近体格律诗最重要的条件之一是必须押平声韵，这一点在四种篇式的句式安排上已体现得很清楚。

四、近体格律诗组合结构中的其他概念

了解近体诗，还要了解一些与之相关的名词术语。

1. 联：近体诗每两句组成一“联”，一首近体格律诗都是八句、四联。四联都有特定名称：第一联（第一、二句）叫“首联”，第二联（第三、四句）叫“颔联”，第三联（第五、六句）叫“颈联”，第四联（第七、八句）叫“尾联”。

2. 出句、对句：每一联的上句叫“出句”，下句叫“对句”。

3.“对”与“失对”：每一联的出句与对句关键字的平仄相“对”，即对应的关键字（五言二、四字，七言二、四、六字）平仄相反。不符合“对”的叫“失对”。应该说明的是：首句入韵的篇式，第一、二两句句尾都是平声韵脚，这种情况不能算作“失对”。

4.“黏”与“失黏”：前一联对句与后一联出句的关键字平仄相同，即前联对句第二字与后联出句第二字的平仄要相同，这样就叫作“黏”。不符合“黏”的叫“失黏”。如下图所示：

（1）五言仄起仄收式：（平起仄收式同）

仄仄平平仄
平平仄仄平
相黏
平平平仄仄
仄仄仄平平
相黏
仄仄平平仄
平平仄仄平

相黏

平平平仄仄

仄仄仄平平

（2）五言仄起平收式：(平起平收式同)

仄仄仄平平

平平仄仄平

相黏

平平平仄仄

仄仄仄平平

相黏

仄仄平平仄

平平仄仄平

相黏

平平平仄仄

仄仄仄平平

唐诗中，特别是盛唐之前，并不太讲究黏和对。因此初唐律诗中，失黏的情况并不罕见；失对的偶尔也有。到了宋代，律诗失黏、失对的情况则都很少见了。

对于今天习作格律诗的人来说，只要严格遵照既定的句式和篇式创作，就不会有失对和失黏的情况发生。

5. 绝句：绝句起源于律诗之前。古诗的绝句称“古绝”，它不讲平仄句式。唐宋之后，出现了律绝。把一首今体诗截断留四句，句式也严格按照今体诗的要求，这种绝句称“律绝”。押仄声的绝句，严格地说只能算是“古绝”，但它们有时又夹杂有合律的句子，因而又与律绝非常相像。这种情况并不少见，如孟浩然的《春晓》：

春眠不觉晓，处处闻啼鸟。

夜来风雨声，花落知多少。

又如柳宗元的《江雪》：

千山鸟飞绝，万径人踪灭。
孤舟蓑笠翁，独钓寒江雪。

再如王维的《鹿柴》：

空山不见人，但闻人语响。
返景入深林，复照青苔上。

它们都是押仄声韵，篇中虽然有律句或用了对仗，但与篇式规则不合，因此只能把它们算作古绝一类。

王力先生说：“古绝、律绝又不是界限很清楚的。”特别是押平声韵的绝句，分辨起来确实会有些困难或分歧。

例如，杜牧的《江南春》：

千里莺啼绿映红，水村山郭酒旗风。
南朝四百八十寺，多少楼台烟雨中。

除了“四百八十寺”出现了五连仄的格式，其他方面都符合律诗格式。这种情况应当如何对待，在学术界一直是有争论的。这个问题到下面谈完“拗”“救”的时候，我们再继续讨论。

五、近体诗的“拗”“救”

1. 什么是“拗”？

近体诗诗句中，有些字的平仄不能随意变更。凡是违反了句式或篇式所规定的平仄格式处，统统可以称为“拗”。

2. 什么是“救”？

近体诗出现了“拗”之后，可以在本句或其他句约定俗成的位置（字）上再故意“拗”一下（按：可以用俗话“以毒攻毒”形容之），即前面该用平声的地方不得已用了仄声，或该用仄声的地方不得已用了平声，那么就必须在适当的地方（约定俗成的地方）将平改用仄，或将仄改用平，以补偿已经出现的违律情况，这就叫作“救”（即补救）。“拗”了之后的“救”，有两种情况：一种是在本句内自救，一种是在本联中的他句中相救。

3. 谈到“拗”“救”，又有所谓“一三五不论，二四六分明”的说法。一三五、二四六，指的是每句的第几个字。（注：不论，意思是不合句式规定的平仄，可以忽略而不去管它；分明，意思是各个点位的平仄必须遵守各句式的平仄规定。）显然这种说法是对七言律诗而言的，所以初学者不可拿他去衡量五言律诗。若想将它用于五言律诗，则只能权且改为“一三不论，二四分明”。

即便如此，这种说法也仍不周严。特别是第一句“一三五不论”更不严谨。第二句“二四六分明”，在某种条件下，也不一定要“分明”，因为若没有“分明”（实际就是“拗”了），还允许用一定方法“救”（补救）回来。按习惯（可能是根据某些影响大的作品的示范）逐渐形成了补充约定。

下面先依七言律诗四种句式的顺序，解释一下各句“一三五不论”的不同情况。各句中加点的字表示可以灵活“不论”的（可平可仄，灵活掌握的）字，未加点的则表示平仄不可以灵活的字。

甲种句：平 平 仄 仄 平 平 仄　（七言第一、三字可不论，第五字则不可不论。五言第一字可不论，第三字则不可不论。）

乙种句：仄 仄 平 平 仄 仄 平　（七言第一、五字可不论，第三字则不可不论。五言第三字可不论，第一、五字则不可不论。）

丙种句：仄 仄 平 平 平 仄 仄　（七言第一、三、五字可不论。五言第一、三字可不论，第五字则不可不论。）

丁种句：平平仄仄仄平平　（七言第一、三字可不论，第五字则不可不论。五言第一字可不论，第三、五字则不可不论。）

再把四种句式中，哪些字可以灵活不论，哪些字不可以灵活，用文字表述如下（按各句中第一、三、五、七字的顺序）：

（1）七言律诗甲、乙、丙、丁四种句式的第一字可平可仄。不合原句式平仄规定的（拗）字，也不用救。

（2）七言律诗甲、丙、丁三种句式的第三字（五言的第一字）可平可仄。不合原句式平仄规定的（拗）字，也不用救。

以上两种情况，王力先生称为“甲种拗”（第一种拗）。

（注意：王先生所谓的“甲种拗”“乙种拗”“丙种拗”之“甲”“乙”“丙”，表示序数，是第一种、第二种、第三种的意思。与本讲义所采用的甲、乙、丙种句式无关。下同。）

（3）七言律诗的甲种句、丁种句的第五字不可以灵活。甲种句第五字若用了仄声而犯拗，可以用对句的乙种句的第五字补救。丁种句的第五字不能用平声，否则会成为三平调句式；三平调是格律诗的大忌。

（4）七言律诗的乙、丙种句的第五字（五言的第三字）的平仄尽可能按规定；不按规定犯拗的地方，可以尽量补救。

（自编口诀：甲、丁第五须严管，乙、丙第五可从宽。）

以上两种情况，王力先生称为“乙种拗”（第二种拗）。

（5）七言律诗的第七字和五言律诗的第五字，位于每句的句末，平仄都是固定的。故“一三五不论”中，就没提第七字的事，所以也不必再讨论它们的变化。

（6）七言律诗乙种句的第三字（五言律诗乙种句的第一字），平仄不可以灵活，只能用平声，不能用仄声。如果此字用了仄声字，就会触犯格律诗的大忌“孤平”。但犯了“孤平”，可以并且必须补救。补救的方法是用本句的第五字自救。

（自编口诀：“孤平”乃大忌，发生在乙句。五一、七三位，若犯必救之。）

以上这种情况，王力先生称为“丙种拗”（第三种拗）。第三种拗的补救，多与其他拗救相伴配合使用，下详。

下面按甲、乙、丙、丁句式的顺序，分别说明甲、乙、丙三种句式中的各个字（既含一三五不论的字，也含二四六分明的字）的“拗救”和丁种句的情况。

1. 甲种句

（1）甲种句【平平仄仄平平仄或仄仄平平仄】中的第五（五言的第三）字不用平而用了仄的“拗”【平平仄仄仄平仄】，可以用对句（乙种句）中第五字（五言第三字）“仄”变“平”来救。（此种“拗”即王力所称的“甲种拗”，可救可不救。）

如乙5（五言3）救甲5（五言3）例：

拗　　　　　救

甲：挥手自兹去，乙：萧萧班马鸣。（李白《送友人》）

平仄仄平仄　　平平平仄平

再如乙5（五言3）救甲5（五言3）：

拗　　　　　救

甲：促织甚微细，乙：哀音何动人。（杜甫《促织》）

仄仄仄平仄　　平平平仄平

【练习：吾爱孟夫子，风流天下闻。（李白《赠孟浩然》）】

（2）甲种句七言的第六字（五言的第四字）不用平而用了仄的“拗”【平平仄仄平仄仄】，也是用对句（乙种句）中第五字（五言的第三字）“仄”变“平”来救。

如乙5（五言3）救甲6（五言4）例：

拗　　　　　救

甲：野火烧不尽，乙：春风吹又生。（白居易《赋得古原草送别》）

仄仄平仄仄　　　平平平仄平

再如乙5（五言3）救甲6（五言4）例：

拗　　　　　救

甲：落日池上酌，乙：清风松下来。（孟浩然《裴司士见寻》）

【练习：流水如有意，暮禽相与还。（王维《归嵩山作》）】

2. 乙种句【仄仄平平仄仄平】的拗

七言律诗乙种句的第三字不平而仄叫“犯孤平”（即如果不救，就会除了韵脚是平，只剩下第四字一个平，变成“仄仄仄平仄仄平”）。“孤平”是诗家大忌，不可犯，此为铁律。这时，需要用自身第五字“仄”变“平”相救，变为“仄仄仄平平仄平”。如：

拗　　　　　拗　救

仄平平仄仄平仄　　平仄仄平平仄平

甲：野桃含笑竹篱短，乙：溪柳自摇沙水清。（苏轼《新城道中》）

（此种拗，即王力先生所称的“丙种拗”，必须救。）

这种救还往往同时救甲种句的第五、六字的“拗”。可一字两救：既救本句孤平，又兼救上句甲句的拗。

如乙5既自救乙3，同时又兼救甲5或甲6：

拗　　　　拗　救

仄平仄仄平仄仄　仄仄仄平平仄平

舞阳去叶才百里，贱子与公俱少年。（黄庭坚《次韵裴仲谋同年》）

再如乙5自救乙3孤平，兼救甲5例：

仄平平仄仄平仄 平仄仄平平仄平

野桃含笑竹篱短，溪柳自摇沙水清。（苏轼《新城道中》）

又如乙5自救乙3孤平，兼救甲6例：

平仄平仄仄　仄平平仄平

常恨言语浅，不如人意深。（刘禹锡《视刀环歌》）

［练习］单纯救孤平例：

伛偻丈人乡里贤　（王维《辋川别业》）

欲归翻旅游　（高适《别韦五》）

隔柳一声黄栗留　（杨万里《和昌英叔久雨》）

宠深还若惊　（王禹偁《五更睡》）

小结一下乙种句的拗救：

乙5既可以自救乙3的孤平，又可以救甲5，还可以救甲6，所以乙5可谓拗救中的多能者。

3. 丙种句（仄仄平平平仄仄）的拗救

丙种句第六字（五言第四字）不用仄而用平的拗，可以用第五字（五言第三字）“平”改为“仄”来救。全句即变为仄仄平平仄平仄。

例如，“无为在歧路”的格式就是平平仄平仄，第三字“在”（仄）救了第四字“歧”（平）。

又如“记取江湖泊船处”，其格式就是仄仄平平仄平仄，第五字“泊”（仄）救了第六字“船”（平）。

值得指出的是：丙种句的这种拗与救，在历代近体诗中竟然比原句式用得还多，并且常出现在尾联的出句上。它的使用频率，甚至超过了丙种句本来的格式“仄仄平平平仄仄”，所以它又被看作丙种句的特殊正格，可以不再被认作是一种拗句。王力先生称丙种句的这种拗为“特种拗”的“子类（第一类）”（见下文）。

4. 丁种句的情况

丁种句（平平仄仄仄平平）是押韵的句子，句尾必平无疑。在“一三五不论”中，丁种句一、三已是可平可仄，第五字（五言第三字）不允许再用“平”。因为第五字若再用平，丁种句将变为平平仄仄平平平。（按：二四六位置已有“二四六分明”制约）。这种句式叫作“三平调”，是源自古诗、古体诗的一种特有句式。近体诗是不容许“三平调”存在的。正因为如此，“一三五不论”一句，大不适用于丁种句。所以，丁种句第五字已不容许讨论“拗”后再“救”的问题了，“拗救”一事与丁种句可以说没有关系。

王力先生《汉语诗律学》第九节（上海教育出版社 1979 年版，第 100—112 页）中还讲到七言律诗在第二、四、六字上发生的两种拗，并将它们命名为“特种拗”（子、丑类）：

1. 子类（第一类）：是指丙种句“仄仄平平平仄仄”七言第六字（五言第四字）的拗，经常变为“仄仄平平仄平仄”，即经常把第五、六两字的平仄互换。

如：

仄仄平平仄平仄

庾信平生最萧瑟，暮年诗赋动江关。（杜甫《咏怀古迹五首》之一）

仄仄平平仄平仄

处处回头尽堪恋，就中难别是湖边。（白居易《西湖留别》）

平平仄平仄

谁能共公子，薄暮欲俱还。（杜甫《奉陪郑驸马二首》之二）

这种拗句，与原来标准的丙种句式“仄仄平平平仄仄”并驾齐驱，几成为常式而为人所接受，且多出现在尾联中。

2. 丑类（第二类）：是指甲种句“平平仄仄平平仄”七言第六字（五言第四字）变为“平平仄仄平仄仄”的拗，常被乙种句救孤平时同时救出。这种拗句形式在古诗中常有，因而后人喜模仿用之，以显格调高古。而且多了一种形式，诗人就多了一种工具。

3. 以上两种特种拗，还有一个作用，即可以使大多是仄声的数目字进入诗句，以仄对仄，如“奇哉一江水，写此二更天”等等。

4. 但由于甲种句七言第五字（五言第三字）本来就可平可仄，所以这样的拗救，也会使甲种句有可能出现五连仄的情况，特别是五言首句中常有五连仄的例子，七言首句则少见。用于尾联的五连仄几乎没有，仅见杜牧的《江南春》绝句一例。所以，王力先生说此式“用于尾联是很不相宜的”，又说“丑类特式毕竟不像子类取得合法的地位”。

要之：以上这两种特种拗，都是较少或极少的特例，不是正常的拗救。其中第一类（子类）多见；第二类（丑类）特例则少见，我们专门提到的杜牧的《江南春》，这一绝句是唐宋诗歌中的孤例，初学者对此了解即可，不宜轻易模仿。对于尝试创造现代汉语普通话语音条件下的新格律诗，更是可以先不去过多地关注它。

即使是子类特种拗，王力先生遍查唐宋格律诗，也不足百例，不像我们上面所讲的普通的三种拗经常发生。因此，初学者对它们可以不去过多关注。即使关注，也不必以之为法。所以在此也不去细讲它了。

拗救口诀（自编）

1. 甲句既笨又懒惰，五六常拗惹祸多。

乙句很忙事很多，自救救人忙活活。

丙句五六常颠倒，几成正体向谁说。
丁句清高又自律，无拗无救守正格。
碰见拗句心莫慌，确认句式背口诀。
诗歌传统我继承，近体格律先把握。
2. 甲句常惹祸，乙句事很多。
丙句拗成正，丁句要守拙。

六、“拗”“救”余论

如果能严格按标准的格律诗的句式、篇式安排创作，就不会发生拗，也就无所谓救。现存唐宋格律诗，也是不违律的占多数，违律后拗救的相对于唐宋格律诗的总量仍是较少的，所以拗救只是格律诗违律后的补充方法。拗救的无限制发展与扩大，无疑是对标准格律的一种冲击与解构，所以似乎不宜过分使用与推广。特别是对初学者和在创新当代新诗韵格律诗的过程中，更是如此。起码拗救应当适可而止，对其解读与应用也应当适可而止。但对于读懂已有的格律诗，懂得一些拗救知识还是十分必要的。今人写作格律诗，毕竟四平八稳按已有篇式、句式是最基本也最保险、最安全的。如下面所举江泽民七律、绝句例，似乎就有这种四平八稳的特点。值得初学格律诗者学习参考。

（一）江泽民七绝一首《访仙台》

（1998 年 11 月 29 日）

丹枫似火照秋山，
碧水长流广濑川。
且看乘空行万里，
东瀛禹域谊相传。

（二）七绝二首（一九九八年三月十九日作）

一九九一年一月，第三次到吉林，旧地重游，倍感亲切。恰逢雾凇奇景，满城冰挂，欣然秉笔，写下“寒江雪柳，玉树琼花，吉林树挂，名不虚传”。一九九八年三月，“两会”期间，吉林同志索句京华，忆及旧景，思于今事，吟成七绝二首。

1. 寒江雪柳日新晴，玉树琼花满目春。
   历尽天华成此景，人间万事出艰辛。
2. 又是神州草木春，同商国计聚京城。
   满堂共话中兴事，万语千言赤子情。

（三）1998年朱自清100周年诞辰之际，江泽民题五律一首

晨鸣共北门，谈笑少时情。
背影秦淮绿，荷塘月色明。
高风凝铁骨，正气养德行。
清淡传香远，文章百代名。

（扬州朱自清故居处资料）

七、近体诗的对仗

1. 什么是对仗？

《汉语大词典》“对仗”：①谓当廷奏事。古时皇帝坐朝听政，必设仪仗，百官当廷言事，无所隐秘，故称。②左右分设、相对而立的仗卫。③指旧体诗文的词句对偶。

“对偶”：亦作“对耦”。①犹对手。②指夫妇双方身份、地位相配。③修辞格之一。用对称的字句加强语言的表达效果。

蔡元培《国文之将来》：“旧式的五七言律诗与骈文，音调铿锵，合乎调适的原则；对仗工整，合乎均齐的原则。在美术上不能说毫无价值。”

王力《语言与文学》：“对仗，就是名词对名词，动词对动词，形容词对形容词，数量词对数量词，虚词对虚词。”

“至于对仗的工整与否，就要看它们二者是否属于同一最小的范畴。”

“对仗是律诗的必要条件。”古诗不一定要用对仗。

2. 对仗的位置

位置：律诗一般在中间两联（颔联、颈联）用对仗。也可以在首联用对仗，或在尾联用对仗。三联以上用对仗的称为“富的对仗”；若颔联极宽或勉强，则可叫作“贫的对仗”（王力语）。

如杜甫《闻官军收河南河北》：

即从巴峡穿巫峡，
便下襄阳向洛阳。（尾联）

王维《山居秋暝》：

空山新雨后，天气晚来秋。
明月松间照，清泉石上流。
竹喧归浣女，莲动下渔舟。
随意春芳歇，王孙自可留。

王諲《除夜》：

今岁今宵尽，明年明日催。（首联）
寒随一夜去，春逐五更来。
气色空中改，容颜暗里回。
风光人不觉，已着后园梅。

3. 工对与宽对

对仗的范畴越小就越工整。用同一种类字词相为对仗的，叫作工对（多是名词的范畴，如天文对天文、地理对地理字。科举时代一些专谈对仗的工具书，开创了这些类别和例词）。如清李渔《笠翁对韵》：“天对地，雨对风，大陆对长空。山花对海树，赤日对苍穹。霜隐隐，雾蒙蒙，日下对天中。风高秋月白，雨霁晚霜红。……”不在同一类中相为对仗的叫“宽对”。

王力《汉语诗律学》《古代汉语》中都介绍或附录了一些对仗门类，如《汉语诗律学》就列举出 11 类对仗，可供参考。

4. 介绍几种特有对仗

（1）借对：利用一字多义的现象构成对仗（详见郭锡良等《古代汉语》），

如：酒中堪累月（非月亮，而是年月之月），

身外即浮云。——杜审言

借义：竹叶于人既无分，菊花从此不须开。（竹叶指竹叶酒）

借音：翠黛不须留五马，皇恩只许住三年。

山入白楼沙苑暮，潮生沧海野塘春。

（2）流水对：一联中的两句，字面是对仗的，意义是相连接的、承继的。两句为一完整意思。

如：承恩不在貌，教妾若为容？（杜荀鹤）

闻报故人当邂逅，便临近馆为迟留。（沈遘）

山中一夜雨，树杪百重泉。

（3）错综对：不拘位置，颠倒错综以成对仗。这种对仗，往往是因迁就平仄合乎格律而致。

如：裙拖六幅湘江水，

鬓耸巫山一段云。（李群玉）

（以“六幅”对“一段”，“湘江”对“巫山”。）

又如：于今腐草无萤火，

终古垂杨有暮鸦。

（以“萤”对“鸦”，以“火”对“暮”。）

(4) 隔句对(扇面对):上一联的出句和下一联的出句,以及上、下联的对句各自相对。

如:缥缈巫山女,归来七八年。

殷勤湘水曲,留在十三弦。(白居易《感旧》)

5. 对仗的两种避忌

(1) 避“合掌”:所谓“合掌”是指诗文(或对联,更为大忌)的两句对仗,上下句一意,意义相同(事实上是同义词相对)。“合掌应该被否定。”

如:宋之问《途中寒食》“马上逢寒食,途(愁)中属暮春”。

又如:凶如太岁撞幢幡,恶似丧门掀宝盖。

(2) 避用同字相对:古体诗不避,近体诗则应加意回避。

如:汝书犹在壁,汝妾已辞房。(杜甫《得舍弟消息》)

甚至同一字出现在一句中(出句或对句),后来同一首诗中也避免重复用同一字。

又识:关于对仗:齐梁太繁,唐宋太拘。现代人对此轻佻无视,太粗太鄙。关于对联中的合掌问题,可以参见余德泉《对联格律 对联谱》、白化文《闲谈写对联》。

至于近体诗的句法问题,教材上列举了活用、错位、省略、紧缩等,在此省略不再展开。请大家课下自学吧。

还有“用典”问题,可以使诗歌更有深度,用典有明用、暗用、化用等方式。如《离骚》中的用典例(略)。

今天我们要创造现代汉语普通话新近体格律诗,必须认真研究和继承、运用古人留给我们的对仗、对偶等宝贵的遗产,又要结合现代汉语与当代政治、文化等内容,有所创新、有所前进。这样既能丰富我们的新诗创作方法与内容,又能继承这笔语言文化遗产并发扬光大。

第五节　元明清汉语诗歌发展的困境与20世纪汉语诗歌的没落，以及对两次汉语诗歌大讨论的回顾

一、语言演变造成了诗歌发展的困境

唐宋诗歌特别是近体诗的用韵，是遵循官方韵书规定的。一直采用的是206韵及其实际上的缩并版106韵。它虽然烦琐，但由于彼时的韵书所依与当时的口语基本相合，故而文、言基本一致，人们特别是文人们的不便并不突出。

但到了元明清时代，特别是元代蒙古族入主中原之后，蒙古族的北方语音、语法、词汇都大规模快速影响着原来的汉语。在语音方面，最突出的是原来旧有的平上去入四声，演变成了阴平、阳平、上声、去声；入声消失，派入了平、上、去三声。原来平为平，上、去、入为仄的两分格局由此也产生了混乱。而官方科举考试却依然按照唐宋的传统用韵，对社会主流的读书人的诗歌创作做了规定，从而客观上维持并加剧了诗歌创作与实际语言的脱节。北方白话的兴起，使这一时期的诗歌创作更进一步受到文、言脱节的冲击。这些语言学上的变化，正是元明清以降，汉语诗歌传统衰微最实际最根本的原因。

韵部的烦琐，入声理解和记忆的困难，平仄划分的困境，使汉语诗歌在之后（自12世纪到19世纪末）的六七百年间，一直在口语与书面语的不适应、不协调中存活和发展着。

此时，对这种困局加以改正和补充的方法，是元曲、明清戏剧、民间曲艺等按照实际语言、语法创作的多种韵语文艺形式的蓬勃兴起和发展。例如，元曲就一改唐诗宋词平仄分押的传统，变为平仄互押。元人周德清1324年著作的《中原音韵》，把使用

了七百多年的《广韵》206 韵和宋金时代以来的 106 韵，缩编成了 19 个韵部。它们是：1 东钟 2. 江阳 3 支思 4 齐微 5 鱼模 6 皆来 7 真文 8 寒山 9 桓欢 10 先天 11 萧豪 12 歌戈 13 家麻 14 车遮 15 庚青 16 尤侯 17 侵寻 18 监咸 19 廉纤。

到了清代，民间曲艺艺人又基于口头语言的语音实际，创造了“十三辙”并很快流行开来。它们是：1 发花，2 梭波，3 乜斜，4 姑苏，5 衣期，6 怀来，7 灰堆，8 遥迢，9 由求，10 言前，11 人辰，12 江阳，13 中东。十三辙被广泛运用于各种戏曲文艺形式的创作中。包括享有“国剧”之称的京剧用韵，除去少数“上口字”，也是基本遵照十三辙押韵的。直到当今的许多民歌和众多的说唱艺术形式，也都依然按十三辙进行创作。

另外，在这一漫长的历史时期中，作为格律诗和民间曲艺的另一种补充形式，在文人当中还流行着一种专门描写风土民情、传统节日等内容的诗体“竹枝词”。

最早创作竹枝词的是唐代的刘禹锡（772—842）和白居易（772—846）等诗人。刘禹锡有著名的《竹枝词》九首存世，其一曰：“杨柳青青江水平，闻郎江上踏歌声。东边日出西边雨，道是无晴却有晴。”宋代苏轼、苏辙兄弟二人，以及黄庭坚、杨万里、范成大等，都写有大量竹枝词。元代杨维桢对竹枝词进行了改造；他创作的著名的《西湖竹枝词》九首，引来众多人与之唱和，总量达 180 余首之多，形成了以地名名篇的竹枝词创作现象。元明清时代，许多著名诗人都参与了竹枝词的创作，如元代虞集、倪瓒；明代刘基、宋濂、徐渭、袁宏道；清代王士禛、朱彝尊、孔尚任、查慎行等，都有竹枝词诗篇传世。据说，自唐至清末的竹枝词总量不下十数万首，堪为汉语诗歌中规则比较自由且规模壮观的风俗民情类诗歌类别。2007 年北京出版社出版的丘良任、潘超等编的《中华竹枝词全编》，收录的历代各地竹枝词已达五万余首。竹枝词可以说是介乎民歌与格律诗之间的一种独特的诗歌。内容是风俗民情式的，语法词汇是不避口语的，但用韵、平仄仍然依旧，只是要求已比较宽松自由。

总之，近体格律诗所用的语音标准，与现实语音不一致的局面，从元代一直延续到了19世纪末（甚至现代）。此时，中华民族面临的民族危机愈来愈严重，以致无法再维持，到清末已面临彻底崩溃，中华民族濒临被瓜分和灭亡的关头。西方的技术和文化、思想逐渐涌入中华古国，并呈现出压倒中华文明的优势，极大影响着中华民族的发展。在此情势下，科举制度不得不在光绪三十二年（1906）被废除。从此，大批一心参加举业的读书人，再也不用必须学会作格律诗以应付科举了。格律诗在政治、教育、社会生活中的需求，一下子大大降低了，使得兴盛发展了1200多年的格律诗迅速衰微。

近体格律诗作为最典雅、最具辉煌成就的汉语诗歌形式，无论在内容还是形式上，以及诗歌传统上，无可替代地作为汉语诗歌成就的最高峰，矗立于中华文化和汉语诗歌之林。它能够也必然应当在新的历史和现代汉语语音条件下，获得凤凰涅槃式的重生。

但是，在清末民初民族危亡的情势下，上层知识阶层自觉不自觉地做出了全面抛弃中华传统文化的错误选择，且不乏极端主张。20世纪伊始，晚清裘廷梁、王照等人既已酝酿白话文运动，又进一步发展成了带有政治色彩和倾向的以胡适为首的“新文化运动”和白话文革命（提出了极端的消灭汉语、消灭汉字等全盘西化的主张），很快波及汉语诗歌的改革。这种改革和相关探讨，一直在学术界、文化界的高层进行着，并直到“文革”前，始终没有停止过。

二. 新中国成立前后对诗歌格律化的探讨

（《对新中国成立前新诗格律探讨的回顾与思考》《新中国成立后新诗格律探讨的回顾与思考》见前文。）

我们不嫌辞费地全文介绍两篇论文的目的，是对众多前辈学者提出的许多说法认真学习领会，并把它们当作进行现代汉语普通话格律诗创新实践的圭臬。

两篇文章表明，对现代汉语诗歌格律的探索一直没有停止。先辈的探索，揭示了宝贵的教训，得出了现代汉语诗歌的出路、方向等结论。

特别是第二篇，前辈学者已经大体勾勒出现代汉语诗歌格律的轮廓，有的甚至已经很具体。

其中许多思考和设想尤其具有学术高度并符合诗歌发展规律，具有极大的启发性，为我们创造现代汉语普通话新格律诗提供了思路和理论基础。所以我们必须予以高度重视。

有必要对二文的要点总结如下：

（一）关于格律

“诗一向就没有脱离过格律和节奏”，“只有不会作诗的才感觉格律的束缚”。（闻一多）

“格律是任何诗的必须条件。恰如歌德所说：‘只有格律能给我们自由。’”（鲁迅）

“一个国家如果没有适合它的现代语言的规律的格律诗，是一种不健全的现象。”“新诗是一定会走格律化。”（何其芳）

“要解决新诗形式和我国古典诗歌脱节的问题，关键就在于建立格律诗”，“格律诗是中国诗的传统”。（王力）

（二）句式

“诗的实力不独包括音乐的美（音节）、绘画的美（词藻），并且还有建筑的美（节的匀称和句的均齐）。”（闻一多）

“诗歌必须讲究三美”，即“整齐的美，抑扬的美，回环的美”。（王力）（整齐：五七言句式；押韵与韵脚位置。抑扬：平仄安排。回环：篇式。）

“基本问题必须先建立诗行”，“最理想的节奏，是字数一样、音数一样，这样的诗行的重复，造成了节奏”，“五七言无疑的正是中国民族传统的形式，我们顺着这一个形式的传统就容易普及，离开了这一个传统就难于为大家接受”。（林庚）

（三）押韵

“中国诗总在需要韵。”（朱自清）

“格律诗的要素一是韵脚，一是节奏。”（王力）

“韵就是韵脚，是在同一位置上同一元音的重复，这就形成声音的回环，产生音乐美。”（王力）（按：王力先生这里说的都是在讨论会上简单的泛指。其中，“元音”应当包括复合元音。“韵脚”也没有涉及近体诗还是古体诗等不同诗体的押韵要求。）

对于什么叫“押韵”，直到今天，人们的认识仍存在很大问题。就连《现代汉语词典》对“押韵”的解释，也是如此。《现代汉语词典》“押韵”词条说：“诗词歌赋中，某些句子的尾字用韵母相同或相近的字，使音调和谐优美。”这种说法毛病很大。汉语诗歌在漫长的历史上，对“押韵”的要求绝不仅仅是“韵母相同或相近”，还必须要求声调相同才行！

《现代汉语词典》的“押韵”释义中用“韵母”来说明“押韵”，一则没照顾到押韵还须注意有声调限制的问题，二则这种说法似乎让人认为汉语诗歌的押韵是严格到必须介音（韵头）、韵腹、韵尾都相同才行（韵母）。这是不符合事实的，所以也只能算是理论上的定义而已。

应该强调，现代汉语的韵母，可以是单元音，如 a、o、e、i、u、ü，共六个。也可以是复韵母，复韵母除了 a、o、e 作韵腹，还可以有 i、u、ü 作韵头。而现代汉语的韵尾，只有 i、u、n、ng 四个了。这与古代既有 m、n、ng 三个阳声韵尾，又有 p、t、k 三个入声（塞声）韵尾［方言中变为-ʔ］，还有许多阴声韵尾，总之已经大不相同了。

在汉语诗歌中，凡是韵母的主要元音相同（或相近），韵尾也相同，且声调相同的，就构成所谓“韵”。同韵的字用在句末，就会产生回环与和谐，这就是所谓“押韵”。押韵的方式，就是所谓“韵律”。唐代之前的诗歌，理论上押韵是只计较韵腹和韵尾的，并不太计较韵头和声调。但唐宋以来的近体诗押韵，则是必须计较韵腹、韵尾、声调三个条件的。古诗和古体诗虽然相对宽松，但也不总是不管声调和无章可循的。

此外，要了解汉语诗歌的押韵情况，还要知道“通韵”或“通押”和“邻韵”一组概念。

“通韵”指两个或两个以上的韵部可以相通，作诗时可以互押，如平水韵中的“东”“冬”可以互通，“支”“微”也可以互通。通押可以追溯到上古至秦汉时代，但那时平仄往往也不通押（平仄的区别既是个韵尾问题，也是个声调问题）。到近体诗则有了更严格的限制，一般不通押。古体诗较为宽松，但也只是上去通押。宋词也是仅上去通押。元曲开始大量平仄通押。再往下，元明清时代的一些韵语形式，则完全打破了四声分押的束缚。“邻韵”则是指韵书（如《广韵》）上同声调的韵部中，前后相邻的一些韵目字。在作近体诗时，什么时候可以用“邻韵”也是有规定的。

（四）平仄

“从传统的汉语诗律学上说，平仄的格式，就是汉语的节奏”，“有了平仄的节奏，就是格律诗的萌芽”，“声调（平仄四声）正是汉语语音体系的最大特点。现代格律诗对此不能不有所反映。但不能再用古代的平仄，而应该用现代的平仄”。（王力《汉语诗律学》）

“可以说平和仄（扬和抑）是汉语声调中最低限度的差别，也可以说是古典诗文声律中最基本的因素。”（启功《诗文声律论稿》）

（五）对仗

“双声、叠韵也是一种回环的美……在对仗中才能显示出来。”“现代汉语虽然双音词颇多，但是这些双音词大多数都是以古代单音词作为词素的，各个词素仍旧有它的独立性。这样就很适宜于构成音节数量相等的对偶”。（王力）

以上前辈学者的许多经典结论（以王力先生的贡献为最多），都值得我们珍视。它们既是我们今天探索现代汉语普通话新格律诗的重要理论依据，又使我们可以理直气壮地继往开来。前辈们的探索和已取得的经验，使我们坚信：

1. 现代汉语诗歌格律应当是现代汉语条件下对古代诗歌格律，特别是近体诗格律的扬弃与发展。它的建立离不开对后者的继承和借鉴，就像一个新生儿必定与父母有着基因的血肉的联系一样。

2. 现代汉语诗歌格律对古代诗歌格律，特别是近体诗格律的继承和借鉴，应表现在句式、篇式、押韵、平仄、对仗等多个方面。在此基础上，应当充分关照现代汉语的特点，进行合乎逻辑的扬弃和创新。

我们将本着这样的学术和文化理念，构建我们新的现代汉语普通话诗歌格律，并创造新的现代汉语普通话格律诗。

第六节　对 20、21 世纪几种诗韵的审视与批评，以及“山东大学新诗韵与现代汉语普通话新诗韵格律诗规则（试拟）”的宣示

一、对 20、21 世纪历次诗韵探索改革的审视与批评

1. 诗韵新编（1965、1978、1984 年多次修订公布。中华书局上海编辑所编辑，上海古籍出版社出版。传统《诗韵》的替代版，保留了入声。）

《诗韵新编》是按照现代汉语规范化读音用韵而为旧体诗作者编写总结的一套“新韵”，岳麓书院曾表示“不须拘守旧韵书，尽可灵活如《诗韵新编》等新韵”。也就是倡导摈弃盲目守旧的观念，与时俱进地采用更加符合现代汉语发音习惯的“宽松的押韵”，即宽韵，采用这样的新韵将会让我们写诗填词的用韵范围更加广阔，无疑是广大古典诗词爱好者的福音。

《诗韵新编》1965 年由中华书局上海编辑所出版，1978 年由上海古籍出版社修订，1984 年再修订，1989 年 10 月出第二版。

《诗韵新编》编有十八韵、十三辙。修订后的《诗韵新编》只取十八韵，并配有《通押后的十八韵与十三辙对照表》。

十八韵

一麻，新华字典里的韵母 a、ua、ia 同属一个韵部。

二波，韵母 o、uo。

三歌，韵母 e。

四皆，韵母 ie、ue。

五支，韵母 i（属 zh、ch、sh、z、c、s 声母，与七齐有别）。

六儿，韵母 er。

七齐，韵母 i（属声母 b、p、m、f、d、t、n、l、j、q、x、y，有别于五支）。

八微，韵母 ei、ui。

九开，韵母 ai、uai。

十模，韵母 u。

十一鱼，韵母 v。

十二侯，韵母 ou、iu。

十三豪，韵母 ao。

十四寒，韵母 an、ian、uan。

十五痕，韵母 en、in、un、vn。

十六唐，韵母 ang、uang、iang。

十七庚，韵母 eng、ing。

十八东，韵母 ong、iong。

十三辙即十三个通押韵部，分别是：

一发花（十八韵的一麻）

二梭波（十八韵的二波三歌）

三乜斜（十八韵的四皆）

四衣期（十八韵的五支、六儿、七齐）

五灰堆（十八韵的八微）

六怀来（十八韵的九开）

七姑苏（十八韵的十模）

八衣欺（十八韵的十一鱼）

九由求（十八韵的十二侯）

十遥条（十八韵的十三豪）

十一言前（十八韵的十四寒）

十二人臣（十八韵的十五痕）

十三江洋（十八韵的十六唐）

十四中东（十八韵的十七庚和十八东）

因为十三辙的七姑苏和八衣欺对应十八韵的十模、十一鱼通韵，合并就是十三辙。按：此处阐述不清，意义不明。又据秦似《现代诗韵》载，“十三辙的名称是：（一）发花；（二）梭波；（三）乜斜；（四）姑苏；（五）衣期；（六）怀来；（七）灰堆；（八）遥迢；（九）由求；（十）言前；（十一）人辰；（十二）江阳；（十三）中东”。

《诗韵新编》还存在一个旧韵的遗留问题，就是保留了入声。（各韵部常见字略）

2. 现代诗韵（秦似编著，广西人民出版社1979年版）

十三部（基本遵循民间十三辙）

十七韵：入声标出，但各归各调。

3. 中华新韵

（1）1941年，中华民国教育部国语推行委员会公布《中华新韵》十八韵（略）。

（2）2003年8月，中华诗词学会（会长孙轶青）

（3）2011年十四韵：e、o同韵；eng、ong同韵（ie、ue是ê非e）。

按：2003年8月到2010年间，《中华新韵》再次出炉。不仅受旧有的十三辙影响明显，更重要的是多处违背普通话语音系统，特别是违背已深入人心的《汉语拼音方案》系统。其中提出的诸如同身同韵、只分平仄、不辨入声、双轨并行、今不妨古、宽不碍严等，多是不规范不严谨的说法；且自造术语等弊病显见，所以其影响力极低。

十三辙归韵与秦似《现代诗韵》对照表

2021年4月25日

	一	二	三	四	五	六	七	八	九	十	十一	十二	十三
十三辙名称	发花	梭波	乜斜	姑苏	衣期	怀来	灰堆	遥迢	由求	言前	人辰	江阳	中东
秦似十三部名（十七韵）	花	歌（歌波）	些	姑	衣（衣居）	开	飞	高	收	山（山天）	根	方	东（东声）
所包含韵母	a ia ua	e o io uo	ie üe	u	i -i er ü	ai uai	ei uei	ao	ou iou	an uan ian	en in uen ün	ang iang uang	ong iong eng ing

注：比《汉语拼音方案》韵母多出 io，少 iao、üan、ueng。

4. 中华通韵

中华诗词学会（会长郑欣淼，鉴定组组长耿振生）

2018年4月24日，“中华通韵”课题结项鉴定会在京召开。中华诗词学会会长郑欣淼等课题组全体成员，北京大学中文系耿振生教授等相关高校、科研机构专家和中小学教师代表，教育部语用司、语信司司长田立新，以及教育部相关司局同志近30人出席会议。会议由专家鉴定组组长耿振生主持，中华诗词学会常务副会长范诗银介绍了课题研究的具体情况和研究成果。鉴定组专家向课题组成员进行质询后，通过认真研究讨论，一致同意课题结项。鉴定组认为：中华通韵研究的立项具有重要时代意义，将对弘扬中华优秀传统文化发挥重要作用。该课题以国家通用文字法为法律依据，遵循《汉语拼音方案》和《新华字典》注音，形成的《中华通韵》（十六韵）研究成果继承了传统的诗韵划分体系，又有所发展，具有一定的创新性和时代性……

中华通韵

（国家文字工作委员会征求意见稿）

一啊

a ia ua

二喔

o uo

三鹅

e ie üe

四衣

i（-i）

五乌

u

六迂

ü

七哀

ai uai

八欸

ei ui

九熬

ao iao

十欧

ou iu

十一安

an ian uan üan

十二恩

en in un ün

十三昂

ang iang uang

十四英

eng ing

十五雍

ong iong

附：儿

er

按：2018 年 4 月 24 日以科研项目结项公布的中华通韵，虽比上述中华新韵有所进步，但是距离成为全中国、全社会承认并接受的现代汉语诗韵还有很大距离。

十六韵（不谈入声）

（1） u ü 分列

（2） eng ing

（3） ong iong

（4） er 单列

按：入声如何处理完全未及（割裂历史，无视其曾经的存在，使今人与历史语言隔绝，从而无法了解古诗）。十六韵的分部也不够科学和严谨。公布后也未引起大的反响与讨论。

5.《中国诗韵新编》（钟浩初等编纂，中国文史出版社 2014 年版）

十三韵部

一：啊 a ia ua

二：歌 o uo e

三：耶 ie ue

四：衣 i -i ü er

五：u

六：哀 ai uai

七：欸 ei uei

八：教 ao iao

九：欧 ou iu

十：安 an ian uan üan

十一：恩 en in üen

十二：昂 ang iang uang

十三：翁 eng ing iong

按：我以为，钟浩初先生所拟《中国诗韵新编》，除多部的分合值得讨论外，较之前面几种诗韵，是质量较好的一种。它的最大缺点，也是忽略了对入声字的处理，而且未及平仄的重新划分。

以上几种诗韵的共同不足，在于皆缺乏严肃的学术标准，无视现代汉语普通话拼音方案。主观随意，有个人或方言倾向。无视传统，简单忽视或处置原入声字，或完全统一同于今四声，从而割断了历史，阻绝了今人继承。因此不可能推广，不可能有利于诗歌的发展与创新，应当予以批判与否定。

二、山东大学新诗韵与现代汉语普通话新诗韵格律诗规则（试拟）

（一）附表

1. 现代汉语普通话韵母表

三 韵母表　　国际音标 / 汉语拼音方案 / 国音字母 / 汉字(音)　　二〇一九·四 吉发涵 制做

-ï 思的韵母 ］ ｛ -i 诗的韵母	i i ㄧ 衣	u u ㄨ 乌	y ü ㄩ 迂
a a ㄚ 啊	ia ia ㄧㄚ 呀	ua ua ㄨㄚ 蛙	
o o ㄛ 喔		uo uo ㄨㄛ 窝	
ə e ㄜ 鹅	ie ie ㄧㄝ 耶		ye üe ㄩㄝ 约
ai ai ㄞ 哀		uai uai ㄨㄞ 歪	
ei ei ㄟ 欸		uei uei ㄨㄟ 威	
au ao ㄠ 熬	iau iao ㄧㄠ 腰		
əu ou ㄡ 欧	iəu iou ㄧㄡ 优		
an an ㄢ 安	ian ian ㄧㄢ 烟	uan uan ㄨㄢ 弯	yan üan ㄩㄢ 冤
ən en ㄣ 恩	in in ㄧㄣ 因	un uen ㄨㄣ 温	yn ün ㄩㄣ 晕
aŋ ang ㄤ 昂	iaŋ iang ㄧㄤ 央	uaŋ uang ㄨㄤ 汪	
əŋ eng ㄥ 亨的韵母	iŋ ing ㄧㄥ 英	uŋ ueng ㄨㄥ 翁	[illegible]
uŋ ong (ㄨㄥ)轰的韵母	yŋ iong ㄩㄥ 雍		
ɚ er 儿			

2. 舌面元音图

舌面元音图

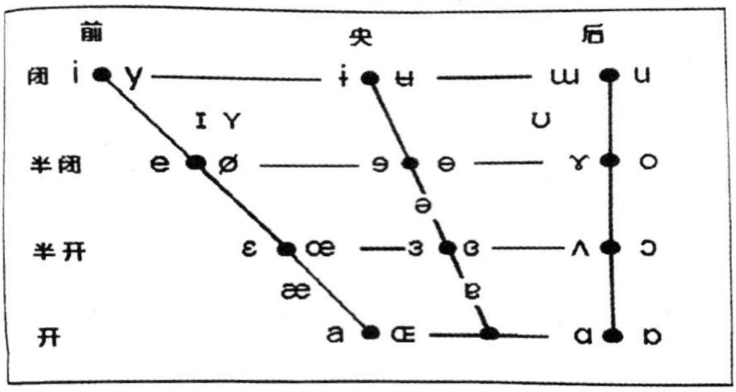

3. 舌尖元音与舌面元音图

舌尖元音 前	舌尖元音 後		舌面元音 前	舌面元音 央	舌面元音 後
ɿ ʮ	ʅ ʯ		iy	ɨʉ	ɯu
			ɪʏ		ʊ
			eø	ɵ	ɤo
			E	ə	
			ɛœ	ɜ	ʌɔ
			æ	ɐ	
			a	ᴀ	ɑɒ

（二）规则要点

1. 十四韵部（严格按照《汉语拼音方案》韵母表和现代汉语普通话舌面、舌尖元音图划分）

（1）衣韵部（含 i、-i 韵母）（i、-i 合韵）

（2）乌韵部（含 u、ü 韵母）（u、ü 合韵）

（3）啊韵部（含 a、ia、ua 韵母）（a、ia、ua 合韵）

（4）喔韵部（含 o、uo 韵母）（o、uo 合韵）

（5）鹅韵部（含 e、ie、üe、er 韵母）（e、ie、üe、er 合韵）

（6）哀韵部（含 ai、uai 韵母）（ai、uai 合韵）

（7）欸韵部（含 ei、uei 韵母）（ei、uei 合韵）

（8）熬韵部（含 ao、iao 韵母）（ao、iao 合韵）

（9）欧韵部（含 ou、iou 韵母）

（10）安韵部（含 an、ian、uan、üan 韵母）（an、ian、uan、üan 合韵）

（11）恩韵部（含 en、in、uen、ün 韵母）（en、in、uen、ün 合韵）

（12）昂韵部（含 ang、iang、uang 韵母）（ang、iang、uang 合韵）

（13）鞥韵部（含 eng、ing、ueng 韵母）（eng、ing、ueng 合韵）

（14）东韵部（含 ong、iong 韵母）（ong、iong 合韵）

2. 平仄划分：阴平、阳平为平（平：格律用语）；上声、去声为仄（仄：格律用语）。

按：很久以来，我对阴平划为平没有疑问；对阳平划为平，却存有疑问和顾虑。因为阴平是 55，是高平调。阳平 35 却是升调（黄伯荣、廖序东《现代汉语》为高升调，邵静敏《通论》为中升调），能不能将其安顿在汉语平仄二分的“平”之中，是个理论问题，也是个学术问题。

最近，笔者从山东大学文学院副研究员、现代汉语语音实验学专家刘文博士的《语音学田野调查方法与实践——黔东苗语（新寨）个案研究》（山东大学出版社 2021 年版）第八章《五平调的感知研究》之《声调的发音与感知：兼论五度标调法》一节中读到他基于语言实验的结论，他指出："（声调）是一个……心理上的感知范畴"，"使用五度标调法时一定要避免陷入五度空间等分的误区"。

按：汉语声调五度标志法是前辈赵元任先生设计的。其数值不是绝对的，按照刘文博士的实验可知，35 调值的阳平调在实际发音中往往起点高于 3，而终点也可以不到达峰值 5。也就是说，阳平调不管是个高升调还是中升调，实际感知都可能仅是 3—4，或者 3. 5—4. 5 之间。

我特别受到启发的是：刘文博士提供的语言实验的图像显示，阳平调的字在发音末端往往都是平的，频率不再有持续升高的变化。而这个阶段所用的时长往往不短于频率升高的阶段，甚至还可以随便延长。这就使得现代汉语普通话的阳平调的感知度，几乎与高平调（阳平）55 的感知度相近似或相同（参见不同示意图）。

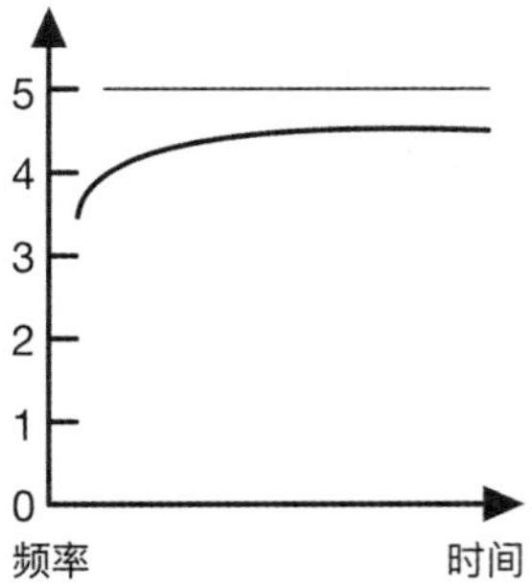

综上，现代汉语普通话的阳平调归于"平"，是有语言实验学所提供的结果做支撑的，是完全可行的。

3. 入派平声的字和入派上去二声的字虽分别归入了平仄，但山东大学新诗韵规则规定：暂不将原入声派入平声的字用于新格律诗押韵（平声韵的韵脚）。

按：这部分常用字仅二百多字，对作诗用韵影响不大。这样处理的好处却很大，特别是使人能够具有识别古入声常用字的本领，又能顺便掌握对近体诗平仄字、句、篇的辨认能力，还能对我们山东大学的新诗韵格律诗进行有特色的创作实践。

4. 坚持继承和发扬汉语诗歌五、七言的优秀传统与经验，用五言或七言创作现代汉语普通话格律诗。

5. 用现代汉语普通话创作山东大学新诗韵格律诗，句式遵照传统近体诗之格律甲乙丙丁四种句式的顺序和每句的平仄安排。

6. 用现代汉语普通话创作山东大学新诗韵格律诗，以不拗为标准正体。不提倡拗、救。对旧时的拗救办法可以逐渐试验探索，待较成熟时再做针对适合现代汉语普通话新诗韵诗歌的规定。

7. 积极探索应用对仗，并继承袭用原近体诗对仗规定（颔联、颈联须用对仗）。

（可参考所附资料：《声乐基础理论》所撰对仗例）

8. 继承古典诗歌用典的优秀传统，并积极大力探索创造使用新典故。

（避免使用僻典和不健康典故）

9. 山东大学现代汉语普通话新诗韵格律诗，应慎用或不用俚语、俗话、方言词。非格律诗可探索以上词语的使用方法。

10. 诗歌应当既有内容，又有意境，有诗意，能够给人以高雅的审美享受。要尽量做到从现实生活出发，寄意深远，意景结合。不可无病呻吟。应避免纯说理的哲理诗、宗教诗，以及空洞的口号或作品。

11. 丙种句的特拗句式（平平平仄仄、平平仄平仄），在唐宋格律诗中出现比较多，甚至几乎取得了合法地位。但在最初创作现代汉语普通话新诗韵格律诗时，仍然应当避免应用或慎重应用它。

12. 为了照顾传统的通押习惯，在提前说明的情况下，十三鞥（eng，ing，ueng）和十四东（ong，iong）两个韵部可以考虑临时性通押。

（三）山东大学现代汉语普通话新诗韵十四韵部常用字

吉发涵 2021 年 5 月编

说　明

1. 本表严格按现代汉语普通话语音各韵母的发音部位和发音方法分部。分部时也考虑到用现代汉语普通话作诗时的一些习惯。定为“山东大学新诗韵十四部”。

2. 分部前后顺序按《汉语拼音方案》韵母表顺序排列。各部名称也袭用《汉语拼音方案》所用名称。各部所包含的韵母皆按普通话发音部位和发音方法酌情归部。详情见各部开头所列。

3. 每部常用字按先平声（含阴平、阳平）、后仄声（含上声、去声）排列。平仄内各字则按汉语拼音字母先后顺序排列。

4. 原入声韵（依平水韵）字虽然已经分别派入普通话四声，但为了学习和继承近体诗的句式和篇式，仍然需要对它们有分辨能力。特别是进入普通话阴平阳平的原入声字，本诗韵规定在作新格律诗时，仍不将它们用于押韵。为方便分辨，本常用字表中凡原入声字右上角皆加*号以提醒注意。

5. 多音字皆加（）表示。

6. 本表所收汉字仅为常用字。使用者若嫌收用字过少，可以严格按照普通话读音自行增加。

1. 衣（i，-i）韵部的常用字

〔韵母 i〕衣依医伊咿噫漪一*揖*壹*逼*低氐堤羝滴*基箕鸡几饥讥玑机矶肌畿齑跻笄姬羁乩稽嵇（奇）犄畸迹*绩*积*

击*屐*激*圾*芨*唧*缉*咪眯妮批披丕坯狉邳砒劈*妻凄萋栖期溪蹊沏*七*漆*戚*槭*嘁*梯踢*剔*西嬉嘻熹曦羲僖犀樨兮希稀烯豨奚（溪）（蹊）傒鼷熙醯吸*翕*悉*息*螅*昔*惜*膝*析*淅*晰*皙*夕*汐*（裼）锡*（以上阴平）

移宜遗夷姨荑痍咦仪沂怡诒贻饴疑嶷迤颐彝鼻笛*迪*涤*敌*狄*荻*籴*翟*嘀*镝*嫡*及*汲*汲*极*级*岌*笈*籍急*即*疾*嫉集*吉*棘*藉亟*殛*瘠*辑*楫*戢*离篱漓缡璃犁黎藜黧梨厘喱狸罹鲡骊鹂嫠迷谜醚麋縻蘼靡糜弥猕泥旎怩（呢）尼霓倪鲵猊皮疲（陂）毗脾鼙裨罴貔齐脐（荠）蛴其旗骐棋萁蜞祺琪淇歧岐奇骑琦崎祈圻芪祇耆鳍畦祁提题蹄啼啼席习*袭*隰*媳*檄*（以上阳平）

以苡矣已蚁椅倚倚乙*比秕妣匕彼俾鄙笔*抵砥柢底诋邸已挤麂脊*戟*（给）*里理浬鲤娌俚李礼醴逦米弭（靡）你拟痞（否）圮匹*癖*擗*起杞岂启绮企乞*体喜禧铣洗徙葸玺葸（以上上声）

意谊议易义毅艺呓异肆懿诣瘗翳裔乂刈（艾）瘗羿缢殪亦*弈*奕*益*溢*镒弋*翼*邑*浥*悒挹*亿*忆*臆*抑*译*怿*驿*蜴*逸*佚*轶*屹*役*疫*臂避薜襞毙蔽篦弊（秘）闭敝畀痹婢睥髀（裨）币毖庇必*碧*毕*跸*筚*（辟）壁*璧*襞*弼*愎*弟递睇娣第地棣帝蒂缔谛的*济剂霁计际技妓伎芰寄髻记忌纪跽季悸继（系）冀骥祭蓟（荠）既暨寂*鲫*稷*偈*利莉俐痢猁蜊吏丽俪厉粝疠砺蛎詈例隶荔戾唳莅立*粒*笠*力*栗*傈*砾*历*疬*沥*枥*苈*呖*枥*轹*秘密*蜜*谧*宓*幂*觅*昵腻睨逆*溺*匿*屁譬辟*僻*气汽器契砌弃憩泣*迄*讫*葺*碛*涕剃

悌替嚏屉惕*戏系细阋*隙*（以上去声）

【韵母-i】

滋兹孳资姿咨髭龇孜辎菑淄缁锱鲻觜（差）思私斯撕厮嘶司丝蛳鸶缌（以上阴平）

慈糍磁瓷词辞祠茨鹚雌（以上阳平）

子紫訾滓梓姊此死（以上上声）

字自恣眦牸渍胾次刺赐四肆似姒饲伺笥嗣寺巳祀驷耜俟<厕>兕（以上去声）

支枝知之芝肢吱卮栀脂胝只*织*汁*嗤媸蚩痴笞鸱眵螭魑哧吃*诗师狮施尸蓍酾失*湿*虱*（以上阴平）

直*植*殖*值埴*职*侄*执*跖*絷*摭迟池驰弛持踟（匙）篪墀时埘鲥匙实*石*食*拾*识*十*什*蚀*湜*（以上阳平）

止址沚芷祉趾枳旨指黹齿耻豉侈褫尺*呎史驶使矢始屎豕（以上上声）

志至致置治智制豸帜稚雉滞忮挚鸷峙痔痣掷*窒*蛭*轾*栉*炙*帙*秩*质*踬*

锧*陟*翅啻炽

赤*叱*斥*敕*饬*

试势世是氏逝士仕誓事市示视侍恃谥嗜莳舐贳柿弑筮噬

式*拭*轼*室*饰*

释*螫*适*日*（以上去声）

2. 乌（u，y）韵部常用字

【韵母 u】

乌呜污圬巫诬屋*逋粗初

出*都嘟督夫肤麸敷孵鄜姑沽辜酤咕估蛄鸪菇孤菰觚箍乎呼

烀忽*惚*枯刳哭*窟*铺扑*（仆）噗*苏酥稣疏梳蔬枢输舒抒纾毹叔*淑*菽*摅突*秃*凸*租菹朱珠诛株蛛铢猪橥诸（以上阴平）

无芜吾梧鼯吴毋殂徂除蜍厨橱蹰躇锄刍雏毒*读*渎*椟*黩*犊*牍*独*（夫）扶芙蚨符孚浮蜉俘桴凫涪罘福*幅*服*菔*伏*袱*栿*洑*

弗*拂*佛*茀*绋*

（佛）*绂*胡湖糊瑚醐鹕煳孤狐壶鹄*斛*槲*卢炉芦泸轳垆鲈庐颅胪舻栌<模>奴孥驽蒲脯仆*璞*如茹儒孺濡襦嚅蠕薷俗*孰*熟*塾*赎*秫*途涂荼图屠徒

（菟）族*镞*足*卒*竹*竺*烛*

躅*逐*（术*）（以上阳平）

五伍捂牾武鹉午忤迕妩怃舞庑侮捕哺补卜*楚础杵储楮（处）赌睹堵笃釜府俯腐腑拊抚甫辅（脯）古鼓瞽诂臌罟牯蛊（贾）股羖（鹄*）骨*谷*

毂*虎唬浒苦鲁橹虏卤母拇姆（姥）亩牡努弩普谱埔浦圃朴*蹼*汝乳辱*署薯曙暑黍（数）蜀*

属*土（吐）组祖阻俎诅主拄煮渚嘱*

瞩*（以上上声）

务雾鹜骛误悟晤焐寤（恶）坞戊勿*

物*兀*杌*布怖步埠部瓿簿不*醋促*蹙*

簇*猝*蹴*处畜搐*怵*矗*触*绌*黜*

于度渡镀杜肚女尸蠹父富副赴讣付咐附鲋驸负妇赋阜傅赙缚*复*腹*覆

馥*蝮*故固痼顾雇梏*户护沪扈戽互怙祜瓠笏*库裤酷*路露鹭璐赂潞赂辂陆*

鹿*麓*漉*辘录禄*

碌*箓*渌*（绿）

戳*墓暮慕募幕*牧*

木*沐*目*穆*怒（铺）瀑*曝*褥*

蓐*缛*溽*入*诉素愫嗉塑溯宿*肃*速*

簌*蔌*蓿*粟*傈*

夙*树澍（数）庶漱

戍墅竖恕腧术*述*束*兔菟吐助住柱注炷蛀驻铸著箸翥苎贮伫筑*祝*（以上去声）

【y 韵母】

纡（迂）瘀淤居驹拘（车）疽趄狙雎裾琚（据）掬*鞠*鞫*

区驱岖躯蛆趋祛袪！曲*蛐*麯*屈*

虚嘘墟须需吁圩盱胥戌（以上阴平）

于竽盂愉余（畲）狳鱼渔舆欤禺愚隅嵎虞娱渝逾揄窬瑜觎榆蝓臾萸谀腴（予）妤菊*局*橘*

驴闾榈渠磲衢癯劬蘧徐（以上阳平）

万水宇语圄龉予羽与屿伛圉庾禹窳举榉矩（咀）沮龃莒踽旅膂屡褛缕偻吕铝

侣履（捋*）女取娶（曲*）龋许诩栩（以上上声）

遇寓预滪蓣愈谕喻（吁）芋驭御豫裕（与）誉*妪饫玉*育*欲*浴*域*蜮*

鬻*郁*狱*鹬*鸽

毓*懊*巨拒距炬苣聚具惧飓句醵遽据锯距倨窭屦剧*虑滤氯绿*律*（率*）

恧*衄*去趣觑阒绪序叙絮婿煦酗（畜*）蓄*续*旭*勖*

洫*恤*蓿*（以上去声）

3. 啊（a，ia，ua）韵部常用字

【韵母 a】

阿啊巴疤八*叭（扒）擦*嚓叉差馇插*锸*搭*嗒发*嘎哈喀拉妈嬷（抹*）啪趴葩仨（撒）沙纱砂鲨袈痧（莎）杀*刹*铩*煞*他她它趿*塌*

（扎*）匝*咂*拶*

渣喳楂揸猹吒

扎*（以上阴平）

拔*跋*魃*茶搽查碴槎察达*答*瘩*怛*

笪*鞑*妲*（沓*）乏*罚*伐*筏*阀*

（轧）旯麻痳蟆拿爬耙琶杷扒咱杂*

砸*轧*札*（扎*）闸*铡*（以上阳平）

把靶镲蹅打法*卡咔（咯*）马码犸哪洒傻塔*獭*鲊砟拃*

眨*（以上上声）

爸罢坝霸灞（耙）（把）鲅*岔诧姹（差）刹*大发*尬*

腊*蜡*辣*剌*骂那肭（娜）纳*衲*

呐*捺*怕帕飒*卅*

萨*厦嗄霎*歃*

（煞*）啥踏*榻*

蹋*遢*挞*闼*沓*

（拓*）乍炸诈榨蚱咋咤（栅*）（以上去声）

啊吧啦吗嘛（以上轻声）

【韵母 ia】

丫（呀）鸦桠压*

鸭*押*家加枷嘉迦笳痂珈佳葭夹*浃*掐*虾瞎*呷*（以上阴平）

牙蚜伢玡崖涯睚衙荚*颊*铗*郏*戛*霞暇瑕遐侠*峡*硖*

狭*狎*匣*辖*（以上阳平）

哑雅假（贾）槚

甲*岬*胛*（俩）（卡）（以上上声）

亚娅讶迓砑（轧*）

揠*嫁稼价架驾（假）洽*恰*下夏（厦）（吓*）（以上去声）

呀（以上轻声）

【韵母 ua】

蛙洼（哇）娲挖*瓜呱刮*鸹*栝*花夸

刷*唰抓（挝）（以上阴平）

娃华哗骅铧滑*猾*

（以上阳平）

瓦佤寡剐垮耍（爪）

（以上上声）

袜挂卦褂诖化话画桦划*跨挎胯（以上去声）

哇（以上轻声）

4. 喔（o，uo）韵部常用字

窝涡蜗（挝）喔踒波菠播拨*剥*钵*

饽*搓磋蹉撮*戳*

多掇*裰*咄*锅埚

聒*蝈*郭（豁*）

劐*捋*摸*坡颇

（泊*）（泼*）梭唆睃（莎）挲娑蓑嗦缩*说*脱*拖托*

啜*桌*桌*焯*捉*

拙*棁*（以上阴平）

脖*勃*渤*伯*泊*

舶*（魄*）箔*帛*

博*搏*薄*膊*礴*

驳*钹*踣*（卜*）

嵯鹾痤矬夺*踱*铎*

（度*）佛*国*掴*帼*虢*馘*（和）

活*罗锣箩逻萝猡骡螺腡磨魔摩蘑模谟馍摹膜*挪娜*婆皤鄱挼驼跎陀沱酡柁砣坨鸵陀驮鼍橐昨*

笮*捽*灼*酌镯*

浊*着*浞*斫*

斮*啄*琢*诼*茁*

濯*擢*（哦）（以上阳平）

我跛簸朵（垛）躲果裹馃椁*火伙夥倮裸瘰蠃羸抹*所锁琐索*妥椭左佐（以上上声）

卧硪斡沃*握*

渥*幄*擘*措挫锉错厝绰*啜*辍*惙*

龊*舵*惰垛剁跺堕过货祸获*镬*蠖

豁*或*惑*霍*藿*（和）阔廓扩*括*

蛞*漯洛*落*烙*

骆*珞*络*（磨）

末*沫*秣*没*殁*

莫*漠*寞*蓦*貘*

陌*默*墨*（貉*）

懦糯诺*喏*破魄*

珀*迫*粕*（朴*）若*箬*弱*朔*槊*

搠*蒴*硕*妁*烁*

铄*唾拓*箨*萚*

柝*坐座唑做祚*

作*怍*酢*凿*（以上去声）

啵（咯）（啰）（以上轻声）

5. 鹅（e，ie，ye，er）韵部常用字

【韵母 e】（阿）婀屙车哥歌戈

鸽*搁*胳*咯*割*

呵喝*科苛柯珂疴轲蚵棵颗窠稞髁颏

瞌*磕*搕*奢赊畲遮（以上阴平）

鹅哦蛾俄莪峨娥讹额*得*德（的*）革格*隔*膈*嗝*

蛤*阁*骼*葛*河何荷禾和合*盒*

颌*核*劾*阂*涸*

翮*纥*貉*阖*壳*

咳*蛇（折*）

舌*泽*择*则*责*

啧*帻*箦*折*哲*

蜇*磔*辙*蛰*谪*

（以上阳平）

（恶*）（尺*）扯

舸（合*）（葛*）可坷渴*惹舍者褶赭（以上上声）

饿（恶*）垩*噩*

厄*扼*轭*呃*遏*

鄂*萼*愕*腭*鹗*

谔*鳄*锷*策*册*

测*恻*侧*厕*撤*

澈*彻*掣*坼*个

各*（硌*）贺鹤*

（和）（荷）赫*

褐*（喝*）吓*壑*

课锞客*恪*克*刻*
嗑*乐*勒*泐*热*
色*（塞）*啬*
穑*瑟*涩*（舍）社赦射麝设*摄*慑*
特*忒*忑*仄*昃*
这蔗浙柘*
(以上去声)
了么呢（着）(以上轻声)

【韵母 ie】
椰掖噎*鳖*憋*爹
跌*街皆喈阶嗟秸
接*揭*疖*咩乜捏*
(撇*）瞥（切*）帖*贴*歇*蝎*楔*
揳*些（以上阴平)
爷耶揶别*蹩*
蝶*碟*谍*牒*喋*
堞*鲽*叠*迭*瓞*
昳*垤*耋*结*洁*
诘*劫*节*杰*截*
捷*睫*竭*碣*羯*
桀*讦*茄鞋斜邪携谐偕协胁*挟*撷*（以上阳平)
野冶也瘪*姐解
(咧）撇*且铁*
(帖*）写（血*）(以上上声)
夜液*（掖*)
(腋*）页*业*叶*

(咽*) 曳*谒*靥*烨*借介界疥蚧芥届戒诫 (解)(藉) 列*烈*裂*洌*冽*

劣*猎*埒*鬣*躐*

灭*蔑*篾*孽*蘖*

啮*臬*涅*陧*聂*

镊*蹑*切*窃*怯*

箧*惬*挈*锲*慊*

妾*餮*帖*卸谢榭泻械懈蟹澥薤瀣屑*

泄*绁*渫*躞* (以上去声)

咧 (轻声)

【韵母 ye】

约*曰*撅*缺*

(嗟) 靴削*薛* (以上阴平)

决*(角*) 觉*绝*

厥*蕨*橛*蹶*獗*

爵*嚼*诀*抉*玦*

鈌*掘*倔*崛*谲*

矍*攫*桷*(噱*) 孓*瘸*学*穴*噱*

踅* (以上阳平)

哕*雪*鳕 (以上上声)

月*越*钺*悦*阅*

跃*(乐*) 岳*粤*

(钥*)(倔*) 略*

掠*虐*(疟*) 确*

悫*却*雀*鹊*阙*

阕*榷*血*谑* (以上去声)

【韵母 er】

儿而（以上阳平）

耳洱珥饵尔迩（以上上声）

二贰（以上去声）

6. 哀（ai，uai）前部常用字

【ai 韵母】

哀埃挨唉哎掰猜钗（差）拆*（呆）（待）呔该垓陔赅荄嗨开揩拍*腮鳃塞*筛胎（苔）栽灾哉斋摘*侧*（以上阴平）

捱呆癌皑白*才材财裁柴豺侪孩骸来莱徕埋霾牌排台苔抬骀鲐薹宅*择*（以上阳平）

矮蔼霭摆捭百*柏*采彩踩歹傣改海醢慨恺凯铠剀楷买乃奶艿（载）宰崽窄*（以上上声）

爱暧艾碍隘败拜稗菜瘥虿代贷袋黛岱待戴带怠殆逮叇盖溉概丐害亥嗐骇忾赖濑籁癞睐赉卖迈麦*脉耐奈柰鼐派湃赛晒太泰汰态在载债寨砦（以上去声）

【韵母 uai】

歪揣搋乖衰摔*（拽）（以上阴平）

怀槐淮徊（以上阳平）

（揣）拐㧟甩（以上上声）

外怪坏快筷块侩郐脍狯浍哙帅（率*）（蟀*）拽（以上去声）

7. 欸（ei，uei）韵部常用字

【ei 韵母】

欸悲卑碑杯陂飞非霏菲啡绯扉妃嘿黑*剋（擂）（勒*）糜呸胚醅（以上阴平）

肥淝腓雷镭（擂）羸缧嫘梅煤媒枚莓霉酶眉嵋湄楣（没）赔

陪培（谁）贼*（以上阳平）

（欸）北*匪（菲）蜚诽斐（给*）累儡磊垒耒诔蕾美每馁（以上上声）

（欸）倍背辈备惫被贝狈褙焙蓓悖肺芾废吠痱费沸狒类泪（累）擂酹肋昧寐魅妹袂媚内配佩沛霈旆辔帔（以上去声）

【uei 韵母】威葳危巍微薇偎煨隈（萎）崔催摧榱吹炊堆规归龟鲑硅皈瑰妫闺辉晖挥麾灰恢诙徽翚隳亏窥盔岿悝虽睢荽（尿）推追椎骓（以上阴平）

（为）围韦违帏（危）桅维唯惟帷潍嵬（圩）（微）薇槌垂锤箠棰回洄茴蛔葵睽暌揆魁奎逵夔蝰馗蕤随隋（绥）谁颓（以上阳平）

伟苇韪纬炜委萎诿痿尾娓伪鲔猥（唯）璀轨宄鬼诡癸晷庋簋悔毁虺跬傀蕊髓水腿嘴（以上上声）

畏喂位（尉）慰蔚胃渭谓猬魏未（为）味卫（遗）翠粹瘁悴淬萃啐脆毳队对怼兑碓贵桂鳜柜跪刽桧刿会绘荟烩慧彗汇卉惠蕙秽诲晦讳喙贿恚溃愧愦聩馈匮篑喟锐瑞蚋汭睿碎穗岁遂隧邃税（说）睡退褪蜕醉罪最蕞坠赘缒缀惴（以上去声）

呗嘞（轻声）

8. 熬（ao，iao）韵部常用字

【ao 韵母】凹包胞苞孢褒（剥）煲操糙超抄钞刀叨舠高篙膏羔糕皋槔罩蒿嚆薅尻捞猫孬抛脬骚搔臊缫烧稍捎梢筲艄蛸滔涛焘韬饕（叨）掏绦遭糟招昭朝钊（着）（以上阴平）

熬遨鳌嗷獒骜聱廒鏖翱雹*薄*曹槽漕嘈螬潮嘲（朝）巢豪毫壕嚎濠蚝嗥（号）劳痨牢醪醪毛髦矛茅挠铙蛲猱呶庖袍（刨）咆饶娆荛桡韶苕勺*芍*逃桃咷洮淘萄陶（凿）（着）（以上阳平）

袄媪（拗）保宝饱葆褓鸨草炒吵倒岛捣祷导蹈稿搞镐槁缟好

考烤拷栲老佬姥栳铆有脑恼瑙跑扰嫂扫（少）讨早澡藻蚤枣找沼爪（以上上声）

奥澳懊坳傲鳌拗报暴爆豹抱刨鲍到道盗稻悼（倒）告诰号浩皓耗颢灏靠铐犒涝唠酪*貌茂冒瑁眊耄帽贸瞀袤懋闹淖炮泡（绕）（臊）（少）哨绍套灶造燥噪皂唣照（召）兆棹罩赵肇诏（以上去声）

【iao 韵母】

腰（要）夭妖邀幺吆标飙镖骠膘镳彪刁叼貂凋碉雕鲷交郊胶跤茭蛟鲛姣浇娇骄椒焦蕉礁（艽）（撩）喵飘缥剽螵漂敲缲锹橇硗劁跷（悄）挑佻消宵销硝霄蛸绡魈箫潇萧骁哓哮嚣枭鸮枵削*（以上阴平）

摇遥谣瑶徭尧峣侥姚珧肴窑（陶）（嚼）疗辽寥僚燎缭鹩撩聊苗描描瞄瓢嫖桥侨乔荞翘瞧樵憔条迢髫蜩（调）龆（苕）淆崤（以上阳平）

咬杳舀表裱绞狡饺铰皎佼搅矫缴徼剿脚*角*（了）秒眇渺缈杪淼藐邈*鸟袅殍（漂）瞟巧（悄）窕小晓（以上上声）

要耀鹞药*钥*疟*鳔（俵）钓吊掉（调）较（校）（教）叫窖酵轿醮噍（觉）料廖镣撂*妙庙尿票（骠）窍俏诮峭鞘撬（翘）跳眺粜笑效啸校孝（肖）（以上去声）

9. 欧（ou，iou）韵部常用字

欧讴鸥瓯殴抽瘳兜篼勾钩沟篝门口抠剖搜艘飕馊嗖溲收偷邹驺诹陬洲舟周诌粥*（以上阴平）

仇愁稠绸筹畴俦酬雠侯喉猴糇瘊篌楼耧偻蒌髅蝼谋牟眸侔蛑鍪（缪）抔裒柔揉糅蹂鞣头投轴*（以上阳平）

呕偶藕丑瞅斗抖陡否缶狗苟笱吼口篓搂嵝某掊叟薮擞嗾守首手走肘帚（以上上声）

沤怄凑腠臭豆痘脰（斗）窦（读）够构购垢诟遘觏彀候堠后逅厚鲎扣叩寇蔻漏镂瘘陋耨肉*嗽寿受授绶售兽狩瘦透奏揍宙骤咒昼皱绉胄毽籀纣（以上去声）喽（轻声）

【iou 韵母】幽忧优悠呦丢纠赳究鸠揪啾阄溜妞秋湫鳅楸丘羞馐休咻貅髹修脩（以上阴平）

由油邮铀游蝣尤疣犹鱿莸猷流硫旒留瘤榴馏（溜）骝刘浏牛求球裘赇逑囚泅酋遒虬（以上阳平）

有友酉莠牖黝卣九酒韭久灸玖柳扭忸狃纽钮糗朽（宿*）（以上上声）

又右佑幼诱柚釉鼬宥囿侑就鹫僦旧救臼舅柏疚柩咎厩（溜）遛鹨六*谬缪袖岫秀绣锈嗅（宿）（以上去声）

10. 安（an，ian，uan，yan）韵部常用字

【an 韵母】安鞍桉谙氨庵鹌班斑般搬颁扳餐参骖掺搀觇单丹担箪殚郸耽眈聃番翻幡藩帆干竿杆肝玕甘坩疳泔柑酣蚶鼾顸犴憨刊（看）堪勘戡龛颟潘攀三山删跚姗珊膻衫杉（扇）潸芟贪坍滩摊瘫簪糌占沾粘毡旃詹瞻谵（以上阴平）

残蚕惭蝉婵禅缠廛蟾谗馋巉孱潺烦繁凡矾（帆）樊蕃燔璠蹯（藩）寒函涵含（汗）韩蓝篮兰拦栏阑澜斓谰岚婪瞒（颟）（蛮）难男南喃楠盘磐蟠爿然髯蚺谈痰坛檀昙（弹）潭谭（咱）（以上阳平）

俺版坂惨穇产铲谄阐蒇胆疸掸反返感赶（杆）秆擀敢罕喊阚砍坎侃槛懒缆览榄揽罱满螨蝻赧苒染伞（散）闪陕坦袒毯攒趱展盏斩崭（以上上声）

按案暗黯岸（犴）半拌伴绊办扮瓣灿粲璨忏（颤）羼旦（担）蛋（弹）淡氮啖惮诞（石）澹萏但饭贩泛犯范梵（干）旰绀赣汉汗旱捍悍焊撼憾翰瀚颔看瞰烂滥曼蔓慢漫谩嫚幔（难）盼

判叛畔散善缮膳鳝蟮（扇）骟擅嬗汕讪疝赡叹炭碳探赞暂战（占）站栈绽颤湛蘸（以上去声）

【ian 韵母】烟湮（燕）恹焉嫣淹腌阉边鞭编砭链颠巅癫滇掂坚尖歼间艰奸兼蒹缣肩煎湔监笺缄菅犍崭拈蔫篇偏翩犏（片）千迁钎芊阡铅牵签愆悭谦褰骞搴天添原先仙籼氙鲜纤跹掀锨（以上阴平）

言沿延筵蜒檐盐严颜炎研妍岩闫连莲涟鲢裢联怜帘廉镰奁眠棉绵年黏鲇胼骈（便）前钱钳潜掮虔乾钤黔田畋填阗甜恬闲娴痫衔弦舷贤嫌咸涎（以上阳平）

演奄掩罨偃眼衍俨鼹扁匾褊贬点典碘踮简锏裥剪翦湧减碱柬拣茧俭检捡睑蹇脸敛免勉娩冕湎缅沔辇撵捻碾浅遣谴缱舔腆殄显险（鲜）藓燹蚬跣洗（以上上声）

燕宴晏雁艳验焰彦谚唁厌咽砚堰赝便遍辨辩辫变弁卞忭汴电店惦玷殿淀靛垫簟奠甸佃钿见舰件建健键剑箭贱溅践饯渐（监）槛鉴谏荐僭（间）涧炼练楝链恋殓面眄念埝廿骗片欠芡嵌慊（纤）倩茜堑椠线县现苋限献陷馅宪霰腺羡（以上去声）

【uan 韵母】弯湾剜蹿镩氽川穿端关官倌棺冠观鳏欢獾宽髋酸拴栓湍（钻）专砖（以上阴平）

奠甸佃钿见舰件建健键剑箭贱溅践饯渐（监）槛鉴谏荐僭（间）涧炼练楝链恋殓面晒念埝廿骗片欠芡嵌嫌（纤）倩茜堑繁线县现苋限献陷馅宪霰腺羡（以上去声）

【uan 韵母】弯湾剜蹿锦氽川穿端关官倌棺冠观鳏欢獾宽髋酸拴栓湍（钻）专砖（以上阴平）

完玩顽丸纨传船椽遄还环鬟寰圜嬛桓峦鸾脔孪娈挛銮栾滦团

抟（以上阳平）

宛碗婉惋晚挽绾脘皖喘舛短管馆莞缓款卵暖软阮纂转（以上上声）

万腕篡爨串钏断簖段锻煅缎椴贯惯掼盥灌罐鹳（冠）（观）奂焕换痪泱唤幻患滤豢宦浣鲩乱算涮钻（赚）攥赚（传）啭（转）撰馔篆（以上去声）

【yan 韵母】渊冤鸢鸳智鹓捐涓娟鹃镌圈悛宣喧暄萱揎轩谖（以上阴平）

元园圆原源缘员援垣袁猿锻塬螈全筌诠痊铨荃醛拳权泉惓蜷鬈颧玄悬旋漩璇（以上阳平）

远卷犬畎选癣（以上上声）

院怨愿苑掾媛瑗眷（卷）倦绢狷（圈）劝券渲楦泫眩炫（旋）（以上去声）

11. 恩（en，in，un，yun）韵部常用字

【en 韵母】恩奔锛贲（参）嗔瞋琛郴抻分芬纷氛雰棻根跟喷森身深莘申伸呻绅参娠糁真珍胗针砧贞侦祯桢箴斟蓁臻榛溱甄（以上阴平）

岑涔沉忱尘陈辰晨宸臣焚棼汾坟痕门们扪盆人仁壬神（以上阳平）

本畚碜粉很狠肯啃恳垦忍稔荏审婶渖沈哂谂怎枕诊疹轸缜稹鬒（以上上声）

摁笨坌趁衬榇（称）谶龀扽奋忿（分）份粪偾亘茛恨揞闷焖懑嫩恁任饪衽认刃韧轫仞甚葚慎肾蜃渗谮镇震振赈阵鸩（以上去声）

【in 韵母】因茵姻裀殷音愔喑堙阴荫宾滨槟缤傧彬斌濒今矜

衿襟（禁）金斤津筋巾姘亲衾钦侵骎心芯辛新薪歆欣昕馨（以上阴平）

寅夤狺银龈吟淫邻鳞麟遴嶙辚林淋霖琳临民岷缗您贫蘋颦嫔勤秦舂蓁琴芩禽擒噙檎覃寻（以上阳平）

引隐瘾尹饮紧锦仅谨馑瑾槿堇凛檩廪敏闵悯皿闽泯抿品寝（以上上声）

印鬓摈殡膑进晋近妗禁噤浸劲尽烬荩吝蔺躏赁聘牝沁揿信衅（以上去声）

【un 韵母】温瘟村皴春椿敦墩蹲吨昏婚阍荤昆坤抡孙狲荪飧吞暾尊樽遵谆肫（以上阴平）

文纹蚊雯闻存纯唇醇淳鹑魂浑仑轮伦纶沦饨豚臀（以上阳平）

稳紊吻刎忖蠢趸盹滚辊磙鲧捆悃阃损笋隼榫吮撙准（以上上声）

问汶（纹）寸吋顿钝炖沌（囤）盾遁棍混溷诨困论闰润顺舜瞬（以上去声）

【yun 韵母】晕氲军皲菌均钧君逡勋埙熏醺薰（以上阴平）

云芸耘纭匀筠（筠）群裙驯循旬询恂峋浔巡（以上阳平）

允陨殒（以上上声）

运（晕）孕韵缊愠蕴熨菌郡俊峻骏竣浚训迅汛讯殉徇逊蕈（以上去声）

12. 昂（ang，iang，uang）韵部常用字

【ang 韵母】肮邦帮梆仓苍沧伧昌猖菖娼鲳伥当裆铛珰方芳坊枋邡冈钢纲刚缸肛（扛）罡夯康糠慷啷囔滂乓（嚷）桑（丧）商伤觞殇墒蹚镗赃

（脏）臧张章彰獐嫜樟璋漳蟑（以上阴平）

昂藏常裳嫦长场肠尝偿防妨肪（坊）鲂航杭吭（行）绗郎廊榔螂狼琅忙茫芒盲氓囊旁螃庞穰瓤唐糖塘溏搪螗堂棠膛（以上阳平）

榜绑厂敞氅昶党挡纺访仿舫港岗朗莽蟒曩攮馕耪壤攘嚷嗓颡搡磉赏（上）垧晌躺倘傥耥淌掌（长）涨（以上上声）

盎磅谤镑傍蒡棒蚌畅唱倡怅荡宕（当）档（挡）砀凼放杠（卷）沆亢抗炕伉浪胖让丧上尚烫趟葬脏奘（藏）丈仗杖胀帐（涨）障嶂幛瘴（以上去声）

【iang 韵母】央秧鸯泱鞅殃江将浆姜僵疆缰羌枪锵戕香相箱厢湘缃乡芗襄骧镶（以上阴平）

阳扬杨旸炀疡羊洋佯徉烊良粮凉梁粱量娘强墙蔷樯嫱详祥翔（降）（以上阳平）

养仰痒氧讲奖桨蒋两俩魉（强）襁抢想响饷飨享鲞（以上上声）

样漾恙（烊）快将酱匠降绛弶（强）亮谅晾辆（量）靓酿跄呛向象像橡（相）项巷（以上去声）

【uang 韵母】汪窗疮（创）光胱荒慌肓匡框诓筐双霜孀装妆庄桩（以上阴平）

王亡床皇惶煌遑蝗篁徨凰隍鳇黄簧潢磺蟥狂诳（以上阳平）

往枉网罔惘魍闯广犷恍幌晃谎爽（以上上声）

旺妄望忘怆创逛桄（晃）矿圹旷纩况眶壮状撞幢（以上去声）

13. 鞥（eng，ing，ueng）韵部常用字

【eng 韵母】鞥崩嘣绷嶒撑称膛赪（铛）琤柽蛏登灯蹬风枫

疯峰锋蜂烽丰沣封葑耕庚赓鹒羹（更）亨哼坑（吭）铿硁烹抨怦砰扔僧声生升甥笙牲憎增缯罾（曾）征争挣睁峥筝狰铮（正）（症）钲怔烝蒸（鲭）（以上阴平）

甭层曾乘成城诚（盛）承丞惩澄橙呈程酲塍逢缝冯横衡蘅恒桁棱（楞）蒙濛檬朦獴虻萌盟甍能朋棚硼鹏蓬篷彭蟛膨仍绳腾滕藤螣疼眷（以上阳平）

（绷）逞骋等戥讽唪耿梗哽鲠埂绠冷猛艋蜢蠓懵捧省眚整拯（以上上声）

迸泵甏蹦（蚌）蹭秤凳镫蹬瞪磴（澄）邓奉俸凤（缝）更愣梦孟碰胜圣盛（乘）剩嵊赠甑正政证症帧（挣）郑（以上去声）

【ing韵母】英瑛应膺鹰莺婴缨撄樱鹦嘤兵冰丁（仃）町酊疔京惊鲸猄精睛菁荆兢晶经茎泾（更）粳旌娉乒青清卿轻氢倾听厅汀兴星腥猩惺（以上阴平）

营迎盈楹莹滢茔萤荧萦蝇赢嬴瀛灵棂凌菱陵绫鲮龄铃伶苓聆零瓴蛉玲鸰翎（冷）羚明鸣名铭茗冥溟暝螟宁咛狞凝平评坪萍苹枰凭瓶晴情擎亭停婷廷庭霆蜓形行刑型硎邢陉饧（以上阳平）

影颖颍瘿郢饼丙炳（柄）秉禀顶酊鼎景憬警儆颈刭井领岭拧请顷苘挺梃艇铤醒（省）（以上上声）

硬映（应）媵柄病并订钉定碇锭竟獍竞敬境镜静净靖径胫痉令（劲）另命泞（宁）佞庆磬罄綮（亲）幸悻杏姓性荇（兴）（以上去声）

【ueng韵母】翁嗡（以上阴平）

蓊（以上上声）

蕹瓮（以上去声）

14. 东（ong，iong）韵部常用字

【ong 韵母】匆葱囱聪骢枞充冲忡舂艟憧东冬咚公蚣工功攻供恭弓躬宫觥（红）

轰烘訇薨空箜嵩松忪菘通宗综棕鬃踪中忠衷盅钟终螽（以上阴平）

从丛淙虫崇（重）红虹鸿荭洪宏弘泓龙笼茏栊胧聋砻咙珑泷隆窿癃农浓侬脓哝荣

嵘容熔溶榕蓉茸戎绒融同铜桐（峒）酮筒童瞳潼彤（以上阳平）

宠董懂巩汞拱栱（哄）恐孔垄（笼）拢陇冗耸怂悚竦统桶捅（筒）总偬肿（种）

冢踵（以上上声）

铳冻栋动洞垌峒恫侗共（供）贡讧（哄）控（空）弄送颂诵讼宋痛恸粽纵重众种

（中）仲（以上去声）

【iong 韵母】庸慵墉鳙壅饔拥痈佣邕扃垌凶汹匈胸讻（以上阴平）

颙喁穷穹䓖琼茕邛筇跫蛩雄熊（以上阳平）

永咏泳甬涌勇恿蛹踊俑窘炯迥（以上上声）

用（以上去声）

（四）山东大学现代汉语普通话新诗韵格律诗口诀

（吉发涵草拟，2022 年 6 月）

诗统自古兴赤县，迷失痿顿已百年。
廿一世纪期重振，韶乐再从历下传。
发音壹遵普通话，十四韵部各就班。

衣思诗音前又高，迂乌舌面唇皆圆。
阿喔鹅哀欸熬欧，安恩昂鞥东韵全。
各部属字有多寡，国人选用无困难。
前人经验要珍惜，诗句瑰宝五七言。
平有阴阳音悠长，仄声上去响阑珊。
入声派平宜甄别，韵脚若用焉避嫌。
律诗继往押平声，仿古尽可仄韵安。
甲乙丙丁分句式，轮流坐庄循环编。
拗救本从违律起，筚路蓝缕今从严。
苦心推敲重修辞，巧构对仗勤把玩。
两联尽藏珠玑语，百花怒展娇羞颜。
山大新韵格律诗，风雅纛旗舞尧天。

（五）山东大学现代汉语普通话新诗韵格律诗（试作）

七律二首

壬寅春夏有感

吉发涵

一

壬寅灾情春又夏，（丙 仄仄平平平仄仄）
中华遍地害毒疴。（丁 平平仄仄仄平平）
千家万户核酸测，（甲 平平仄仄平平仄）
亿众一时口罩遮。（乙 仄仄平平仄仄平）
世界和平翻动荡，（丙 仄仄平平平仄仄）
西方挑动斗乌俄。（丁 平平仄仄仄平平）
环球混乱乏良策，（甲 平平仄仄平平仄）
霸主猖狂诡计邪。（乙 仄仄平平仄仄平）【五鹅韵】

二

雄心壮志克时艰，（甲 平平仄仄平平仄）
赤县儿孙不怕难。（乙 仄仄平平仄仄平）
再次复兴催你我，（丙 仄仄平平平仄仄）
百年苦难炼坤乾。（丁 平平仄仄仄平平）
新冠考验凝民志，（甲 平平仄仄平平仄）
旧霸阴谋化纸烟。（乙 仄仄平平仄仄平）
岁晏回看平疫事，（丙 仄仄平平平仄仄）
春秋史册著该年。（丁 平平仄仄仄平平）【十安韵】
吉发涵 2022 年 5 月 5 日于山东大学老校二宿舍寄寓之所

五律

壬寅春夏新冠防控【一衣韵】

吉发涵

新冠疫愈滋，（乙 平平仄仄平）
更甚鼠年时。（丁 仄仄仄平平）
迅至无间断，（甲 仄仄平平仄）
潜来速鬼机。（乙 平平仄仄平）
魔都疏掌控，（丙 平平平仄仄）
域外悻安祈。（丁 仄仄仄平平）
赤县如临战，（甲 仄仄平平仄）
清零灭魅魑。（乙 平平仄仄平）
2022 年 5 月 10 日于山东大学兴隆山校区槐枫阁寓所

（六）参考资料：现代汉语普通话语境下的对仗资料举例

（节录自彭晓玲编著《声乐基础理论》，西南师范大学出版社出版）

1.“发花”辙

虾对蟹，绮对纱。晚景对朝霞。荒芜对杂乱，苦菜对甜瓜。稀落落，密麻麻。翠鸟对乌鸦。崖畔急收马，汛头速放闸。良邻善士休奸诈，益友亲朋勿狡猾。野草重生，积虑处胸心思怨；东山再起，深谋远略浪淘沙。

耙对镐，铲对叉。致富对发家。莺歌对燕舞，美酒对浓茶。风飒飒，鹊喳喳。异草对奇葩。莺唱勤劳第，树荫和睦家。笔写春秋新日月，情滋爱恋话桑麻。绿地怀春，万里飏弹开放曲；黄葵向日，千秋业盛革新花。

凡是把字尾收音于“a”“ia”“ua”等韵母的字，均属此辙。

2.“梭波”辙

愁对乐，雁对鸽。别墅对轿车。偏长对超短，半裸对全遮。禾瑟瑟，柳娜娜。呼啸对吟哦。心闲亲笔墨，室雅会姮娥。仁慈处世仇敌少，和善持家孝子多。风流人物，寰清鸟语歌环保；浪漫乾坤，宇净花香赖禹德。

拖对拽，逮对捉。逃走对摆脱。藏拙对弄巧，菽粟对布帛。功赫赫，业焯焯。生动对活泼。施淫思项羽，悔过效廉颇。总比金颗经冶炼，常如玉器耐琢磨。举世欢声，体态轻盈歌缭绕；全民健美，身心舒坦舞婆娑。

虚对幻，魇对魔。窈窕对婀娜。清纯对高远，深壑对浅辙。心叵测，意难度。厚厚对薄薄。虫雕非小技，微刻是绝活。烦事总因忙里错，好人多自苦中磨。玉宇腾龙，破雾云天骇野雀；银桐宿凤，植根沃土惊泽蛰。

凡字尾收音于“o”“uo”“e”等韵母的字，均属于此辙。

3.“乜斜”辙

灯对路，巷对街。幽默对诙谐。蛰龙对落日，瑞雪对嘉节。清楚楚，隐约约。挥泪对话别。人间兴特色，世上有奇绝。倾钦业绩常为范，敬慕德行总唾奢。海晏河清，注目留心勤在政；花明景秀，看书读报乐于学。

噎对哽，闷对憋。三顾对一瞥。无心对有意，反问对盘诘。光烨烨，影叠叠。短叹对长嗟。求人休谄媚，待客不乜斜。扶掖后人为重任，继承前者效高洁。难表心迹，穿蕙丽人邀月饮；直抒胸臆，引蝶纨扇与君携。

凡是字尾收音于“ie”“e”等韵母的字，均属于此辙。

4.“一七”辙

荷对藻，水对鱼。鹤唳对鹂啼。追求对奋斗，满座对虚席。烟袅袅，柳依依。美态对柔姿。闻鸡宜苦练，请教善勤思。得意源于奋斗日，过失多在忘形时。万缕情丝，吊影自怜千里梦；百结愁肠，论情只许两心知。

食对饮，画对棋。土舍对茅茨。医生对护士，莽汉对贤妻。惆缕缕，乐滋滋。弊举对鞭笞。任重防虫蛀，权倾拒腐蚀。树有妍媸花点缀，根分长短叶蕃滋。云遮日暗，风吹草动曲无限；雾散光明，雪压梅低直有时。

凡是字音收音于“i”“ü”等韵母的字，均属于此辙。

5.“姑苏”辙

图对画，果对蔬。郁李对香蒲。良禽对秀木，渊薮对江湖。蜓款款，影疏疏。颖慧对糊涂。开心常问月，增趣总翻书。只盼窗含雪岭月，惟思院长梅兰竹。无论尊卑，此日良辰游共橹；不分贵贱，昔时挚友饮同壶。

禽对兽，鹳对狐。杨柳对鹧鸪。碧梧对苍柏，戴笠对荷锄。途寂寂，旅仆仆。乱岗对平芜。坦途宜彳亍，歧路莫踯躅。泼墨丹青思士雅，弄潮贾海羡商儒。酾酒话别，异域经营离故里；赏花诗咽，他乡人梦会妻孥。

凡是字尾收音于“u”韵母的字，均属于此辙。

6.“怀来”辙

遮对盖，射对猜。粉颈对香腮。襟怀对肺腑，茂树对枯荄。云霭霭，雪皑皑。骏马对驽骀。攀援总有路，跋涉不遗才。山川簇锦用心绘，果木幽芳着意栽。枝头鹊噪，崇山劈路穿龙过；陌上梅发，华苑筑巢引凤来。

摇对摆，闭对开。妙策对奇才。刀戈对铠甲，喜乐对悲哀，心窄窄，意呆呆。奇矣对怪哉。鹤发多仙骨，童颜少鬼胎。但愿民生无顾虑，唯求物价不哄抬，高低欲试，繁荣社稷事常议；短久皆知，痛苦身心疾莫来。

凡是字尾收音于“ai”“uai”等韵母的字，均属于此辙。

7.“灰堆”辙

霖对霰，酒对杯。浪涌对云飞。银珠对玉蕊，月皎对漆黑。言娓娓，笑微微。旧酿对新醅。迎春喜信至，向日彩云归。梅绽田园脱俗气，柳垂山水含清辉，霞生画栋，绮思妙境由心造；树掩门扉，好事佳音在汝为。

眉对眼，赤对黑。体壮对膘肥。发霉对腐烂，海盗对民贼。风点点，雨霏霏。冷寂对喧豗。人间生绚烂，圃苑斗芳菲。梦断鸡啼晨序曲，情钟鹭唼暮斜晖。花团锦簇，乾坤浩浩无奸宄；鸟语香合，意气勃勃有矩规。

凡是字尾收音于“ei”“ui”韵母的字，均属于此辙。

8.“遥条”辙

抛对套，跳对摇。美好对娇娆。香蕉对涩果，骤雨对狂飙，天邈邈，路迢迢。野艾对蓬蒿。八方集雅韵，四处品佳肴。盘中至品精心选，火上功夫用意瞧。同匡事业，含烟杨柳迷歌舞；共爱神州，带雨杏花颂舜尧。

窑对洞，路对桥。燕颔对蜂腰。野荞对田麦，秾李对夭桃。烟淼淼，岭晓晓。荡漾对紫缭。山重多水复，柳暗有花调。枝头抱绿春风暖，楹上贴红楼宇姣。为人不易，伪真善辨宜明确；处世维艰，浊净须分勿混淆。

凡是字尾收音于“ao”“iao”等韵母的字，均属于此辙。

9.“油求”辙

勾对引，网对兜，碧海对白鸥。娇容对美景，舴艋对扁舟，衣楚楚，曲悠悠。春种对秋收。有志天不负，无才面永羞。白皂须分清腐事，是非明辩解民忧。春满家园，政许三通还玉璧；月莹故里，国施两制固金瓯。

绸对缎，韧对柔。海市对蜃楼。窗棂对户牖，琴瑟对笙篌。莺呖呖，鹿呦呦。俊逸对风流。层岚生淡雅，列岫觅清幽。纤云弄墨出灵秀，巧雁吟笺蕴智谋。壮志难酬，伏处甘为槽枥马；雄心不已，躬耕乐做垄辙牛。

凡是字尾收音于“ou”“iou”等韵母的字，均属于此辙。

10.“言前”辙

脏对乱，腐对廉。善恶对忠奸。刚强对柔顺，苦辣对酸甜。邪顺正，爽清烦。政稳对枢贤。是非宜补漏，功过好观瞻。吉祥日照康庄路，如意风拂大有年。顽强进取，人犹少壮长催马；努力拼搏，木正茂葱宜作辕。

欢对乐，暖对寒。顺月对安年。民丰对物阜，苦涩对甘甜。呈喜报，拓财源。民主对人权。有书真富贵，无事小神仙。诗文漫卷书生乐，风雨同舟夫子贤。仁义得人，严守法章臻大治；和平处世，恪遵规矩成方圆。

男对女，柏对兰。宝贝对心肝。娇柔对委婉，戈壁对港湾。情切切，意绵绵。素手对轻言。一心同缱绻，千里共婵娟。蜓栖菡萏平蝉翼，柳映池塘满渡船。绿叶田田，旖旎风光皆入梦；红花点点，娇妍景色竞游仙。

褒对贬，苦对甜。地覆对天翻。探囊对取物，附势对趋炎。食热栗，噤寒蝉。外壮对中干。盲人骑烈马，捷径隐终南。起死回生添寿考，豪夺巧取少忠贤。见缝插针，说情邪风今始盛；植情遭恋，舔犊博爱古难全。

凡是字尾收音于“an”“ian”“uan”等韵母的字，均属于此辙。

11.“人辰”辙

馨对馥，晚对晨。璀璨对缤纷。白皙对红润，蜜意对芳唇。林妆绿，野饰金。老练对单纯。相待敬君子，善交远小人。心中有众时时乐，眼里无偏日日春。不重金银，居富济贫行善举；无关宠辱，集萤照雪见精神。

纤对嫩，苦对辛。露渍对苔痕。铁砧对铜棒，海味对山珍。凄惨惨，笑吟吟。蓊树对芳荪。花发春簇锦，雪润地生金。广栽桃李三春秀，精育梧桐万众钦。披星戴月，从师授业承先志；沥血呕心，入室传知益后人。

凡是字尾收音于“en”“in”“ing”“un”等韵母的字，均属于此辙。

12.“江阳”辙

原对草，马对羊。四野对八荒。杨花对柳絮，坚果对老姜。天渺渺，野茫茫。靖世对安良。学广天不负，志宏路更长。盈山翠色千秋乐，满目霞光五谷芳。水绕山青，绿叶比娇兴宝地；林环碧野，红花斗艳护康庄。

豺对豹，寿对康。棘刺对麦芒。皮衣对羽氅，陋巷对华堂。林莽莽，水长长。茂盛对丰穰。香枫开画栋，旭日印雕梁。休学绿草趋风动，宜效黄葵向日芳。有限空间，花沁琼芽茶是宝；无穷风味，叶浮玉盏水生香。

凡是字尾收音于“ang”“iang”“uang”等韵母的字，均属于此辙。

13.“中东”辙

聪对昧，贯对通。啸谷对鸣钟。岚清对雨霁，舞凤对游龙。烟袅袅，水淙淙。深绿对浅红。云间萦瑞气，堂上享和风。八面玲珑成事业，四时锦绣乐宾朋。花好月圆，富日帮贫财气壮；桂芳兰馥，穷时济友院门兴。

崩对裂，挡对撑。月桂对宫灯。冰封对雾锁，撰写对传眷。风冷冷，水泠泠。悸鸟对惊虫。柳颂清溪月，松播远古风。描摹旷野独观赏，放牧平原任纵横。甘愿人梯，左右逢源桃李盛；乐为墙础，东西饮誉烛光莹。

庭对院，榭对亭。重创对轻刑。游吟对遣兴，蠕动对萌生。花粲粲，露莹莹。酩酊对惺忪。丽水胸中驻，芳林腕底生。朋来共论杏花雨，友去留言杨柳风。禹甸重光，日月两轮天地眼；国民蕴运，炎黄一脉古今龙。

严对谨，细对精。碧野对芳丛。彷徨对呐喊，业盛对邦兴。成大器，见真功。无限对有恒。民欢风浪静，国庆海天宁。把酒常怀祖逖志，吟诗永葆少陵情。士心萌志，凯歌达运催佳梦；日月呈明，喜雨凝祥献赤诚。

参考文献

专著

1. 王力《汉语诗律学》，上海教育出版社 1979 年版

2. 王力《诗经韵读》，上海古籍出版社 1980 年版

3. 王力《楚辞韵读》，上海古籍出版社 1980 年版

4. 王力主编《古代汉语》（校订重排本）第四册，中华书局 1999 年版

5. 王力《诗词格律概要　诗词格律十讲》，北京联合出版公司 2013 年版

6. 启功《诗文声律论稿》，中华书局 2000 年版

7. 余冠英《乐府诗选》，人民文学出版社 1954 年版

8. 余冠英《汉魏六朝诗论丛》，商务印书馆 2010 年版

9. 隋树森《古诗十九首集释》，中华书局 1955 年版

10. 钱志熙、刘青海《诗词写作常识》，中华书局 2012 年版

11.〔清〕李渔《笠翁对韵》

12.〔清〕车万育《声律启蒙》

论文

1.《对新中国成立前新诗格律探讨的回顾与思考》，见《人文述林》第二辑，山东大学出版社 1999 年版。

2.《建国后新诗格律探讨的回顾与思考》，载《文史哲》2002 年第 3 期。

浅析中国封建社会充满屈辱的妇女称谓

一、“男尊女卑”观念在妇女称谓中的流露

“天尊地卑，乾坤定矣。”（《周易》）儒家文化认为男女之间尊卑有序有如天尊地卑早为先天所定，所以“男尊女卑”也就是天经地义的了。这种纲常伦理就为封建社会的妇女称谓提供了定位的理论根据。

“夫者，天也”，男子在外是顶天立地闯天下的男子汉，在家是顶门立户的一家之主，所以被尊为“君”“君子”“夫”“丈夫”“夫子”“先生”“所天”“郎君”“官人”“相公”“老爷”“家公”“掌柜的”等等；而女子既被认为是“女正位乎内”（《周易》），也就只能蜗居家庭从事家务了，所以被称为“内”“内子”“内人”“内主”“内助”“内舍”“内壸（kǔn）”“内妇”等，或者“房下”“正房”“房屋”“室”“正室”“姑室”“室人”“宫室”“家”“家室”“家小”“家里”“阁中”“阁正”“中妇”“中壸”“中馈”“中魄”“堂客”“床头人”“脚头妻”等。若是妾而不是正妻，则还要在此基础上降一等，如“偏房”“二房”“侧房”“他室”“别室”“次室”“侧室”“副室”“簉室”等。若是后娶继妻，则称之为“继室”“填房”。总之，既为人妻，就别想跳出“内”“中”“房”“屋”“室”“床”等男权社会为女子准备好的藩篱。

即便有褒奖妇女品德的称谓，往往也要借用男子称谓来表示，如“女中丈夫”“巾帼英雄”等。这主要表现在尊称、谦称系列上。如尊称他人的妻子，本可以有多种称呼：“夫人”“尊夫人”“尊嫂”“尊正”“令妻”“令正”“嫂夫人”“德配”等，但对这些褒义称谓置而不用，而选择了“贤阁”“贤阃”“尊阃”“尊闺”“贤内助”“令闺”“令阁”“令室”“贵室”等称呼。这类称谓有一共同特点，即都与“门”“室”有联系，女子被置于家庭藩篱之中的社会心理，由此可窥一斑。

男子对别人谦称自己的妻子，是以牺牲妻子的尊严和人格为代价的，如称妻子为“贱内”“敝房”等。封建社会剥夺了妇女参加经济活动的权利，使其在生活上不得不依靠丈夫。于是丈夫又把妻子视为累赘和负担，对人称其为“贱累”“家累”等。

有些谦称妻子的称谓取自典故，似乎很文雅，但文雅的外衣下往往是轻蔑和鄙视。

如《后汉书·宋弘传》有“糟糠之妻不下堂”之说，意思是说，对和自己共患难、共贫贱过的妻子，即使自己富贵了，也不应该抛弃她。这本来是个很好的典故，可到了士大夫们手中，却偏偏用“糟糠”这个带有贬义的词，用“糟糠之妻”来称呼妻子。如苏轼《东坡志林》：“居富贵者，不易糟糠。”宋孙光宪《北梦琐言》：“（李）频即遗其糟糠，别婚士族。”

又如东汉梁鸿之妻孟光非常贤惠，家贫而无怨言，常戴荆钗着布裙，吃饭时对梁鸿恭恭敬敬、举案齐眉。因此孟光被视为贤妻的典型，作为夫妻和睦的例子千古流传，为人称赞。但后来，封建士大夫们就此典故造出的谦称妻子的称谓却用了大量的贬义词，如“荆”“荆人”“荆布”“荆妇”“荆妻”“荆钗”“贱荆”“山荆”“寒荆”“拙荆”“老荆”……我们不妨举几个例子看。宋范成大《分岁词》：“荆钗劝酒仍祝愿，但愿尊前且强健。”

《红楼梦》第三回，林如海对贾雨村道："因贱荆去世，都中家岳母念及小女无人依傍教育，前已遣了男女船只来接。"《儒林外史》第四十一回："杜少卿道：'拙荆也同寄居在河房内。'"蒲松龄《聊斋志异·陆判》："山荆，予结发人。"

叙称中也有这样的称谓。如称女孩子为"赔钱货"，意思是说女孩无用，出嫁时娘家还要赔送嫁妆，故称。如元王晔《桃花女》第二折："我不合救了他亡身祸，因此上被周公家知道我这赔钱货。"又如《黄粱梦》第四折："至如将小妮子抬举的成人大，也则是害爷娘、不争气的赔钱货。"明汤显祖《牡丹亭·圆驾》："那平章怕不做赔钱货，到不如娘共女，翁和婿，明交割。"

二、妇女的自称词，带有卑贱、柔弱、服从的色彩

1. 奴、奴家、奴奴、小奴

《敦煌变文集·破魔变文》："奴家年幼，父母偏怜。"清孔尚任《桃花扇·拒媒》："奴家已嫁侯郎，岂肯改志。"《佳人饯行》："奴家言语记在心，千万莫忘小奴身。"宋朱弁《曲洧旧闻》卷一："若果行，请以奴奴为首。"

2. 妾、小妾、妾人、贱妾、妾身

宋玉《高唐赋》："妾，巫山之女也。"《二刻拍案惊奇》卷十七："妾一生之事，付之郎君，妾愿遂矣。"《管子·戒》："妾人闻之：君外舍而不鼎馈，非有内忧，必有外患。"曹植《杂诗》："妾身守空闺，良人行从军。"《国语·晋语四》："昔管敬仲有言，小妾闻之。"《初刻拍案惊奇》卷十七："小妾是刘门吴氏，因是丈夫新亡，欲求渡拔。"古诗《为焦仲卿妻作》："贱妾留空房，相见常日稀。"

3. 婢、婢子

《礼记·曲礼下》："自世妇以下，自称曰婢子。"《左传·僖公十五年》："（穆姬曰）若晋君朝以入，则婢子夕以死。"

4. 箕帚、箕帚之使、箕帚妾

女子地位低下，多在家中以箕帚洒扫堂室，故以自称。

应当指出的是：这些自称非女性自愿或自许，只是封建文化强加于她们而已。

三、妇女称谓多有供男性玩赏的特点

鲁迅先生说过："古代的社会，女子多当作男人的物品，或杀或吃，都无不可。男人死后，和他喜欢的宝贝，日用的兵器，一同殉葬，更无不可。"① 这话确是实情，凡是妇女，不管是皇后嫔妃、还是庶民妻妾；不管是大家闺秀，还是小家碧玉；更无论风尘女子，她们都是男子的奴隶，同时也是供男子玩弄鉴赏的摆设物品。在这种意识影响下，社会上就产生了大量临时性的作为男子鉴赏物品名的称谓词，如"尤物""解语花""能香玉""花见羞""生色髑髅""香扇坠""烟月"等。

《左传·昭公二十八年》："夫有尤物，足以移人。"杨伯峻注："尤物，指特美之女。"孔尚任《桃花扇·却奁》："世兄有福，消此尤物。"

五代王仁裕《开元天宝遗事·解语花》："明皇秋八月，太液池有千叶白莲数枝盛开，帝与贵戚宴赏焉，左右皆叹羡久之。帝指贵妃示于左右曰：'争如我解语花？'"赵彦端《鹧鸪天·王

① 鲁迅：《我之节烈观》，见《鲁迅全集》第一卷，人民文学出版社1957年版，第120页。

婉》："清肌莹骨能香玉，艳质英姿解语花。"

《新五代史》载后唐明宗淑妃有美色，号"花见羞"。

南宋金陵府官妓有极瘦者，府尹朱世英谓之"生色髑髅"。

元无名氏《陈州粜米》第三折："本是个显要龙图职，怎伴着烟月鬼狐缠。"

明金陵名妓李香君号"香扇坠"，亦为一例。

至于把女子的肉体作为鉴赏物和泄欲工具的称谓，那就更多，更不堪入耳了。

四、男权社会造出了大量带侮辱性的妇女称谓

封建文化不仅奴役妇女，玩弄、蹂躏妇女，同时把妇女看作祸水，把一切罪过推给妇女。似乎天下的坏事都是由女人引发的。男子荒淫无耻，那是因为女人勾引的；男子误国亡身，那是女人教坏，并被女人耽误的。所以就连阿Q都认为"女人是害人的东西"。何况其他男子呢？于是，几乎所有最肮脏、最刻薄、最恶毒的语言，都可以用来咒骂女子。由此产生了大批带侮辱性的专属妇女的称谓词。例如，"泼妇""悍妇""淫妇""娼妇""婊子""破鞋""贱人""贱货""破货""烂货""骚货""泼辣货""小老婆""醋罐子""母老虎""胭脂虎""河东狮子""河东吼""狐媚子""狐狸精""妖精""克夫精""搅家精"……

五、封建礼教对女性称谓的误导

为维护封建道德，封建礼教便专为妇女设计出种种称谓，鼓吹妇女"节烈""贞操""室女守志"之类灭尽天理人欲的理论，引诱、胁迫妇女去做男人的殉葬品和心如死灰的活死人。于是，

便有了什么“节妇”“烈妇”“洁妇”“烈女”“贞女”“贞妇”等称谓，同时产生了大量“室女殉死”“室女守志”等无异于吃人的残酷的社会现象。

所谓节妇，是指死了丈夫立志不嫁，守寡到老，“从一而终”的妇女。旧社会男女婚龄小，一般十五六岁，甚至十二三岁便成婚。如果刚结婚不久，丈夫就死了，女子就得守寡几十年直至终生。这无疑是以女子的一生来做男子的殉葬品。更有那种已许嫁而未嫁的所谓“室女”，未婚夫不幸一命呜呼，那么，“室女”最好是殉死，或者也立志不再嫁人，才算得上“节烈”。若再嫁，就算没有“从一而终”，从而让人嗤笑甚至被斥为不“节烈”而终生抬不起头来。

“贞女”“洁妇”“贞妇”与上述节妇大同小异，但它不仅指夫死不嫁，从一而终，而且包括不失身于非礼而保持节操的所有女子。意思是说，当女子遇到男子污辱时，她们最好以死来保持个人的节操声名，否则就是不贞、不洁。若是丈夫或家主人死后，自己决心殉死，或受辱之后立刻自裁，就可成为符合封建礼教的“烈妇”“烈女”“贞妇”“贞女”了。在中国封建社会中，受这类吃人礼教迫害致死的妇女何止千千万万！直到五四运动前后，报纸上还经常见到颂扬这种所谓“节”“烈”“贞”“洁”妇女的文章。更不必说历代各种地方志上记载的这类妇女又有多少了。

既然为封建道德所颂扬，那么对这类所谓的“贞女”“烈妇”等称谓，就自然一反前面贬低、侮蔑、玩弄、污辱性称谓，而用了大量褒义词。在中国漫漫两千年里，这些“纯洁”“高尚”的称谓索取了数不清的妇女的青春和生命。这一血腥的事实，可以使人顿悟：封建社会中，妇女的称谓只要一跟褒义词沾边，妇女们往往就得付出重大的代价——或青春，或生命。

至于那些活着的寡妇们，因为自己所托身的男人已成僵尸，自己虽然没有殉死，但和死了相差不多，于是又有了“未亡人”“半边人”等称谓。如《左传·成公九年》：“穆姜出于房，再拜曰：‘大夫勤辱，不忘先君以及嗣君，施及未亡人，先君犹有望也！’”杜预注：“妇人夫死，自称未亡人。”茅盾《赵先生想不通》：“赵先生听声音就知道一个是他的老二，一个是刚刚十九岁就已经成了未亡人的他的大媳妇。”

封建社会的妇女称谓，随着新中国成立后社会制度的改变及妇女自身的解放，多被扔进了历史垃圾箱。随之出现的，是许多带有时代气息的，表现男女平等的新的妇女称谓，如“半边天”“娘子军”等。这是一个可喜的现象。

但是也得看到，由于封建思想和封建伦理道德的长期影响，重男轻女的倾向至今还在社会上严重存在。表现在称谓上，一是对旧时代的一些女性称谓还时有沿用。如农村许多地方至今还称妻子为“屋里人”“屋里的”“家里的”，有些妇女也自称“屋里家”，别人称已婚妇女往往也称“××家”。

二是在男女名字上，还一直保持着男刚女柔的特点。例如，男子的名字以“阳”“刚”“龙”“虎”“松”“柏”“金”“鼎”“彪”“实”“厚”“武”“闯”“栋”“堂”“镇”等为多见。而女子的名字则变得阴柔娴静，以“月”“雪”“风”“燕”“兰”“萍”“玉”“珠”“秀”“美”“娟”“淑”“贞”“娜”“薇”“静”“雅”“宁”“清”“洁”“芳”“香”“琴”等为多见。除了确实能体现男女气质不同的原因，也不可排除其中有重男轻女旧习的影子。

三是受把妇女当摆设、当花瓶甚至当玩物的旧习气的影响，一些原本绝迹的现象又有卷土重来之势。如娼妓的重新出现，就使从前与妓女有关的许多称谓又沉渣泛起。如评选“校花”“市花”“省美”“市美”“年度美女”的活动，也把人们早已忘却的许多称谓又翻腾出来。

这些都是应当引起我们注意和思考的一些现象。切莫忘记在历史千年枯井的最底层，那些被压迫、蹂躏了数千年的姊妹的怨魂，还在饮泣哀诉。从称谓这一小小的文化现象中，你们是否听到了她们那悲怆的哭诉声呢？

原载《中华女子学院山东分院学报》1999年第1期

《古人名字解诂》的学术渊流与学术价值简介

一

古人有名又有字，《礼记·檀弓上》："幼名冠字，五十以伯仲……周道也。"这一礼俗在周代的形成，与周代的避讳观念有直接联系。《左传·桓公六年》："周人以讳事神。名，终将讳之。"大约为了既能照顾到避讳，又不妨碍称呼，于是周人就发明了可以表现名之意义的字。即所谓名与字互为表里，后者是前者的替代符号。东汉班固《白虎通·姓名》指出："或傍其名为之字者，闻其名即知其字，闻字即知其名。"清代王引之也说："名字者，自昔相承之诂言也。"两千多年来，这种礼俗被广泛而严格地遵循着，以至于成了一种重要的汉语文化现象与民族文化基因，因此也成了汉语研究中十分值得重视的一个课题。

古人对此早就有所注意。汉代许慎《说文解字》已经开始利用名与字的关系对字的本义进行阐释："牛部［牼］牛膝下骨也。从牛，巠声。《春秋》传：宋司马牼，字子牛"，"石部［碫］砺石也。从石，段声。《春秋》传：郑公孙碫，字子石"，"乙部［孔］，通也，嘉美之也。从乙子。乙，请子之候鸟也。乙至而得子，嘉美之也。故古人名嘉字子孔"。……同时代的班固进而揭示了上述名与字之间的相互关系。许慎、班固的做法，启迪了后代的训诂学家们。他们在著述中，往往利用名与字的关系进行训诂研究，大量揭示了用其他手段或资料所不及的某些字词间的关系。例如，唐代的注疏家们，直接继承了许君所创之法，用以注释古籍。司马贞《史记索隐》中，《老子韩非列传》的“姓李氏，名耳，字聃”一句，《索隐》是这样解释的：“按，许慎云：聃，耳曼也，故名耳字聃。有本字伯阳，非正也。”司马贞直接用许君之说，驳正了李耳的名字。这既效许君之法，又用许君之说。一代注释名家颜师古，在注《急就篇》和《汉书》时，都曾应用过许君提示的方法来诠释名字。如《急就篇》的例子：“褚回池：汉有褚大、褚少孙。回池，犹颜回字子渊之义也”，“葛轗轲：轗轲，言坎壈不平也。盖欲效孟子名轲字子车耳”，“赵孺卿：孺，幼少之号也。卿言可为列卿也。汉有苏贤字孺卿”。而在《汉书·楚元王传》注中，他则用名字相协之理，驳正过刘向的名。他说：“名向字子政，义则相配，而近代学者读‘向’音‘饷’。既无别释，靡所据凭，当依本字为胜也。”

名字训诂之学至清而大盛，治《说文》的桂馥、段玉裁、朱骏声和王筠四大家，没有一位不重视许君用名字关系解说文字这一做法的。他们的著作中，这类用例俯拾即是，不胜枚举。凡许君引用古人名字解说过的字，他们或作进一步说明，或给以补充，或加以订正，使之更加完美。举几例如下（为节省篇幅，只引主要部分）：

卷一上　玉部：“玎，玉声也……齐太公子伋谥曰玎公。”

桂氏《义证》：“昭三年《左传》：‘徼福于太公、丁公。’注云：‘二公，齐先君。《汉书·古今人表》：齐丁公伋。’”

段氏注：“《齐世家》《古今人表》皆云，师尚父之子丁公，丁公之子乙公，乙公之子癸公，犹之鲁禽父、晋燮父、卫康伯、宋微仲皆无谥，不闻谥玎也。此当云‘读若齐太公子伋谥曰丁公’。转写脱‘读若’字，因改‘丁’为‘玎’。不直言‘读若丁’者，古音丁公之读当与凡丁异也。丁乙癸皆非谥明矣。而云谥丁公者，古者以字为谥之义也。”

朱氏《通训》：“古天子诸侯，无以干枝为谥者。商质，二十八王皆以生之日名也。齐盖用殷法。”

王氏《句读》：“然《玉篇》引云：‘齐太子谥曰玎’，又引《谥法》‘义不克曰玎’。则是齐太子之未即位而死者，概谥之玎，犹楚之不成君者谓之敖也。”

卷七上 㫃部：“读若偃。古人名㫃字子游。”

桂氏《义证》：“成公九年《左传》：‘郑伯如晋，拜成子游相。’注云：‘子游，公子偃。又荀偃字子游，郑驷偃字子游。’《仲尼燕》‘言游侍’注云：‘言游，言偃子游也。’”

段氏注：“晋有籍偃、荀偃，郑有公子偃、驷偃，孔子弟子有言偃，皆字‘游’。”

朱氏《通训》：“《左传》晋荀偃，郑公子偃、驷偃，圣门言偃，《晋语》注籍偃，《庄子·齐物》颜成偃，皆字‘游’，皆以‘偃’为之。”

有些《说文》中不曾引古人名字解说的字，四家亦多有用古人名字作注的。引几例为证：

《说文》卷四上 苜部：“蔑，劳目无精也。”

桂氏《义证》卷十：“目眵也。郑公孙蔑字然明。”

段氏注：“目劳则精光茫然。通作‘眛’。如《左传》

‘公及邾仪父盟于蔑’，‘晋先蔑’，《公》《穀》皆作‘眛’是也……《左传》‘鬷蔑字然明’，此以相反为名字也。”

朱氏《通训》：“《左·襄廿五》传‘鬷蔑字然明’。《荀子·议兵》‘唐蔑字明’，《史记·楚世家》作‘唐眛’。”

王氏《句读》：“晋先蔑，《公》《穀》皆作‘眛’，郑鬷蔑字然明。”

四家中王筠友最晚，所以凡桂、段已作补充者，多不再引名字作解。桂、段、朱三家以名字为许君作注最多。尤其是桂氏《说文义证》，向以征引博赡宏富著称，用名字解说，几触处皆是，且多为段、朱所无。仅取证如下（卷数依《义证》，亦只节录有关者）：

卷一　一部：“丕，大也。鲁秦商字子丕。馥谓商亦大义，故卜商字子夏。夏亦大也。”

卷二　玉部：“瑜，瑾瑜，美玉也。《续汉书》应珣字季瑜。然则连瑾言之曰瑾瑜，单举瑜，则玉之美者也。”

又：“瑀，石之似玉者。《三国》《典略》：阮瑀字元瑜。”

卷六　辵部：“辽，远也。《魏志》张辽字文远。”

又　行部：“术，邑中道也。《袁术传》：术字公路。”

卷七　言部：“谧，静语也……一曰无声也。或通作‘密’。《释诂》：‘密，静也。’郭云：安静也。《诗》‘夙夜基命宥密’，贾谊书《礼容》引作‘谧’。《晋书》皇甫谧幼名静字子安。”

卷二十　日部：“昕，旦明日将出也。……《会稽典录》：‘周昕字大明。’”

卷三一　火部："然烧也。烧也者，《广雅》：'燃，爇也。'孙炎字叔然。"

又："颎，火光也。《楚词·九思》'神光兮颎颎'，《秋兴赋》'珥金貂之颎颎'五臣云：'颎颎，光明貌。'段颎字纪明。"又："照，明也。明也者，本书：'明，照也。'……《宋书》鲍照字明远。"

在《说文义证》中，这类用例俯拾即是，不胜枚举。由此不难看出，桂未谷对许君以名字语言资料来解说文字之举，是何等重视和倾倒。他所用人名已不限于先秦，下限已到六朝。

训诂学大师王念孙也极重视古人名字的词汇学价值。他作《广雅疏证》，也屡以古人名字解释词义。这方面的内容主要集中于《释诂》中，《释器》《释虫》等篇中也偶有用例，这当与篇目、内容、性质有关。如《释诂》一上："时日，谓善日也。春秋曹公子欣时，字子臧，是其义也。"《释诂》一下："娧，好也。《方言》：'姚、娧，好也。'……宋公子说字好父。说亦与娧同。"《释诂》三上："韬，宽也。南宫韬，字容，是韬为宽也。"《释器》："黯，黑也。《史记·孔子世家》云，'黯然而黑'。春秋晋蔡黯字墨是其义也。"

其子王引之远承许君，近继其父，作《春秋名字解诂》。这是训诂学史上第一部名字训诂专著。全书计 290 条，考释春秋时代（有少数战国的）人物名字 338 个。王引之以其渊博的学识、科学的方法和谨严的学风，集中向人们揭示了古人名字的含义，以及其中所蕴藏着的珍贵的语言资料。毫不夸张地说，王引之《春秋名字解诂》的出现，才使这一古老的学问起了质的变化，使"名字训诂学"真正成了一门独立的学问。他将原先零星、分散的名字训诂资料，综合起来进行了研究，从感性认识上升为理性认识，形成了条理，找出了规律性的东西，提出了认识和解决名字问题的方法。《春秋名字解诂》中不仅集中解释了春秋时代三百多个人物名与字的关系，而且首次把先秦人名、字间的关系概括为“同训”“对文”“连类”“指实”“辨物”五种类型。同时，还提出了观察它们的六种方法，即通作、辨讹、合声、转语、发声、并称。所以说，是王引之奠定了名字训诂之学在古代汉语研究中独立成学的地位。王引之是许叔重的功臣，也是名字训诂学的功臣。但遗憾的是，《春秋名字解诂》考释的仅限于春秋时代（有少数战国的）的人物名字，之后古人的名字一概未收未解。但是它的出现，进一步引起了学人们的兴趣，在王引之之后的清季近 70 年中，先有俞樾作《〈春秋名字解诂〉补义》，继之胡元玉作《驳〈春秋名字解诂〉》，王萱龄作《周秦名字解诂补》。进入民国后，仍有学者作了一些类似俞樾等人的增补工作，如黄侃有《〈春秋名字解诂〉补谊》等。然而，如王引之那样具有突破性成就者，却再未出现过。特别是对于先秦以后两千多年来众多历史文化名人的名与字关系的阐释，除前述桂馥曾稍有涉及外，没有其他学者再给予关注。而近百年以来，这一渊源有自的传统学问，愈加无人问津了。

二

2003 年底，吉常宏、吉发涵所著的《古人名字训诂》一书终于由语文出版社出版了。（按：2007 年 11 月，该书获“第一届中国出版政府奖图书奖提名奖”）该书从动手写作至正式出版，前后逾 20 年，历尽坎坷。这是一部多达 128 万字的专著，收入自先秦至清代人名 10330 余个，对他们名和字的关系，一一给予了文字训诂、文化、典籍等方面的训释和解读。该书不仅使两百多年前王引之开创和奠定了独立学术地位的“名字训诂学”这一传统学问，真正有了继往开来之作，使它重新在学术之林焕发出绚丽的光彩；而且，该书为这一传统学问开拓了新的广阔的学术空间，挖掘并展示了它的许多新用途，堪称一部空前的训诂学巨著，又诚如有的学者指出的，《古人名字解诂》还是一部空前的“中国人名文化学的力作”（《汉字文化》2004 年第 2 期）。杨琳《论名字求义法》一文也指出：“目前在名字训诂方面规模最大的是吉常宏、吉发涵所著的《古人名字解诂》……该书大大扩展了名字训诂的范围，颇资考辨玩味。”应广大学人朋友的敦促，目前，作者正在对此书进行增修，初步计划将全书对古人名字关系的解读增收至近两万人。

该书的学术价值大致可以从如下几方面说明：

1. 重新确立并巩固扩大了“名字训诂学”作为传统训诂学一个重要分支的地位。

如前所述，自许慎直到王引之，名字训诂之学源远流长。特别是王引之，其《春秋名字解诂》更是确立了“名字训诂学”独立的学术地位。其后，虽然也有学者踵其步武，但皆未能将这门学问发扬光大。相反，时至当代这一学问日渐式微，几近湮没。包含在中国古代名字习俗中博大精深的优秀文化资源也因此可能被废弃。

《古人名字解诂》的问世扭转了这种局面。作者凭借深厚的语言文化素养和广博的文史资料积累，完成了对上自先秦、下至清代多达万余古人名字关系的训释。从时代跨度和总体数量两个方面，大幅提升了这门传统学科的原有水平和知名度，从而重新确立并巩固了“名字训诂学”作为传统训诂学一个重要分支的地位。

2. 作者在万余古人名字关系的训释实践中，发现并总结了古人名字相协关系的组合方式达12种，并可再细分为20多小类。这12种组合方式是：同义相协、反义相应、连类相及、因性指实、辨物统类、景仰前贤、记实志盛、概括经义、使典用事、崇奉宗教、采撷警策、离析名字。

这样，就使王引之创造并总结的“同训”“对文”“连类”“指实”“辨物”五种先秦名字相协的类型，得到了扩展和补充，从而使“名字训诂学”的认识方法和名字训诂的体例等理论得到极大丰富和发展，同时也是对传统训诂学理论与传统训诂体例的丰富和发展。

3. 在该书对万余古人名字关系的训释中，也常发现其他语言资料中罕存罕见的字、词音义，从而向人们展示了“名字训诂学”特有的功能和魅力。同时，也为汉语史研究特别是文字词汇的研究提供了新的角度和新的资料。如：

> 78页“李晸　唐人。字良器。《集韵·平清》：‘晸，饭匮也。’能盛物即为良器。又，‘晸’抑或假作‘盛’（chéng）。应以‘器’，谓盛物之器。”

按：除《广韵》《集韵》等韵书、字书之外，今存文献中似无“晸”用为“器”或“饭匮”之例。李晸字良器，则为此字的意义提供了可贵的例证。

> 152页“陆玑　三国吴人。字元恪。《说文·玉部》：‘玑，珠不圜也。’恪，假作‘阙’。阙则不圆。饰以‘元’，意在释玑：原为阙者。恪、阙古音近，同属溪母，恪在铎部，阙在月部，皆为入声字。”

按：恪、阙二字双声通转，音近相假。此用法文献中少见，辞书、韵书亦罕收。此处所解“恪假作‘阙’。阙则不圆。饰以‘元’，意在释玑：原为阙者”诸语，不仅使“陆玑字元恪”相协之义昭然，也可为通假、音韵研究增添一点参考资料。

> 272页“谢玄　晋人。字幼安。”《广韵·平先》：“玄，寂也。’……《广雅·释诂》：‘寂、安，静也。’‘玄’‘安’同义，故以‘安’应‘玄’。”

按：“玄”有“安”义，字书、辞书皆未见记载。谢玄名字辗转相协，提供了二字同义的例证。

> 283页“魏了翁　宋人。字华父。《玉篇·了部》：‘了，慧也。’晋郭璞《尔雅序》：‘其所易了，阙而不论。’‘了’，义为聪慧、明白。又与‘瞭’音同。《玉篇·目部》：‘瞭，目明也。’‘华’有眼昏花不明义。《五灯会元》卷三七：‘僧问：“拨灯见佛时如何?”师曰：“莫眼华。”’故‘华’‘了’反义相应。……”

按：“华”“了”二字可以辗转反义相应，魏了翁的名字无疑是一难得的例证资料。

类似的可为汉语史研究提供参考的发现和成果，书中还有很多，限于篇幅不能赘举。

4. 该书运用古人名与字必定相协的原理，在鉴别订正古人名字、校勘史传或一些有影响的工具书中出现的名字讹误、区分被后人误解或弄混了的个别古人名字与别号等诸多方面，都进行了弥足珍贵的探索，取得了许多有学术价值的成果。

（1）鉴别订正古人名字例：

《晋书·卞壸传》：“卞壸字望之。”

《古人名字解诂》：“卞壸　晋人。字望之。《尔雅·释宫》：‘宫中衖谓之壸。’郭璞注：‘巷阁间道。’按，‘壸’与‘望之’不协。‘壸’当是‘壶’之讹。王嘉《拾遗记·高辛》：‘三壶，则海中三山也。一曰方壶，则方丈也；二曰蓬壶，则蓬莱也；三曰瀛壶，则瀛洲也。形如壶器。’《史记·秦始皇本纪》：‘言海中有三神山，名曰蓬莱、方丈、瀛洲。’张守节正义：‘《汉书·郊祀志》云：此三神山者……未至,望之如云；及至，三神山乃居水下；临之，患且至，风辄引船而去，终莫能至云。’是三壶终是可望而不可即，故名‘壶’字‘望之’，是意在求仙。又，卞壶之从父兄名敦。敦乃铜制盛黍稷之器，圆腹，短足，有盖。壶则为盛酒浆之器。是同祖弟兄皆以器物为名。此可为旁证。卞敦，《晋书》有传。”

（2）校勘史传或一些有影响的工具书中出现的名字讹误例：

《古人名字解诂》：“李沂　明人。字景曾。《论语·先进》‘侍坐’章记曾皙言志，有‘浴乎沂，风乎舞雩，咏而归’之言，深为孔子赞许，故以‘景曾’应‘沂’。《中国人名大辞典》沂作‘圻’，字‘景曾’；《明史》本传则作‘沂’，字‘景鲁’。曾、圻不协，沂、鲁虽稍优，但仍不免牵强。当是圻沂、曾鲁形近致讹。”又：“张叔夜　宋人。字嵇仲。三国魏嵇康字叔夜，慕其人，故以其字为名，而以其姓为字。作‘稽仲’者误。嵇、稽二姓不同。”（按：《宋史》本传与《历代人物年里碑传综表》皆作“稽仲”。此条可纠其讹误。）

（3）区分被后人误解或弄混了的个别古人名字与别号例：

《古人名字解诂》：“曹寅　清人。字子清。《书·舜典》：‘夙夜惟寅，直哉惟清。’谓‘一字楝亭’者误。‘楝亭’与

‘寅’不协，乃号。”

按：宋元以来文人学士盛行别号，而尊称人时，既称字，也称别号；有时名字并称，有时名号并称，时间一久，往往字号混淆，或将字作号，或将号作字。但是，字与名一定存在某种内在的联系，而别号与名则一般不存在这种联系。这是区别字与号的关键所在。曹寅之所以字“子清”，是用《尚书》的话来策励自己：要夙夜敬谨，乃心王室，努力做到清明正直。取自《书·舜典》“夙夜惟寅，直哉惟清”之“寅清”，在后代一直被士大夫奉为官箴。说“楝亭”是号不是字，一则因为它和“寅”不协，二则曹寅在织造局任所时曾植有楝树，楝旁建亭，名曰楝亭，遂以亭名为别号。他有《题楝亭夜话图》《楝亭留别》等诗，皆可资证明。

又：“蒋廷锡　清人。字扬孙。《诗·大雅·江汉》：‘告于文人，锡山土田。’又：‘虎拜稽首，对扬王休。’以‘扬’应‘廷锡’，谓天子颁赐于廷，受赐者拜舞对扬天子之休命。此诗系称颂召穆公受宣王之命征淮南之夷，功成受赐之事。缀以‘孙’，言是受天子褒奖者之子孙。其兄陈锡字文孙。”

按：此条可以作为对《历代人物年里碑传综表》“蒋廷锡　字南沙，号扬孙”的驳正。我们不仅说明了“扬孙”与“廷锡”相协的文献根据，同时又用其兄的名、字和行辈用字“锡”“孙”，证明“扬孙”是字而不是号。

该书在以上这些方面所取得的成果，展示了名字训诂学研究的广阔前景，有利于学界对其多种学术和使用价值进行更深入的思考和探讨。

5. 除了上述学术价值，《古人名字解诂》还具有多种不可忽视的文化价值。通过对众多古人名字关系的分析与总结，说明中华民族两千多年来，有名又有字这一礼俗悠久而又博大精深。它可以展示中华民族丰富多彩的文化审美心理与文化审美追求。它是最具代表性的中华传统文化样式之一，也是进入现代社会之后被遗弃得最彻底的传统习俗之一。然而，当前全社会在取名方面遇到的种种问题，如缺乏文化底蕴、盲目迷信、单名重名太多，以致造成许多不必要的麻烦等等，都说明了解并深入研究古代名字习俗，在今天仍具有现实意义。应当把它纳入精神文明建设与先进文化建设的事业中去。若如此，《古人名字解诂》一书必能发挥其应有的作用。

参考文献

1.《十三经注疏》，中华书局 1980 年版

2. 班固：《白虎通》（《新编诸子集成》本《白虎通疏证》），中华书局 1994 年版

3. 王引之：《经义述闻》，江苏古籍出版社 2000 年版

4.《二十四史》，中华书局 1997 年版

5. 桂馥：《说文解字义证》，齐鲁书社 1987 年版

6. 段玉裁：《说文解字注》，上海古籍出版社 1988 年版

7. 朱骏声：《说文通训定声》，中华书局 1984 年版

8. 王筠：《说文句读》，北京市中国书店 1983 年版

9. 王念孙：《广雅疏证》，江苏古籍出版社 2000 年版

10. 吉常宏、吉发涵：《古人名字解诂》，语文出版社 2003 年版

原载《中华读书报》2005 年 6 月 25 日

古人名字相协方式例补十种

名字训诂之学渊源有自，许慎《说文解字》已发其先声。清代王引之（1766—1834）的《春秋名字解诂》，则是训诂学史上第一部名字训诂专著。全书295条，共考释春秋时代（少数战国的）人物名字相协339例，还涉及10个汉代人物名字相协的例子。该书首次把古人名字之间“相承之诂言”的关系，概括为“同训”“对文”“连类”“指实”“辨物”五体，以及破解它们的六种方法即“六例”：通作、辨讹、合声、转语、发声、并称。该书把古人名字解诂工作从感性上升为理性，形成了条理，为后人揭示了破解此古老学问的规律性的东西，从而奠定了“名字训诂学”这一门古老的学问在汉语研究中独立成学的地位。

王引之之后，学者们不断对《春秋名字解诂》进行增补、订正，先后出现了清代张澍（1781—1847）《春秋时人名字释》（《养素堂文集》卷三二）、俞樾（1821—1907）《春秋名字解诂补义》、胡元玉《驳春秋名字解诂》、王萱龄《周秦名字解诂补》、黄侃《春秋名字解诂补谊》，以及今人周法高先生《周秦名字解诂汇释》等续作，进一步展现了深入探讨“名字训诂学”的价值和意义。但可惜的是，众人无论是在理论还是实践上，都没有超出王引之在这一学科上取得的开创性的成就。

特别是对于古人名字解诂的体例、方法等，众人没有继续新的发现。对先秦之后，两千多年来众多历史文化名人的名与字关系的阐释，也未能继续破解。到20世纪80年代，这一渊源有自的传统学问，已是日渐荒芜、无人问津了。

20世纪80年代初期，家父吉常宏先生在王了一先生的鼓励下，开始从事《古人名字解诂》的研究。1991年，家父得到任继愈先生的支持，出版了《中国人的姓名字号》一书，该书由山东教育出版社初版，后经北京商务印书馆、台湾商务印书馆多次再版，并改名为《中国人的名字别号》。书中将王引之首次揭示的古人名字相协的五种方式扩大到12种。常宏先生在该书中指出："名字组合方式，如细加区分，自古及今，当不下一二十种。"

此后，在家父的耳提面命下，我有幸侧身参与了《古人名字解诂》的撰述。2003年，该书终于得以出版。该书解释上自先秦、下至清代的古人名字共计10330个。从数量和时代跨度上，延伸扩大了古人名字训诂之学。该书出版以来，不时得到海内外学者朋友的鼓励和指正。2007年，该书又忝列"中国出版政府奖提名奖"。根据海内外学者朋友们的建议，该书正在增补之中，增修本《古人名字解诂》计划收录古人名字约25000个，将是初版的两倍以上。

在增修过程中，我不揣浅陋，考虑继续归纳总结破解古人名字相协的更完备的形式，以利于增修本的撰写。下面，仅在家父12种组合方式的基础上，依据原著本资料，进一步粗略归纳出古人名字相协方式十种，以就教于海内外方家学者。[按：文中所示页码，表示该条在《古人名字解诂》(语文出版社2003年版)中的页数。但本文对原文往往有必要改动或省略，并加适当按语。]

一、天文地理

中华民族早就对天文地理有了较为深邃缜密的认识。先秦时代已经具备了诸如三垣、五政、二十八宿等天文理念和九州五岳等地理概念，以及以二十八宿对应华夏地域分野的概念。这些都是中华文化的宝贵结晶。在名字相协中自然也有这方面的大量体现。王引之《春秋名字解诂》对此已有所揭示，如：

> 楚公子辰，字子商（成十年左传）。昭元年左传：昔高辛氏有二子。伯曰阏伯，季曰实沈……后帝不臧，迁阏伯于商丘，主辰，商人是因。故辰为商星。杜注曰：商丘，宋地，主辰。主祀辰星。

历代名字中，有大量应用天文或地理相协的例子，与其他方式不相类同，故别为“天文地理”一体。

1. 天文相协

（1）P161 张良，汉人，字子房。良，谓王良；房，谓房宿。皆星名。《史记·天官书》：“汉中四星，曰天驷。旁一星曰王良。王良策马，车骑满野。”《尔雅·释天》：“天驷，房也。”王良之善御者，因以为天上掌管天驷之星宿名，故以“房”应“良”。

（2）P74 李星井，明人，字聚东。井，谓东井，星名。《汉书·天文志》：“汉元年十月，五星聚于东井。”古代星象家以为吉兆，故相协为名字。

（3）P155 高星紫，清人，字次薇。古人将天区分为紫微、太微、天市三垣，紫微垣为帝垣。唐初改中书省为紫微省。以“次薇”应“星紫”，是兼取天象与官署二义。意欲近帝居为近臣。

（4）P294 谭翼，明人，字南宿。二十八宿，南方朱雀为井、鬼、柳、星、张、翼、轸七宿。“翼”为朱雀七宿之一，故以“南宿”应“翼”。

（5）P258 薛奎，宋人，字宿艺。奎，二十八宿之一，西方白虎七宿之首。《初学记》卷二一引《孝经援神契》“奎主文章”。艺，文也。“宿艺”即“宿文”，以“宿艺”应“奎”，表示奎为主文之星宿。

2. 地理相协

（1）P90 杜镐，宋人，字文周。镐，周武王建都之地，亦称宗周。《论语·八佾》：“周监于二代，郁郁乎文哉。”故以“文周”应“镐”。

（2）P168 曹于汴，明人，字自梁。汴梁，北宋所都，此拆汴梁以为名字。

（3）P218 赵岐，汉人，字邠卿。岐、邠皆周人发祥地，故以相应。

（4）P142 陈中州，明人，字洛夫。上古中国分为九州，豫州居九州之中，号中州。洛阳在中州，故以“洛”应“中州”。

（5）P179 黄泽，元人，字楚望。泽，指古代楚地的云泽和梦泽，跨江达八九百里之广。古代天子诸侯境内，皆有望祭的名山大川。云梦泽即属楚之望祭之川。《书·舜典》：“望于山川。”孔传：“九州名山、大川、五岳、四渎之属，皆一时望祭之。”故以“楚望”应“泽”。

二、干支历法

十天干，十二地支，是中华民族最古老的数理观念之一。商周时代已广泛运用于纪年、月、日等，与历法关系密切。王引之《春秋名字解诂》中有九条（11 人）春秋人名字以干、支相协的例证。其中又分仅以天干相协、仅以地支相协与干支相协三类。它们不宜归入“五体”之内。此后，名字取干支相协之例不乏。故此，我们将其单列一体。兹举例如下：

1. 秦白丙字乙。郑石癸字甲父。楚公子壬夫，字子辛。（以天干相协例）

2. 公子申字子西。鲁曾申字子西。（王引之：西谓之申，古之恒言也。）（以地支相协例）

3. 楚公子午字子庚。郑印癸字子柳（酉），鲁颜幸（辛）字子柳（酉）。（干支相协例）

按，以上皆系《春秋名字解诂》例。

4. P160 张在辛，清人，字卯君。

5. P139 袁甲三，清人，字午桥。

6. P177 黄闰，明人，字期余。《史记·历书》：“正闰余。”闰为农历一年所余之时日，一周年为期，故以期（jī）为饰。

7. P175 黄申，宋人，字酉卿。

8. P272 谢少南，明人，字应午。中午太阳位于南方，南方属火，合于十二地支之午。故相协。

9. P77 李寅，清人，字露祯。寅于四象中属西方白虎，于四时属秋，《礼记·月令》：“孟秋之月……白露降。”古人以甘露降为祯祥。

10. P77 李寅，清人，字白也。寅属西方，五行其色为白，故相协。白也，杜诗“白也诗无敌”。

三、命运际遇

此种名字相协方式与“纪实志盛”不同，“纪实志盛”是用名字相协的方法对历史事件或历史人物之盛事加以记录表彰。如P175黄甲云，清人，字唱韩，记韩侯朝觐周天子归来娶妻一片喜庆风光之景象。P179黄鉴，明人，字唐卿。是记唐太宗以魏徵为人鉴。P179黄钥，清人，字北门。是因宋寇准巧对北使诘问，自比北门锁钥，传为盛事。又P263钱朝鼎，清人，字禹九。则是记夏禹铸九鼎之盛事。

而“命运际遇”，则是用名字相协的方法对个人（或家族）命运际遇的真实反映。此类名字相协，有时甚至不可于文字本身推求之。如：

1. P206贾充，晋人，字公闾。《晋书·贾充传》：“父逵，魏豫州刺史，阳里亭侯。逵晚始生充，言后当有充闾之庆，故以为名字焉。”

2. P207路嗣恭，唐人，字懿范。初名剑客，初为姑臧令，考绩为天下之最。玄宗以为可继汉代有异政的鲁恭，赐名嗣恭。字懿范，言可为美善之范式。

3. P216蒋骥，清人，字涑塍。《说文·土部》：“塍，稻田中畦埒也。”即稻田中小土埂。用以应“蹜”，谓千里马本应驰骋于大道，今乃行于稻田之土埂上。“涑”谐音“蹜”，《论语·乡党》：“足蹜蹜如有循。”朱熹集注：“蹜蹜，举足促狭也。”以饰“塍”，谓自己乃千里马于稻田土埂上局促而行，亦不得已之举。故名“骥”字“涑塍”，以抒愤懑，也惧为人识破其牢骚。

4. P161张耒，宋人，字文潜。宋陆游《老学庵笔记》卷四：“张文潜生而有文在其手，曰‘耒’。故以为名，而字文潜。”

四、理想期望

理想期望包括对生活、寿命、品格、功名爵位等多角度、多方位的期望。

1. 王引之《春秋名字解诂》下：

> 晋杨食我，字伯石。（昭二十八年《左传》）……引之案：《管子·国蓄篇》："中岁之谷，粜石十钱。大男食四石，月有四十之籍。"

按：此条不在"五体"之中。义为期望能丰衣足食，"以百石食我"。故列于此。

2. P52 阮昌龄，宋人，字大年。

又 P292 苏大年，元人，字昌龄。

按："昌龄""大年"皆为长寿，故相协，以表期盼长寿之义。

3. P293 苏轼，宋人，字子瞻。

按：宋苏洵《嘉祐集·名二子说》揭示了为苏轼取名之用心："轮、辐、盖、轸，皆有职乎车，而轼独若无所为者。虽然，去轼则吾未见为完车也。轼乎！吾惧汝之不外饰也！"可见名轼是希望其子如同轼之于车。在已在国，既为不可或缺之品物，又备其外饰，增其观瞻，非如俗所谓仅取"凭轼瞻望"之义。

4. P294 关羽，三国蜀汉人，字云长，本字长生。《楚辞·远游》："仍羽人于丹丘兮，留不死之旧乡。"洪兴祖补注："羽人，飞仙也。"《老子》第五十九章："深根，固柢，长生久视之道。"故以"长生"应"羽"，意谓企冀如羽仙长生不老。

5. P45 朱之锡，清人，字梦九。古代帝王以九种器物（车马、衣服、乐则、朱户、纳陛、虎贲、弓矢、鈇钺，秬鬯）赐予有特殊勋绩的大臣，以示崇礼。以“梦”饰“九”，以表梦想获得此殊荣之期望。

五、明誓存志

古人在冠而字之时，往往借名字相协，迂曲明誓存志。

1. P164 张开东，清人，字白莼。《晋书·文苑传·张翰》：“翰因见秋风起，乃思吴中菰菜、莼羹、鲈鱼脍，曰：‘人生贵得适志，何能羁宦数千里以要名爵乎！’遂命驾而归。”旧以官员因故去职为开缺。张翰因秋风起思莼羹，弃东曹掾而归，故以“莼”应“开东”，西方主秋，其色为白，故以“白”饰“莼”。

按：名“开东”字“白莼”，表达愿效张翰不被名爵所羁绊，而以适志人生为志。

2. P179 傅山，清人，字青主。

按：傅山，由明入清。曾多次改名字，改字青主，表明誓不事清之志，犹如青山难改，其有诗曰：“既是为山平不得，我来添尔一峰青。”可为其明誓存志又一注脚。

3. P262 钱东，清人，字东皋。三国魏阮籍《辞蒋太尉辟命奏记》：“方将耕于东皋之阳，输黍稷之税，以避当途者之路。”东皋遂为归隐田园之代称。字“东皋”乃因名“东”连带而及，表示个人有安道乐贫、归隐田园之志。

4. P274 谢淞洲，清人，字沧湄。名淞洲，是以家乡引为自豪。意谓己乃淞江源头长洲之人。《孟子·离娄上》：“沧浪之水清兮，可以濯我缨；沧浪之水浊兮，可以濯我足。”“湄”，水草交际之处，水之岸也。故“沧湄”既指“沧洲”，古人又常以“沧洲”代隐士住处。谢淞洲乃一介布衣。工绘画、精鉴古，终生未仕。以“沧湄”应“淞洲”，明其隐居水湄、终老沧洲之志。

5. P298 顾炎武，清人，字宁人。初名绛，明亡后，易名“炎武”，表面上“炎”与原名“绛”皆有赤义。实际上是迂曲借“炎武”表明自己誓用汉之火德，所谓“炎汉”之称。名“炎武”实为希望汉族重振“炎汉”之武德。反清复明，如当年汉光武重兴汉室，重正火德，以宁人民。

六、礼制音乐

中国是著名的文明古国。古代特别是周代提倡礼乐治国，创造了一整套礼乐制度。儒家学说对此心向往之，进而形成了独特的儒家礼文化。因而古人名字多有以礼仪制度和音乐内容相协的例子。故单列一体。

1. 礼制

（1）P14 王永命，清人，字九如。

按：《周礼・春官・大宗伯》：“以九仪之命，正邦国之位，壹命受职，再命受服，三命受位，四命受器，五命赐则，六命赐官，七命赐国，八命作牧，九命作伯。”又《春官・典命》：“上公九命为伯，其国家、宫室、车旗、衣服、礼仪，皆以九为节。”《礼记・王制》：“制：三公一命卷，若有加，则赐也。不过九命。”“九命”是古代礼制中的九等官爵，特指最高一等官爵。又可指对九种命官的授命仪式。故以“九”应“命”。缀以“如”，取《诗・小雅・天保》“如山如阜，如冈如陵；如川之方至，以莫不增……如月之恒，如日之升，如南山之寿，不骞不崩；如松柏之茂，无不尔或承”。文中九“如”连用，以表祝福。

（2）P17 王省，明人，字子职。《礼记・曲礼上》：“凡为人子之礼，冬温而夏凊，昏定而晨省。”定省旧以为人子之天职，乃古礼之一项。故以“子职”应“省”。

（3）P248 卢言，清人，字欲扬。《礼记·曲礼上》：“将上堂，声必扬。户外有二屦，言闻则入，言不闻则不入。”《广雅·释诂》：“将，欲也。”

（4）P261 钱大昕，清人，字晓征。《礼记·文王世子》：“天子视学，大昕鼓征，所以警众也。众至，然后天子至。……兴秩节，祭先师、先圣焉。”郑玄注：“早昧爽，击鼓以召众也……秩，常也。节，犹礼也。”

（5）P284 魏绅，明人，字廷佩。《礼记·玉藻》：“凡侍于君，绅垂。”孙希旦集解：“此侍立于君之礼也。”又“自古之君子必佩玉”“凡带必有佩玉”“君无故不去玉”。《说文·糸部》：“绅，大带也。”段玉裁注：“古有革带以系佩韨，而后加之大带。绅则大带之垂者也。”“绅”与“佩玉”皆朝会时所着礼服的组成部分，故以“廷佩”应“绅”。

2. 音乐

（1）P262 钱茂律，明人，字大吕。古代有十二乐律，阴阳各六，分别称“六吕”和“六律”，合称“十二律吕”。其中“黄钟”为六阳律的代表，六阳律之首；“大吕”为六阴律的代表，六阴律之四。二者均可代指音乐和乐律。故以“大吕”应“律”，“大”又与“茂”相应。

（2）P221 赵蕤，唐人，字大宾。十二律吕第七律为“蕤宾”，故以“宾”应“蕤”。又因《论语·颜渊》“出门如见大宾”之言，以“大”饰“宾”。

（3）P175 黄吕，清人，字次黄。十二律吕中，“黄钟”为六律之首，属十一月律；“大吕”在十二律吕分属十二月的序列中，位于黄钟之次，属十二月律。故以“次黄”应“吕”。名黄吕，连姓成文，以黄钟大吕概括指音乐。

（4）P52 阮应商，清人，字次赓。商为五音之一，赓谓赓和、酬和。《书·益稷》：“乃赓载歌。”以“次赓”应“应商”，言合乎乐律，才可以赓咏唱和。

（5）P42 吕宫，清人，字长音。“宫”为“五音”之首，故以“长音”应“宫”。

（6）P43 吕应锺，明人，字元声。“应钟”为“十二律”之一。《吕氏春秋·孟冬纪》：“孟冬之月……其帝颛顼。其神玄冥……律中应钟……盛德在水。”元，即玄，黑色，五行属水。“应钟”乃十月之声律，故以“元声”应“应钟”。

七、哲学理念

古人以阴阳、五行，以及《周易》《老子》等著作中揭示的哲学文化或生活理念，用于名字相协，例子很多。有些也可以归入“概括经义”或“采撷警策”类。但这种现象，突出表现了这些理念在民族文化心理中所占的独特地位，故将其单列一体为宜。现举例如下：

1. P9 方以智，清人，字密之。《易·系辞上》：“是故蓍之德圆而神，卦之德方以知。六爻之义易以贡，圣人以此洗心，退藏于密。”此例不仅明显连姓成文，并概括经义，而且用名字相协，表示希望铭记退藏之处世方法。

2. P48 朱谋毂，明人，字用虚。《老子》第十一章：“三十辐共一毂，当其无，有车之用。”“无”即指毂空其中，正利用其虚以穿轴其中，辐辏其外，以成车用。

3. P75 李若拙，宋人，字藏用。《老子》第四十五章：“大巧若拙。”《易·系辞上》：“显诸仁，藏诸用。”以“藏用”应“若拙”，表示愿掩藏拙劣，不以示人。这是中华文化特有的处世方法和文化理念。

4. P96 沈括，宋人，字存中。《易·坤卦》："六四，括囊，无咎无誉……六五，黄裳元吉。"王弼注："黄，中之色也。"又《文言》曰："括囊，无咎无誉，盖言谨也。君子黄中通理，正位居体，美在其中而畅于四支，发于事业，美之至也。"名括，指"括囊"，"存中"即"美在其中"。此以坤卦六五爻应六四爻，表处世谨慎不与物竞，则"发于事业，美之至也"之理。

5. P140 袁黄，明人，字坤仪。古代阴阳五行家以金木水火土与方位相配。中央属土，其色为黄。《易·坤卦·文言》："天玄而地黄。"地即土。"坤仪"即坤之仪象，故以之应"黄"。

6. P270 戴震，清人，字东原。《易·说卦》："万物出乎震，震，东方也。"

7. P292 苏妙，唐人，字观妙。《老子》第一章："玄之又玄，众妙之门。"又："故常无欲，以观其妙。"王弼注："妙者，微之极也。故常无欲空虚，可以观其始物之妙。"故以"观妙"应"妙"。

8. P293 苏辙，宋人，字子由。宋苏洵《嘉祐集·名二子说》："天下之车，莫不由辙。而言车之功者，辙不与焉。虽然，车仆马毙，而患亦不及辙。是善乎福祸之间也。辙乎！吾知免矣！"名"辙"应以"由"，乃希望记取不居功者亦不受过之哲理。

八、祥瑞崇拜

在数千年民族文化发展过程中，积淀了多种具有中华文化特色的祥瑞崇拜，以及与中华民族生活习俗密切相关的风俗习惯。它们大量反映在名字相协关系中，形成古人名字相协的另一种形式类别。

1. 例如，在距今七千年到五千多年的河姆渡文化、红山文化、良渚文化等遗址中，已经有了精美的玉石制品和带有图腾崇拜性质的玉龙玉凤等玉器，充分说明了瑞玉文化源远流长，是中华文化的一大特色。实际上，在古人名字相协中，瑞玉文化这一民族文化崇拜得到了充分体现。

（1）P1 乙瑗，后魏人，字雅珍。《说文·玉部》："瑗，大孔璧。"雅，美也。璧为美玉之珍宝，故以"雅珍"应"瑗"。

（2）P235 刘瑞，明人，字德符。古人以为帝王有德，上天始降祥瑞之征，《今本竹书纪年》卷上："黄帝轩辕氏……天下既定，圣德光被，群瑞毕臻。"而"瑞"又特指"瑞玉"，宋苏轼《坤成节功德疏文》："群方仰德，执瑞玉以来宾。"故以"德符"应"瑞"。

（3）P269 戴琥，明人，字廷节。《说文·玉部》："琥，发兵瑞玉，为虎文。"发兵瑞玉为朝廷所颁符节，故以"廷节"应"琥"。

（4）P300 龚自珍，清人，字瑟人。《初学记》卷二七引《逸论语》："璠玙，鲁之宝玉也。孔子曰：美哉璠玙！远而望之，焕若也；近而视之，瑟若也。"《说文·玉部》："瑟，玉英华相带如瑟弦也。"故以"瑟"应"珍"。

（5）P299 顾琮，清人，字玉山。《说文·玉部》："琮，瑞玉大八寸，似车釭。"段玉裁注："郑注《周礼》曰：'琮，八方，象地。'"《荀子·劝学》："玉在山而草木润。"故以"玉山"应"琮"。

（6）P112 林世璧，明人，字天瑞。《周礼·春官·大宗伯》："以玉作六瑞……子执谷璧，男执蒲璧……以玉作六器，以礼天地四方。以苍璧礼天，以黄琮礼地。"故以"天瑞"应"璧"。

2. 以龙、凤、麒麟为代表的祥瑞崇拜，在名字相协中最为常见。如：

（1）P146 陈登，三国魏人，字元龙。《太平广记》卷四六六《三秦记·龙门》，以及《后汉书·李膺传》李贤注引辛氏《三秦记》皆载："河津一名龙门，水险不通……江海大鱼薄集龙门下数千，不得上，上则为龙也。"故以"龙"应"登"，取登龙门之意。

又 P68 李化龙，明人，字于田。《易·乾卦》："见龙在田。"

P220 赵云，三国蜀汉人，字子龙。《易·乾卦·文言》："云从龙。"

（2）P135 桓麟，汉人，字元凤。《礼记·礼运》："麟凤龟龙，谓之四灵。"《易·乾卦·文言》："元者，善之长也。"故以"元凤"应"麟"。

（3）P109 孟麟，明人，字瑞鲁。晋王嘉《拾遗记·周灵王》载孔子未生时，有麟现于鲁之阙里，口吐玉书一卷。是麟为鲁生圣人之祥瑞。

（4）P224 邓显麒，明人，字文瑞。《说文·鹿部》："麒，麒麟，仁兽也。"《诗·周南·麟之趾》旧以为歌颂文王、后妃之德的诗歌，《太平御览》卷八八九引《春秋感精符》曰："王者德化……则麒麟臻其囿。"文德盛，麒麟方至。故以"文瑞"应"麒"。

（5）P276 谢麟，明人，字秀瑞。《论衡·讲瑞篇》："凤皇麒麟，太平之瑞也。"

又 P125 胡应麟，明人，字元瑞。

（6）P246 谈一凤，明人，字文瑞。《太平御览》卷九一五引《帝王世纪》曰："国安，其主好文，则凤皇翔。"又引《汉书》曰："五凤三年，鸾凤又集……文章五色，留十余刻。"故以"文瑞”应“凤”。

（7）P267 应云鷟，明人，字瑞伯。《国语·周语上》：“周之兴也，鸑鷟鸣于岐山。”韦昭注：“鸑鷟，凤之别名也。”《禽经》：“凤雄凰雌，亦曰瑞鹍，亦曰鸑鷟。”张华注：“景纯注《尔雅》云：瑞应鸟也……出为王者之嘉瑞。”古人又以为有瑞物如鸑鷟、麒麟等出现，天空必有瑞气应之。《晋书·天文志》：“瑞气，一曰庆云……亦曰景云。此喜气也，太平之应。”故以“瑞”应“云鷟”。

3. 此外，还有河图洛书、獬豸、蓂荚、灵芝等多种祥瑞，不一而足。它们都在名字相协关系中，屡屡被展现。如：

（1）P301 鳌图，清人，字伯麟。《易·系辞上》：“河出图，洛出书，圣人则之。”汉武帝《贤良诏》：“麟凤在郊薮，河洛出图书。呜呼！何施而臻此乎！”麟凤、河图洛书皆盛世瑞应。故以“麟”应“图”。

（2）P51 祁豸佳，明人，字止祥。豸，獬豸，传说中之神瑞之兽。《晋书·舆服志》：“或谓獬豸神羊，能触邪佞。”因是瑞兽，故以“止祥”相应。

又 P161 张豸冠，清人，字神羊。

P227 郑獬，宋人，字毅夫。

（3）P75 李庭芝，宋人，字祥甫。“芝”谓“灵芝”，古人以为瑞草，故以“祥甫”应“芝”。名“庭芝”，取典于《世说新语·言语》：“譬如芝兰玉树，欲使其生于庭阶耳。”

（4）P25 王蓂，明人，字时祯。蓂，蓂荚，瑞草名。《今本竹书纪年》卷上记尧在位时“又有草夹阶而生，月朔始生一荚，月半而生十五荚。十六日以后日落一荚，及晦而尽。月小，则一荚焦而不落。名曰‘蓂荚’，一曰‘历荚’”。又见《白虎通·封禅》《抱朴子·时俗》。唐尧之时被认为是盛世，故有应时之瑞。

“时祯”犹言盛世之祥瑞。

（5）P146 陈荚，清人，字尧夫。取义同上。

九、尊祖敬宗

自西周实行典型的宗法制度以来，中国古代一直是一个以宗法—宗族观念维系的封建社会。“尊祖敬宗”成了中国古代社会最重要的纲维和伦理基础。在此基础上产生了绍祖继宗、光宗耀祖、多子多福等许多普世价值观念。它们都时时在古人名字相协中有所表现，所以我们可以将“尊祖敬宗”列为古人名字相协的又一种类型。例如：

1. 鲁孔白，字子上。“萧山王氏南陔曰：上、尚古字通。《礼记·檀弓》：‘殷人尚白。’引之案：孔氏殷之胄也。故名白，字上。”

按：此条引自王引之《春秋名字解诂》上。姓孔，名白，字上，表明己乃尚白殷商后裔。以示念祖明宗、不忘祖宗之义。可见“尊祖敬宗”一体在春秋时代即已有之。

2. P16 王念孙，清人，字怀祖。儒家主敬老慈幼，尊尊亲亲，幼名“念孙”，表父祖企盼子孙繁盛之心切。冠而字“怀祖”，表怀祖敬宗之义。

3. P52 阮籍，晋人，字嗣宗。籍，承继。左思《咏史诗》：“金张籍旧业，七叶珥汉貂。”《尔雅·释诂》：“嗣，继也。”“籍”“嗣”同义相协，又继以“宗”，表欲其宗族茂盛、永相继续。

4. P67 李之绍，元人，字伯宗。绍，继承。应以宗，谓能继其祖宗之德业。

5. P90 杜纂，后魏人，字荣孙。《礼记·祭统》：“纂乃祖服。”郑玄注：“纂，继也。”陈澔集说：“纂继尔祖旧所服行之事也。”儒家敬宗法祖，子孙能继其祖德，自亦被祖宗之荣。

6. P150 陆之裘，明人，字象孙。

又陆之箕，字肖孙。

《礼记·学记》：“良冶之子，必学为裘；良弓之子，必学为箕。”孙希旦集解：“郑氏曰：良冶之子，必学为裘者，仍见其家锢补金铁之器也。补器者，其金柔乃合，有似于为裘。良弓之子，必学为箕者，仍见其家挠角干也。挠角干者，其材宜调，调乃三体相称，有似于为柳木之箕。”象孙，肖孙，皆谓能像父祖之贤孙。

十、傍名成文

《白虎通·姓名》所揭示的“或傍其名为之字，闻其名即知其字”，对字与名总是存在相协相应的关系做了最直截了当的概括。据此，我们已经总结出了总共20余种具体的相协方式。除此之外，名字相协还有另一种方式，就是在取字时，对“连姓成文”方式的名进行再扩展，不仅使姓、名“连姓成文”，而且使“字”尽量与文献或通行的词语最大限度契合，进而形成所谓“傍名成文”，从而达到字与名的相协相应关联。需要说明的是，“连姓成文”是自古就有的一种取名方式。例如：

廉洁，春秋人，字庸，一字子曹。(《孔子家语·七十二弟子解》)

檀弓，春秋人。(《汉书·古今人表》)

来历，东汉人，字伯珍、来祉。(《后汉书·来历传》)

翟院深，宋人，营丘伶人。(《宣和画谱》)

蓝田玉，明人。(《明史·佞幸列传》)

席上珍，明人。(《明史·忠义列传》)
戴笠，清人。(《碑传集补》)

明顾炎武《日知录》卷二三“以姓取名”云：“古人取名连姓为义者绝少，近代人命名，如陈王道、张四维、吕调阳、马负图之类，榜目一出，则此等姓名几居其半，不知始自何年。尝读《通鉴》至五代后汉，有虢州伶人靖边庭。胡身之注曰：靖，姓也。优伶之名与姓通取一义，所以为谑也。(原注：靖边庭亦见《宋史·田钦祚传》) 考之自唐以来，如黄幡绰、云朝霞（原注：《唐书·魏暮传》)、镜新磨（原注：《五代史·伶官传》)，罗衣轻（原注：《辽史·伶官传》)之辈，皆载之史书，益信其言之有据也。嗟乎，以士大夫而效伶人之命名，则自嘉靖以来然矣。”

顾炎武虽未能明确这种取名方式自古而然，但他指出从明嘉靖以来，这种取名方式有漫延至士大夫阶层的趋势，却不无认识价值。由于自古就有的“连姓成文”取名方式的影响，“傍名成文”的取字相协方式也一直在悄悄发展。我们认为，至少在宋代，“傍名成文”的方式已经出现，明清时代则得到进一步发展。仅举例如下：

1. 黄钟，宋人，字器之。
2. 黄裳，宋人，字元吉。
3. 史迁，元人，字良臣。
4. 黄河水，明人，字清夫。
5. 戴冠，明人，字章甫。
6. 戴冠，明人，字仲鹖。
7. 马逢皋，明人，字千里。(《古今图书集成·氏族典》

卷四三七)

8. 马负图，明人，字河伯。

9. 黄金台，清人，字鹤楼。

10. 黄钟，清人，字宏音。

以上我们通过归纳并简要举例，新增补了十种古人名字相协的方式。与《中国人的姓名字号》中已有的组合方式合在一起，共计22种。它们是：

1. 同义相协　2. 反义相应　3. 连类相及　4. 因性指实

5. 辨物统类　6. 景仰前贤　7. 纪实志盛　8. 概括经义

9. 使典用事　10. 崇奉宗教　11. 采撷警策　12. 离析名字

以上见吉常宏《中国人的姓名字号》(《中国人的名字别号》)

13. 天文地理　14. 干支历法　15. 命运际遇　16. 理想期望

17. 明誓存志　18. 礼制音乐　19. 哲学理念　20. 祥瑞崇拜

21. 尊祖敬宗　22. 傍名成文

以上22种古人名字相协方式中，有些类别内部还可细分，甚至还很复杂。特别是“反义相应”“概括经义”等类别，还有深入阐释的必要。其他类别，也还有许多可剖析处。限于篇幅，都只能留待另文说明。

由于《古人名字解诂》正在增补过程中，以上认识难免以偏概全。更因学识所限，固陋难免，衷心企望海内外大方之家不吝赐教。

参考文献

1. 吉常宏、吉发涵：《古人名字解诂》，语文出版社2003年版

2. 吉常宏：《中国人的姓名字号》，山东教育出版社 1991 年版

第四届汉语史研讨会暨第七届中古汉语国际学术研讨会论文

汉字，汉语，传统文化与中国梦

五千年来，汉字、汉语与它们记录、传播的传统文化，曾持续不断地演绎着中华民族不同历史阶段的发展，见证并记录了那些我们所熟知的精彩的抑或失败的中国梦的历程和经验教训。

今天，我们还能否用它再次谱写和实现新的中国梦呢？

在座的每个人，也包括我自己，今天又该怎样对待汉字、汉语和传统文化呢？或者怎样用它们去帮助自己实现理想中的中国梦（理想）呢？

一、关于汉字与汉语

（一）先说汉字

1. 汉字是世界上唯一一种五千年来一直伴随着自己民族和文化共存亡的文字。

人类古文字史大略：两河流域古巴比伦苏美尔象形文字（公元前3500年—公元前3000年）（被印欧裔赫梯人，后又被波斯人）/古埃及象形文字（公元前4500年—公元前2000年）（先被古希腊，后被阿拉伯伊斯兰）/古希腊、古罗马的爱琴海克里特线形文字（公元前2000年）、地中海腓尼基字母（被日耳曼人）/古印度梵文（公元前2500年）（先后被婆罗门和阿拉伯伊斯兰）。

一句话，汉字之外的世界范围内的古文字，都随其古文化的消亡而消亡了，只有汉字一枝独秀。

距今七八千年前的刻画符号—骨刻文（4600 年前，刘凤君）—甲骨文、金文（三四千年前商、西周，16 万片，4500 多个）—籀文或篆文……汉字逐渐地连续不断演变发展，保存和使用至今。

许慎《说文解字》9353 个（不计异体）—南朝顾野王《玉篇》16917—宋陈彭年、丘雍《广韵》26193，丁度《集韵》53525—《康熙字典》47035—《汉语大字典》54678，《中华字海》（1994 年，冷玉龙等）85568

2. 不管是世界史还是中国史，都揭示了同样一个事实和真理：民族兴，则文字兴。民族亡，则文字亡。世界古代史说明了这一点，中华民族的发展史、兴衰史也说明了这一点。

为什么汉字四五千年一直伴随着我们？——中华民族四五千年一直兴盛不衰。内部尽管有改朝换代，有“兄弟阋于墙”，但作为一个整体的中华民族，一直到帝国主义列强用坚船利炮打破我们的国门，中华民族和中华帝国都是世界上最强大的民族和国家，也可以说是最热爱和平的民族和国家。

近两百年来，中华民族屡被欺侮，不平等条约大的就有几十个，小的附属性的更达几百个。割地赔款达几百万平方公里，几处于被灭族的边缘。在这种情况下，汉字的命运也因此而多舛多难，大体经历了以下几个阶段：

（1）消灭汉字，走拉丁化道路阶段

近代主张废除汉字的名人们（临文不讳，我们没有攻击这些先贤的意思）：

1918 年，钱玄同首先在《新青年》上发难，在这篇《中国今后的文字问题》中，钱玄同称，“废孔学，不可不先废汉文；

欲驱除一般人之幼稚的、野蛮的、顽固的思想，尤不可不先废汉文”，“欲使中国不亡，欲使中国民族为二十世纪文明之民族，必以废孔学、灭道教为根本之解决，而废记载孔门学说及道教妖言之汉文，尤为根本解决之根本解决”。钱玄同希望中国能废除汉字，因为“处处都足以证明（汉字）这个老寿星的不合时宜，过不惯二十世纪科学昌明时代的新生活”。

鲁迅被称作民族的脊梁，对用来表达自己思想的汉字几乎到了仇恨的地步。鲁迅说，汉字是“愚民政策的利器”，是“劳苦大众身上的结核”，“倘不首先除去它，结果只有自己死”。

文人政治家瞿秋白也不甘示弱，其对汉字的辱骂几乎到了无以复加的地步：“汉字真正是世界上最龌龊最恶劣最混蛋的中世纪的茅坑。”在瞿秋白眼里，拉丁文字就是先进的抽水马桶，就是代表西方的先进文明。

20 世纪初，国民政府就开始推行汉字拉丁化和后来的国音字母，直到新中国成立后的汉语拼音。他们的本来目标，都是要消灭汉字，使汉字走拉丁化道路。

1956 年 1 月 20 日，毛泽东在知识分子问题会议上，发表了赞成拉丁字母的讲话。他说：“关于文字改革的意见，我很赞成。在将来采用拉丁字母，你们赞成不赞成呀？我看，在广大群众里头，问题不大；在知识分子里头，有些问题。中国怎么能用外国字母呢？但是，看起来还是以采取这种外国字母比较好。……因为这种字母很少，只有二十几个，向一面写，简单明了。我们汉字在这方面实在比不上。比不上就比不上，不要以为汉字那么好。有几位教授跟我说，汉字是‘世界万国’最好的一种文字，改革不得。假使拉丁字母是中国人发明的，大概就没有问题了。问题就出在外国人发明，中国人学习。但是外国人发明，中国人学习的事情是早已有之的，例如，阿拉伯数字，我们不是久已通用了吗?”（其实，中华民族自古就不排斥外来的好的东西，最善于吸收改造外来文化。此处不论。）

（2）新中国成立后的简化汉字运动

直到打倒“四人帮”、改革开放开始后的80年代末，才逐渐不再提继续简化和最终走拼音化道路的事。

直到2006年，著名学者、国家图书馆馆长任继愈提出了“用简识繁”的建议。

以上历史过程和国家的发展历史完全一致。

（3）在此之前，仍然是个怀疑汉字功能的阶段——80—90年代末。

3. 汉字信息化处理问题的顺利解决（如输入100/分，王选激光照排），以及字母与汉字的比较研究（1∶3.7），从各方面证明了汉字本来就是构造比西方字母文字还合理的，完全可以适应信息化。也就是说，汉字是中华民族的骄傲，是世界文字体系中最优秀的文字，有学者说，它是中华民族对人类的最大贡献，是五大发明之一。

因此，它不仅不应该被消灭，而且应该更好地得到保护和发展，它将为中华民族的再次腾飞做出更大贡献，永远与中华民族共存亡。

以上话语过于严肃和沉重。我们不妨轻松一下：

4. 汉字功能举例：

（1）字谜：上不在上，下不在下。不可在上，止宜在下。

上头去下头，下头去上头，两头去中间，中间去两头。

（2）网络新帖“丙”对“两”说：

“你家什么时候多了一个人，结婚了?”

“乒”对“乓”说：

“你我都一样，一等残废军人。”

“兵”对“丘”说：

“兄弟，踩上地雷了吧，两腿炸得都没了？”

“王”对“皇”说：

“当皇上有什么好处？你看，头发都白了！”

“口”对“回”说：

“亲爱的，都怀孕这么久了，也不说一声！”

“也”对“她”说：

“当老板啰？出门还带秘书！”

“日”对“旦”说：

“你什么时候学会玩滑板了？”

“果”对“裸”说：

“哥们儿，你穿上衣服还不如不穿！”

“由”对“甲”说：

“你什么时候学会倒立了？”

“巾”对“币”说：

“戴上博士帽就身价百倍了！”

这些，都是汉语长处的表现，或者说是其他拼音文字无法比拟的。

5. 然而，一波未平，一波又起。信息时代的新形势下，汉字汉语又遇到了新的危机。

电脑办公不用写字了，胡乱按音输入，于是大批同音网络词语、网络新词语的出现，冲击和污染着汉字体系的纯洁性，威胁到汉字汉语的发展。如神马、大 V、大咖、打酱油、围脖、美眉（美女）、88（再见）、偶（我）、稀饭（喜欢）、BS（鄙视）、斑竹、虾米（什么）、木油（没有）……

由此产生了更大的危机：不会写字了——对国家民族形成了极大的威胁！——这从前面的论述可以理解。

6. 怎样学习汉字，提高个人识读汉字的能力？

两个权威性的例子：

胡适《劝善歌》：少花几个钱，多卖几亩田，千万买部好字典！它跟你到天边；只要你常常请教它，包管你可以少丢几次脸！

鲁国尧布置给博士生的入学作业：读《新华字典》（1 万字）；通读笔记记录，不认识的近 1300 个。

7. 最可喜的新动向：中央电视台举办首届中国汉字听写大会，超过 1 亿人观看，说明全民在关注。

尜 数 扤 膪 恁

汉字要被消灭—大规模被简化—用简识繁—中央电视台举办汉字听写比赛，全民关注汉字，是汉字得到重视的又一强烈信号。

（二）再说汉语

汉语其实是早于汉字很多年的产物，是中国人、中华民族（汉民族）与生俱来的产物，应该有一百万年以上的历史了。后来由于创造了汉字，汉语才得到了记录并保存。记录保存规模之大，历史之久，在世界上都是独一无二的（日本的类书编几千万字就没有了，而汉语类书编几十亿字都没有问题）。这又是从语言角度证明中华民族和汉字历史悠久、功能强大优越的例证。

汉语不仅是丰富的，而且是精细的、准确的语言。例如，手做一个动作，它可以表达成几种甚至数十种（掐捏抠弹戳，揉摁摸磨抚……）

由于几千年的努力与创作，用汉字写成用汉语表达的各种文学体裁十分丰富，例如，诗词歌赋（唐诗 5 万多首，民歌风的竹枝词 8 万多首）。

其中最奇特的是回文诗的例子。晋苏若兰 841 字的璇玑图（29×29）3752 首诗，如“孤灯夜守长寂寥，夫忆妻兮父忆儿”。古代著名作家也几乎都有回文诗传世。再如对联，也是中华文化瑰宝。还有些历史负面影响较大的，如八股文。

（三）感慨与思索

在中华民族受人欺负、积弱积贫、濒临灭亡的时代，就会出现消灭汉字、简化汉字、非理性地诋毁汉字的思潮，并且留下了极大的负面影响和后遗症。

即便到了 80 年代末，也还是“外语、字母文字比汉字汉语先进”，担心汉字汉语又将输掉电脑时代（现在这种危险确实还存在：互联网源代码、核心技术都受人控制，若将来都换成中文的和中国的才好）。

进入 21 世纪，中华民族走上新的复兴之路，变成第二大经济体的时候，不仅一些错误谬论不见了，如不再说要消灭汉字，甚至不再人为搞简化了，不再说汉字汉语跟不上电脑时代了，甚至全民疯狂至少是非理性的外语热也终于开始降温了！（这种疯狂或非理性已经近百年了，近几十年来为甚，浪费了大量人力、物力。)

据央视新闻报道，最近北京市中高考改革的大动作：①语文从 150 分上调到 180 分；②英语从 150 分下调到 100 分；③文理科综合从 300 分上调到 320 分；④数学 150 分不变。强烈地表明，从高层次，在政策面，汉语又得到了应有的重视。而只应当作工具的外语，开始回到它应有的位置了。

对此我们认为，关键要自觉弄清提高语文分值的目的，不仅是为了高考。不要把这一积极的变化弄成考试的另一根指挥棒，要把他看作是民族自信、文化自强的信号。因此，希望在座的各位老师，不仅仅是为考试的分值去教，而是要有文化的自觉性。重要的是在中小学阶段要把基本的中华文化精华，把优秀传统文化，用汉字汉语灌输给青年一代，陶冶他们的民族文化情操，这才是根本目的和重点。

二、关于中华优秀传统文化

最核心和基本的中华优秀传统文化，最值得大家注意，很多都具有现实价值。只能随便简单介绍一些。

（一）人伦道德方面

孝：尽心尽力奉养父母的德行，中华优秀传统道德之一。古代有二十四孝，其中为首的是五帝之一的大舜。

河南籍人占 4 个：恣蚊饱血的晋濮阳人吴猛，拾葚异器的汉汝南蔡顺，东汉河内刻木事亲的丁兰，晋隆虑（林县）埋儿奉母的郭巨

当然其中有些是愚孝，不可取：割股啖亲（古代真实存在，表忠孝。苏轼“上以孝取人，则勇者割股”），卧冰求鲤（晋王祥），埋儿奉母……

由于对封建思想的批判，近几十年来，特别是从 50 年代到打倒“四人帮”，对孝的提倡受到极大冲击。既然父母的天性或必须慈爱儿女，那儿女也应该孝敬赡养父母，爱应该是双向的，不是只受不予。这样扩大开去，一个人在家懂得孝敬父母，在社会上才能有担当，奉献社会。今天建设和谐社会，孝应该大力弘扬。

忠：与孝有密切关系，不孝的很可能也不会忠——他对父母尚如此，又怎能尽职？这对今天选拔干部确实有一定参考价值。

节：中华民族讲气节。浩然之气。贫贱不能移，富贵不能淫，威武不能屈。人生自古谁无死。

义：义者宜也，合理的，合于社会公德。见义勇为。义薄云天。

仁：孔子认为仁是最高的道德标准(《论语》104 次)。仁者，人也。人的善良本性。人与人相亲爱，仁慈厚道，乐善好施。“孝悌也者，其为仁之本与?”志士仁人。孟子扩大到政治——仁政。

礼：人类社会的行为准则、道德规范和外在的各种礼仪礼节。《礼记·中庸》：“礼仪三百，威仪三千。”孔子一生“克己复礼”。“礼之用，和为贵。”“人而不仁，如礼何。”(《论语》74 次) 气质：文质彬彬。交往：尊人卑己。

知：知识，智慧。《易·乾》：“知进退存亡而不失其正者，其唯圣人乎。”

信：诚实不欺，有信用，可靠。“人而无信，不知其可也。”

仁义礼智信——五常。

(二) 哲学或政治理念方面

中华民族在这方面积累了丰富的成果，足以为民族甚至全人类所取资。例如：

1. 中庸：不偏之谓中，不易之谓庸。中者天下之正道，庸者天下之定理。“君子中庸，小人反中庸。”无知者，偏听偏信者，更易偏激和矫枉过正。

2. 和，中和：“喜怒哀乐之未发谓之中，发而皆中节谓之和。中也者，天下之大本也。和也者，天下之达道也。致中和，天地位焉，万物育焉。”

3. 阴阳五行

（1）阴阳：古代哲学中涵盖物质和人事的两个对立面——天地/日月/昼夜/寒暑/男女/君臣/夫妇/里外/动静/生死……

（2）五行：古人认为金木水火土是构成万物的五种元素，用它们可以解释说明宇宙万物的变化。它们之间有相生相克的关系：

五行相生（木生火，火生土，土生金，金生水，水生木）

五行相克（水克火，火克金，金克木，木克土，土克水）

阴阳五行学说产生于先秦，盛于汉魏，至唐宋成为金科玉律。至今依然有极大影响。例如，中医：肺属金，肝属木，肾属水，心属火，脾属土。五色：木青——肝，火红——心，土黄——脾胃，金白——肺，水黑——肾。

4. 天人合一：中国哲学重要命题。认为天和人是相通的，天能支配人类社会的发展，人的行为能感动天意，进而发展为“天人感应”说。

5. 古代中华民族的社会理想：《礼记 · 礼运》：“大道之行也，天下为公。选贤与能，讲信修睦。”

（三）宗教信仰方面

1. 佛教

2. 道教

（四）民俗节日与民俗习惯方面

1. 民俗节日大致又可分为岁时节日和宗教节日

2. 民俗习惯又包括饮食、衣着、建筑居住等等多方面

（五）怎样对待与学习优秀传统文化？

我们的邻居比我们更懂得珍视传统文化（韩国端午祭、泡菜申遗）。它们都是一个民族的根脉，甚至是软实力。所以我们一定要继承发扬（扬弃）。

那就从汉字、汉语开始，从日常生活开始。

三、汉字，汉语，传统文化与实现中国梦的关系

个人的中国梦，国家与民族的中国梦，都离不开汉字、汉语和传统文化。就像实现中国梦离不开科学技术现代化一样！甚至更甚！

科技创新，科技现代化、信息化——这是生产力方面的目的，在强国富民方面只是工具和手段。根子是思想文化，是中国特色的属于民族根脉的汉字、汉语、中华文化、中华哲学智慧的方方面面。

西方文明正在衰微，东方文明正在重新为我们自己及全世界所重视。修正西方文明的不足和偏颇，拯救西方文明的衰弱，解决人类新世纪遇到的新挑战，寄希望于中华文明和中国智慧。

在座各位肩负着教育的责任，更应该自珍自重，首先担负起这份重担。起码要清醒，要多学习，学好汉字、汉语、传统文化。无愧无疚于祖宗留下的这些瑰宝，进而为实现中国梦贡献力量！不要辜负了这个时代！不要辜负了祖宗对我们的希望！

今天就讲这些，请大家指正。谢谢！

2013 年 10 月草拟于济南

李鱓名、字、号辨正

清代著名画家、“扬州八怪”之一的李鱓，名字到底叫什么和读什么，历来存在歧误。时至今日，更是积重难返，甚至连许多专业人士或者工具书，都将其名误认作李鱓。这种错误实在应当纠正。笔者不揣浅陋，拟从以下几方面对相关问题进行一番梳理说明，以期对廓清围绕该问题的诸多谜团有所帮助。

一、李鱓名、字、号的理性解读

廓清李鱓的名、字、号问题，名字训诂之学是最好的工具。古人有名又有字，《礼记·冠义》：“已冠而字之，成人之道也。”孔颖达疏：“且人二十，有为父之道，不可复言其名。”①班固《白虎通·姓名》：“或傍其名为之字者，闻名即知其字，闻字即知其名。”② 都要言不烦地揭示了古人有名有字的礼俗，以及名字相协、互为表里的规律。特别是班固的话，更是直白地告诉我们：古人的名和字是有关联的，字是傍名而取的。因此二者有相互印证、相互解释的功能。

据《古人名字解诂》所载：“李鱓，清人。字宗扬。此取《礼记·檀弓下》杜蒉扬觯故事以为名字。杜蒉虽为宰夫，能执

① 《十三经注疏》，中华书局1980年版，第1680页。
② 《白虎通疏证》，中华书局1994年版，第411页。

礼劝谏其君，并扬觯罚酒，故饰以‘宗’，言欲效其行。李觯多讹作李鱓。觯、鱓形近易讹。‘鱓’与扬不协。或以觯字复堂，号宗扬。‘复堂’乃取杜蒉先饮师旷，再饮李调，己乃‘又酌堂上北面坐饮之’之义。是字与号皆取同一故事。复，又。‘复堂’谓‘又酌堂上’。”①

上面这段文字中，有两个词语需要解释一下。一是“觯”，它既是商周时的一种礼器，又是宴会上尊者用以敬酒的一种大酒杯，据说能盛三升酒。经典中多有它的身影，尤其“三礼”中更是反复出现。因此，“觯”字在古代算不上偏僻字。二是“扬觯”，它的本义，是敬酒前把酒杯洗干净，然后举起示人以洁的一个礼节性动作。后来则被用为表示尊贤、选贤的一个典故词语。再后来，因《礼记·檀弓下》的故事，“扬觯”一词又增加了新的更深层的含义。

看来，透彻了解“杜蒉扬觯”的含义，对于辨正李觯的名、字、号成了至为关键的事情。我们只好不嫌辞费，把这一故事原原本本介绍一下。

《礼记·檀弓下》：

> 知悼子卒，未葬。平公饮酒，师旷、李调侍，鼓钟。杜蒉自外来，闻钟声，曰：“安在?”曰：“在寝。”杜蒉入寝。历阶而升，酌曰：“旷饮斯。”又酌曰：“调饮斯。”又酌堂上，北面坐饮之，降，趋而出。
>
> 平公呼而进之，曰：“蒉！曩者尔心或开予，是以不与尔言。尔饮旷何也?”曰：“子卯不乐。知悼子在堂，斯其为

① 吉常宏、吉发涵：《古人名字解诂》，语文出版社 2003 年版，第 87 页。

子卯也大矣。旷也，大师也，不以诏，是以饮之也。”“尔饮调何也？”曰：“调也，君之亵臣也。为一饮一食，亡君之疾，是以饮之也。”“尔饮何也？”曰：“蒉也，宰夫也。非刀匕是共，又敢与知防，是以饮之也。”

平公曰：“寡人亦有过焉，酌而饮寡人！”杜蒉洗而扬觯。

公谓侍者曰：“如我死，则必毋废斯爵也。”至于今，既毕献，斯扬觯，谓之杜举。

以上故事的大意是这样的：

春秋时，晋国大臣知悼子死了，灵柩停在堂上未葬，晋平公就与近臣师旷和李调在寝宫饮酒并奏乐。宰夫杜蒉闯进来，二话不说，罚师旷和李调各喝了一大爵酒，完了又斟满一爵酒，面北坐在堂上一饮而尽。然后话也不说，快步出宫而去。晋平公对此大惑不解，立即把杜蒉叫回来询问缘由。杜蒉说：“知悼子是晋国大臣，灵柩在堂未葬，按礼法朝廷必须为之举哀停乐。师旷、李调二人作为乐师和近臣，不仅不尽责规劝国君执礼致哀，反而让国君违礼喝酒奏乐，因此罚他们各喝一大爵酒。”晋平公又问：“你自己为什么喝了一大爵酒呢？”杜蒉回答说：“我只是一个厨师，现在却超越了本职工作，管了不应当管的事情，也是有错误的，所以也罚了自己一大爵酒。”

晋平公恍然觉悟，说：“寡人也有错，应当罚我。”于是杜蒉按照礼法洗干净国君用的觯，做了一个“扬觯”的动作，然后斟满酒，罚晋平公喝了一觯酒。

从此，“扬觯”既成了国君受谏之典，也成了忠君直谏之典。而“忠君直谏”，在古代一直被视为一种美德。所以，“扬觯”就成了追求或期望具有这种德行的标志性词语了。

李觯字“宗扬”，是以“扬”应“觯”，暗指“杜蒉扬觯”之典。缀以“宗”是希望尊崇效法杜蒉，虽身处微末，却忠君敢谏，不阿谀奉承。这应是李觯字“宗扬”最雅正的典源与解说。

古人的名和字都是父母或尊长给起的，二者包含着长辈对晚辈的期望。这种期望有时会通过名字潜移默化地激励名字的主人自觉践行名字中的含义。李觯的性情与处事风格是否与此有些关联，这实在是个可探究的话题，此不赘。

现在再说号“复堂”。一般认为，李觯字“宗扬”，号“复堂”，或说字“复堂”，号“宗扬”。李觯的画作中有一枚出现过两次的“字宗扬号复堂”的印章，此是推断其字“宗扬”号“复堂”的证据之一。此外还有其他证据，下文将说到。正如《古人名字解诂》中所解，“复堂”乃明取《礼记·檀弓下》原文“又酌堂上，北面坐饮之”之义。可以说，号“复堂”使李觯名字为“觯”的指向更加确定，如果说仅凭以“扬”应“觯”还不能使人深信李觯之名是“觯”而非“鱓”的话，或者即便能理解为“觯”，也可能把“宗扬”的意思理解为前文所说的“示人以洁的礼节性动作”或“尊贤、选贤”等意义。那么，李觯自号“复堂”的意义取向，则使李觯之名更加明确化、唯一化——它直指“杜蒉扬觯”之典。可以说，“复堂”一号既是我们判断李觯名“觯”而绝非“鱓”的又一理由，更是我们把李觯之名与“杜蒉扬觯”之典相关联最可靠的证明。

众所周知，号或别号多是个人取的。李觯自号“复堂”，再一次说明李觯本人十分珍视自己的名字，故以号“复堂”标榜己名为“又酌堂上”的杜蒉扬觯罚酒之觯。同时也表明自己愿以微末之身效法“杜蒉扬觯”，做一个忠君直谏的人。

有人或许会问，不是只有“字”才与名相协吗？难道“号”也与名、字相协？这个问题确实需要回答。

家父常宏先生在《中国人的姓名字号》中曾指出：“号和名以无意义上的联系为常格，而以有意义联系为变格。清代人的别号，有的似字。如冯锡镛字鸣虞，号侣笙。镛是乐器，钟的一种。笙也是乐器，笙、镛同类相应。又如黄绘字子章，号太素。《论语·八佾》：‘绘事后素’，素、绘亦相协。又如朱凤标字桐轩，号建霞。这是用孙绰《游天台山赋》‘赤城霞起而建标’文意。号不必与名有意义联系，它和字的区别就在于此；如果同名有了意义联系，那也不为过。”①

这种号与名字相关联的现象，明代即已出现，到清代更是多见。我们可以轻易地举出许多例子：

张翼，明苏州府吴县人。字南伯，号云翁。

冯梦龙，明苏州府吴县人。字犹龙，号翔甫、龙子犹。

朱鹤，明苏州华亭人。字子鸣，号松邻。

李渔，清浙江兰溪人。原名仙吕，字笠鸿、谪凡，号天徒。后改名渔，字笠翁。

江声，清江苏常熟人。字飞涛，号白沙。

王岱，清江苏常熟人。字次岳，号云止。

褚人获，清江苏长洲人。字稼轩，号石农。

朱山，清浙江归安人。字怀仁，号寿岩。

刘墉，清山东诸城人。字崇如，号石庵。

① 吉常宏：《中国人的姓名字号》，山东教育出版社1991年版，第107页。

刘星玮，清江苏武进人。字映榆，号圃三。

张镠，清江苏江都人，字紫贞，号老姜。

从上面这些随机寻找的例子中，我们会发现一个有趣的现象：开名、字、号相协风气的，多是明清时江浙地区的文人。这一点，对本文论证李觯的名、字、号三者相协，具有特殊意义，因为李觯就是江苏扬州兴化人啊！

对李觯名、字、号的理性解读已如前述，但是有些话仍须说明。即运用名字训诂之学来确定李觯之名及与其字、号的关系，并非我们所独创。清末民初著名学者陈含光先生（1879—1957），早在一幅名为《柳枝双蝉》的李觯画作上，就已经对此有精彩的见解。2007年9月5日《扬子晚报》刊载了陈先生在该画上的题词。题词文字不长，特全文录下，一则不掠前辈之美，理当表而出之；二则又可借陈先生之卓见，证我说之不虚：

> 自来著录及人口语，皆谓复堂名鱓，鱓盖鼍之别体，非蛇鱓之鱓也。然复堂字为宗扬，以《戴记·檀弓篇》“杜蒉举而扬觯”之语证之，则断不应名为从鱼之鱓，而应名能（按：原文如此，“能”字疑衍）为从角之觯。然复堂自署款亦每多从鱼，余疑之久矣！此一幅“觯”字显然，即此一字，足定其为真迹。画笔古逸，直入天池，更不待论也。陈含光（印）

陈先生的意见和我们不谋而合，却早于我们数十年。陈含光先生大概是用名字训诂之学鉴定李觯名字之第一人！当年陈含光先生仅看到一幅题名李觯的画作，就如此急切地想向世人辨白李觯名字的正误；如今我们有幸能见到的题名李觯的作品已达60幅，已数十倍于陈先生，我辈又当何如！又当何如呢！

二、李觯被误为李鱓的文字学原因

李觯被误为李鱓的根本原因，实际上是古文字学延伸出的一个问题。始作俑者可以追溯到秦汉时期的汉字形体演变。

秦汉时代，是汉字形体从混乱逐渐走向规范的时代。在汉字形体演变过程中，许多异体字、不规范字与正体字或通行字同时存在。有些异体字与不规范字不仅造成严重的混乱，而且对后世的影响十分深远。“角”字与“鱼”字，以及用它们做部首的字，情况就是这样的。

“角”字的甲骨、金文为象形字，其中构件仌丯，象兽角上的横向纹理。“鱼”的甲骨、金文更是象鱼形。这些都是古文字学的结论，不必烦言。但是到了篆文时代，“角”字写成了“角”，“鱼”字写成了“魚”，二者很有些相像。于是，与此二字相关的字就开始出现混淆。

“鱼”讹为“角”的例子，从秦代就开始出现了：

> 《吕氏春秋·应同》：“山云草莽，水云角觪。”陈奇猷《新注释》：“毕沅改‘角觪’为‘鱼鳞’曰：旧本误作‘角觪’。吴志伊《字汇补》载之。徐仲山谓‘鱼鳞’之讹。今案：唐、宋人类部所引皆作‘鱼鳞’，《淮南子·览冥训》亦同，今改正。……蒋维乔等曰：《类聚》一‘角觪，作‘鱼鳞’，《书钞》百五十作‘如鱼鳞’，《御览》八及《绀珠集》皆作‘鱼鳞’。按毕校是也。孙志祖《读书脞录》四亦谓‘角觪乃鱼鳞之讹。’”①

① 陈奇猷：《吕氏春秋新校释》，上海古籍出版社2002年版，第686页。

此乃将“鱼鳞”误写作“角觾”之例。

稍后，东汉将“鱼”讹为“角”的例子多出。《汉语大字典·角部》“觫”字下举了两个东汉碑帖的例子：“觫，同鳏。《北海相景君铭》：‘元元觫寡，蒙祐以宁。’清顾蔼吉《隶辨·山韵》：‘觫，即鳏字，变角从鱼。’《曹全碑》：‘抚育觫寡。’”① 此乃将“鳏”字误写成“觫”字例。

将“角”讹为“鱼”的例子，似乎比“鱼”讹为“角”更早。

> 《山海经·海外西经》：“女祭、女戚在其北，居两水间。戚操鱼䱇，祭操俎。”袁珂校注：“郭璞云：‘䲒，鱼属。’王念孙云：‘《大荒西经》“有二人女祭、女薎”注云“或持觯，或持俎”……鱼䱇当为角觯。注内“䲒，鱼属”，当为“角䚕，觯属”。’珂案：王校语中‘角觯’疑当作‘角䚕’……”②

此乃将“角䚕”（按：觯属）误为“鱼䱇”。此例虽孤单无双，却弥足珍贵，因为它已经直接涉及我们要辨正的“觯”字。它向我们说明，李觯之“觯”，早在《山海经》时代，就已经有误为“鱼”旁的了！

最能代表东汉人“角”“鱼”形体相混的，莫过于许慎了。《说文解字·角部》：“角与刀、鱼相似。”③ 由于许慎无可比拟的古文字学家身份，故其解说影响深远，以至于清代的古文字

① 《汉语大字典》第六卷，四川辞书出版社、湖北辞书出版社 1989 年版，第 3931 页。

② 袁珂：《山海经校注》，上海古籍出版社 1980 年版，第 216 页。

③ 《说文解字注》，上海古籍出版社 1981 年版，第 184 页。

学家段玉裁、孙诒让等都附和其说。如孙诒让在《契文举例》卷上说：“角与刀鱼相似……上象其耑及腮理，下象其柢，于形最切。”① 只有王筠对许慎的误解进行了批评，《说文句读·角部》：“角……许君所以言此者，《曹全碑》《景北海铭》‘鱳’字皆从角。知是时六书裂坏，故言之。……北齐《药方碑·疗五痔方》‘用牛角鳃’，是又讹角为鱼也。虽非许君所及见，而鱼、角互讹可见矣。”②

这里，王筠不仅客观地指出许慎等人误解的根源在于“是时六书裂坏”，同时，又增举出了南北朝时北齐的“觞”字讹为“鳃”的例子，进而得出古代“鱼、角互讹可见矣”的结论。其真知灼见，让人叹服。其他字书、韵书对鱼、角互讹的现象也时有记录。如《集韵·混韵》：“鱳，人名，禹父也。或作舷，通作鲧。”（按：舷，当鱼而讹为角。）《龙龛手鉴·角部》：“艛，鳗的俗字。”（按：艛，当鱼而讹为角。）

总之，两千多年前，《山海经·海外西经》中已经将“角觛”讹为“鱼觛”。而王念孙与袁珂都对此进行了校注，把“觛”和“觧”建立起了文字与意义上的联系。由此可以证明，远在《山海经》时代，就已经埋下了“觧”字讹为“鱓”的种子。到《吕氏春秋·应同篇》，则又将“鱼鳞”讹为“觾”。东汉许慎在“角”字形体的识别上也失了法眼，各代文献资料中，“角”“鱼”部首字互讹的现象更几乎代有所见，记录不断。所以，从根本上说，李觧被讹写成李鱓，不过是这出两千多年的文字学公案发展到清代的又一个新例证罢了。

需要指出的是，许慎虽然对“角”字的形体解读有误，但其

① 转引自《古文字诂林》四，上海教育出版社2004年版，第603页。
② 王筠：《说文句读》，北京市中国书店1983年版，第36页。

《说文解字》收录的“觶”字及其异体字，仍是帮助我们破解李觶名字问题弥足珍贵的资料。我们特将它们抄录于下：

《说文解字·角部》：

“觶，乡饮酒角也。《礼》曰：‘一人洗举觶。’觶受四升，从角，单声。”

“觾，觶或从辰。”

“觗，《礼经》觶。”王筠《句读》：“郑《驳异义》曰：今《礼》角旁单，古书或作角旁氏。”

“觛，小觶也。从角，旦声。”①

上文中，“觛”字可以作为我们理解《山海经》中“角觛”讹为“鱼觛”的注脚。而觶的古别体“觗”字，则对下文破解李觶印章中出现的“宗杨氏”“中洋氏”两个别号大有启发和帮助。

总之，行文至此，我们又进一步找到了问题的根源，抓住了又一个可信的解决问题的关键。我们又从古文字学和文献学角度掌握了“觶”与“鱓”互混的原因和例证，由此可以断言，李觶在其早期画作中，不管是署名李鱓还是复堂、宗扬（按：实际未见用此署名，详后），其实他内心和本意都是表明或指向自己的本名李觶的。

然而，问题的复杂性在于，李觶被人们误为李鱓，早已不仅仅是名字训诂学、古文字学和文献学、校勘学方面的纯学术化的问题了。因为若只是学术方面的问题，大都可以一经发现或发明，便可彰明学界，一改了之，众所从之，万事大吉！而李觶被误为李鱓这潭浑水，三百年来却已经被全社会越搅越浑，牵涉面

① 王筠：《说文句读》，北京市中国书店1983年版，第40页。

也越来越广。以致今天要想彻底说清和解决它，仅仅依靠学术论断，仍属不可能。你瞧，王念孙、王筠等乾嘉学者的明断在前，袁珂先生的校勘在后，陈含光及我们的《古人名字解诂》言之凿凿，论说都足供世人解惑。可事实却远非如此，大家都只落得个杯水车薪、泥牛入海，甚如蚍蜉撼树，徒呼奈何而已！

看来，我们必须另想办法，加大解疑释惑的力度与广度才行。为此，笔者欲再通过对李觯画作署名和印鉴的统计与梳理，采用历史学、方言学等方法，审视批判其中的问题，阐明事情的真相，以期为问题的彻底解决提供更多帮助。

三、对李觯画作中署名、印章等的统计、分析与解读

用书画中作家或相关人物所题诗文、署名、印章等，作为第一手资料和信息来源，分析判断作家生平、姓名甚至思想等问题，是学界早就惯用的重要考证方法。前述陈含光先生曾仅凭一幅《柳枝双蝉图》作为李觯名字拨云见日的证据，就是一个典型例证。卞孝萱先生也曾在《中国文化》2006 年第 2 期上发表过《扬州博物馆看"扬州八怪"书画记》一文，他凭借十幅经眼的李觯作品上的署名、印章、时间等，对李觯名字的问题发表了一些看法，虽未中的，但其方法值得肯定。

下面，我们以《李鱓画集》（北京工艺美术出版社 2005 年版，以下称《画集》）所收录的 340 幅李觯作品为观察对象，对其中署名、印章（包括名、字、号）、年代等信息进行穷尽而系统的统计，在前面我们对李觯名、字、号已有的基本的理性分析基础上，把这些信息归纳分类，并将结果列成了三个表格，以帮助我们更加深入地观察与思考李觯名、字、号的相关问题。

表一：李觯画作署名情况统计表

（本表以《李鱓画集》所收录的340幅作品为统计对象）

<table>
<tr><th colspan="2">类别</th><th>序号</th><th>署名情况</th><th>数量（幅）</th><th>合计（幅）</th><th>百分比</th><th>备注</th></tr>
<tr><td rowspan="4">有名、字、号标识类</td><td rowspan="2">明含觯（鱓）类</td><td>1</td><td>李觯</td><td>57</td><td rowspan="4">285</td><td rowspan="4">84%</td><td rowspan="4">复式署名按主署名统计。其他次要署名不再进入二次统计。如“复堂李鱓”“懊道人李鱓”等，只计李鱓。</td></tr>
<tr><td>2</td><td>李鱓</td><td>188</td></tr>
<tr><td rowspan="2">指向觯（鱓）类</td><td>3</td><td>复堂（单一署名外加印章）</td><td>40</td></tr>
<tr><td>4</td><td>宗扬（含宗杨、宗杨氏、中洋、中洋氏）</td><td>0</td></tr>
<tr><td rowspan="4">无名、字、号标识类</td><td>其他别号</td><td>5</td><td>懊道人或墨磨人</td><td>28</td><td>28</td><td></td><td></td></tr>
<tr><td rowspan="3">无署名类</td><td>6</td><td>无署名，有印章</td><td>22</td><td rowspan="3">26</td><td rowspan="3"></td><td rowspan="3"></td></tr>
<tr><td>7</td><td>无署名，印章不清楚</td><td>2</td></tr>
<tr><td>8</td><td>无署名，无印章</td><td>2</td></tr>
<tr><td></td><td>调侃类</td><td>9</td><td>善夫</td><td>1</td><td></td><td></td><td></td></tr>
<tr><td colspan="2">总计</td><td colspan="2"></td><td>340</td><td colspan="3"></td></tr>
</table>

表二：李觯画作印章使用情况统计表

（本表以《李鱓画集》所收录的340幅作品为统计对象）

<table>
<tr><th colspan="2">类别</th><th>印章名</th><th colspan="2">使用次数</th><th>占所用印章总数百分比</th><th>分布画幅数</th><th>占全部画作百分比</th></tr>
<tr><td rowspan="8">有名、字、号标识类</td><td rowspan="2">明含觯（鱓）类</td><td>（李）鱓</td><td>164</td><td rowspan="8">372</td><td rowspan="8">超过82%</td><td rowspan="8">294</td><td rowspan="8">86.5%</td></tr>
<tr><td>（李）觯</td><td>5</td></tr>
<tr><td rowspan="6">指向觯（鱓）类</td><td>宗杨</td><td>111</td></tr>
<tr><td>宗杨氏</td><td>3</td></tr>
<tr><td>复堂</td><td>72</td></tr>
<tr><td>字宗扬号复堂</td><td>2</td></tr>
<tr><td>中洋</td><td>9</td></tr>
<tr><td>中洋氏</td><td>6</td></tr>
<tr><td colspan="2" rowspan="3">调侃类印章</td><td>李三</td><td>2</td><td rowspan="3">5</td><td rowspan="3"></td><td rowspan="3">5</td><td rowspan="3"></td></tr>
<tr><td>里善</td><td>2</td></tr>
<tr><td>善夫</td><td>1</td></tr>
<tr><td colspan="2">其他别号、闲章</td><td>懊道人、臣非老画师、酒后常称老画师等近三十种</td><td>74</td><td></td><td></td><td>与其他类有交叉，未统计。</td><td></td></tr>
<tr><td colspan="2">总计</td><td></td><td></td><td></td><td></td><td>340</td><td></td></tr>
</table>

表三：李觶画作中署名李觶（或觶）的作品信息分析表

<table>
<tr><th rowspan="2">朝代</th><th rowspan="2">年份</th><th rowspan="2">署名李觶
作品数量</th><th rowspan="2">署名李鱓
作品数量</th><th rowspan="2">作者
年龄</th><th colspan="2">题画诗文所表现用途</th></tr>
<tr><th>无题画
诗文</th><th>有题画
诗文</th></tr>
<tr><td rowspan="13">乾隆朝</td><td>元年至十二年
（1736—1747）</td><td>0</td><td>未统计</td><td>51—62 岁</td><td></td><td></td></tr>
<tr><td>十三年
（1748）</td><td>1</td><td>1</td><td>63 岁</td><td rowspan="9">5</td><td rowspan="9">祝嘏或奉送亲友 8 幅，自遣兴 33 幅，共计 41 幅</td></tr>
<tr><td>十四年
（1749）</td><td>1</td><td>1</td><td>64 岁</td></tr>
<tr><td>十五年
（1750）</td><td>4</td><td>2</td><td>65 岁</td></tr>
<tr><td>十六年
（1751）</td><td>2</td><td>3</td><td>66 岁</td></tr>
<tr><td>十七年
（1752）</td><td>16</td><td>3</td><td>67 岁</td></tr>
<tr><td>十八年
（1753）</td><td>8</td><td>3</td><td>68 岁</td></tr>
<tr><td>十九年
（1754）</td><td>4</td><td>3</td><td>69 岁</td></tr>
<tr><td>二十年
（1755）</td><td>5</td><td>1</td><td>70 岁</td></tr>
<tr><td>二十一年
（1756）</td><td>5</td><td>4</td><td>71 岁</td></tr>
<tr><td>二十二年
（1757）
及以后</td><td>0</td><td>0</td><td>72 岁及
以后</td><td></td><td></td></tr>
<tr><td>合计</td><td>46</td><td>21</td><td></td><td></td><td></td></tr>
<tr><td colspan="2">无年代标计</td><td>11</td><td></td><td></td><td>5</td><td>6
（自遣兴）</td></tr>
<tr><td colspan="2">总计</td><td>57</td><td></td><td></td><td></td><td></td></tr>
<tr><td>备注</td><td colspan="6">若将《画集》未收录的陈含光、卞孝萱所见三幅署名李觶作品计入，则署名李觶或觶的作品共 60 幅。</td></tr>
</table>

观察上面三个表格，读者会产生几个疑问。

第一，全部 340 幅画作中，为什么没有一幅以其字“宗扬”署名的作品？而署李鲜（鱓）、复堂的画作会高达 84%呢？

其实，这是李鲜受“字”的礼俗用法束缚，同时又表现了当时社会风尚的一个很普通的现象。自古以来，“字”有尊称意味，是给外人叫的，不能用于自称，这一被遵行了两千多年的礼俗，李鲜当然会自觉遵守。画作的署名，是一幅作品中最正式的符号标志，作者自然要以谦称己名为主，以署别号为辅。因而李鲜所有作品中或署名，或署号，而无署“宗扬”者。这一点也可以证明“宗扬”是字而不是其号。明清两代，称别号的风气极盛，从表一可以看出，署“复堂”与署“懊道人”“墨磨人”别号的作品相加高达 68 幅，占到全部作品的 20%之多，这一点，正是当时这种习尚的又一种表现。

第二，表一、表二中，为什么将宗杨、宗杨氏、中洋、中洋氏四种署名或印章，称作“指向鲜（鱓）类”或“有名、字、号标识类”呢？确实，这是一个重要而有趣的问题。

首先请读者注意，以上四种名称，并无一例用作署名。而只是在印章中大量出现。仅“宗杨”一印，就多达 111 次，仅次于李鱓类的 164 次。若将四种印章合并计算，则高达 131 次之多。

如上所述，李鲜在全部画作中无一次用其字“宗扬”署名，表现了他遵守礼俗，深谙字不可用于自称之道，尊重字的严肃性。要之，典源“杜蒉扬鲜”，决不可写为“杨鲜”，而李鲜的印章，是将“扬鲜”之“扬”，改为“杨”字而后使用的。如此一来，“宗杨”就只是一个与其字同音的类似别号的印章而已了，所以可以大用特用。

其次，“中洋”与“氏”字同样也是李鲜利用同音效果表示自己“字宗扬，名李鲜”的一种方法，不过它们有点炫人耳目，一般人不易觉察罢了。何以见得呢？原来，在李鱓家乡扬州方言中，“中”“宗”二字的声母都是浊声母，读如“资”，二字因此是同音的。“洋”与“扬”本来就同音。“氏”与“鱓”也可算作同音字，因为我们前面曾说到，“鱓”的异体字中有一个“鮀”字，其声旁正是“氏”。这样，“中洋”读如“宗扬”，“中洋氏”或“宗杨氏”读如“宗扬鱓”，意思是说“字宗扬，名李鱓”。表二中我们之所以把上述四种印章全部归入“指向鱓类”或“有名、字、号标识类”，原因即在于此。如表中所示，这类画作多达294幅，占全部画作的86.5%，如此之高的比例，是很有说服力的。

第三，为什么表一、表二中将“李三、里善、善夫”归为“调侃类”？

这个问题与上面“中洋氏”类有相似之处。在扬州方言里，“三”与“善”“鳝”（鱓）读音相近。而李鱓的名字由于讹写成“鱓”，而被世俗误读为“shàn”，以为是鱼鳝或黄鳝之“鳝”。后代有人甚至附会说“鱓”字应读“鱓”的又音tuó（即鼍，扬子鳄），则更是胡扯和虚造。对此，画家表现得十分无奈又很诙谐。他数次用“李善”“里善”“李三”，还有“善夫”几枚印章，表达了对此类“齐东野语”的否定。但需要指出的是，李鱓即便在这种情况下，也绝无一次使用后代通用的“鳝”字作印章，更没有用作署名。足见他拒绝将自己的名与“shàn”相关联的决绝态度。他用“李善”“里善”“善夫”作印章的意思，只是自我解嘲和调侃说：“众人硬将鄙人之名误认误读为‘shàn’，然而此‘鱓’实非彼‘鳝’，让我权且把它解为内心善良之‘善’吧！”这便是我们将“李三”“里善”“善夫”归入“调侃类”的原因。

第四，表三的统计结果说明了什么？

从表三中我们可以看到，所统计的全部340幅画作中，以“李鱓”或“鱓”署名的作品共有57幅，其中有年代标识的46幅，无年代标识的11幅。这一数字已不算少，若再算上陈含光、卞孝萱先生提及而未见于《画集》的3幅，则目前可以统计到的署名“李鱓”或“鱓”的作品，已达60幅之多！较之以往，这实在可算作一个令人振奋的大数目了！

特别值得注意的是，有年代标识的46幅作品，全部集中在乾隆十三年到乾隆二十一年（1748—1756）九年之间。按一般说法，此时李鱓已是63—71岁的老人。而我们要特别指出的还有两点：一、同一时间段，署名李鱓的作品只有21幅，显见前者已是后者的两倍还多；二、也是更有意思的一点，自乾隆二十二年之后，未见有传世的李鱓作品。据此推断，乾隆二十一年，李鱓71岁，大约就是其绝笔之年（按：笔者也注意到，《画集》346—363页收录有四川省博物馆所藏《花卉图》册页，共计九幅作品。其中最后一幅是李鱓好友郑板桥为此册页所作题跋，所题年代为“乾隆庚辰”，即乾隆二十五年（1760）。李鱓的八幅画作则皆无年代标识。但郑板桥在题跋中明确写道：“此册是三十外，学蒋时笔也。”可见此八幅画应当是李鱓年轻时在北京师从蒋廷锡时的作品。然而个别研究者无视此语，将此画册说成是李鱓乾隆二十五年的作品。并据此把李鱓的卒年后推至乾隆二十五年之后，实属不察。

根据李鱓的生平研究资料，他在乾隆八年（1743）58岁时，离开山东滕县，结束了30年漂泊江湖、追求仕宦功名的坎坷生活，回到故乡。但其心不甘，又在乾隆十年，当他60岁时，一度从家乡兴化赴扬州，打算再次出山，入都谋生。据《李鱓作品年表》载：“1745年（乾隆十年，乙丑）60岁……十月，由兴化赴扬州，居小东门内西雷坛。腊月，作《寄侄书》，内云：‘近复作出山想，来郡城托钵，为入都之计。'”然而不知什么原因，重新出山的计划未能成功，画家60岁以后萌生的最后一次奋斗希望最终归于破灭。到乾隆十二年（1747），62岁的李觯渐渐表现出心灰意冷，或说渐归平静，不复他想，正式开始了其回归故里的晚年生活。这一年四月，他在所作的《玉兰牡丹图》（《画集》第193页）上题诗说：“少年囊笔走蓬瀛，垂老甘棠种澥滨。无复心情画姚魏，无如从索玉堂春。”同年六月，又在《故园图》中题诗说：“倪黄高处何人识，前有清溪后石溪。笑我廿年脂粉笔，白头方悔故山迷。”（《画集》第195页），这些题画诗，看似无心，实属有意，只有解人才能真正体味出其中饱含画家的无奈心情，以及一个晚年失意的老人决心回归故乡、回归自我的强烈欲望。

从此，李觯在书画中开始恢复自己的名字“李觯”的正确写法。到乾隆二十一年，他71岁时，已经至少有今天我们表三中统计到的46幅作品是署名“李觯”或“觯”的了。其中有一幅作品很能代表他这一署名习惯的更改，《画集》第420页收载的雍正四年（1726）他“书祝曾传年姻翁”的一幅行书（泰州博物馆藏），署名为“复堂墨磨人李鱓”。到乾隆十五年（1750），这位曾传年姻翁的侄子拿着这幅当年李觯送给他伯父的作品让他看时，老人唏嘘不已，重新在这幅作品上书写题跋，然而，这次的落款不再是“李鱓”，而是“复堂李觯”，按照中国古代名、字、号的用途和严格的礼制规定，一个人在正式场合，例如今天填报档案的文件、考试试卷上，或官方任命书上，是必须规规矩矩正确书写其真名的。因此推想，李觯当年参加辛卯年（康熙五十年）江南乡试并一度中举，其试卷上自署与官方发布的登科录上的名字，都应属于此类，即应当是“李觯”而不太可能是“李鱓”。甚至康熙五十二年（1713），他于热河行宫献诗时自署的名字或皇帝诏谕其为内廷供奉、南书房行走的相关文书，似乎也应当是书其真名的。然而上述相关档案至今未见披露。盼望有关部门和专家学者有朝一日若能有所发现，将其披露于天下，不仅可以用作当时文字规范和礼法疏密程度的证据，更可验证笔者今日猜想的对错。

因此，今天我们可以且不管是李觶自己导演了自己名字长达三百多年的一场文字游戏，还是当年某种偶然的或不可抗拒的机缘，客观造成了李觶名字讹误这场真假难辨的公案。庆幸的是，在他艺术生涯的最后十年，这位垂垂老矣的画家，用行动和作品向世人表明了他坚决回归自我真实名字的决心。正是他这最后十年所留下的丰富作品，才使我们对其名字的辨正握有充分的信心和最可靠的证据。否则，即便前面笔者的理性解读再充分，也会显得苍白无力，也无法阻止人们对李觶名字近三百年来这场误解的延续。

四、李觶名、字讹误发展的三个阶段

在对李觶名、字讹误情况进行资料梳理时，笔者发现，三百年来，讹误局面呈现出阶段性逐渐恶化的态势。

首先，李觶生活与创作年代的资料，如他参加科举的试卷签名、中举后的题名录、朝廷对他的任命文书等，都未见诸报道。与李觶交游者，如郑板桥等人的诗文中，虽多次提到李觶，但多是遵循当时风尚，以称其号“复堂”为主，少有涉及其名字者。即便个别资料提及其名，也远无法和他自己在画中表露的信息的准确与丰富程度相比。另外还有两种较早且具有较高价值的资料，一是《石渠宝笈》（《四库全书·艺术类》），此书是李觶尚在世且已回到扬州，并开始用真名李觶署名后的七年，即乾隆十九年（1754）敕撰。其中卷三十五载："李鱓《四季花卉》一卷（次第曰一），素绢本，着色。画款云：臣李鱓恭画。"另一种是嘉庆年间胡敬《国朝院画录》，该书卷上载："李鱓，字宗扬，号复堂，兴化人。康熙辛卯举人，官滕县知县。工花鸟，高其佩弟子。《石渠》著录一：《四季花卉》一卷，款'臣李鱓恭画'。"

上述两种资料，虽与李觯生活和创作年代相当或略晚，但《石渠宝笈》是仅据李觯当年任职宫中时的作品《四季花卉》上的落款予以著录，未及他返回故里，改署"李觯"的画作署名。而《国朝院画录》又是照录《石渠宝笈》，故二者中李觯名字皆为李鱓，实属情有可原。稍晚还有第三种资料，即嘉庆十五年（1810）所修《重修扬州府志》，其中卷五十四《人物·艺术》载："李鱓，字宗扬，兴化人。……"李觯的名字也录为"李鱓"。但是，按照乾嘉年间语言文字学的昌明情况，即便李觯的名字写为李鱓，学者们只要根据其"字宗扬，号复堂"，便不难知道其真名当为"觯"字，而不会当真认作"鱓"字的。从《重修扬州府志》我们还可看出，直到嘉庆年间，除了李觯的名被写为"鱓"，字与号都被记录为"字宗扬，号复堂"，尚未见将二者颠倒者。

根据以上这些情况，我们将李觯生活的康乾年间直到其身后的嘉庆时代，称为其名字的"讹误生成阶段"。

清代道光、咸丰之后，特别是到光绪、民国初年，情况则变得糟糕。

首先，我们先看看这时产生的正史资料。《清史稿·艺术三·华嵒传附郑燮》："燮，字板桥"，"燮同县李鱓，字复堂"。不看不要紧，一看着实吃了一惊。郑燮字克柔，号板桥，早已为人所熟知。按名、字相协规律，此乃取《尚书·洪范》"燮友柔克"文句为名、字。相协之切，昭然若揭。而《清史稿》所载显然错误。且郑、李二人名、字无一正确。正史的谬误，竟与齐东野语无异，真让人大跌眼镜！

正史既已如此，这一阶段的其他资料，如方志、家谱等又如何呢？我们发现，目前经常被人们引以为据的相关资料主要有两种。一是清咸丰二年（1852）重修的《兴化县志》，其中卷八《文苑传》载“李鱓，字复堂”①。显然，咸丰年间的县志中，已开始将李鱓的字误为“复堂”，而未及“宗扬”。笔者以为，这是一个重要的信号或转折点。另一种是《李氏宗谱》，这种所谓的家谱，仅其传承关系与版本等就存在许多疑问。就版本而言，就有清光绪十九年（1893）徐乃秋抄乾隆三十八年（1773）李培源纂修本，与民国十七年（1928）李氏师俭堂刊李氏三十二世孙李竹溪据乾隆十七年（1752）李培源重修本。② 稍微观察即可发现，上述两种版本，都是号称以乾隆年间底本为依托，但究其实则都是出自清末民初人之手。其中我们所关心的李鱓名、字的资料似乎也可以证明这一点。二者或抄咸丰《兴化县志》“李鱓，字复堂”，或抄民国九年（1920）所修《临淄县志》。其中《老四房》卷三载：“鱓，字宗扬，号复堂。”一部家谱，对于族中声名显赫、引以为荣的先贤名号，忽此忽彼，闪烁其词，显见为后世拼凑假冒之作，实不足以取信。这些资料表明，晚清直到民初，不仅李鱓的名被误为“鱓”字已久，其字与号也开始变得扑朔迷离。所以，我们把这一阶段称为李鱓名字被进一步弄错的“迷失与混乱阶段”。

再往后，从20世纪30年代到60年代，李鱓名、字的问题沉

① 参见《中国地方志集成·江苏府县志辑》48，江苏古籍出版社1991年版，第247页。

② 参见薛永年《李鱓的家世与早期作品》，见《扬州八怪考辨集》，江苏美术出版社1992年版。

寂了若干年少有人关注。到60年代初，这个问题才又有人顺便涉及，但人为的错误表现得很明显。《文物》1963年第10期刊载的天秀、涧莹、石华《李鱓生年考》一文就是一个例证。文中声称，“最近十竹斋征得李鱓晚年作品多幅。在一幅花鸟画中，作者曾有这样的题款：‘鱓也年垂七十有一……乾隆二十一年七月初十寓居郡城天宁寺，晨兴为此。’”从《文物》杂志的级别、水平，以及作者的口气来看，似乎我们应当相信，作者不是凭道听途说而属文的，而是亲眼见过此画的。为了证明这一点，我们特意从《李鱓画集》中找到了此画（见《李鱓画集》315页《杂画》之三，南京博物院藏）。看后却着实吓了一跳，因为上面提到的题款在画中清楚地显示为“觯也年垂七十有一”。文章的作者不知为什么竟视而不见，硬是将其中关键的“觯”字，改换成了“鱓”字。而更为严重的是，这种妄改，已经成了今天一些专业人士或研究者司空见惯的手法。以至于到了90年代，虽然社会其他方面早已进入了拨乱反正，但是在李觯名字的问题上不仅没有好转，反而更加混乱和不可收拾了。我们注意到，此时出现的几种材料，把李觯名、字这潭浑水，搅得更浑了。

第一种材料是王鲁豫的《李鱓年谱》（载《扬州八怪研究资料丛书》之《扬州八怪年谱》上，江苏美术出版社1990年版），作者在《序》中有这样一段话：

> 一九八二年春元，返故里临淄探亲。家父述及一件往事：少年时与清末举人王烇卓谈论画艺，言及李鱓时王笑道：“若令尊大人在世，定不致将李鱓名字读错。”原来李鱓曾在临淄县任过县令，其名“鱓”字读作“鼍（tuó）”音，取鼍龙之意。当时士人相告，切勿错读官讳。

上面这段话，本属齐东野语，不足为信。但从《年谱》发表以来的 20 多年间，其影响不可小觑，它使李鱓名字的问题横生枝节，更加混乱。

首先，从这段话中，我们并不能知道那位王举人说完“若令尊大人在世，定不致将李鱓名字读错”，还说了些什么。《年谱》作者所云“原来”至“切勿读错官讳”，特别是“‘鱓’字读作‘鼍（tuó）’音，取鼍龙之意”等语，更像是作者自己的创造。退一步说，即使是《年谱》作者忠实地转述其父亲的话，以 1982 年其父 90 岁高龄计，其出生时间应是 1892 年的光绪年间，则其与王举人谈论画艺之事当已在清末民初。且他既受到王举人批评，一定是将李鱓之“鱓”读错了的缘故。至于读成了什么我们无法知道。那位王举人认为该读什么，我们也无从知道。再说，王举人或《年谱》作者的祖父，二人生活年代的上限可以推测不会早于清咸丰年间（1851—1862）。前文表明，这期间已经是李鱓名字发生混乱的时期。虽然李鱓名字此时讹写为“鱓”已是事实，却从未见之前有史料记载“鱓”字是取“鼍”字音、义的。《年谱》作者的这一举动，使李鱓之“鱓”讹写为“鱓”，进而又读为 tuó，从此变得更加有根有据。《年谱》作者于 1990 年以跳跃寻史法（按：《年谱》作者从 1990 年推到 1982 年，又推到民国初，再推到“令尊大人在世”的清末什么时候，一下子一百几十年就下去了，让一般人遐想不及。此还不算是“跳跃寻史法”么?）亮出的这么一种新证据、新说法，让人不得不怀疑这是齐东野老们的以讹传讹呢，还是《年谱》作者的杜撰呢？要之，临淄本是聊斋故乡，受些聊斋笔法的影响也是可以理解的。

另外，《年谱》所涉及的李鱓画作，作者似乎都未曾亲见。因为若是曾经过眼，应不至于对其中几十幅明明署名“李鱓”的作品，都如前面《文物》杂志所载的《李鱓生年考》一样，将署名统统改作“李鱓”。就如上面提到的作于乾隆二十一年的那幅画，《年谱》特别注明“见《文物》1963 年 10 期”。这清楚地表明，《年谱》作者所根据的不是李鲜画作，而是从二手的《文物》杂志的文章中看来的。这种做法若是一般作者也就罢了，作为专门研究者和研究专著，如此不严谨，让人情何以堪！如果作者见过李鲜画作却仍忽视几十幅作品的实际署名，那就不知作者是故意为之，还是本来就缺乏对“鲜”“鱓”二字的分别能力了。

总之，此时出现的《李鱓年谱》流毒甚广，它很快成了后来一些以讹传讹、穿凿附会说法的新的源头和依据。《扬州八怪传》第一章《羞拈粉白与脂红——李鱓的一生》（丁家桐、朱福烓著，上海人民出版社 1993 年版）充分表现了这一点。它是我们所说的把李鲜名、字这潭浑水搅得更浑的又一种材料。

我们不妨欣赏一下该传记开头的一段文字：

> 李鱓的鱓字，有两种读法。一读为 tuó（驼），同鼍，即猪婆龙，“神兽”也。据临淄的老先生回忆，昔日李鱓在临淄为县令时，人皆知为李 tuó，士人相戒，切勿读错官讳。又一种读法，即 shàn（善），同鳝鱼之鳝。李鱓落拓江湖，多次题画署名为“鳝”，承认自己不过是江淮间一条普普通通的鳝鱼罢了。从鼍到鳝，从神兽到沦为一条其貌不扬的小鱼，多少反映了主人公“两革功名一贬官”的坷坎命运，反映了主人公仕途失意而不得不以画为业的始终不能求得自我平衡的悲凉心境。

上文中，据“临淄的老先生回忆”至“切勿读错官讳”句下，注明“见王鲁豫《李鱓年谱》”。显然，《年谱》的杜撰摇身一变，就成了此传记的依据。不仅如此，在这不长的一百多字中，句句又有惊人的“创新”与“发展”。我们不得不以按语的方式对其进行讨论和批判。

1.“鱓……‘神兽也’”

按：鱓字确是“鼍”的异体，故可有 tuó 音。“鼍”，即今之扬子鳄，其皮可以冒鼓。但未闻鼍为“神兽”之说。相反，古人因其凶猛、窟居、兴风作浪，多以其为不祥之物。南朝宋刘敬叔《异苑》卷八：“池先有鼍窟，岁久因能为魅，杀之乃绝。”金代元好问《涌金亭示同游诸君》诗：“云雷涵鬼物，窟宅深蛟鼍。”所以古代中原士人绝少以鼍为名字者。著名学者白化文先生说“李鱓不会取与扬子鳄同义的名字”（参见《文史知识》2012 年第 4 期《李鱓的名字》一文），就是此义。

2.“据临淄的老先生回忆……人皆知为李 tuó”等语

按：此句是对《年谱》说法的深加工与润色，使人对它们更易信以为真。

3.“李鱓落拓江湖，多次题画署名为“鳝”，承认自己不过是江淮间一条普普通通的鳝鱼罢了。……”

按：此语纯系公然捏造！前文表一、表二表明，李觯无一次以“鳝”字署名，更无一印章出现“鳝”字。相反，对与“鳝”字谐音，画家用几种方法进行了无奈的调侃与反驳。这种编造实让人感到悲哀与痛心！

4.“从鼍到鳝……悲凉心境”

按：此句不仅完全是臆说，且将自己捏造的事实强加于画家，似乎李觯真的既叫过李鼍，又叫过李鳝似的。

看起来此种所谓传记，完全是自娱自乐，甚至是白日说梦。它的恶劣影响却是不可低估的。

从以上我们所举 20 世纪最后十年的两种资料可以看出，到 20 世纪末，李觯名字已经进入了更加混乱与令人不安的阶段。所以我们把20世纪二三十年代至20世纪末这一时期，称为李鱓名字的“以讹传讹与穿凿附会阶段”。

结　语

进入21世纪以来，全社会注重对传统文化的研究和继承，建设文化强国的呼声甚高。然而必须看到，数百年来的民族孱弱，近百年来西风东渐对传统文化的冲击与漠视，对于民族文化的复兴与重振都是极严峻的考验。有些当代学者，对于自己在传统文化方面的无知，往往以不屑于细节作为挡箭牌，大谈所谓的“形而上”。我的朋友张建勇曾在2011年第12期《学术界》杂志上发文，纠正和批驳了当今对于古人名、字、号，以及涉及孙中山先生名、字、号的一些错误说法，文章所涉及的人和事都十分典型。[①] 试想，连孙中山先生这样的中国近代史伟人，生活年代距今还不到一百年，他的名、字、号在某些专家那里竟然已分辨不清，何况近三百年前的“扬州八怪”画家李鱓呢？

名字、称谓问题虽小，却可以见大，从中折射出的是现代人对于传统文化的隔膜和浮躁。我们必须清醒地认识到，只有真正对优秀传统文化珍惜热爱，认真去了解、学习、研究它，少一些哗众取宠，多一些脚踏实地和求实精神，才能谈得上继承和发扬，建设文化强国的宏伟目标才能早日实现。从这个角度讲，李鱓名、字、号问题的拨乱反正，还是有一定意义的。

原载《文史哲》2014年第3期

① 张建勇：《关于古人名、字相协和字、号应用的几个关键问题——兼与顾海兵先生商榷》，载《学术界》2011年第12期。

名字系礼义，华夏素重之

——独具民族传统特色的名、字及其伦理色彩

古代和现代，许多事情都决然两样。就说取名这件事吧，今天，娃娃出生之后甚至是出生之前，由父母或其他长辈、亲朋好友想好一个家长感到满意顺耳的名字，娃娃生下来，报上户口就成了。这个名往往就是一个人一辈子唯一的称号了。事情就是这么简单。但在古代中国，事情可就不这么单纯了。

那时又是怎样对待名字的呢？

这一节，我们就和大家专门谈谈中国人取名字的问题。特别要介绍一下古代具有浓重民族文化与伦理色彩的“名字文化”现象。

中国古代是个宗法制的封建社会，无论什么大大小小的事情，无不与宗法制和封建制密切相关，取名字这件事当然也不例外，首先应当注意，“名字”这个概念古今所指的内容就不同。今天人们所谓的“名字”，古人单称“名”；而古人所谓的“名字”，是指“名”和“字”两个相关的东西。《礼记·檀弓上》在谈到称谓习俗的时候说：“幼名、冠字、五十以伯仲、死谥，周道也。”[①] 这是说周代贵族男子幼年时称名；二十岁行冠礼后称字；五十岁以后再加上伯仲叔季等行第之称；死后则称谥号。看

① 《十三经注疏》，中华书局 1979 年版，第 1286 页。

来，名、字、谥等称谓是判然分明、各有用途的。谥号上节已经简单介绍过了，那么，名、字之间究竟有什么联系？与宗法、伦理又有什么干系呢？

这首先得从“名”说起。

《左传》《仪礼》《礼记》等多种文献中给我们留下了周代取名的仪式、禁忌和事例。从中我们可以对“名”这一概念和周人取名这一习俗获得一个一般性的认识。

《仪礼·丧服》说：“故子生三月，则父名之。”①《礼记·内则》说得更详细：“国君世子生……三月之末，择日，翦发……是日也，妻以子见于父，贵人则为衣服，由命士以下皆漱浣。男女夙兴，具视朔食。夫入门，升自阼阶，立于阼，西乡。妻抱子出自房，当楣立，东面。……父执子之右手，咳而名之……子师辩告诸妇诸母名。”② 以上是世子（嫡长子）取名时的仪式，若是其他嫡子或庶子，命名时程序略有不同，以示差别：“適子、庶子见于外寝，抚其首，咳而名之。”③ 可见起名这件小事也体现了宗法制的等级差别。上述记载，对取名的时间做了大体规定，即出生之后三个月取名。当然，若遇到父亲在儿子出生前就去世的情况，则要视父亲已葬或未葬来决定取名的时间。如父亲未葬，儿子生下来就立即取名，三日后在祭祀时把名字告知其父亲的神灵。若已葬，则仍按三月后取名。这些变例，在《礼记》中也有规定。④

从以上记载可看出，周代把取名当作一件非常重要的事情。

① 《十三经注疏》，中华书局 1979 年版，第 1111 页。
② 《十三经注疏》，中华书局 1979 年版，第 1469 页。
③ 《十三经注疏》，中华书局 1979 年版，第 1469 页。
④ 《礼记·曾子问》。

“具视朔食”，意思是说这一活动的规格，与一次重大典礼或祭祀的规格相同。因而仪式非常隆重，仪程详细而有一定之规。仪式的中心，是父亲牵起幼儿的右手，或抚摸着他的头，宣布为他取的名。然后他的师傅把这一名字遍告有关亲属。

值得一提的是，《左传·桓公六年》记载了齐桓公为了给儿子取名，向申繻询问取名时应注意的事项：

九月丁卯，子同生。以大子生之礼举之：接以大牢。卜士负之，士妻食之。公与文姜、宗妇命之。

公问名于申繻，对曰：“名有五：有信、有义、有象、有假、有类。以名生为信，以德命为义，以类命为象，取于物为假，取于父为类。不以国，不以官，不以山川，不以隐疾，不以畜牲，不以器币。周人以讳事神，名，终将讳之。故以国则废名，以官则废职，以山川则废主，以畜牲则废祀，以器币则废礼。晋以僖侯废司徒。宋以武公废司空。先君献、武废二山。是以大物不可以命。”公曰：“是其生也，与吾同物。”命之曰“同”。①

这段话的意思是说：

九月丁卯这一天，桓公的儿子同出生了。举行太子出生的礼仪：父亲接见儿子时用太牢礼，用占卜选择背他的士人和给他喂奶的士妻。桓公和文姜、同宗妇人共同出席命名礼。

桓公向申繻询问命名的事。申繻回答说：“名有五种：有信、有义、有象、有假、有类。用出生的情况来命名是

① 《十三经注疏》，中华书局 1979 年版，第 1750 页。

信，用祥瑞的字眼来命名是义，用相类似的字眼来命名是象，用万物的名称来命名是假，用和父亲有关的字眼来命名是类。命名时不要用国名、官名、山川名、疾病名、牲畜名、器物名。周朝人用避讳来侍奉神灵。名字，人死了以后他的后代就要避讳不能再称。所以，用国名命名就会废除人名，用官名命名就会改变官称，用山川命名就会改变山川的神主名，用牲畜命名就不能用它们作祭祀时的牺牲，从而就会废除祭祀，用器物礼品命名就会废除礼仪。晋国因为僖公名叫司徒而废除了司徒这一官名。宋国因为武公名叫司空而废除了司空这一官名。我国因为先君献公、武公的名分别叫具、敖，而废除了具山、敖山二山之名。所以大的事物不可以用来命名。”桓公说：“这孩子的出生，和我在同一个日子。”于是把他命名为“同”。

这段文字，不仅可以作为上述《仪礼》《礼记》有关记载的佐证材料，还揭示了古人取名的许多观念和有关习俗。把上述材料归纳起来，我们可以得到以下印象：1. 古人重视取名。2. 一般是出生之后三个月举行隆重的命名仪式，并由父亲给命名。3. 取名的类别周代已归纳为信、义、象、假、类五种。4. 特别应当注意的是，由于周代的宗法制和对祖宗神灵的信仰，人死之后就成了神灵鬼物，受到敬畏与崇拜，后代也就不能再乱呼他的名而必须避讳。因此，在取名时就要预先想到不要给日后避讳带来不便。要避开一些常用、通用的事物和字眼。

或许就是由于名的这种“终将讳之”的使用局限性，也或许由于它是襁褓中由父母授予的，难免在孩提时代被广泛称用，从而失去名字主人的尊严，或者还由于其他什么原因，反正在周代严密的礼法之中，早就创造出与名相配合，供贵族男子成年之后使用，能补偿名的种种局限性的另外一种称谓——“字”，又叫“表字”或“表德”。

《礼记·曲礼上》说：“男子二十冠而字。”① 《穀梁传·文公十二年》说：“男子二十而冠，冠而列丈夫。”② “冠”本指礼帽，这里的“冠”则特指举行加戴礼帽的冠礼。“二十冠而字”，是说贵族男子二十岁举行加戴礼帽的冠礼，并给他取个“字”。“冠而列丈夫”是说举行这样的仪式之后，这个男子就正式进入男子汉大丈夫的行列之中，算是成年人了。《礼记·冠义》把“冠而字”对于宗法礼教和封建统治的重要意义说得十分明白：

> 凡人之所以为人者，礼义也。礼义之始，在于正容体、齐颜色、顺辞令。容体正、颜色齐、辞令顺，而后礼义备。以正君臣，亲父子，和长幼。君臣正、父子亲、长幼和而后礼义立。故冠而后服备，服备而后容体正，颜色齐，辞令顺。故曰：冠者，礼之始也。是故古者圣王……所以敬冠事，敬冠事所以重礼，重礼所以为国本也。……已冠而字之，成人之道也。……所以自卑而尊先祖也。③

你看，所谓“冠礼”哪里是简单的戴上礼帽的事情。它无异于一个贵族青年宣布正式加入并遵守封建统治的宣誓仪式。无怪乎古代人那么重视这一活动。《仪礼·士冠礼》专门对这一仪式的过程予以详细记载，比取名的仪式更隆重、更严肃。对此，我们不去赘述。只需要告诉大家的，是在冠礼接近尾声的时候，要

---

① 《十三经注疏》，中华书局 1979 年版，第 1241 页。
② 《十三经注疏》，中华书局 1979 年版，第 2408 页。
③ 《十三经注疏》，中华书局 1979 年版，第 1675 页。

由事先通过占卜而确定的一位贵宾，郑重地向加冠的小伙子宣布道："礼仪既备，令月吉日，昭告尔字。爰字孔嘉，髦士攸宜，宜之于假，永受保之。曰伯某甫，仲叔季，唯其所当。"① 意思是说：今天冠礼的仪式已经很完备，在这吉祥的某月某日，宣布给你取的字。这个字是多么美好啊，对你这位英俊的后生很是合宜。希望你永远爱惜它。这个字就是：伯（或仲、叔、季）某甫。

从此，一个男子就有了两个称呼——"名"和根据名而取的"字"。到后代，虽然不再举行冠礼，却保留了冠礼最核心、最精华的内容，即一个人，特别是男子，将要走向社会时，他的父祖、师友等也总是要根据他的名，再给他取一个字。于是，有名又有字，就成了中国两千多年来一直广泛流行的礼俗。那么，名和字又各自在什么场合下使用呢？

对此，周代已有不少约定俗成的说法，而后世又沿着尊人卑己的法则不断发展变化。

首先，由于名是小时候父母给取的，成年后又有了字，所以称人家的名就显得不尊重，最好是称人家的字。只有父母、老师，或对别人不客气时，才直呼其名。而自称时则正相反。在父母、尊长，甚至是同辈、下级面前，称字就显得不谦虚、不卑恭，因此，自称时一般总是称名。

如《论语》一书，记载着孔子的言语行事，也记载着孔子若干学生的言语行事。一般认为它是孔子的弟子或再传弟子纂集的。其中，孔子的学生或对孔子尊重的人，称孔子时都用"子"或"夫子"；但对孔子不怎么崇拜并与其主张不同的隐士，称孔子时则直呼其名曰"丘"。如《宪问》："微生亩谓孔子曰：'丘

① 《十三经注疏》，中华书局1979年版，第957页。

何为是栖栖者与？无乃为佞乎？'"[1]《微子》："桀溺曰：'子为谁？'……曰：'是鲁孔丘之徒与？'"[2] 孔子也自称"丘"。如《公冶长》："子曰：巧言、令色、足恭，左丘明耻之，丘亦耻之。匿怨而友其人，左丘明耻之，丘亦耻之。"又："子曰：'十室之邑，必有忠信如丘者焉，不如丘之好学也。"[3] 作者在叙述语言中提到孔子众多的学生时，一般也不称名，而是称姓和字，以示敬意。但书中记载孔子称学生和儿子却是直呼其名。如《先进》篇中孔子提到儿子孔鲤（字伯鱼）死时的棺椁情况："鲤也死，有棺而无椁。"又譬如孔子询问子路、曾皙、冉有、公西华四个学生各自的志趣："求！尔何如？""赤！尔何如？""点！尔何如？"这里求、赤、点，分别是冉有、公西华、曾皙的名。又如《子路》篇："野哉！由也""小人哉，樊须也！"由、须分别是子路、樊迟的名。《论语》中这种称名、字的习俗少有例外，形成了一种体例。学者们甚至依据这种现象，来推断《论语》一书的作者。

由先秦其他典籍同样可以发现，敬名称字，已经是当时社会上层非常注意的礼俗了。《仪礼·士冠礼》说："冠而字之，敬其名也。"孔颖达解释说："君父之前称名。至于他人，称字也。"[4]《礼记·曲礼下》记载得更明确："国君不名卿老世妇，大夫不名世臣侄娣，士不名家相长妾。"孔颖达疏："人君虽有国家之贵，犹宜有所敬，不得呼其名者也。"[5] 可见，先秦时代从国君到士的整个统治阶级，即便对亲近的属下也不轻易称他的名，而要称他

---

① 杨伯峻：《论语译注》，中华书局1980年版，第155~156页。
② 杨伯峻：《论语译注》，中华书局1980年版，第194页。
③ 杨伯峻：《论语译注》，中华书局1980年版，第52、53页。
④ 《十三经注疏》，中华书局1979年版，第958页。
⑤ 《十三经注疏》，中华书局1979年版，第1256页。

的字，更不用说对上级或同辈、同级的人了。

顾炎武在《日知录·人君称大夫字》中也曾列举了《左传》中的许多例子，证明周天子在称呼诸侯国的使臣时，无一不是以字敬称之，而绝不居尊称名。[①] 沿及后代，这种礼俗愈加凝固并有增无减。同时随着皇帝权威的越来越强，对大臣敬名称字，也愈显得殊荣有加。如《后汉书·隗嚣传》："光武素闻其风声，报以殊礼，言称字。"[②] 有时皇帝不按此礼俗称呼大臣，个别亲近的大臣甚至会公然表示不快。《南史·蔡樽传》就记载了这么一件事：

> （梁武）帝尝设大臣饼，撙在坐。帝频呼姓名，撙竟不答，食饼如故。帝觉其负气，乃改唤'蔡尚书'，撙始放箸执笏，曰：'尔。'帝曰：'卿向何聋，今何聪？'对曰：'臣预为右戚，且职在纳言，陛下不应以名垂唤。'帝有惭色。'[③]

你看，一个国戚重臣，皇帝偶尔对他没敬名称字，竟可以居理负气不搭理皇帝，而终于使"帝有惭色"。谁还能说这个礼俗不盛行呢？

在这种风气下，名是越来越不可乱称了。毫不夸张地说，上古的"名，终将讳之"，而后代简直变成"生亦讳之"了。或者说"名"实际上成了一种讳莫如深的称谓，从而使它在社交中的使用范围大大地受到了限制。这样，本来由名、字两种称谓共同承担的任务，越来越多地由"字"独自承担。

---

① 《日知录集释》，上海古籍出版社 1985 年版，第 349~350 页。
② 《后汉书》，中华书局 1965 年版，第 522 页。
③ 《南史》，中华书局 1975 年版，第 775 页。

说到此，我们必须话分两头。一方面，两千多年来，“敬名称字”一直是一种具有民族伦理色彩的永久性称谓法则。但另一方面，正像上节所说的那样，封建社会的等级思想和阿谀奉承之风，使得所有敬称都在不断升级。“字”这个本来很含敬意的称谓，当它深入人心、更加普及，承担的交际任务也越来越多的时候，也就自然而然地降格、贬值。

事实也正是如此。早在三国时代，在士大夫阶层中，就已经有许多因为仅称他人的字而没有再加称表敬的称谓而被人认为是有意怠慢的例子了。

《三国志·魏书·司马朗传》：“九岁，人有道其父字者，朗曰：‘慢人亲者，不敬其亲者也。’客谢之。”① 又《常林传》：“年七岁，有父党造门，问林：‘伯先在否？汝何不拜！’林曰：‘虽当下客，临子字父，何拜之有？’”② 《晋书·儒林传·刘兆》：“尝有人着靴骑驴至兆门外，曰：‘吾欲见刘延世。’兆儒德道素，青州无称其字者，门人大怒。”③ 可见，魏晋时代，对一些有官职、有名气的人仅仅称字已远非为敬了。所以，也才会有下面这种称人主字而差点被杀头的例子。《三国志·蜀书·马超传》：“（刘备）以超为平西将军，督临沮，因为前都亭侯。”裴松之注引《山阳公载记》曰：

> 超因见备待之厚，与备言，常呼备字，关羽怒，请杀之。备曰：“人穷来归我，卿等怒，以呼我字故而杀之，何以示于天下也？”张飞曰：“如是，当示之以礼。”明日大会，

① 《三国志》，中华书局1959年版，第465页。
② 《三国志》，中华书局1959年版，第658页。
③ 《晋书》，中华书局1974年版，第2349页。

请超入。羽、飞并杖刀立直，超顾坐席，不见羽、飞，见其直也，乃大惊。遂一不复呼备字。明日叹曰："我今乃知其所以败。为呼人主字，几为关羽、张飞所杀。"自后乃尊事备。①

应当说以上这些记载在当时还是较个别的事例，但到宋代，称字要看对方身份，对尊长或权贵者的字也须讳之，则已渐成风气。宋洪迈《容斋四笔》卷三就明确把这种乱称人字的现象列入了"轻浮称谓"一类，并说："今世俗浮薄少年，或身为卑官，而与尊者言话……或妄称宰相、执政、贵人之字，皆大不识事分者。习惯以然，元非简傲也。予尝以戒儿辈云。"② 可见，当时的风气已经发展到谁要不看身份，乱称尊长者之字，还自以为是尊重对方，就非要落个"浮薄""简傲""不识事分"的名声不可了。当然对这种习俗的变化，即便是当时的大儒朱熹等人，也感到有些莫名其妙，不知所措。这一点，可通过顾炎武《日知录·子孙称祖父字》一节看出来："子孙得称祖、父之字。子称父字：屈原之言'朕皇考曰伯庸'是也。孙称祖字：子思之言'仲尼祖述尧舜'是也。原注：朱子曰：'古人未尝讳字。'程先生云：'予年十四五，从周茂叔。'本朝先辈尚如此。伊川亦尝呼明道字。"③ 看来，对礼俗的这些变化，朱嘉以至于顾炎武都有些迷惑不解，于是他们才相继有这些议论和考证。

字的降格和贬值，还造成了另外一些与正常的名、字使用方法相矛盾的现象。如出现了一些名人自称称字的现象，这种事，

---

① 《三国志》，中华书局1959年版，第946页。
② 《笔记小说大观》（六），广陵书社1983年版，第319页。
③ 《日知录集释》，上海古籍出版社1985年版，第1734页。

汉代之前很少见，只是从晋代以降才屡有发生。顾炎武在其《日知录·自称字》一节中搜集了一些例子，如王羲之自称王逸少、柳公权自称诚悬、白居易自称乐天、元稹自称微之、陈搏自称图南等，许多名人皆有此习，历代效法者也不乏其人。[①] 这种现象，似乎不能理解为单纯的居尊自傲，恐怕与字的降格和贬值不无关系。称自己子孙也有称字不称名的。这显然与名、字之所以产生的古礼相乖，因而理所当然地要受到批评。唐李商隐《杂纂》中就把“呼儿孙表德”列为“非礼”一项，可见当时也是有这种社会现象的。

从上节我们引用的刘时中的散曲，还可以发现，原本是适用于贵族士大夫阶层的“幼名、冠字”的礼俗，到元代时，已经走进了寻常百姓家。市民阶层的男子也几乎人人有字了。

这种从人人有名到人人有字现象的最终出现，是中国古代崇尚封建伦理的必然结果。同时，一些学者对名与字的内在关系不断加以揭示、研究，也起到了推动和促进这一礼俗广泛流行的作用。

首先揭示名与字不是各自孤立而是存有意义上的联系的，是汉代的班固。他在《白虎通·姓名》中说：“或傍其名为之字者，闻名即知其字，闻字即知其名。若名赐，字子贡；名鲤，字伯鱼。”[②] 无独有偶，几乎与之同时的许慎，在中国第一部字典《说文解字》中，首先大量用古人名与字之间的关系解说字义，如“碫，厉石也……《春秋传》曰：‘郑公孙碫，字子石’”，“眅，多白眼也……《春秋传》曰：‘郑游眅，字子明’”，等等。特别是到清代，王引之写了《春秋名字解诂》一书，对春秋时代的三百多个人名做了考释，并从中概括出了先秦人命名取字的方

① 《日知录集释》，上海古籍出版社 1985 年版，第 1753~1756 页。

② 《白虎通》，《丛书集成初编》，中华书局 1985 年版，第 227 页。

式。他的做法引起了许多学者的注意，纷纷对古人名字加以研究，形成了一门独特的“名字之学”。近年来，有学者继续这一工作，对从先秦至清代近万名古人的名字加以研究，指出它们的内在联系，并归纳出古人的名与字之间存在着十二种内在联系方式。① 它们是：

1. 同义相协式：名与字为同义词，二者相为辅佐，互作解释。如端木赐，字子贡。《尔雅·释诂》：“贡，赐也。”

2. 反义相应式：名与字为反义词，两者对立相应，各从反面作解。如吕蒙，字子明。《易·蒙卦》朱熹本义：“蒙，昧也。物生之初，蒙昧未明也。”

3. 连类相及式：名与字义类相近，遂因甲而及乙。如孔稚圭，字德璋。圭、璋同是古代玉制礼器，皆为诸侯所执，故可并称。

4. 因性指实式：名与字存在互相说明主旨、用意或属性、功能的关系。如于材，字国用。以“国用”说明“材”乃有才能的人，可为国家所用，而非指木料。

5. 辨物统类式：名与字代表两种物品，二者存在种与属的关系。如周鼎，字伯器。鼎是上古礼器的一种。

6. 景仰前贤式：为了对前代的圣人、贤者表示仰慕，于是袭用他们的名字，有时还加上一些仰慕的字眼。如司马相如，字长卿。《史记》本传说他“幕蔺相如之为人，更名相如”。因为蔺相如是赵国的上卿，所以用“长卿”为字。又如牛僧孺，字思黯，汉代汲黯字长孺，这是已经以其字充名，复以名为字。

7. 纪实志盛式：名和字之间，存在纪念某一有意义的事件的关系。如袁贺，字元服。《风俗通义·正失》载：“谨按：元服

① 吉常宏：《中国人的姓名字号》，山东教育出版社 1991 年版。

名贺，汝南人也。祖父名原，为侍中。安帝始加元服，百官会贺，临严乘出而孙适生，喜其嘉会，因名曰‘贺’字‘元服’。”

8. 概括经义式：根据名，找出儒家经典中的一句话，然后据此句文字定出字。该名、字与经典字句相关。如嵇康，字叔夜。《诗·周颂·昊天有成命》：“成王不敢康，夙夜基命宥密。”

9. 使典用事式：名和字相组合，暗合典故。如方导，字夷吾。管仲，字夷吾，曾辅佐齐桓公称霸诸侯，南北朝时温峤将丞相王导比作管仲，故方导以此故事为名字。

10. 采撷警策式：采撷名篇佳作中的警句，嵌入名字。如虞荔，字山披。《楚辞·九歌·山鬼》：“被薜荔兮带女萝。”被与披通。

11. 崇奉宗教式：名与字皆与某种宗教名物相关联。如王维字摩诘。维摩诘，为佛教菩萨名。

12. 离析名字式：利用汉字形体结构特点，将名所用之字拆为两字以作字，合字则成为名。如谢翱，字皋羽。

看完上面这些名与字的内在联系方式，你不仅会对班固所说“或傍其名为之字者，闻名即知其字，闻字即知其名”确信不疑。同时对“字”为什么叫“表字”“表德”也会恍然大悟。“表”是说它是名的解释和表现形式，是名的外表。这种外表，主要是表明个人，也是社会所崇尚的礼义道德，所以又叫“表德”。这样，大家一方面赞叹中华民族这种特有的“名字文化”博大精深，另一方面也会体会到，在这种文化现象的深层，支持着这种文化的，是各种封建伦理观念或者各个不同时代的喜尚和好恶。因此，透过不同时代人的名或字，就会发现不同时代的风尚。例如，西汉人企羡名位，人们就喜欢以公子、王孙为名、字。三国时儒家思想已深入人心，各种儒家观念，如孝、文、仁、德就在人名、字中大量出现。魏晋南北朝推崇豪门士族，士、彦等字在名字中就频频出现。那时又好老庄玄学，以道、玄、冲、真为名字者就不乏其人。唐代封建制度达到了鼎盛，名字更加典雅深邃，使故用典，或崇尚前贤就成了当时取名字的特点。明清时代封建社会开始走向衰败，文人一方面被封建礼教所毒化禁锢、醉心于功名、埋头举业，另一方面又对现实产生了一种潜在的逆反心理，流露出对回归自然、隐逸山林的理想渴求。所以，园圃、村、峰、洲、汀、渔、樵、梅、兰、竹、菊等在名、字中就屡见不鲜。即便是当代，名字之于政治时尚仍是一架很好的摄像机。如五十年代初，人名多有建国、和平、解放、卫国。五十年代末、六十年代初，又多有跃进、超英、反修、学锋。“文革”期间，多的是卫东、爱物、小兵、永革。时至今日，小孩取名中隆财、进宝、茂富、大发之类恐怕不会罕见。

可见，不管哪个时代，中国人的名字都会反映一时的风尚和礼义。这样说，我想读者们是不会反对的。但今天的名字习俗已远没有古代那么严格和典雅，抛开古代取名取字时的一些封建糟粕不说，作为一种文化遗产，我们今天似乎有责任对它进行深刻的反思，以求从中继承一些对时代和民族仍然有用的东西。

有道是：名字系礼义，华夏素重之。独特古文化，堪称天下奇。

为尼山学堂诸届友生 58 人命字字说集萃

1. 刘润枫　字伯丹

唐李商隐《访秋》:“殷勤报秋意，只是有丹枫。”

鲁迅《送增田涉君归国》:“扶桑正是秋光好，枫叶如丹照嫩寒。”丹枫相协，既寓枫之品格如丹之赤，又纪得字之时，正当“万山红遍，层林尽染”之际。尔今成材，正当佳年，堪问“苍茫大地，谁主沉浮?”

伯，表行大。又寄前效刘伯温、后追刘伯承诸先贤之旨。

2. 黄笑赧（女）

字　子敬（或谐音：自静）【概括经义式】

《国语・楚语上》:“夫子践位则退，自退则敬，不则赧。”韦昭注:“退，谦退也。”

案：字子敬，乃概括经义。言既能哂笑不知谦退而致赧然者，必是深知自退获敬之君子。

3. 隗茂杰（男；茂，家族行辈字。）
字　景狄【景仰前贤式】

案：狄，指狄仁杰，唐代名相，著名政治家。字景狄，意景慕狄仁杰其人，为垂名千古之功臣。

4. 崔翔（男）
字　图南【使典用事式】

《说文解字》：“翔，回飞也。”

《庄子·逍遥游》：“鹏……怒而飞……抟扶摇而上者九万里……而后乃今将图南。”郭庆藩《集释》：“抟，圜也。扶摇，上行风也。圜飞而上行者若扶摇也。”

案：名翔，即“圜飞而上行者若扶摇”之意，以“图南”相协，乃用大鹏奋飞图南之典，期许甚明。

又：崔翔君，河南人士，或与庄子略有乡土之谊；又恰喜爱哲学，志向高远。故此表字，实又别有深意焉。

5. 李斌杰（男）
字　公超【连类相及式】

案：杰，俊杰。《孟子·公孙丑上》：“俊杰在位则天下之士皆悦。”赵岐注：“万人者称杰。”唐王勃《〈鞶鉴图铭〉序》：“超俊颖拔，同符君子者矣。”

俊杰皆为超群拔类之材。故以“超”协“杰”。“公”为男子美称。

6. 辛康（男）

字　成甫【概括经义式】

案：《诗·周颂·昊天有成命》："成王不敢康，夙夜基命宥密，于缉熙。"

名康，字成，乃概括经义以相协。义为愿追念周文、周武二王，不敢自安倦息，兢兢业业，奋发向上，成就伟大之事业。饰以甫，男子美称。

7. 叶泳妍（女）

字　潜慧【同义相应式】

泳：《诗·周南·汉广》："不可泳思。"毛传："潜行为泳。"妍：《说文·女部》："妍，技也。"段注："《释名》曰：'妍，研也。研精于事宜，则无蚩缪也。'"朱骏声《说文通训定声》："妍，慧巧之意。"

案：名泳妍，将所具慧巧美艳之质，潜藏不露，精研于事之谓。据此，乃以同义相应式命字曰"潜慧"。

8. 陈秀琳（女）

字　兰生【使典用事式】

案：琳：《说文·玉部》："琳，美玉也。"班固《西都赋》："陆海珍藏，蓝田美玉。"《南史·谢庄传》："（谢庄）七岁能属文，及长，韶令美容仪。宋文帝见而异之……曰：'蓝田生玉，岂虚也哉！'"故借其典，以"兰生"应"琳"。

9. 吴星岸（男）

字 汉辰【天文地理式】

《颜氏家训·归心》：“星为万物之精，儒家所安也。”宋梅尧臣《梦登河汉》诗：“夜梦上河汉，星辰布其旁。”

案：尔父祖既名尔星岸，汝又颇喜研天文之学，此岂《诗·大雅·大明》“有命既集”之谓欤？今以天文地理相协之式，命以表字曰“汉辰”。寄寓布于河汉岸旁之星辰，必皆为上天大有用星官之意。

10. 陈 钰（女）

字 金玉【离析名字式】

《正字通·金部》：“钰，俗字。合金、玉为钰。”《易·姤》王弼注：“金者，坚刚之物。”《说文解字·玉部》：“玉，石之美有五德。”《白虎通义·考黜》：“玉者，德美之至也。”故析“钰”为“金”“玉”以为表字。

11. 纪如玥（女）

字 文珠【同义相协式】

《玉篇·玉部》：“玥，珠名。”《广韵·月韵》：“玥，神珠。”案：名如玥，命字曰珠，乃同义相协。饰以文，取《论语·公冶长》“敏而好学，不耻下问，是以谓之文也”之义。

又：“珠”通“殊”，《经籍纂诂·虞韵》：“《国策·齐策》：‘岩下有贯珠者’，《元和姓纂》作‘贯殊’。”故“文珠”又可以写作“文殊”。佛教四大菩萨之一的文殊师利，简称文殊，为聪明智慧、德才超群者的代表，深受东土读书人敬仰。

12. 康博文（男）

字 约礼【概括经义式】

《论语·雍也》：“子曰：‘君子博学于文，约之以礼。’”毛奇龄《论语稽求篇》：“此之博约，是以礼约文……博在文，约文又在礼也。”

案：今命字“约礼”，乃期望汝将以品学兼优之材，达济天下也。

13. 傅英超（男）

英，家族行辈字。按：自字世卿，未详其义。

字 麟生【采撷警策式】

《文选·张协〈七命〉》：“麟超龙翥。”张铣注：“超、翥，并疾飞也。”

案：名“超”，字“麟生”，采撷“麟超龙翥”之义，期之将如麟飞龙举，建功立业，报国兴宗。缀以“生”，乃男子美称。

14. 司佳冰（女）

字 元煦【哲学理念式】【反义相应式】

据本人提供的信息：家，为家族行辈字，女性子女则谐音“佳”。生于1989年（己巳）4月。祖父以为“佳于冰雪”，又有寓意冰清玉洁、冰雪聪明之意，遂名之曰“佳冰”。

然家长及本人性希暖热，以为以“冰”命名，无奈太冷云云。

案：4月于卦气乃属乾卦，又称“正阳”之月。然而《易·说卦》：“乾……为寒为冰。”得无佳冰令祖名其曰“冰”，乃取义于此乎？

今循此义，据《易·乾·彖》“大哉乾元”，命其字曰“元”。缀以“煦”，汉扬雄《太玄·释》：“阳气和震圜煦。”范望注：“圜，阳气形势也。煦，暖也，谓阳气温暖。”阳气温暖，正是四月之形势也。“煦”又与“冰”反义相应。

15. 钱金铭（女）

金，家族行辈字。据个人所述：名“铭”，谓父母希望本人有个刻骨铭心的人生。

字 美蔻（寇）【景仰前贤式】

宋朝名相寇准，有《六悔铭》传世。“官行私曲，失时悔。富不俭用，贫时悔。艺不少学，过时悔。见事不学，用时悔。醉发狂言，醒时悔。安不将息，病时悔。”故借“蔻”为寇，应“铭”。饰以“美”，谓追美寇准其人及其《六悔铭》，以实现刻骨铭心之人生理想。美蔻，又指永葆青春年华。

16. 刘梦悦（女）

名梦悦，未知其义，似为区域性时尚用名。据本人所述：家长以为命中缺木缺阴云云。

字　相贤【概括经义式】

《书·说命上》："高宗梦得说。"孔传："梦得贤相，其名曰说。"《玉篇·心部》："悦，经典通用说。"故用"相贤"应"梦悦"，以概括经义。

《说文解字·目部》："相，从目，从木。"又：相者，臣也。《春秋繁露》："君为阳，臣为阴。"字"相贤"，阴在其中矣。

为尼山学堂七期留校
诸生 5 人命字方案（2022 年 3 月）

1. 张名轩，女，山东枣庄人。字"文娴"。

《诗·小雅·六月》："戎车既安，如轾如轩。四牡既佶，既佶且闲。……文武吉甫，万邦为宪。"尹吉甫能文能武，功业至伟。不仅为周室建立不可磨灭之功，为国家栋梁；更为后世所颂扬。故可取诗义而概括之，字之曰"文娴"。"娴"与"闲"音同，义谓仿效尹吉甫，成为国家栋梁之材，建功立业。

2. 郑怡宁，女，山东淄博人。字"维桢"。

《诗·大雅·文王》："王国克生，维周之桢。济济多士，文王以宁。"故取《文王》诗义概括之，字之曰"维桢"。

希冀汝能成为国家“济济多士”之一，以使国家永远安乐祥和。

3. 秦思远，男，山东德州人。字“致仁”。

《论语·述而》：子曰：“仁远乎哉？我欲仁，斯仁至矣。”又《子罕》：“岂不尔思？室是远而。”子曰：“未之思也，夫何远之有。”《孟子·离娄下》：“天之高也，星辰之远也，苟求其故，千岁之日至，可坐而致也。”名“思远”，字曰“致仁”，宜哉！

4. 魏笑，女，江苏镇江人。字“哲蕴”。

或曰：“笑为人之性情之常态，亦有说乎？”曰：“古人之笑何其多哉！”夫子莞尔而笑（《阳货》），又有哂之之笑（《先进》）。世尊与迦叶师徒的拈花一笑与会心一笑（《五灯会元》）。李太白之“仰天大笑”，匡衡之“解颐之笑”，皆圣贤哲人启迪后人之笑，亦无不是留给后人之精神财富。吾辈若能深思体悟之而后笑，而不止于儿女辈之一颦一笑，则益莫大焉！故字之曰“哲蕴”。

5. 谢雨欣，女，山东沂南人。字“天惠”。

《孟子·梁惠王下》：“民望之，若大旱之望云霓也。……若时雨降，民大悦。”宋吴芾《喜入冬初七八得雨》诗：“夏旱连秋又及冬，大田高下总成空。千仓已失三农望，一雨欣闻百里同。青入平畴看麦秀，绿回枯沼喜泉通。从今得免填沟壑，皆谢天公惠困穷。”尊重天道，敬畏大自然，感谢大自然仍是我辈为实现中国梦所当牢记并努力遵循之原则。故概括经文又撷取吴诗之文义，可字汝曰“天惠”。

为尼山学堂八期（2018级）诸生18人命字拟稿（2022年3月）

1. 周浩贤，男，香港人。字“以宁”。

浩，饶也，众也，多也。《礼记·王制》：“有余曰浩。”周代之贤，浩然众多。《史记·周本纪》：“（文王）礼下贤者，日中不暇食以待士，士以此多归之。”《诗·大雅·文王》：“思皇多士，生此王国。王国克生，维周之桢。济济多士，文王以宁。”

故字汝“以宁”，既以追念周代礼贤多士之盛，又期汝能做国之桢干者。

2. 邓祥云，男，辽宁鞍山人，字“光华”。

祥云，即卿云。《尚书大传》：“卿云烂兮，纠缦缦兮，日月光华，旦复旦兮……日月光华，弘于一人。”相传此为重华舜帝禅位于夏禹之歌。真气象高浑、风流千古之声。

故字汝曰“光华”。既志其盛，亦期汝有“光我中华”之志。

3. 陈一娇，女，山东青岛人。字“仪如”。

“娇，姿也。”（《说文》新附《女部》）姿者，仪也。仪，貌也。(见《集训》《字书》)《诗·曹风·鸤鸠》：“淑人君子，其仪一兮。其仪一兮，心如结兮。……淑人君子，正是国人。正是国人，胡不万年?”朱熹《集传》曰：“盖和顺积中，而英华发外，是以由其威仪一于外，而其心如结于内者。”

故字一娇曰“仪如”，望汝能仪表模范，且寿考康强。

4. 许书乐，女，江苏南京人。字“子健”。

《尚书序》孔疏引《书纬璇玑钤》云：“书者，如也。则书者，写其言，如其意，情得展舒也。”《论语·雍也》曰：“子曰：知之者不如好之者，好之者不如乐之者。”好学而进于乐，唯君子自强不息者可也。《易·乾》：“天行健，君子以自强不息。”

故字书乐以“子健”。

5. 张铭清，男，山东泰安人。字“有成”。

《礼记·祭统》：“夫铭者……古之君子，论撰其先祖之美，而明著之后世者也。”铭记历史先人，实为后世成功不可或缺者。《诗·周颂·维清》：“维清缉熙，文王之典。肇禋，迄用有成，维周之祯。”故字铭清曰“有成”，望宝用之。

6. 李琪琪，女，山东潍坊人。字“东美”。

《尔雅·释地》：“东方之美者，有医无闾之珣玗琪焉。”琪琪乃山东潍坊人，故字李琪琪曰“东美”。以契《尔雅》琪乃东方美玉之义。又清代爱国将领岳钟琪，为“三朝武臣巨擘”，其功在史册。岳钟琪，字东美。今与之同字，兼表景慕之义焉。

7. 翟超群，男，山东滨州人。字“立君”。

所谓超群者，非只膂力过人之谓，亦非只富甲一方之谓也。我辈所重所求者，则在康健富贵之外，更祈学富五车，厚德载物也。故愿超群牢记“太上有立德，其次有立功，其次有立言。虽久不废，此之谓不朽”之古训。(《左传·襄公二十四年》)

故字之曰“立君”可也。立者，三立也。君，男子之美称。

8. 白宇龙，男，山东济宁人。字“志兼”(坚)。

《玉篇》：“宇，四方上下也，又屋宇。”然而志士仁人所谓宇，乃四方天下之谓。《史记·秦始皇本纪》“宇县之中，承顺圣意”者是也。龙者，神兽也。《易·乾·文言》：“云从龙，风从虎，圣人作而万物睹。”龙或潜或田，终非池中之物。在天飞龙“乘天地之正，御六气之辩”。终将为霖雨以泽万物，此孟子所谓“穷则独善其身，达则兼善天下”之义乎！愿宇龙志之。故字之曰“志兼”(坚)。

9. 黄林灏，男，浙江瑞安人。字“森海”。

林者，众树所聚，林盛为森。灏者，犹灏灏，水无际涯之辞。司马相如《上林赋》：“然后灏溔潢漾，安翔徐回”，“于是乎蛟龙赤螭……振鳞奋翼”，“深林巨木，崭岩参差”。真气聚宏达之象哉。故字之曰“森海”，以申广名之义云。

10. 常斯淼，女，天津人。字“懿德”。

淼，《说文》：“大水也，或作渺。”字上下叠水，高亨《易·坎》注曰：“二坎相重，是为习坎。”《彖》曰：“水流而不盈，行险而不失其信。维心亨，乃以刚中也。”《象》曰：“君子以常德行，习教事。”《诗·大雅·烝民》：“民之秉彝，好是懿德。”“以常德行”者，“好是懿德”之谓也。行常德，习教事，于斯淼何难之有哉！

故字之曰“懿德”。

11. 李佳铭，女，吉林省吉林市人。字“博润”。

《文赋》曰：“铭博约而温润。”《论语·子张》：“子夏曰：‘博学而笃志，切问而近思，仁在其中矣。’”《礼记·聘义》：“昔者君子比德于玉焉，温润而泽。”博学而温润，庶几君子之求也。

故字之曰“博润”。

12. 刘文斌，女，山东青岛人。字“君儒”。

《玉篇》：“斌，亦作……彬。”《论语·雍也》：“文质彬彬，然后君子。”又：“子谓子夏曰：‘女为君子儒，无为小人儒。’”我辈学人，当以方雅清劲，有士君子儒者风之为求。故字文斌曰“君儒”。

13. 周建峰，男，江西丰城人。字“龙光”。

建峰乃江西丰城人氏。丰城乃古代龙泉、太阿宝剑埋藏之地，真藏龙卧虎之区也。所谓“物华天宝，龙光射牛斗之墟”者。建，谐音剑。峰，同锋。谁谓建峰不为光耀牛斗之物乎？故字建峰曰“龙光”。

14. 纪霖凯，男，广东汕头人。字“厚望”。

《尚书·说命上》：“若岁大旱，用汝作霖雨。”《尔雅·释天》：“南风谓之凯风。”昔者舜作五弦之琴以歌《南风》曰：“南风之薰兮，可以解吾民之愠兮。南风之时兮，可以阜吾民之财兮。”

名“霖凯”者，实汝父母寄家国之厚望于尔也。故汝当牢记勉行之，则尔必于家于国有大用者。

故字之曰“厚望”。谐音“寄厚望”，勉充连姓成文之例。

15. 刘若晗，女，四川成都人。字“光羲”。

《集韵》：“晗，欲明也。”屈原《天问》：“日安不到，烛龙何照？羲和之未扬，若华何光？”羲和尚未御日出行，若木之花已然映出日之光芒。

此正契合“若晗”之名义，故字之曰“光羲”可也。

16. 雒易寒，女，山西昌梁人。字“玉成”。

苏轼《咏荆轲》诗：“至今天下人，悯燕欲其成。”化苏诗之意，协苏诗其音；效荆轲之豪气，循“艰难困苦，玉汝于成”之古训，字易寒曰“玉成”不亦宜乎！

17. 孙印金，男，山东济宁人。字“大如”。

《诗·大雅·绵》：“予曰有奔奏。”杜诗：“谁能解金印，潇洒共安禅。”宋戴复古词曰：“是英雄尽为公奔走。看金印，大如斗。”百年机会，前所未有。

为公奔走，实乃中华民族几千年来之传统美德。有此德，效此行，皆为可载入史册者，又岂在金印之大小！当今正值中华民族前所未有之再次复兴的百年之机，凡为此鞠躬尽瘁者，皆当今俊杰之士，无论金印大小，又何虑焉！

取此意，命印金字曰“大如”。

18. 韦岸，男，广东高州人。字“先登”。

《诗·大雅·皇矣》：“帝谓文王：无然畔援，无然歆羡。诞先登于岸。”《毛传》：“岸，高位也。”《集传》：“岸，道之极至处也。……人心有所畔援、有所歆羡，则溺于人欲之流，而不能以自济。文王无是二者，故独能先知先觉，以造道之极至。”

志如文王专心纯德，必可先登于道之极至处。故采撷经义，字韦岸君曰“先登”。

为尼山学堂九期（2019级）诸生19人命字方案（2022年1月）

1. 王一清，女，山东泰安人。字“天润”。

《老子》第三十九章：“天得一以清，地得一以宁。神得一以灵，谷得一以盈。万物得一以生。”宋张耒《春日杂书八首》之一：“长安春雪消，天地一清润。”故取《老子》文义与“天地一清润”诗意，字之曰“天润”。谓性情聪慧，既得天地之灵气，又得时代春天般之润泽。

2. 尚树青，女，山东禹城人。字“春龙”，又可字“春姣”。

青，《说文》：“东方色也。”《尔雅·释天》：“春为青阳。”张衡《东京赋》：“飞云龙于春路。”名“树青”，字“春龙”。

意谓企望于欣欣向荣之年时，做乘云飞翔于春天大路上之青龙也。又《说文》：“蛟，龙之属也……能率鱼飞。”《抱朴子》曰：“母龙曰蛟。”“蛟”“姣”音同，故又可字之曰“春姣”。

3. 李美璇，女，内蒙古赤峰人。字“枢文”。

《尚书·舜典》：“在璇玑玉衡，以齐七政。”柳宗元

《乞巧文》："镠辖璇玑，经纬星辰，能成文章。""璇玑"为中华文化之重要概念，又称"璇枢"。《淮南子·主术训》："处静持中，运于璇枢。"其既成文章，更齐七政。名既为"美璇"，字曰"枢文"可也。

4. 陈蔚曦，女，云南曲靖人。字"国仪"。

蔚，《易·革卦》："其文蔚也。""蔚曦"者，文采美盛之晨曦。李白《明堂赋》："于是王正孟月，朝阳登曦。……展乎国容，辉乎皇仪。"乃国家祥瑞之象。故字之曰"国仪"。

5. 魏辰羽，女，河南商丘永城人。字"翰卿"。

《国语·周语中》："夫辰角见而雨毕。"韦昭注："辰角，大辰仓龙之角。"《左传·昭公三十一年》："日月在辰尾。"杜预注："辰尾，龙尾也。"故辰者，龙也。《诗·小雅·小宛》："翰飞戾天。"朱熹《集传》："翰，羽。"《说文·羽部》："翰，天鸡，赤羽也。"段玉裁注："《小宛》传云：翰，高也，谓羽长飞高也。"

名"辰羽"，字之曰"翰卿"，谓"飞龙在天，羽长飞高也"。卿，美称也。

6. 傅宇宁，男，山东东营人。字"顺轩"。

《国语·周语中》："使各有宁宇，以顺及天地，无逢其灾害。先王岂有赖焉？"《老子》第六十五章："玄德深矣……

然后乃至大顺。”名“宇宁”，字曰“顺”，为“各有宁宇，顺及天地，无逢其灾”之义。顺及天地，必有深远之玄德。饰以“轩”，乃男子美称，兼有企望顺利高举之义。

7. 蒙晓晗，女，河南安阳滑县人。字“元升”。

《玉篇》：“晗，欲明也。”《说文》：“晓，明也。”段注：“此亦谓旦也。俗云天晓是也。”天晓欲明，皆因旭日高升。《易·升卦》：“升，元亨。”故字“元升”。元，义以家中行大。元升者，言君子须顺德，才能积小以高大，则必能“志行”“有庆”。

8. 孙伊昕，女，江苏苏州人。字“祉卿”。

昕，《说文》：“日将出也。”《礼记·文王世子》：“大昕鼓徵。”徵，五音之一。《尔雅·释乐》：“徵谓之迭。”陆德明《释文》引刘歆云：“徵，祉也。物盛大而繁祉也。”名“伊昕”，字之曰“祉卿”，意谓事业盛大而繁祉也。

9. 丛方怡，女，山东威海人。字“成文”。

《楚辞·大招》：“曼泽怡面。”王逸注：“怡，怿。”《礼记·文王世子》：“礼乐交错于中，发形于外，是故其成也怿，恭敬而温文。”名“方怡”，字“成文”，以概括经义。

10. 张溯尧，女，陕西西安人。字“升君”。

《说文》：“尧，高也……高远也。”《易·升卦》：“象曰：地中生木，升。君子以顺德，积小以高大。”故字曰“升君”，既概括经义，兼表欲遵循美德，以致高远之志。“君”也是名字中常用美称。

11. 祝章霞，女，江西上饶玉山人。字“文徽”。

南朝梁萧纲《昭明太子集序》：“登高体物，展诗言志。金铣玉徽，霞章雾密。致深黄竹，文冠绿槐。控引解骚，包罗比兴。”取资其文意，字之曰“文徽”，谓企望有如萧统之文采德徽。

12. 杨远芳，女，山东枣庄人。字“香山”。

白居易成名之诗：“野火烧不尽，春风吹又生。远芳侵古道，晴翠接荒城。”“远芳”之名，宜源于此。白居易，字乐天，号香山，是人人崇仰之伟大诗人。故字之曰“香山”，以示追慕白居易之情。“香山”者，又古语曰：“黍稷非馨，明德惟馨。”亦含“芬芳之山，香气远播”之崇德深义。

13. 于佳卉，女，辽宁鞍山人。字“桐生”。

《诗·小雅·出车》：“春日迟迟，卉木萋萋。”又《诗·大雅·卷阿》：“凤凰鸣矣，于彼高冈。梧桐生矣，于彼朝阳。菶菶萋萋，雝雝喈喈。”佳卉生于早春草木萌生之佳时，如鸣于高冈（鞍山）梧桐之凤矣。故字之曰“桐生”。

14. 曹湲媛，女，山东德州人。字“虞嫔”。

屈原《九歌·湘君》：“扬灵兮未极，女婵媛兮为予太息。横流涕兮潺湲，隐思君兮陫侧。”名“湲媛”，与帝子不懈追随舜帝之典契合。东汉皇甫规《女师箴》：“唐媛兴妫。”《列女传》赞曰：“帝尧之女。嫔列有虞，承舜于下。”名“湲媛”，字之曰“虞嫔”，以示继承“唐媛兴妫”之绪，为振兴中华、实现伟大复兴做贡献之志。

15. 张陈博，女，河南上蔡人。字“天维”。

《礼记·中庸》：“天地之道博也，厚也……诗曰：‘维天之命，于穆不已。’盖曰天之所以为天也。”

名“博”，字之曰“天维”，以概括经义。“天维”者，天之纲维。张衡《西京赋》：“尔乃振天维。”《晋书·束晳传》：“振天维以赞百务。”张天维即振天维，故亦连姓成文之例。字“天维”，可彰显本人愿尽平生之学，建功立业，报效国家之志。

16. 唐龙飞，男，甘肃陇南人。字“德雄”。

《诗·邶·雄稚》：“雄雉于飞，下上其音。……百尔君子，不知德行？不忮不求，何用不臧？”朱熹《集传》：“言凡尔君子……若能不忮害又不贪求，则何所为而不善哉！”故概括经义，字之曰“德雄”。

17. 潘静琳，女，山西临汾人。字“德玉”。

《说文·玉部》：“琳，美玉也”，“玉，石之美有五德：润泽以温，仁之方也；䚡理自外，可以知中，义之方也；其声舒扬，专以远闻，智之方也；不挠而折，勇之方也；锐廉而不忮，洁之方也”。《易·鼎卦》孔疏：“玉者，坚刚而有润者也。”《礼记·聘义》：“君子比德于玉焉。”故名“静琳”，字“德玉”可也。

18. 王智尧，男，上海青浦人。字“焕成”。

《论语·泰伯》：“子曰：大哉，尧之为君也！巍巍乎，唯天为大，唯尧则之。荡荡乎，民无能名焉。巍巍乎，其有成功也。焕乎其有文章！”尧之智，唯以天道为则。尧之功，焕然成功，彪炳于中华历史。故名“智尧”，字之曰“焕成”，以歌颂帝尧之功，赞扬夫子之叹。

19. 程瑜，女，山东青岛人。字“怀瑾”。

《楚辞·九章·怀沙》有“怀瑾握瑜”之文。名瑜，则与三国名将周瑜同名。周瑜被陈寿评价为“英俊异才”“文武韬略，万人之英”。瑜字公瑾，《说文》：“瑾瑜，美玉也。”故字之曰“怀瑾”，以表对周公瑾仰慕崇敬之情。

庙会的由来及其发展演变

一

山东快书《武松传》中武大郎有这样的话："东岳庙往年起会就不小，今年的香火更兴旺！有七里路的铁货市，八里路的木料行，西北角上卖杂货，东南角上卖杂粮。当中间搭了个刀山架，耍把戏的还有大姑娘。竹马旱船来回跑，四台大戏唱的是南昆、北弋、东柳、西梆还有西皮和二簧！……兄弟依我良言劝，千万别到庙会上。"①

这里所说的庙会和庙会上热闹的景象，对许多中国人来说都不陌生。它是依托宗教祭祀庆典节日等时间，在佛寺道观及其附近，集游艺、商贸、宗教于一体、群众广泛参加、延续多天的大型综合性民间活动。不少文学作品中都常常提到庙会。如老舍的《赵子曰》："卖白薯的春二挑着一担子大山里红糖葫芦和一些小风筝之类，往城外去赶庙会。"庙会又俗称作"庙市"。鲁迅《华盖集续编·马上支日记》中说，他经常"新年到庙市上去看年画"。庙会还简称为"庙"。孙犁《乡里旧闻·木匠的女儿》记述了一对青年的恋爱，其中写道："赶集上庙，两个人约好在背静地方相会，少掌柜给她买个烧饼裹肉，或是买两双袜子送

① 《民间文学作品选》下册，上海文艺出版社1980年版，第225~226页。

给她。”

看来，庙会确实是人们所熟悉的。但是，它的起源及其历史演变恐怕就鲜有人知了。本文试图对这一问题做些粗浅的探讨，以就正于方家。

二

首先，我们谈谈“庙会”这个名字是怎么来的。或许有人说：“顾名思义，在寺庙附近聚会，买卖东西，所以就叫庙会呗！”这种说法把问题看得太简单，事情的本源比这要复杂得多。

原来，上古之时，“庙”并不指寺庙。因为那时还没有佛教、道教，当然也无后世所谓的寺庙。上古的庙，只是指帝王、贵族祭祀祖先的宗庙。《诗·大雅·思齐》：“雍雍在宫，肃肃在庙。”又《周颂·清庙序》：“清庙，祀文王也。”郑玄笺：“庙之言貌也。死者精神不可得而见，但以生时之居立宫室、像貌为之耳。”[①] 传说这种庙始于轩辕黄帝。宋高承《事物纪原·庙》云：“《轩辕本纪》曰：‘帝升天，臣寮追慕，取几杖立庙，于是曾游处皆祠’云，此庙之始也。”《说文解字·广部》：“庙，尊先祖貌也。”段玉裁注：“古者庙以祀先祖，凡神不为庙也。为神立庙者，始三代以后。”[②] “庙”既不是寺庙，“庙会”之“会”本也不是后代平民百姓的一般聚会。在上古，“会”是特指天子与诸侯或诸侯之间的一种定期会见，是一种极重要的政治外交活动。这种“会”，须在天子或盟主的宗庙中进行，通过对先王的祭祀而完成，用以示一体、分远近、明君臣，十分郑重。显然，这种

① 《十三经注疏》，中华书局1979年版，第517页。

② 《说文解字注》，上海古籍出版社1981年版，第446页。

庙会一般人不可能参与，因而与后代的所谓“庙会”也相去甚远。

“庙”与“会”连用，最早见于《论语·先进》“宗庙会同，非诸侯而何”一语。虽然孔子这话是把宗庙祭祀与诸侯盟会作为两件事说的，但这两件事的密不可分和“非诸侯而何”所表明的（宗）庙会（同）的严肃性、重要性由此而见。后来，“庙”“会”又进一步连在一起，如《后汉书·张纯传》：“元始五年，诸王公、列侯庙会，始为禘祭。又前十八年亲幸长安，亦行此礼。”

以上就是庙会一词较早的文献资料。即便不从孔子算起，而从《后汉书》的作者范晔算起，也已经有1500多年的历史了。而那时它们的含义，都是隆重严肃的宗庙祭祀活动。

其次，后世的所谓庙会上，如《东岳庙》中所描述的种种娱乐活动，也与古代的祭祀活动，主要是祭祀天地山川诸神的娱神活动，有着一脉相承的关系。

古代在祭祀天地山川诸神时，将乐舞作为娱神的方法和人神沟通的手段，这可以追溯到原始宗教产生之时。殷商甲骨卜辞中，就有商王亲自以羽舞祭四方之神的记录，如“戊子贞：王其羽舞，吉”（《殷虚书契前编》60.20.4）。到了周、秦、汉代，非乐舞不能致神的观念更加强化。《周礼·春官·大司乐》说：“若乐六变，则天神皆降，可得而礼矣……若乐八变，则地示皆出，可得而礼矣……若乐九变，则人鬼可得而礼矣。”古人似乎认为，天地神灵人鬼，都是好凑热闹的，非用热闹的乐舞是请不出他们来的。因此，自远古起，飨祭或祈祷，总是少不了音乐和舞蹈。这就给后世庙会总要举办各种娱乐活动提供了依据。

另外，古代重大祭祀总是定时定点，对后世庙会也有直接的影响。特别是历代帝王不断以诏令形式建立各种祭祀，规定时间、地点、内容等，更强化了这方面的影响程度。

正因为后世的庙会从名称到内容，甚至定点定时等形式，无一不有上古祭祀的影子，所以我们说，它的起源应当追溯到上古的祭祀。但是，上古祭祀特别是帝王参与并主持的祭祀所固有的严肃性、神秘性，又使它与后世的庙会愈来愈对立。特别是后世庙会最明显的特点——群众性和商贸气氛，更不是上古祭祀所具有的。后世庙会的这类特点，是后来又从佛教、道教的一些宗教活动和社会活动中继承发展来的。

三

东汉时期，佛教正式传入中国，土生土长的道教也逐渐形成。这两种宗教，在民间信仰的基础上，展开了激烈的生存竞赛。到南北朝时，它们都已在民族文化的沃壤中深深扎下了根。唐宋时代则达到各自的全盛时期。在这一过程中，它们各自煞费苦心地创造出一系列宗教活动，如水陆道场、坛醮斋戒、圣诞庆典、开演俗讲等等。名目繁多，却都通俗热闹，不拒俗众。它们与上古祭祀截然不同。前者严格限制参加人员的范围，后者则尽可能招徕群众。前者仪式中的乐舞活动是为了娱神，因此娱乐中渗透着神秘和严肃。后者更重要的是媚众，因此神秘严肃的活动掩盖不住欢娱。正由于这些不同，善男信女们才趋之若骛、乐此不疲。广大俗人多愿随喜凑趣，加之历代皇帝也几乎无一不好此道，经常推波助澜，致使这类活动多具有“轰动效应”。只是在佛、道教传播早期，常常需要用主动走出去的方式扩大宣传、争取群众，如佛教的“行像”活动就是如此。所谓“行像”，就是把神佛塑像装上彩车、在城市中巡行的一种宗教仪式。《洛阳伽蓝记·城南景明寺》记载了北魏时这种活动的情形：

> 四月七日京师诸像皆来此寺，尚书祠部曹录像凡有一千余躯。至八日，以次入宣阳门，向阊阖宫前受皇帝散花。于时金花映日，宝盖浮云，旗幢若林，香烟似雾，梵乐法音，聒动天地。百戏腾骧，所在骈比。名僧德众，负锡为群，信徒法侣，持花成薮。车骑填咽，繁衍相倾。①

这种万人空巷的活动，已经具有了固定的时间和群众性、娱乐性，但流动性太大，更像庆祝节日的大游行，因而它还远不是后世的庙会。

随着佛、道二教的发展，“行像”这种主动走出去的活动逐渐减少，代之而起的是定点、定时的法事活动。即在寺观中设道场，坐等信徒俗众来顶礼膜拜、斋戒听讲等。唐代日本圆仁和尚的《入唐求法巡礼行记》，以日记的形式记录了这方面难得的资料。下面是其中几则：

> (唐文宗开成五年) 七月十五日，人 (太原府) 度脱寺巡礼盂兰盆会……阁下诸院皆铺设张列，光彩映人，供陈珍妙。倾城人尽出来巡礼。……诸寺盂兰盆会，十五日起首，十七日罢。
>
> (唐武宗会昌四年) 七月十五日，(长安) 城中诸寺七月十五日供养。诸寺作花：蜡花饼、假花果树等，各竞奇妙。常例皆于佛殿前铺设供养，倾城巡寺随喜，甚是盛会。今年

① 〔魏〕杨衒之撰，周祖谟校释：《洛阳伽蓝记》，中华书局 1963 年版，第 114~115 页。

诸寺铺设供养胜于常年。①

圆仁还记载了唐武宗敕令佛、道二教对垒俗讲的情况：

(唐武宗会昌元年) 正月九日……改年号——改开成六年为会昌元年。又敕于左右街七寺开俗讲。左街四处：……菩提寺令招福寺内供奉三教讲论大德齐高法师讲《涅槃经》；景公寺令光影法师讲。右街三处：会昌寺令内供奉三教讲论赐紫引驾起居大德文溆法师讲《法花经》……又敕开讲道教：左街令敕新从剑南道召太清宫内供奉矩令费于玄真观讲《南花》等经；右街一处，未得其名。……正月十五日起首，至二月十五日罢。②

这种同时演法的情形，韩愈的《华山女》诗中也有精彩的描述。在激烈竞争的时候，谁不使出浑身解数，以求压倒对方，争得群众？那情形，肯定好听好看，“上座率”低不了！

上述这些活动，动辄几天甚至弥月，每逢此时，“车骑填咽，繁衍相倾”“倾城人尽出来巡礼”“倾城巡寺随喜”。事实上，自南北朝至唐宋，社会生活已被佛、道二教所渗透，历史上是所谓“佞佛”“佞道”的时期。不知不觉中，整个社会已经染上了“宗教狂热症”。就在这个过程中，原属上古原始信仰的许多民间祭祀活动，也渐渐被佛、道二教染指，唐宋之后，更几乎形成了

① 白化文等：《入唐求法巡礼行记校注》，花山文艺出版社 1992 年版，第 219、221、445 页。

② 白化文等：《入唐求法巡礼行记校注》，花山文艺出版社 1992 年版，第 369 页。

非佛、道不成祭的局面。于是，除了佛、道之流主动设些法事招徕俗众，又出现了一些新情况。一是原来民间在家中或乡闾里社中举办的一些祭赛酬神的活动，纷纷挂靠上佛教或道教的神灵，改到佛寺、道观去进行了。二是在佛、道二教的各种庆典节日时，人们也主动组织各种社、会，到寺庙、道观及其附近去祭酬或庆祝集会。这样，寺庙、道观等场所便逐渐成了以宗教活动为依托的群众聚会场所。这种情况，唐宋之后的许多笔记小说中多有反映。我们只需看一下宋吴自牧《梦粱录·社会》中记载的南宋首都杭州当时的情况即可：

> 每遇神圣诞日，诸行市户，俱有社会迎献不一……迎献者，谓为可观。遇东岳诞日，更有钱燔社、重囚枷锁社也。奉佛者有上天竺寺光明会，俱是富豪之家，及大街铺席施以大烛巨香，助以斋资供米，广设胜会，斋僧礼忏三日，作大福田。又有善女人，皆府室宅舍内司之府第娘子夫人等，建庚申会，诵《圆觉经》，俱带珠翠珍宝首饰赴会，人呼曰“斗宝会”。更有城东城北善友道者，建茶汤会，遇诸山寺院建会设斋，又神圣诞日，助缘设茶汤供众。四月初八日，六和塔寺集童男童女善信人建朝塔会。九月初一日，湖州市遇土神崇善王诞日，亦有童男童女迎献茶果，以还心愫。每月遇庚申或八日，诸寺庵舍，集善信人诵经设斋或建西归会。保俶塔寺每岁春季，建受生寄库大斋会。诸寺院清明建供天会。七月十五日，建盂兰盆会。二月十五日，长明寺及诸教院建涅槃会。四月八日，西湖放生池建放生会，顷者此会所集数万人。太平兴国传法寺向者建净业会，每月十七日集善男信人，十八日集善女信人，入寺诵经，设斋听法，年终以

所收资金，建药师道场七昼夜，以终其会……①

上文足以表明，到宋代，在寺庙、道观所举行的这类活动，已从原来由宗教界独自搞、主动搞，世俗人被动参加，变为宗教界与社会各界联合搞，甚至是社会各界主动搞、宗教界被动配合的局面了。这种变化，不仅大大增加了这些活动的吸引力和热闹程度，也使这些活动中的商贸气息随着群众性、娱乐性的增加而相应增加。就这样，这类活动形成了宗教与民俗“风助火势，火助风威”相得益彰的形势，并终于形成不可遏制的蔚为大观的局面。

这就是我们所说的庙会在刚刚兴起而又尚未定型时的情况。

四

如上所述，尽管宋末在佛寺、道观及其附近，由世俗或宗教界搞起的许多定点、定时、定内容的活动，已经具备了群众性、社会性、娱乐性的特点，并因此产生了越来越浓厚的商贸气息，已经基本具备了我们所说的庙会或庙市的形态和特征。但是，直到元末明初，文献中多像《梦粱录》中的“庆佛会”“涅槃会”“朝塔会”等名堂一样，仍仅把这类活动叫作“××会”。其他酬祭活动，也只有“××社”或“赛庙”“赛会”“赛神会”等名称，就是没有“庙会”“庙市”的叫法。

据笔者考证，“庙会”或“庙市”的叫法是明代中后期城乡商业贸易不断发展，资本主义萌芽时期才出现的。只有在这时，“庙会”才有了自己正式的名称并很快兴盛起来。

---

① 《梦粱录》，浙江人民出版社1984年版，第181~182页。

例如：明嘉靖（1522—1566）间《夏邑县志》载："正月……七日，有火星庙会"，"三月……二十八日，东岳庙会"，"五月……十三日，关王庙会"。明刘宗周《保民要训·保甲之禁》中也有"不许越境烧香。如鄚州庙会、泰山进香、南海斋僧，尤禁"[①] 之语。刘宗周是万历年间（1573—1620）进士，曾任礼部主事、顺天府知府等职。可见距今四百年前的嘉靖、万历年间，是有"庙会"之称的。不仅如此，因为刘宗周的话是"保甲之禁"中的一项禁令，就好比今天给街道居委会制定的治安条例。所以可以推断，"庙会"一词绝非刘宗周生造发明，而是当时民众所熟悉并常见常用的。从这项禁令还可以想象，只有当时人们不远数千里纷纷去赶庙会、进香斋僧，以致演成蔓延失控之势，成为社会问题，官方才不得不有所约束，明令禁止这类跨地区的活动。

正因为当时庙会已很兴盛，所以不仅"保甲之禁"一类官方文告中出现了庙会一词，同时期的小说、诗词等文学作品，也纷纷对庙会、庙市进行记叙、描写。成化年间状元及第的吴宽有《戊寅燕九日》诗，描写的是当时北京白云观正月初九的庙会："京师胜日称燕九，少年尽向城西走。白云观前作大会，射箭击球人马吼。"[②] 凌蒙初《二刻拍案惊奇》卷三则直接描写了当时北京著名的城隍庙会："京师有个风俗，每遇初一、十五、二十五日，谓之庙市。凡百般货物俱赶在城隍庙前，直摆到刑部街上来卖，挨挤不开，人山人海的做生意。"天启年间进士黄景昉的《城隍庙市》诗，说的也是这一庙会："是日政三五，顷城争此途。如在玉山行，不觉白日晡。"[③] 对这一庙会描写最精彩的，要

① 《说郛三种》九，上海古籍出版社 1988 年版，第 435 页。
② 《帝京景物略》，北京古籍出版社 1980 年版，第 75 页。
③ 《帝京景物略》，北京古籍出版社 1980 年版，第 167 页。

数汪逸的《城隍庙市》诗了。他写道："衢巷气蒸纷骛走，殿庭香绕吻鸱含。官虽屏从犹遮扇，客匪祈神亦住骖。廓庑肯容存隙地，工商求售厌空谭。……行丐酡颜疑魃蜮，募僧黄面比瞿昙。摩肩径窄恒如仆，触鼻尘污似若甘。……"① 这诗简直让人如临其境，你看那庙会上，官员、客商、乞丐、募僧，各色人等，不分贵贱，挨挨挤挤，弄不清谁是来参谒神灵的，谁是来买东卖西的，谁又是来趁热闹游玩的。直弄得混然一片"衢巷气蒸""触鼻尘污"而已。

明末的刘侗、于奕正在《帝京景物略》一书中，还曾对北京当时其他一些著名庙会做过记载。限于篇幅，我们只能将它们综合于下：正月十九日，白云观庙会；三月廿八日，东岳庙庙会；四月初一至十八日，碧霞元君庙会。按：此庙会当时分别在南顶、北顶、西顶、东顶、中顶五处进行。其中，以弘仁桥东的南顶一处为最盛，书中有"尘风汗气，四十里一道相属也"之语。书中也对前面多人记述过的城隍庙会做了记载，并对参加这一庙会的人员组成做过一番分析："城隍庙市，月朔、望、念五日，东弼教坊西逮庙墀庑，列肆三里。……市之日，族族行而观者六，贸迁者三，谒乎庙者一。"我们若把这一分析用比例式表示，就是：

观光游玩的人：卖、买东西的人：参加宗教活动的人=6：3：1

从以上诸多明代人的记载和分析中，足见其时"庙会"或"庙市"已经成为社会生活的重要内容。特别是从刘侗、于奕正的分析中可以看出，赶庙会的人中，真正礼神拜佛的人少，买卖东西的人也不占多数，占绝大多数的是趁热闹的观光游客。可

① 《帝京景物略》，北京古籍出版社 1980 年版，第 167 页。

见，由于历史和社会多方面的原因，当时庙会的内涵已决然不是上古的“庙会”；也不同于唐代以宗教宣传为主的各种法会；同时它也不是宋代俗众、宗教界联合或单独搞起的各种“社”“会”；今天农村中的集市更不能与之相提并论。它只能是本文开始说过的，一种依托宗教庆典祭酬节日，在佛寺道观及其附近形成的集游艺、商贸、宗教于一体的大型民间聚会。

到了清代，这种庙会继续发展并有了一些新的特点。为便于比较，我们仍以北京为例。雍乾时期的潘荣陛《帝京岁时纪胜》反映了清中叶之前这方面的情况，其中未见于刘侗二人记载的庙会有：

> 二月·中和节：初一日为中和节……左安门内有太阳宫，都人结侣携觞，往游竟日。
>
> 二月·惜字会：香会，春秋仲月极胜，惟惜字文昌会为最。俱于文昌祠、精忠庙……及各省乡祠，献供演戏，动聚千人。
>
> 二月·观音会：十九日为观音大士诞辰。正阳门月城内观音庙香火极胜。城内外……庙宇不下千百，皆诵经聚会。六月十九日登莲台，九月十九日传道妙，如前行之。
>
> 四月·药王庙：都城药王庙极多，其著名者四……岁之四月中旬至廿八日为药王诞辰，香火极胜。
>
> 九月·九皇会：九月各道院立坛礼斗，名曰九皇会。自八月晦日斋戒，至重阳，为斗母诞辰，献供演戏，燃灯祭拜者甚胜。[1]

① 《帝京岁时纪胜　燕京岁时记》，北京古籍出版社 1981 年版，第 13、14、15、19、31 页。

也有的庙会在《帝京景物略》等书中虽曾记载过，但到潘荣陛时，在时间、地点、规模等方面又有所发展。如：

三月·东岳庙：……岁之三月朔至廿八日设庙，为帝庆诞辰。都人陈鼓乐、旌旗、结彩亭、乘舆导驾出游，观音塞路。进香赛愿者络绎不绝。南城右安门内横街之东，亦有庙祀……各庙游人了香愿毕，于长松密柳之下取醉而归。

五月·都城隍庙：都城隍庙在都城之西……前明于朔、望、廿五日为市……国朝……惟于五月朔至八日设庙……至于都门庙市，朔望则东岳庙、北药王庙，逢三则宣武门外之都土地庙……七、八则西城之大隆善护国寺，九、十则东城之大隆福寺。①

特别值得一提的是前面说到的碧霞元君庙会，到了乾隆年间，在规模、地点各方面都大为发展，成为当时北京庙会之最。潘荣陛在书中记述道：

京师香会之胜，惟碧霞元君为最。庙祀极多，而著名者七……每岁之四月朔至十八日，为元君诞辰。男女奔趋，香会络绎，素称最胜。惟南顶于五月朔始开庙，至十八日。都人献戏进供，悬灯赛愿，朝拜恐后。②

---

① 《帝京岁时纪胜　燕京岁时记》，北京古籍出版社 1981 年版，第 17、22 页。

② 《帝京岁时纪胜　燕京岁时记》，北京古籍出版社 1981 年版，第 18~19 页。

这个庙会在清代一直持续发展，到光绪年间达到了鼎盛状态。中心从京近郊的南顶移至远郊京西北昌平的妙峰山，清末的富察敦崇在《燕京岁时记》中这样描写道：

> 妙峰山碧霞元君庙在京城西北八十余里。山路四十余里，共一百三十余里。地属昌平。每届四月，自初一日开庙半月，香火极盛……自始迄终，继昼以夜，人无停趾，香无断烟。奇观哉！……人烟辐辏，车马喧阗，夜间灯火之繁，灿如列宿。以各路之人计之，共约有数十万。以金钱计之，亦约有数十万。香火之盛，实可甲于天下矣。①

这一庙会，直到20世纪二三十年代仍历久不衰。1925年，容庚、顾颉刚、庄尚严、容肇祖、孙伏园五位学者曾亲自前往考察，并发表了一系列研究文章，成为当时民俗学界乃至整个中国学术界轰动一时的事件。

此外，明清时代庙会以北京首善之区为中心，范围遍及大江南北、长城内外。其形式各地大同小异，名称如上面涉及的有“庙会”“庙市”“庙”“会”“香会”等多种，但其实质内涵都是一样的，只在诸如规模形态、完备程度等方面不尽一致而已。现存各地方志及其他一些当时人的笔记著作，特别是清代的著作中，多有这方面的资料保存。在此不能一一备述。

也许有人认为，明清时代，既有“庙会”“庙市”两种称呼，它们也应是两种不同的事物。

其实，在开始时，也许有过这种分离的趋势，即“庙会”侧

---

① 《帝京岁时纪胜　燕京岁时记》，北京古籍出版社1981年版，第62~63页。

重宗教活动，按节日举行。“庙市”侧重集市贸易，按月定时举行。然而发展的结果是，这种趋势并没能分离成两种不同的事物，相反在一百多年前，这种趋势不复存在，“庙会”“庙市”已混然一义了。拿上文北京都城隍庙庙会为例，在黄景昉、凌蒙初、汪逸、刘侗等人笔下，都称之为“庙市”，可是富察敦崇的《燕京岁时记·过会》中却说：“如遇城隍出巡及各庙会等，随地演唱，观者如堵。”显然，富察氏是把都城隍庙的活动与其他寺观的活动等量齐观的。还有更明显的例子：上文所引潘荣陛有“至于都门庙市……九、十则东城之大隆福寺”之语；富察氏也有“西庙曰护国寺……东庙曰隆福寺……九、十日开东庙”之语；而清代另一位叫蒋沄的人，也有“西边护国东隆福，又是逢三庙市期”① 的诗句。看来自雍乾以来，隆福寺的庙会很多人都叫它“庙市”“庙”。清代张培仁在其《妙香室丛话·财运》中却说：“京师隆福寺，每月九日，百货云集，谓之庙会。”可见，“庙会”“庙市”是没有什么区别的。还有如我们一开始说到的山东快书《武松传》中的东岳庙会，似乎是以贸易、游艺为主，没什么宗教活动的事，但民间总是习惯称之为“庙会”，未见称之为“庙市”的。

总之，最迟到清代末年，“庙会”“庙市”已全无分别，所指已经都是一回事了。不过因为城乡商业的繁荣，按月举行的庙市在各地都逐渐减少，或者改为依托节日举行（如前文中《帝京岁时纪胜·五月·都城隍庙》所言北京城隍庙会的变化）。原来依托宗教节日举行的庙会则多集中在春秋两季，特别是春光明媚的旧历三、四月间举办的为多。

---

① 《北京风俗杂咏》，北京古籍出版社 1982 年版，第 49 页。

五

近几十年来，由于宗教本身的衰弱和城乡经济、科技的空前发展，人们对庙会的兴趣似乎有所减弱。加之“文革”及其之前长达20多年的时间里，举办庙会的各种条件、环境受到限制，庙会更是濒于消灭。

随着改革开放的步步深入，宗教政策也得以拨乱反正。庙会所依托的客体得以恢复，举办庙会又有了客观可能性。特别是近几年，党中央提倡弘扬中华优秀传统文化，想方设法丰富人民群众的文化娱乐生活，发展经济也要求注意挖掘旅游资源。于是，许多地方已经或正在恢复举办庙会。只要认真加以引导和组织，庙会这一具有悠久历史的民间传统文化形式，不仅可以活跃人民生活，而且可以给当地带来巨大的经济效益。可以预言，庙会肯定能以崭新的内容和形式，重新出现在当代中国人的生活当中。

综上所述，我们所论述的中国特有的民族民俗活动——庙会，是从经过数千年积淀的深厚的民族文化沃壤中逐渐孕育出来的。其由来及发展演变，可以简单地概括为一句话，即源于祭祀，兴于宗教，生成于唐宋，盛行于明清，嬗变并将重振于现当代。

（本文从选题到搜集资料，均得到李万鹏先生的指导和帮助，特在此向李先生致以衷心的谢忱！）

原载《民俗研究》1994年第1期

漫谈世纪之交对传统文化的认识与利用

越来越逼近的21世纪的脚步声，沉重地震撼着地球上每一个民族的灵魂。各民族无不怀着空前未有的历史紧迫感，准备迎接它的来临。她们或者踌躇满志，决心继续创造辉煌；或者准备和正在革旧图新，企冀后来居上。背负着五千年悠久历史的中华民族，也正充满对未来的憧憬，意气风发地从事着改革开放奔四化的宏伟大业，决心趁新世纪的来临振翮鹏举。中共中央和邓小平同志及时确定了“建设有中国特色社会主义”的一系列方针政策，并相应地提出了促进社会主义物质文明和精神文明同步发展，建设有中国特色社会主义文化的问题。江泽民同志在庆祝中国共产党成立七十周年大会上指出，建设“有中国特色社会主义的文化……必须继承和发扬民族优秀传统文化而又充分体现社会主义时代精神，立足本国而又充分吸收世界文化优秀成果，不允许搞民族虚无主义和全盘西化”。江泽民同志的这番话绝不是泛泛的一般号召，而是有感而发和切中时弊的肺腑之言。它不仅应当是我们探讨“传统文化与21世纪”这一议题的依据，同时，也给我们发现和研究有关问题以许多启发。

笔者对这一关系到国家民族命运的极重大、极严肃的问题素无研究，只能用漫谈的形式对几件小事谈点琐细的感想，不揣鄙陋，请到会的诸位大方之家哂之。

一、从一副对联想到的

有一副家喻户晓的对联，即“忠厚传家远，诗书继世长”。50年代中期之前，寻常百姓在大门上或茅屋里，往往悬挂此联，示人戒己；然而50年代中期之后，就再也见不到这副对联的踪影了。时至今日，仍然少有人敢堂而皇之地把这副对联悬于自家的门楹上，以标榜自家代属“忠厚”，世读“诗书”，或者借以告诫子孙，要世世代代忠厚为人、诚实劳动、知书达礼。倘若哪位贤人果真这样做了，那么，他即使不被视为封建余孽，恐怕也要被讥为傻瓜呆气，不合时宜的。

许多三五十岁的人恍惚记得，“忠厚传家远”这副对联总是被挂在黄世仁、南霸天、胡汉三之流的家中。这就等于说，只有地主恶霸，总之只有坏人，才标榜“忠厚传家”“诗书继世”；工人、贫下中农的家里绝不挂这种欺世盗名的对联。好像好人和一切革命群众都是从不讲什么“忠厚”，也不看什么“诗书”似的。尽管极“左”的年代早已成为历史，但这种误解远远未从数亿人的心中消除。由此可以说，在如何看待传统文化这个问题上，拨乱反正的工作仍亟待在人们的心灵深处继续进行。

而涉世不深的青少年，他们虽然没有父兄们心中的那种阴影，但现实中的价值取向和所见所闻，使他们迫切渴望得到竞争的胜利和物质的满足。这是无可厚非的。问题在于应该如何教育这些年轻人，教他们通过什么方式获取这些东西。事实上，目前相当一批年轻人在这个问题上的答案，恐怕绝不是想通过“忠厚”和学好“诗书”来获得。相反，不少年轻人更倾向于只要能迅速致富，迅速出人头地，任何手段都是可以采用的。写到此处时（按：1994年7月23日上午10点），身边的收音机中，主持人正以赞赏的口吻向青年们介绍某省某重点中学一名叫崔莹的高二女孩的理想“是去外国当总统夫人，有大把大把的钱，有自己的别墅……”心中一阵不知什么味儿之后，我似乎看见这位女孩身穿广告所云“阔佬”牌的时装，足登“花花公子”牌的皮鞋，正向她理想的去处飘然而去……我想，如果我们的青年对理想都作如是观，现代化也许会实现，但实现“有中国特色的社会主义”，恐怕是没有什么希望的。

被“文化大革命”搞得颠倒了的道德规范、价值观念和一切优秀传统文化，在打倒“四人帮”之后，刚刚想有所恢复，人们还没来得及弄清今天的“忠厚”和“诗书”是什么含义、有什么价值的时候，一场“一切向钱看”的冲击波就又导致了一次新的文化滑坡和新的道德危机。现如今，不仅小商小贩会缺斤少两、以次充好，就连学术界、科技界，以及所有有利可图、有名可争的地方，假冒伪劣的角色都越来越多。这类“角儿”同样都是毫无廉耻、不择手段地谋取暴名暴利并以此为荣、以此为能，而少有顾忌。时下，如果试把“忠厚传家远，诗书继世长”的对联改作“忠厚要倒霉，诗书不值钱”，或者“唯有奸佞才顺达，越无文化越发财”的话，说不定倒会得到更多人的认同。

因此，毫不夸张地说，中华优秀传统文化在许多中国人的心目中，早就是而且至今仍旧是一个混淆不清的概念。在当前汹汹而来的经济大潮的冲击下，就更没有人愿意去搞清这个不能立即“致富”的问题了。诚如一些有识之士善意指出的那样：“中国文化传统在现代化的过程中已失去了它应有作用……我们的文化传统实在没有被重视，我们的‘视野’中实在很少甚至没有文化传统的存在”，“二十世纪二十年代，中国人‘看不起’传统；二十世纪九十年代，中国人‘看不见’传统”，“二十世纪的中国人，特别是知识分子，可能是世界上最舍得抛弃传统的”，“中国人常不知不觉以西方之价值作为现代化的‘目标价值’，亦即把‘西化’作为了‘现代化’，从而使西方现代化社会出现的‘病态’，中国在‘现代化’过程中也一一出现，甚至更变本加厉”。①

“冰冻三尺，非一日之寒。”造成以这种态度对待传统文化的原因是复杂的。

首先，中华传统文化是经由五千年历史孕育而成的，因而它不仅具有无与伦比的丰富多彩性，同时也不可避免地形成了时代性的精华和糟粕杂糅的状态。要将这种杂糅的文化判然分为精华与糟粕，并非人人可为的轻易的事情。其次，正是这种今天看来处于杂糅状态的传统文化，成就了中华民族几千年的辉煌，也导致了近三百年在世界发展面前的故步自封和落后。而这种故步自封和落后，又是我们长达百年备受列强凌辱的主要原因。于是，便有了 20 世纪初“打倒孔家店”的新文化运动和“掀掉黑屋子”的战斗与呐喊。这种战斗与呐喊的偏颇和过激是完全可以理解的。我们不应该也没有资格去责备先驱们如何过激，以致在泼掉“脏水”的时候把盆中的“婴儿”也一起泼掉了。“十年动乱”期间，我们又何尝没变本加厉地重复过同样的愚蠢呢？历史大约总是要让人们付出代价之后才能弄明白它的。今天的问题在于，我们是否已认识到必须把泼掉的“婴儿”尽快捡回来？是否能取得哪些是被泼掉的“婴儿”，哪些是“历史的脏水”的共识？然后，才能谈到把被泼掉的“婴儿”捡回来的同时，避免带回“历史的脏水”的问题。

话到此处，我们的心情是不轻松的。回头掂量一下江泽民同志“必须继承和发扬民族优秀传统文化”“不允许搞民族虚无主

① 以上均引自金耀基《中国传统文化与发展》一文，载《传统文化与现代化》1993 年第 3 期。

义和全盘西化”的话，我们就越发感到我们的议题是多么沉重，面临的任务是多么严峻了。

如果我们能从以上对“忠厚传家远，诗书继世长”这副对联的兴衰命运的讨论中，特别是我们目前对它所持的态度中，悟出点什么，并有所警觉，进而有所行动的话，我们的担心也许就是多余的了。

二、诗歌传统与卡拉 OK

建设有中国特色的社会主义文化，一定要继承和发扬优秀的传统文化。而在传统文化之中，诗歌算是中华民族最悠久也最优秀的传统文化之一了。

自古以来，所谓诗歌，首先是民歌民谣，然后才是唐诗、宋词一类的文人诗歌。我们这里所说的，是既包括民族民谣也包括文人诗篇的更广泛意义上的诗歌和诗歌传统。

诗和歌古代实为一体。诗被咏唱而为歌，歌词本来就应是诗。诗、歌一家。不过其中难免有高下、粗细、雅俗之分罢了。《书·舜典》所谓“诗言志，歌永言”（孔传：“谓诗言志以导之，歌咏其义以长其言。”[①]），史迁所谓“三百五篇，孔子皆弦歌之”[②]，都可以说明这一点。诗和歌的分道扬镳是后来的事情。限于篇幅，我们无法说明这种分离的过程，只是以诗、歌不分的有关情况，来说明诗歌传统与我们今天有无可能继承和发扬它的问题。

中华民族一直是一个乐天的充满歌声的民族。在相当长的时

① 《十三经注疏》，中华书局 1979 年版，第 131 页。

② 《史记·孔子世家》，中华书局 1982 年版，第 1936 页。

期内，不管是王侯将相还是平民百姓，不管是儒生侠客还是戍卒野氓、村姑孺子，抑或得意失意、喜怒哀乐，凡稍一动情，往往便要赋诗或歌唱。从《诗·郑风·萚兮》“叔兮伯兮，倡予和女”①，到宋玉所谓“客有歌于郢中者，其始曰下里巴人，国中属而和者数千人”②，都可以找到古人好唱歌的痕迹。就连孔子也不例外，他老人家几乎天天唱歌，除非“是日哭，则不歌”③，并且一唱就饶有兴致，十分投入。“子与人歌而善，必使反之，而后和之。”④ 简直有点像歌迷。可以发现，不同的场合，不同的人物，不同的情感，古人都有相应的歌曲可唱。庄子丧妻鼓盆而歌，楚狂接舆“凤兮”之歌，可以算是达观者之歌。荆轲易水之畔和筑而歌，项羽垓下惊闻四面楚歌，那都是悲壮悽怆之歌。至于汉高祖的《大风歌》，隋炀帝的《水调歌》，那恐怕当算抱负远大或志得意满之歌。其他还有余音绕梁之歌、倚柱弹剑之歌等等，不一而足。总之，说古人是抱着“没有歌声怎么活”的态度生活的，起码是有几分可信的。如果再算上诗、骚、乐府和后世文人所创造的唐诗、宋词，以及其中古风、古体、今体等各种自成一格的类别和形式，说我们中华民族自古就是一个有诗歌传统的民族，或者说我们自古就是一个“诗歌的国度”，那是任何人也不能质疑和反驳的。

中华民族古代的诗歌传统，以其悠久的历史性、广泛的群众性、巧妙贴近生活、反映生活的赋、比、兴等多种手法和不断创

---

① 《十三纪注疏》，中华书局 1979 年版，第 342 页。

② 《六臣注文选》，中华书局 1987 年版，第 839 页。

③ 《论语·述而》，见杨伯峻译注《论语译注》，中华书局 1980 年版，第 68 页。

④ 《论语·述而》，见杨伯峻译注《论语译注》，中华书局 1980 年版，第 75 页。

造、各领风骚的各种形式等全方位的丰富内涵，堪称中华民族的文化瑰宝和骄傲，甚至也堪称全人类的文化瑰宝和骄傲。

然而，不知从何时起，也不知究竟是什么原因——是历史过于沉重？还是日子过于艰辛？是耻于不能超越祖宗所达到的高度？……——反正今天的中国人确实已变得不像过去那样爱唱歌和爱作诗了。特别是中老年人或处于社会中上层的人们，几乎都变得愈来愈矜持稳重，缄口不语，同时也就越来越没有宣泄个人情感的方法了。现代中国人，既没了古人那种“没有歌声怎么活”的潇洒，也少有人胸存重振或恢复祖宗的诗歌传统的雄心和雅兴。这样，年复一年，相沿成习，以至如今。倘若再有年纪稍大或稍有社会地位的人整天歌不离口，不用说引吭高歌，即便是悄悄地自娱自乐，一旦被人发觉，恐怕也要招来许多物议的。这种现象，我们权且把它叫作“中华民族诗歌传统的失落”罢。这种失落，直到近十几年也一直未见转机。正所谓“大雅久不作”①“田亩任蓁芜”②。

就在这种久久的萧条沉寂之际，伴随着改革开放的大潮，与源源而来的大批洋货一道，突然从日本涌进来一种叫“卡拉 OK”的新玩意儿。日语中，“卡拉”是“空缺”的意思，“OK”是英语“orchestra”（管弦乐队）一词用英文字母表示的日语读音的缩写。这样，“卡拉 OK”的意思，大致是指一种给人们提供歌曲伴奏，让使用者自己一展歌喉的娱乐方式。尽管大多数人还不清楚它为什么要叫“卡拉 OK”，但似乎就在一夜之间，全中国从灯红酒绿的都市夜总会，到穷乡僻壤的山村中，甚至到天涯海角的边卡哨所里，上上下下，频频“卡拉 OK”起来，真有点“德之

① 李白《古风》之一。
② 苏辙《浰阳早发》诗。

流行，速于置邮而传命”① 的味儿。这是多少年来一直哀叹诗歌传统衰落的知识界和文化决策界的人们始料未及的！

与对待其他新鲜事物一样，人们对这种舶来的新玩意儿也褒贬不一。

肯定它的观点认为，它新鲜，代表了一种时尚，是种人人可以参与、随时都可以获取高质量的音乐（甚至伴以电视图像）等必要娱乐条件的全新的娱乐方式。参与者既可以通过演唱检验自己的演唱水平，也可以通过身临其境的演唱，暂时领略一下当歌星的滋味。通过这种自我检验或角色体验，可以更好地感觉到自我价值的存在和实现的冲动。同时，参与者还可以通过对不同感情色彩、不同演唱风格作品的选择演唱，寄托或抒发、宣泄各自不同的情怀，从而使他们得到感情上的抚慰和满足。所有这些对参与者或者社会都具有一定的积极意义。

与此相反的观点则认为，这种东西，除了高新技术赋予它的迷惑性和音响效果，毫无任何新奇的创造。离开它或用其他方式伴奏，人们照样可以演唱。它的迅速推广和受宠，是当今人们盲目追求新颖时髦的结果，同时也是现代人生活空虚无聊、不得不寻求感官刺激的结果。使用它的最大弱点在于只能单调地重复和模仿，无法发挥个人的创造性。因此在新鲜感过后，人们很快就会对它生厌。总之，这种娱乐方式既不可能满足一般人深层次的感情表达的需要，更不可能满足精神品位较高者更高级的艺术享受和精神享受的需求，由此决定了它只能停留在低档的水平上。另外，它的盲目普及已经给社会带来了新的问题，如噪声引起的社会纠纷日益增多等。

---

① 《孟子·公孙丑上》，见杨伯峻译注《孟子译注》，中华书局 1960 年版，第 57 页。

这些褒贬，见仁见智，我们无意去分辨哪些更具合理性。我们更关心的是“卡拉 OK”到底能否或有无可能为重振和恢复中华民族的诗歌传统服务。

笔者窃以为，尽管“卡拉 OK”有许多不尽如人意之处，如只能供模仿和很难吸引并满足社会高层次人员的需求等，但在现阶段，在诗歌传统长期失落的情况下，如果能高屋建瓴地对这一新的娱乐方式加以引导，“卡拉 OK”未尝不可以对继承和发扬优秀传统文化发挥一定作用。世纪之交风靡全中国的“卡拉 OK”现象，说不定就是重振中华民族诗歌传统的一个千载难逢的契机。这样说的理由有两点：

第一，这种自发性的自娱自乐式的群众性音乐活动，在历史上好久没有出现过了。它与我们古代的诗歌传统有相似之处。这种活动的开展，于社会和个人都有益处。个人可以通过演唱，获得愉悦和宣泄，由此实现身心的和谐。而政府则可以从观察群众喜欢什么内容或什么情调的歌曲中，观察民情、民风，以此为调整和制定方针政策提供参考依据，此正合于孔子所谓的“诗，可以兴，可以观，可以群，可以怨”① 之义。

第二，用“卡拉 OK”所能演唱的歌曲，虽然不是自己创作的，但因可供制作“卡拉 OK”的歌曲，数量极其丰富，据统计，仅中国歌曲的积累就达 30 余万首，因此无论内容、形式或风格，可供演唱者选择的范围都十分广阔，完全可以满足一般演唱者的需求。只要经过不懈努力，较高层次者的需求也是可以满足的。重要的是，这种娱乐方式为一切人，特别是中老年人和社会中上层人士提供了歌唱的条件和可能性。随着这种活动的深入发展，

① 《论语 · 阳货》，见杨伯峻译注《论语译注》，中华书局 1980 年版，第 185 页。

目前这种较低品位的“卡拉 OK”演唱形式，完全可以向更高雅、适应性更广泛的方向发展。总之，笔者坚信：希望是存在的。“卡拉 OK”应当能在恢复中华民族诗歌传统的历程中扮演更重要的角色，发挥更重要的作用。

三、应当重视中华文化圈内诸国的经验

中华民族辉煌的传统文化，不仅光被九州，同时也远播海外。自从丝绸之路开辟以来，中华文化就不知曾使多少民族赞叹不已并为之倾倒。特别是历史上形成的“中华文化圈”内的许多国家和民族，如日本、韩国、新加坡等。它们的文化，深受中华文化的影响，在长期的历史进程中，将中华文化糅成了他们各自的民族文化，从而形成了一个遍布亚洲的“中华文化圈”。

他们利用中华传统文化创造本国文化的经验，都可以用“它山之石，可以为错”① 这一诗句形容之、概括之。近 30 年来，他们又都以惊人的速度，创造了举世瞩目的现代文明，在许多方面已经或者正在跃居世界前列。

按照某些人的看法，中华民族的传统文化是实现现代化的阻力。这些国家从前对挣脱中华文化的束缚无能为力，现在既已实现了经济腾飞，则应当彻底清算和抛弃这种束缚了。

然而事实恰恰相反。他们当中，一家也没有这样做。既没有实行“全盘西化”，也没有抛弃中华文化去实行彻底的“民族化”。而是依然抱着“它山之石，可以为错”的传统态度，认真研究和利用中华文化，使中华传统文化继续为他们自己国家和民

---

① 《诗·小雅·鹤鸣》，见〔清〕阮元校刻《十三经注疏》，中华书局 1979 年版，第 433 页。

族的现代经济、政治和文化服务。这方面他们的许多做法，就连我们中国人也常常会大吃一惊。仅以日本的几个例子为证：

日本对国民的教育处处渗透着中华文化的影响。京都市一条三公里长的街道上，竖立着三块同样的宣传牌，上面写着："当年孟母三迁，今天已无法模仿，请为可爱的孩子创造良好的环境吧！"

日本高层企业家有一学术性刊物《总裁》（President），1985年第10期中就有这样一些文章：《汉王朝中兴之祖武帝的荣光与落日》《宫廷中的不倒翁陈平实像》《项羽——内线作战败于垓下》。乍一看，这简直是历史学家们的一册"秦汉研究论文专刊"，实际上却是日本企业巨子们借中国历史人物的成败来研究经济战略的文章。这种做法，这种水平，我们国内见过吗？

汉化佛教对日本影响至深，就连许多资深政治家都信奉佛教。其中禅学对日本各界人士在哲学、心理诸方面都颇有影响，而在"禅"的故乡中国，知道"禅"为何物的人已寥寥无几，更遑论有所研究和利用了。但中国到底是孕育禅学之地，禅学到底还是中华文化，特别是禅学典籍是用中文写的。因此，有许多禅学问题只有中国人才更容易解开。鉴于此，日本禅学界近年来联络了中国国内几十家研究单位、上百名专家学者，成立了"日本禅籍俗语言研究会"，免费向中国学者提供资料，可以说发动了一场大规模的日中联合禅语言研究活动。人家这样做是为什么呢？还不是借中华传统文化为人家的利益服务。

类似的例子，在新加坡、韩国也有很多。

这一切，都给我们以深刻的印象，即日、韩、新等"中华文化圈"内的各国，虽然都已实现了现代化，但在重视和利用中国传统文化方面远比我们自己要用心，而且绝无抛弃中国传统文化的意思。

“它山之石，可以为错。”这句格言，本来是人家从我们这里学去，用来鞭策自己向我们学习的。而现在，轮到我们掉过头来，用这同一句格言，向人家学习“如何对待我们的传统文化”了。尽管我们心中就像上面这句话一样，总感到有点别扭，但再也容不得半点犹豫。倘若我们真正能够学会像日本、韩国、新加坡那样，把我们原先“弃之如敝屣”的中华优秀传统文化认真利用起来的话，建设有中国特色的社会主义和有中国特色的社会主义文化的任务也就不难实现了。

“中国传统文化与21世纪”学术讨论会论文，1994年青岛

春节举觥介眉寿

春节宴饮习俗的形成，至少已经有将近三千年的历史了。《诗经·豳风·七月》中有“为此春酒，以介眉寿”“跻彼公堂，称彼兕觥，万寿无疆”的诗句，意思是端起酿制的美酒，向上苍祈求长寿。举起犀牛角做的酒杯，祝福万寿无疆。诗中所表现的，正是我们祖先岁末年初迎春宴饮的隆重场面和对新一年生活的美好祝福。由此可见，春节饮酒祈福的习俗由来已久。后来“春酒”就成了春节期间饮酒的专称。如《儒林外史》第十一回就有“正月十二日，娄府两公子请吃春酒”。沙汀《淘金记》中有“破五以后是私人请春酒”。总之，对这种习俗，不管你是穷人还是富人，只要你是中国人，恐怕就不会陌生。

今天，当中华民族以矫健的步伐跨入 1997 年，13 亿中华儿女共同欢度丁丑年春节之际，人们举起酒杯，心中又会不约而同地想到，今年的春节有它特别可喜可贺之处。因为今年的 7 月 1 日，香港将回到祖国的怀抱，中华民族将迎接并欢庆这个洗刷百年耻辱的日子。同时，人们也企盼着一位老人——那位勾勒改革开放蓝图的总设计师，届时能代表中华民族出现在香港回归的庆典上……

这样，今年中国人春节宴饮喝春酒，就又多了一个话题，多了一个祝福。当我们共同端起斟满春酒的酒杯时，还是我们祖宗留下的诗歌最能表达这个节日里人们共同的心声：“为此春酒，以介眉寿!”

原载《都市生活报》1997 年 2 月 17 日

清明时节话民俗

一、“清明节”与“寒食节”的关系

“清明节”是中华民族重要的传统节日，民间又俗称为“寒食节”。其实，“清明”“寒食”二者原本各有其来源，但在后来的发展过程中，二者逐渐融汇成了一个节日。

“清明”是二十四节气之一。二十四节气，是我们祖先累代观察太阳、地球运转的相互位置关系，总结出太阳在黄道上的24个坐标点。它是中华民族古代科技在天文历法方面的伟大成果之一。相传在三千多年前的西周初期，二十四节气就已经全部确定并命名。《周书序》说：“周公……辩二十四气之应以明天时，作《时训》。”[①]《逸周书·时训解》中二十四节气的名称与排列次序是：立春、惊蛰、雨水、春分、谷雨、清明、立夏、小满、芒种、夏至、小暑、大暑、立秋、处暑、白露、秋分、寒露、霜降、立冬、小雪、大雪、冬至、小寒、大寒。[②] 其中，惊蛰与雨水、谷雨与清明的顺序有所颠倒。至迟到西汉时，如《淮南子·天文训》中记载的二十四节气的顺序，已经与今天的完全相同。

清明处于季春三月，《逸周书·时训解》载明该月当时的物候和生产、生活要点有“桐始华”“虹始现”“生气方盛，阳气

---

① 《二十五别史》（一），齐鲁书社2000年版，第107页。

② 参见《二十五别史》（一），齐鲁书社2000年版，第55~57页。

发泄。牙者毕出，萌者尽达”。又说：“是月也，命司空曰：‘时雨将降，下水上腾；循行国邑，周视原野……田猎罼弋、罝罘罗网；餧兽之药，无出九门”，“是月也，命野虞，无伐桑柘”，“命国傩，九门磔禳，以毕春气”。[1]

此外，《礼记·月令》和《吕氏春秋·季春纪》里，也有与以上文字相似的记载。其中透露出的周代先民在此月“周视原野”、禁止砍伐狩猎，以及为“毕春气”而大行傩祭等事项，都可以视为后世清明节某些民俗活动的滥觞。

“寒食”的本意从字面上就已表露无遗，意思是吃冷饭。深层则还包含禁止用火的意思。春天少雨干旱，风急物燥，易生火患，自古而然。古代中华民族对此早有深刻认识和对策。《周礼·春官·司烜氏》：“中春以木铎修火禁于国中。”[2] 禁火期间，自然要吃冷饭。禁火期满，则由帝王家钻燧取火，颁发新火种。这种习俗，一直在后代延续很久。

后来，古人又将春天前后禁火之事，与春秋时代帮助晋文公返国的介子推联系起来。介子推的有关故事见《左传·僖公二十四年》载。晋文公返国“赏从亡者，介之推不言禄，禄亦弗及”，推遂与母偕隐而死。“晋侯求之不获，以绵上为之田，曰：‘以志吾过，且旌善人。’”[3]《史记·晋世家》所记与此略同。大约从西汉开始，介子推的故事就进一步演义出了另外的内容。刘向《新序·节士篇》说：“介子推无爵齿……去而之介山之上……文公待之，不肯出。求之，不能得，以谓焚其山宜出，及焚其山，

① 《二十五别史》(一)，齐鲁书社2000年版，第60页。
② 《十三经注疏》，中华书局1980年版，第885页。
③ 《十三经注疏》，中华书局1980年版，第1817页。

遂不出，而焚死。”① 再往后，便进而产生了为纪念介子推而禁火吃冷食的风俗。文献证明，东汉、三国年间，这种风俗已经普及。例如，《后汉书·周举传》载：“太原一郡，旧俗以介子推焚骸，有龙忌之禁。至其亡月，咸言神灵不乐举火，由是士民每冬中辄一月寒食，莫敢烟爨。老小不堪，岁多死者。举既到州，乃作吊书以置子推之庙，言盛冬去火，残损民命，非贤者之意，以宣示愚民，使还温食。于是众惑稍解，风俗颇革。”② 又如梁宗懔《荆楚岁时记》载：“去冬至节一百五日，即有疾风甚雨，谓之寒食。禁火三日，造饧大麦粥。据历，合在清明前二日，亦有去冬至一百六日者。《琴操》曰：‘晋文公与公子绥俱亡，子绥割股以啖文公。文公复国，子绥独无所得。子绥作龙蛇之歌而隐。文公求之，不肯出，乃燔左右木。子绥抱木而死。文公哀之，令人五月五日不得举火。’又周举移书及魏武《明罚令》、陆翙《邺中记》并云寒食断火，起于子推。《琴操》所云子绥即推也。又，云五月五日，与今有异，皆因流俗所传。据《左传》及《史记》，并无介子推被焚之事。”③

可见，禁火寒食的习俗与纪念介之推相联系，东汉、魏晋时已然，只是时间还不确定。或“每冬中辄一月寒食”，或“令人五月五日不得举火”，总之都还没有和清明节最终混在一起。南朝梁时的宗懔则明确表示“去冬至节一百五日，即有疾风甚雨，谓之寒食。禁火三日，造饧大麦粥”，同时明确表示东汉、魏晋的寒食习俗“与今有异”了。从其“去冬至节一百五日……谓之寒食”之文，可以确定：南北朝时，“寒食节”已经和“清明

① 石光瑛：《新序校释》，中华书局 2001 年版，第 962 页。
② 《后汉书》，中华书局 1965 年版，第 2024 页。
③ 《荆楚岁时记》，岳麓书社 1986 年版，第 23 页。

节”靠在一起了。因为按照历法，冬至后的第一百六日才是清明。而“寒食节”则在它的前一天。再到后来，从唐代往后，“寒食节”“清明节”更进一步融合为一个节日。时至今日，在很多人的心目中，“寒食节”与“清明节”更是早已经混而不分了。

上千年来，“清明节”与“寒食节”一起成了中华民族传统节日中一个全民性的时令节日。这种情况，无论在二十四节气中，还是在传统节日中，都是唯一的。

二、清明节风俗说略

自古以来，二十四节气中的清明，处于暮春三月。而起源于“中春以木铎修火禁于国中”的寒食，以及后代“去冬至节一百五日……禁火三日，造饧大麦粥”的寒食节，或者因怀念介子推而“令人五月五日不得举火”的寒食节，都是或傍清明而设，或在春夏之交。总之，不管是清明还是寒食，岁岁年年，总是在中华大地最具魅力、生机盎然的季节里翩然而至。

远在《诗经》中就有记载先民在明媚春光里活动的篇章。如著名的《郑风·溱洧》：“溱与洧方涣涣兮，士与女方秉蕑兮。……溱与洧浏其清矣，士与女殷其盈矣”，“伊其相谑，赠之以芍药”。生动地描写了三千年前大批青年男女踏春游玩，采集兰花、芍药并相互赠送的情景。朱熹甚至认为该诗写的是“郑国之俗，三月上巳之辰，采兰水上，以祓除不祥”[1]。《论语·先进》篇：“莫春者，春服既成，冠者五六人，童子六七人，浴乎沂，风乎舞雩，咏而归。”[2] 同样向后人展示了春秋时代三月上巳

① 《诗集传》，上海古籍出版社1980年版，第56页。

② 《十三经注疏》，中华书局1980年版，第2500页。

祓禊水滨的风俗。由此可证，后代以至今天清明节的许多节日习俗，是直接与上古的风俗一脉相承的。

汉代之后，原本春季禁火的习俗和纪念介子推的寒食节逐渐合流，形成了一个新的民俗节日。经过逐渐向清明节靠拢，再加上春天原有的上巳、春社等民俗节日在时间、内容等方面也都与它们相呼应，更进一步为寒食、清明形成一个重大的风俗民俗节日奠定了丰厚的社会基础。到梁宗懔《荆楚岁时记》中，记载的与寒食、清明相关的风俗民俗事项已有禁火、造饧大麦粥、为醴酪、挑菜、斗鸡、斗鸡子、镂鸡子等多项，显然较前代又丰富了不少。

唐宋两代，“寒食节”“清明节”完成了进一步融合。首先表现为二者在时间上基本合二为一，其次依托这两个节日的风俗民俗事项也继续增多。迄明清两代，更形成了包括扫墓祭先、迎神赛会、踏青郊游、游艺娱乐、禁火寒食等若干大类的节日民俗项目。其中每大类中又各自有多种具体事项，不一而足。如：

扫墓祭先：祭祖、烧纸钱、祭亡灵、扫墓除草培土等

社会活动：各地的迎神赛会活动

踏青郊游：踏青郊游、野餐、戴柳、插柳、挖野菜等

游艺娱乐：放风筝、荡秋千、蹴鞠、斗鸡、拔河等

禁火寒食：各种各样有地方特色的节令食品，如吃春饼、拌合菜、吃染彩蛋等

由此，寒食与清明组合而成的这个岁时民俗节日的地位也更加确定。

以上这些节日民俗，多被集中记录于历代文人笔记中。较著名的如宋吴自牧的《梦粱录》、宋孟元老的《东京梦华录》、宋周

密的《武林旧事》、明田汝成的《西湖游览志》、明刘侗、于奕正的《帝京景物略》、清李斗的《扬州画舫录》、清袁景澜的《吴郡岁华纪丽》、清顾禄的《清嘉录》、清潘荣陛的《帝京岁时纪胜》、清富察敦崇的《燕京岁时记》等等。它们往往被介绍和研究民俗节日者反复引用。读者若想仔细了解，不妨自己去查阅。

除了上述文人笔记，历代文献特别是各种体裁的文学作品中，也都保存了大量描写寒食和清明民俗的内容。它们是记载和传递寒食、清明节日民俗又一类鲜活的资料。通过它们，可以极大地丰富我们对清明节的认识。

下面，我们仅取数首著名的唐宋诗歌和明清时代各地方描写清明的竹枝词，以展示清明节各种民俗活动的情况。

清明二首

唐·杜甫

朝来新火起新烟，湖色春光净客船。
绣羽衔花他自得，红颜骑竹我无缘。
胡童结束还难有，楚女腰肢亦可怜。
不见定王城旧处，长怀贾傅井依然。
虚沾周举为寒食，实藉严君卖卜钱。
钟鼎山林各天性，浊醪粗饭任吾年。

此身漂泊苦西东，右臂偏枯半耳聋。
寂寂系舟双下泪，悠悠伏枕左书空。
十年蹴鞠将雏远，万里秋千习俗同。
旅雁上云归紫塞，家人钻火用青枫。
秦城楼阁烟花里，汉主山河锦绣中。
风水春来洞庭阔，白蘋愁杀白头翁。

清明

唐·杜牧

清明时节雨纷纷，路上行人欲断魂。
借问酒家何处有，牧童遥指杏花村。

寒食野望吟

唐·白居易

丘墟郭门外，寒食谁家哭。
风吹旷野纸钱飞，古墓累累春草绿。
棠梨花映白杨树，尽是死生离别处。
冥漠重泉哭不闻，萧萧暮雨人归去。

咏寒食斗鸡应秦王教

唐·杜淹

寒食东郊道，扬鞴竞出笼。花冠初照日，芥羽正生风。
顾敌知心勇，先鸣觉气雄。长翘频扫阵，利爪屡通中。
飞毛遍绿野，洒血渍芳丛。虽然百战胜，会自不论功。

苏堤清明即事

宋·吴惟信

梨花风起正清明，游子寻春半出城。
日暮笙歌收拾去，万株杨柳属流莺。

以下各首，皆录自北京出版社2008年出版的《中华竹枝词全编》：

申江棹歌

清·丁宜福

青龙寒具妙团圆，节到清明不禁烟。
拜罢先茔天气早，纸钱还挂白鹅田。

自注：清明节土人捣草汁入粉作寒具，谓之青龙园子。汀州教授王端，性爱鹅，谢事归，筑室墓旁，有门人以直指行部候问，端语不及私，但云岁荒民饥请蠲免逋赋，直指如教，乡人知惠出自端，备礼谢，不受。乃各赠以鹅，一望盈白，后人名其墓曰白鹅田。

田家月令

明·吕克孝

三月松江鸠雨晴，家家插柳是清明。
草深黄犊春来长，晚起扶犁试学耕。

沪城岁事衢歌

清·张春华

清明报赛到城关，毂击肩摩拥阛阓。
五里羽仪人静肃，路由岁岁掣红班。

自注：邑厉坛令宰有举祭之典，每岁于三元节遵行之。县牒城隍神主坛，俗谓三巡会。舆马骈集，旌旄灿然，亘四五里，俨然宪卫也。皂隶中著名者为红班，先一日举明日所经历，揭庙门为路由签，书出入某门，于神前掣之，必由红班编定。

山塘竹枝词

清·李云栋

渐近清明斗纸鸢，箫声送暖卖饧天。
劝郎莫作风筝引，怕惹情丝万缕牵。

山塘竹枝词

清・褚维垲

三季会时罗绮丛，清明最好柳丝风。

一掊番土真娘墓，杜鹃花开分外红。

支川竹枝词

清・姚文起

上冢清明畚局持，儿童争拾纸钱嬉。

柳芽麦叶青葱好，采与娥媌女髻施。

自注：清明日，妇女簪柳芽麦叶。

太湖竹枝词

清・叶承桂

疃里东风草又薰，累累荒冢纸钱焚。

棠梨落尽春将老，麦饭谁浇五女坟？

自注：《震泽编》："寒食祭扫，虽贩夫走卒亦所不废，自首春讫改火，壶浆纸钱道路不绝。"按：五女坟有二，俱在西山。一为晋五女坟，在兵场里。《洞庭记》："王氏五女，事父孝，俱未适人，父卒，女各负土筑葬。垂成，触坟死，乡人具礼葬于可盘湾西四里。"一为郑氏五女坟，在疃里包山。《郑氏贞节录》："西山郑氏五女，曰贞、曰素、曰雅、曰淑、曰新，宋郑士昌女，德祐乙亥九月，元人渡江，五女恐罹兵祸，豫筑一大圹，丙子二月事亟，共入圹中死。"今疃里这五义女墓是也。

双溪竹枝

明—清・陈维崧

清明市上雨蒙蒙，酒店帘斜漾远空。

紫笋青梅还未歇，筠筐已贮竹菇红。

宁波十二个月竹枝词

清·张延章

三月清明乌笋香，家家争说上坟忙。
归来喜遇高桥会，鼓架龙灯五彩扬。

吴歈（yú）百绝（仿竹枝体）

清·蔡云

不闻百五禁厨烟，烧笋烹鱼例荐先。
明日山塘看赛会，几家新柳插门前。

自注：吴俗：家祭以清明、中元、十月朝为鬼节。以端午、冬至、岁除为人节。清明日，官祭郡厉坛于虎丘，迎诸神督之，导从之。并中元、十月朝谓之“三节会”。卢志：清明日插柳于檐。

历阳竹枝词

清·高骏声

和谐天气届清明，占麦祈晴到处情。
更有游人闲结队，鱼鸢龙凤放风筝。

居鄛清明会竹枝词

清·胡式玉

樱桃花发杏花香，吉日迎神趁艳阳。
歌吹声繁仪卫盛，高轩云拥县城隍。

万人星沸绕街尘，过客云停已岁更。
揽胜浑忘桑梓乐，贪看神鬼度清明。

武城竹枝词

民国·何葆仁

香草莺儿插鬓根，清明上冢宴荒原。
酒醺带醉娇无力，却倩郎扶不好言。

自注：祭清明。清明日，剪蒜叶和番草札成莺儿插髻边，旁午抛掷柳杪，谓之攀高亲。大族清明祭扫，男女均上冢会食。

江乡节物诗

清·吴存楷

攒盒

罗陈柳榼拜荒茔，一献难通气臭诚。

偏是儿孙不寒食，湖楼活火试鱼羹。

自注：展墓以清明为重，用食盒攒列鱼肉蔬果。然皆冷炙也，与鬼神享气之义，殊不相合。

青白汤圆

银丸搓就玉纤停，妃俪无端费杀青。

只是世传青白意，得从家祭告先灵。

自注：作粉团，青与白间之。亦清明祭品之一。

杨柳枝

新火才从竹屋分，绿烟吹作雨纷纷。

杨枝最是无情物，也逐春风上鬓云。

自注：清明插柳，旧俗也。杭人多有采以插鬓者。

粉犬

修毫短喙极雕馊，烹醢终贻走狗羞。

我愿生儿健于虎，一时豚犬尽低头。

自注：和五色粉为犬。清明戏具也。至立夏则烹之，以食小儿，欲其壮健相似耳。

岭南杂事诗抄

清·陈坤

清明上墓礼殊严，麦饭家家肃拜瞻。

一月光阴容易过，草皮浓绿及时添。

自注：粤俗，自清明日起，咸诣祖坟拜扫，添补草皮，一月以外，山中寂然矣，谓之闭墓。

潍县竹枝词

清·郭麟

一百四日小寒食，冶游争上白狼河。

纸鸢儿子秋千女，乱比新来春燕多。

自注：冬至后一百四日曰小寒食，见杜甫诗；一百五日寒食，见《东京梦华录》。

汴宋竹枝词

清·李于潢

花发春城似去年，踏莎游骑趁新烟。

迎风巧串子推燕，杨柳一枝和露鲜。

自注：京师以冬至后一百五日为大寒食，前一日为之炊熟，用面造枣糊飞燕，柳条串之，插于门楣，谓之子推燕。

一盂麦饭荐坟园，拜扫人归笑语喧。

杨穗草簪连绮陌，倬刀黄胖挂车辕。

自注：寒食节，凡新坟皆于此日拜扫，抵暮而归，各携枣糊炊饼，黄胖，倬刀，名花异果，山亭戏具，鸭卵鸡雏之类，谓之“门外土仪”。轿子即以杨柳杂花装簇顶上，四垂遮映，自此三日皆出城上坟，一百五日最盛。

春衣才试草为茵，半是城中摔脚人。

帚秆大标黄字酒，年年禊饮傍池滨。

自注：清明往往就芳树之下或园圃之间，罗列杯盘，互相劝酬。都城之歌儿舞女，遍游园亭，抵暮而归。宋清明，诸军禁卫，跨马作乐四出，曰“摔脚”。

徐乡竹枝词

清·冯赓扬

清明节过贺年芳，绣陌春风送烛香。

彩燕纸鸢飞处处，倾城儿女赛城隍。

海阳竹枝词

清·左乔林

山南山北基田遥，好是清明浊酒浇。

一径斜阳人散后，棠梨花冷纸钱飘。

自注：清明节。

十二栏杆拂绿杨，长春淀里落鸳鸯。

秋千摇曳谁家院，墙角风来笑语香。

自注：清明节。

屈原与《离骚》

一、导言

中华民族历史源远流长，中华文化更是世界上唯一一个五千年未曾中断过的文化。在众多灿烂辉煌的文化成果中，用汉语汉字记录下的古代诗歌，成果丰硕，蔚为大观。其中，创作于3000多年到2500多年前的《诗经》和创作于2300多年前的《楚辞》，被视为汉语诗歌双雄并峙的源头，二者合称为“诗骚”。其中“诗”指《诗经》，“骚”则是用战国时代楚国伟大爱国诗人屈原创作的《离骚》，代指整个《楚辞》，可见《离骚》在《楚辞》乃至整个汉语诗歌史上举足轻重的地位。我们今天不说《诗经》，只说《楚辞》及其代表作《离骚》。

梁启超在其《读书指南·楚辞》中就说“吾以为凡为中国人者，须获有欣赏《楚辞》之能力，乃为不虚生此国”。所以学习《楚辞》特别是《离骚》，也应当是我们的必修课。

特别在当下，14亿中国人民正在习近平主席的带领下，为实现中华民族伟大复兴的中国梦而奋斗。更多的人学习《离骚》，既符合习主席大力弘扬中华优秀传统文化的精神，也有利于国人追求高尚道德，增强爱国主义情怀，为实现中国梦而努力奋斗。

二、屈原简介

学习《楚辞》尤其《离骚》，必须先对屈原有最基本的了解。这种了解只能来自两个方面：一是从屈原自己的作品中分析挖掘，二是根据信史（可靠的历史典籍）所记载的相关内容来把握。

今天，我们主要综合司马迁《史记·屈原列传》和东汉王逸《楚辞章句》中关于屈原的资料，给各位做个简要介绍，以供本次讲座之需。

《史记》是“二十四史”之首，而《楚辞章句》则是现存最早最权威的研究注解《楚辞》的著作。二者所提供的资料，两千多年来被认为可信可靠，且可以与《离骚》等篇章互证。为了节约时间和大家听起来方便，下面略去原文，直接用现代汉语大白话解说。

（一）姓名与身世

1. 屈原，姓屈名平，字原。古人有名又有字，这是周代就有的一个重要礼俗。名是出生时父亲给取的；字是成年时，请尊长根据名的意思另取的：二者之间肯定有某种意义上的联系。平和原就有意义相近的关系。另外，名只能供长者称呼或谦称自己时使用，字则是尊称长者或他人时使用。如屈原称自己的父亲为伯庸，故伯庸当是其父之字而非名。据说伯庸在朝廷曾任要职。

2. 屈姓与楚王是有血缘关系的亲族。楚远古姓芈（mǐ），后分化出熊姓［氏］，熊姓又分化出屈、昭、景三姓［氏］，据说屈原就曾做过管理这三姓亲族的“三闾大夫”。屈原时的怀王、顷襄王父子，都是熊姓之后。

楚人的远祖，是炎黄二帝的后裔、号称五帝之一的高阳颛顼帝的后人，与中原人实出一脉。这从屈原《离骚》第一句便自豪地标明自己“帝高阳之苗裔兮，朕皇考曰伯庸”，可以明白无误地得到证明。

到了西周初年，周武王之子周成王时，楚熊绎被始封子爵，都于丹阳（秭归，屈原故里）。周幽王（前781—前771）时，若敖熊仪的孙子则始僭称王，是为楚武王，都于郢（江陵）。武王之子熊瑕被封于屈地，因以为氏，这就是屈原姓屈的原因。

（二）屈原一生的大致经历（也是《离骚》等篇章的创作背景）

根据司马迁《史记·屈原列传》等篇章的记载，以及东汉王逸《离骚章句》的注解和记述，我们可以基本勾勒出屈原一生的行迹。

屈原深为自己的远祖和楚王族出身而自豪。自幼自觉刻苦修养道德，深谙历史成败之道，立志忠君为国。年轻时便得到楚怀王的信任，进入了楚国的政治核心，任左徒、三闾大夫等职。但因君昏臣奸，很快便被排斥出局，一步步被疏远，并被流放到汉水以北。但他始终执着地坚持自己的信念，保持美好情操，不懈追求高尚的道德。忧国忧君，企图尽力回到楚怀王身边，帮助挽救楚国垂危的局面。这中间也被怀王招回过，并受命出使了齐国，与齐商讨合纵抗秦大计，但终因秦国的破坏等而失败，无力回天。于是屈原重被放归草野。最后，怀王竟落得被秦国欺骗、客死于秦的下场。其子楚顷襄王即位后不仅不思悔改，反而变本加厉，进一步打击迫害屈原，把他放逐到了江南多年。接下来，楚国连连被秦国打败，最后被秦国攻破了国都郢都，楚国濒临彻底灭亡。屈原在被疏远、被流放的过程中，在去留祖国的问题上，内心深处也存在着严重的矛盾和激烈的斗争，但终归被忠君爱国之情所战胜。最后，屈原按自己早已设定的理想和归宿，从容地自沉汨罗而亡。

三、《楚辞》与《离骚》简介

（一）关于《楚辞》

《楚辞》可以有三种含义：

1. 泛指战国时代楚地的民谣诗歌。

2. 屈原就是楚国人，他的诗歌用楚语楚声写楚事，所以后人将屈原的诗歌结集后，特称其为《楚辞》，后世却成了狭义的称呼。

3. 屈原之后，其学生及两汉的一些著名作家（宋玉、景差、唐勒、淮南小山、贾谊、东方朔、庄忌、王褒、刘向、王逸）纷纷模仿屈原的笔法，创作出一批作品，并不断附在屈原原作之后成编传世，最后成了今天最完整最古老的王逸注解的十七卷本的《楚辞章句》。这就是所谓广义的《楚辞》。

要之，王逸注解的十七卷本的《楚辞章句》中，屈原的作品一般认为有九卷 25 篇。但据考证，其中如《大招》《渔夫》《卜居》等都是根据传说附会而成，并非屈原自作。这样，《楚辞》中真正的屈原的作品，就只是前五卷 23 篇。它们是：《离骚》、《九歌》（包括 11 篇楚地祭祀神鬼的歌诗，如《东皇太一》《湘君》《湘夫人》《河伯》《山鬼》《国殇》等）、《天问》、《九章》（包括九篇，如《哀郢》《橘颂》……）、《远游》。其中以《离骚》（373 句，2400 字左右）、《天问》（373 句，1500 字左右）为屈原之代表作。

以上是对《楚辞》最简要的介绍。

（二）关于《离骚》

《离骚》是屈原最主要的代表作品，是楚人用楚语楚声写作的诗歌。全篇 373 句，2400 字左右。这不仅是屈原之前所没有过的长诗，甚至至今在汉语诗歌史上也是数得着的长篇。但它能与作者一起彪炳史册，主要是由于它反映出的作者思想、道德、价值追求等内容，以及文学的创作方法、表现手法等，都已被历史所充分肯定。

《离骚》全诗充满着中华民族自古所崇尚的正气。它用严谨的构思、瑰丽的诗句、奇特的修辞，成功描述了作者自己的一生。它向世人展现了一个终生自觉培养和坚持高尚道德情操，即便处于极其恶劣的社会政治环境中也能自觉励志者的形象。一个自青少年时期开始就立志辅佐楚王成为三代贤君式的帝王，以使楚国强大的忠君爱国者的形象（当时的楚国已经日渐衰败和接近灭亡）。一个面对众多佞臣围攻和排挤打击，身心受挫，名誉、地位丧失，却仍不顾惜自己，反而逆流而上、直谏不阿、疾恶如仇的正直贤良者的形象。他自幼立志修身，刻苦学习，熟谙任贤用能才能兴国、放纵邪辟必然亡身的历史经验教训。诗中所表现出的作者的人生观、价值观和社会发展观，对后世一代代志士仁人，都起了极大的激励教育作用。屈原其人与其精神及其伟大的诗篇《离骚》，被历史誉为“推此志也，虽与日月争光可也!”(司马迁语)。鲁迅先生说：“我们从古以来，就有埋头苦干的人，有拼命硬干的人，有为民请命的人，有舍身求法的人……这就是中国的脊梁。”2300 多年前的屈原，就是古代“中国的脊梁”的典型形象。

今天，我们学习《离骚》，发扬屈原精神，对于实现习近平主席所提出的实现中华民族伟大复兴的“中国梦”，有极大的现实意义，应当让屈原和《离骚》，发挥出它作为中华优秀传统文化应有的作用！

由于年代久远和写作方法奇特等各种原因，《离骚》自古号称难读。这里，我给大家提供学习《离骚》的两种方法，或者叫入门钥匙，希望能帮助大家较快地学习、理解其内容。

1. 首先要了解《离骚》的大致结构和逻辑脉络。

《离骚》大致结构与逻辑脉络示意图

身世→名字→修身→立志→参政→受谗被疏，不难夫离别→勤身自勉，愿依彭咸之遗则。虽九死其犹未悔→延伫乎吾将反，及行迷之未远

【以上基本写实，杂以象征、譬喻手法】

退将复修吾初服→高冠长佩，将往观四荒以求同志→女嬃詈己，欲其善为愚直之道→就重华陈词→设想往西行远游，上征神明天庭，路漫漫其修远兮，吾将上下而求索→逍遥于日入日出处→以众神为使，求君被拒→令凤鸟飞腾，以求同志，却遭飘风云霓围堵→扣关遭拒→求女（求宓妃不肯见。求有娀氏之佚女，后于高辛。欲效少康留止有虞二姚，又恐理弱媒拙导言不固）→最终求女失败。

【以上基本用象征、譬喻手法，杂以写实】

欲止又不得发用，故复命灵芬占、问卜巫咸，以决去留→占、巫卜、神皆曰可去，但仍希及年岁未晏，望有如至圣三贤等古代圣贤君臣际会之遇（禹/皋陶，汤/伊尹、武丁/傅说，周文/姜尚，齐桓/宁戚）。

【以上基本写实】

决心远去自疏遁世→假想朝发天津，夕至西极。突然回望故国，仆御悲戚，余马思归，诘屈不行。

【以上基本用象征、譬喻手法描写】

终志不去，再次表示将从彭咸之所居。

【以上纯粹实写内心实际】

上面的示意图既说明了《离骚》的全篇结构和大体脉络，又在每节后面注明了写作手法，提示了每段的写作特点，说明该段是写实，还是主人公的想象或神游。这样就能帮助大家较顺利地读懂《离骚》。

2. 读懂《离骚》的第二种重要方法，是必须懂得和时刻记住：屈原在《离骚》中标新立异地交叉使用实写和虚写的手法，创作完成了这一伟大诗篇。篇章中大量使用了隐喻，借各种事物，代指所描写的对象。并且往往同一个或同一类对象，会使用多个或多种事物去指代。对此，自古至今，有人读懂了，于是就豁然开朗，大加赞赏；有人意识不到这点，就读不懂它，必然会如堕五里雾中，甚至胡乱解说。也有人虽然注意到了屈原独创的这种方法，却不认可，进而大加指责，贬低《离骚》的价值。

我们应当感谢最早指明这件事的王逸。他在《离骚章句·序》中说："《离骚》之文，依《诗》取兴，引类譬喻。故善鸟香草，以配忠贞。恶禽臭物，以比谗佞。灵修美人，以媲于君。宓妃佚女，以譬贤臣。虬龙鸾凤，以托君子。飘风云霓，以为小人。其词温而雅，其义皎而朗，凡百君子，莫不慕其清高，嘉其文采，哀其不遇，而悯其志焉！"

但也有古人把他这种写法，贬斥为"诡异之辞""谲怪之谈""狷狭之志""荒淫之意"，"异乎经典者也"。很是不以为然。

以上即提示大家学习《离骚》的两种方法或者入门钥匙。当然要彻底读懂《离骚》，最好还要多掌握些中国古代文化知识。

四、《离骚》重点精彩文句展示

《离骚》以其华美奇特的构思与描写，带给读者高雅的审美享受。它开创了汉语诗歌的新篇章，创造了汉语诗歌新流派和新时代。它是学习古典文学作品的首选诗歌之一。

《离骚》作者以其深刻的思想和惊人的想象力与表现力，把包括天文地理、人神灵鬼、社会政治、哲学思想、道德理念、动物植物、宫阙建筑、车马服饰、民风习俗等丰富的内容熔为一炉，把《离骚》打造成了一个中国古代文化的百宝箱、万花筒。它足可供人们从中汲取中华传统文化知识，堪称中华文化宝库中的瑰宝。

《离骚》淋漓尽致地表现了作者对人生、社会、政治历史发展规律的认识，表现了古代志士仁人忠君爱国、追求真理、一心为民的共性，是弘扬中华优秀传统文化的好教材。

《离骚》长达 373 句，2400 余字。今天我们只能选择与关键情节相关或读者比较熟悉的诗句，稍做介绍。下面，按原诗顺序，撷取原诗诗句并适当压缩成了 18 组，以供大家快速了解《离骚》全貌。

《离骚》原文摘录展示

第（1）组

帝高阳之苗裔兮，朕皇考曰伯庸。

摄提贞于孟陬兮，惟庚寅吾以降。

皇览揆余于初度兮，肇锡余以嘉名。

名余曰正则兮，字余曰灵均。

纷吾既有此内美兮，又重之以修能。

扈江离与辟芷兮，纫秋兰以为佩。

以上为身世、名字，以及青少年时代的刻苦修养。

注解：

1. 帝高阳：炎黄之后，五帝之一，楚之远祖。

2. 摄提：古代用以纪年的太岁名“摄提格”的缩略，十二个太岁名循环使用，它们与十二地支有固定的对应关系。“摄提格”这一年，与“寅”对应（注意：不应是至今仍在使用的以六十甲子系统纪年的“某寅年”），故又可称“寅年”。

3. 陬：夏历正月的别称。

4. 庚寅：古人又用六十甲子系统循环纪日。

以上屈原的生辰年月日中皆含“寅”，在当时的楚国文化中认为有特别吉祥的含义。

5. 名字习俗：古人有名又有字，是古代的重要礼俗。

6. 秋兰：中国兰花之一种。以为佩：古人礼俗：“去丧无所不佩。”（见《论语》，主要佩香草、香料、玉等）屈原以佩兰蕙为最高尚。兰花是中国特有的植物，古人君子特重之，屈原尤甚。学习《离骚》要特别注意此点。

第（2）组

惟草木之零落兮，恐美人之迟暮。

不抚壮而弃秽兮，何不改乎此度也。

乘骐骥以驰骋兮，来吾导夫先路。

以上写作者初涉政坛，决心帮助楚王立志强国。

注解：

美人：《离骚》中多代指楚王。

第（3）组

惟党人之偷乐兮，路幽昧以险隘。

岂余身之惮殃兮，恐皇舆之败绩。

荃不察余之中情兮，反信谗而齌怒。

余固知謇謇之为患兮，忍而不能舍也。

以上写初次受到佞臣党人的打击和楚王的疏远，仍不舍忠君报国之初心，担心国家败亡。

注解：

1. 皇舆：皇辇，代指楚国。败绩：用马车散了架代指国家灭亡。

2. 荃：一种香草，《离骚》中代指楚王。

第（4）组

予既滋兰之九畹兮，又树蕙之百亩。

第（5）组

忽驰骛以追逐兮，非余心之所急。

老冉冉其将至兮，恐修名之不立。

第（6）组

矫菌桂以纫蕙兮，索胡绳之纚纚。

謇吾法夫前修兮，非世俗之所服。

虽不周于今之人兮，愿依彭咸之遗则。

以上写作者被疏后，坚持修养个人的高尚品德，决不为名利放弃原则。唯恐人生易老，终不能留取好名声于世。宣示决不逢迎自私误国的恶俗，并首次表明了自己愿意效法先贤彭咸的决心！

注解：

1. 兰、蕙：中国兰花的不同品种，兰比蕙珍贵。《离骚》中用到兰或蕙多达 14 次，是篇中提到的香草之首，且都是用来代表作者崇尚的高尚品德。

2. 彭咸：传说商代贤大夫，为保持名节自沉而亡。屈原在《楚辞》的不同篇章中四次提到他，《离骚》中两次提到要追随他而去，另一处在篇末。

第（7）组

余虽好修姱以鞿羁兮，謇朝谇而夕替。

既替余以蕙纕兮，又申之以揽茝。

亦余心之所善兮，虽九死其犹未悔。

怨灵修之浩荡兮，终不察夫民心。

众女嫉余之蛾眉兮，谣诼谓余以善淫。

宁溘死而流亡兮，余不忍为此态也。

伏清白以死直兮，固前圣之所厚。

以上写从政后因楚王昏庸，奸臣谗毁，而迅速遭到楚王疏远。对此自己决心效法前贤，绝不向邪恶屈服，九死不悔，一组中三次涉及死的话题，都表明自己坚持真理和正义的决心！

注解：

1. 谇：上谏议。

2. 蕙纕：兰蕙绞成的佩带。

3. 灵修：代指楚王。

4. 蛾眉：原指品行端正高雅美丽女子的眉毛，后泛指女子眉毛。

第（8）组

悔相道之不察兮，延伫乎吾将反。

回朕车以复路兮，及行迷之未远。

进不入以离尤兮，退将复修吾初服。

此组说因屡遭佞臣们排挤，一时想离开楚王和朝廷，回归个人的自由，修行道德。请注意：按当时礼法，同姓大夫不可离国而去，异姓则可。

第（9）组

忽反顾以游目兮，将往观乎四荒。

佩缤纷其繁饰兮，芳菲菲其弥章。

虽体解吾犹未变兮，非余心之可惩。

仍坚持高尚道德，表示虽被体解而无悔。

第（10）组

女媭之婵媛兮，申申其詈余……

原文用较长篇幅写屈原姐姐赶来，训斥屈原，希望他效法古代乱世中的贤哲，避祸全身。按：非劝其与佞臣合流。

注解：

女媭，屈原姐姐。

第（11）组

济沅湘以南征兮，就重华而陈辞。

皇天无私阿兮，览民德焉错辅。

夫孰非义而可用兮，孰非善而可服。

阽余身而危死节兮，览余初其犹未悔。

揽茹蕙以掩涕兮，沾余襟之浪浪。

跪敷衽以陈辞兮，耿吾既得此中正。

以上是就重华陈辞的内容，原文长达32句，几乎占了《离骚》全诗的十分之一。主要向舜帝叙述了作者所熟知的夏商周三代治乱的史实与历史发展经验，以证明自己所坚持的主张是正确的。

此节写作者因不被亲人理解而深陷痛苦。只好就近向重华大舜的神灵痛哭，陈述心曲。展示了作者准确把握的历史发展观，即“皇天无私阿兮，览民德焉错辅”“夫孰非义而可用兮，孰非善而可服”。痛哭陈述之后，作者的心情得到宽慰，变得坦然。决心继续坚持正道不改初衷。

注解：

1. 重华：舜帝，五帝之一。名舜，号重华，又称虞帝、虞舜（虞，有虞氏）。详见《尚书·舜典》《史记·五帝本纪》《大戴礼记·五帝德》等经典。司马迁称“天下明德皆自虞帝始”，故舜自古被视为天下明德之祖。

舜帝与济南，有比其他各地都更紧密、更重要的关联（详后）。这一点，至今尚未为济南人足够认识和珍惜。急需济南市对此加强研究，提高对大舜的纪念与祭祀规格。

2. 阽：极其接近危险。

3. 茹蕙：柔软的兰蕙。

第（12）组

驷玉虬以乘鹥兮，溘埃风余上征。

朝发轫于苍梧兮，夕余至乎悬圃。

路漫漫其修远兮，吾将上下而求索。

此节写屈原向大舜诉说痛苦之后，打算远走高飞，去上下寻求真理和同志（求女），共同辅国辅君。

第（13）组

飘风屯其相离兮，率云霓而来御。

吾令帝阍开关兮，依阊阖而望予。

忽反顾以流涕兮，哀高丘之无女。

此节写第一次求女，以遭到种种破坏和阻挠而失败。

第（14）组

及荣华之未落兮，相下女之可诒。

吾令丰隆乘云兮，求宓妃之所在。

虽信美而无礼兮，来违弃而改求。

望瑶台之偃蹇兮，见有娀之佚女。

少康之未家兮，留有虞之二姚。

世溷浊而嫉贤兮，好蔽美而称恶。

闺中既邃远兮，哲王又不寤。

怀朕情而不发兮，余焉能忍与此终古。

此节写作者再次在天上地下多次寻找同志（宓妃、有娀之佚女、有虞之二姚），希望与他们建立友好关系，但都以失败而告终。按：有人把以上若干取譬情节，解为作者谈恋爱，实为对屈原的亵渎。

第（15）组

索藑茅以筳篿兮，命灵氛为余占之。

曰“勉远逝而无狐疑兮，孰求美而释汝？

何所独无芳草兮，尔何怀乎故宇？”

户服艾以盈要兮，谓幽兰其不可佩。

欲从灵氛之吉占兮，心犹豫而狐疑。

此节写作者在几次寻求同志失败后，内心也闪过彻底离开楚国去他国的想法，犹豫不决中，他找古代占卜家灵氛占卜。结果灵氛告诉他不必犹豫，离开楚国很吉利。然而屈原不相信。

第（16）组

巫咸将夕降兮，怀椒糈而要之。

皇剡剡其扬灵兮，告余以吉故。

曰“勉升降以上下兮，求矩矱之所同”。

及年岁之未晏兮，时亦犹其未央。

时缤纷以变易兮，又何可以淹留。

兰芷变而不芳兮，荃蕙化而为茅。

何昔日之芳草兮，今直为此萧艾也。

惟兹佩其可贵兮，委厥美而历兹。

及余饰之方壮兮，周流观乎上下。

此节写听从巫咸的劝告，作者再次想离开楚国。欲趁自已年纪还不算太老，远离楚国和朝廷。身边从前的芳草好人，都已变质，唯有自己还坚持高尚的品德，然而却遭遇不幸的下场。屈原这次似乎真要离开故国了。

第（17）组

灵氛既告余以吉占兮，历吉日乎吾将行。

何离心之可同兮，吾将远逝以自疏。

朝发轫于天津兮，夕余至乎西极。

奏《九歌》而舞《韶》兮，聊假日以愉乐！

陟升皇之赫戏兮，忽临睨夫旧乡。

仆夫悲余马怀兮，蜷局顾而不行。

此节写主人公在冥冥设想中，飞快地逃离楚国，到达天堂。仪仗队高奏着美好的乐曲浩浩荡荡向前。不料回头望下看，却又看到了故国家乡，于是仆人和马匹不肯再前进！

第（18）组

乱曰：已矣哉！国无人莫我知兮，又何怀乎故都！

既莫足与为美政兮，吾将从彭咸之所居！

最后，诗人屈原发出无限的感慨和叹息，昭示自己将仍然按既定的信仰和崇拜，追随仰慕已久的彭咸，沉水求得永生！

五、屈原与《离骚》

屈原在《离骚》中，有几个反复使用或念念不忘和强调的东西。它们显然是了解屈原与《离骚》的又一个窗口和一条捷径。

（一）兰和蕙用了多达11次

1. 纫秋兰以为佩。

2. 3. 予既滋兰之九畹兮，又树蕙之百亩。

4. 揽茹蕙以掩涕兮，沾余襟之浪浪。

5. 户服艾以盈要兮，谓幽兰其不可佩。

6. 7. 兰芷变而不芳兮，荃蕙化而为茅。

8. 杂申椒与菌桂兮，岂维纫夫蕙茝。

9. 矫菌桂以纫蕙兮，

10. 既替余以蕙纕兮，又申之以揽茝。

11. 步余马于兰皋兮，驰椒丘且焉止息。

以上不仅表现了屈原由衷热爱兰蕙远超任何香草，也大大增强了《离骚》表现屈原自己执着地修养高尚品德和保持清高形象的感染力。更重要的是，由于这些文字资料的存在，屈原无可争议地成为中国兰文化的开创者和确凿的记录者。

（二）以譬喻和尊称的方法指代楚王，达7次（5种称呼）

1. 恐美人之迟暮。
2. 恐皇舆之败绩。
3. 荃不察余之中情兮。
4. 夫唯灵修之故也。
5. 余既不难夫离别兮，伤灵修之数化。
6. 怨灵修之浩荡兮。
7. 哲王又不寤。

以上不仅让读者感到《离骚》多方式的譬喻手法，也可显示屈原对楚王的尊重和忠诚。

（三）5次直接提到死，多次表示对年岁已老、功名不立的担忧

1. 老冉冉其将至兮，恐修名之不立。
2. 亦余心之所善兮，虽九死其犹未悔。
3. 宁溘死以流亡兮，余不忍为此态也。
4. 伏清白以死直兮，固前圣之所厚。
5. 虽体解吾犹未变兮，岂余心之可惩。
6. 阽余身而危死兮，览余初其犹未悔。
7. 路漫漫其修远兮，吾将上下而求索。
8. 汩余若将不及兮，恐年岁之不吾与。

以上充分显示了屈原为国家、为理想、为坚持真理、为追求高尚情操，而不惜牺牲的价值观、人生观和生死观。

（四）《离骚》中两次提到彭咸

此外，《抽思》和《悲回风》中也各有一次。

1. 愿依彭咸之遗则。

2. 吾将从彭咸之所居。

3. 望三五以为象兮，指彭咸以为仪。——《抽思》

4. 孰能思而不隐兮，照彭咸之所闻。——《悲回风》

以上充分表现了对祖宗先贤的景仰，也对屈原最终选择自沉汨罗给出了合乎逻辑的解释。

通过上面的介绍，相信大家对《离骚》这一影响“甚或在三百篇(《诗经》)以上”（鲁迅语）的伟大诗篇及其作者屈原，都已经有了大体的印象。可以用这样几句话，总结一下屈原其人：

屈原最珍爱的，是他认为可以代表高尚道德的兰蕙(中国兰)。

屈原最挂怀的，是楚国的安危存亡，是能帮助楚王治理好国家，希望楚王能从一个昏主变成圣贤之君。

屈原最不畏惧的，是为了国家利益而从容赴死。

屈原最崇拜最景仰的，是华夏始祖之一的重华舜帝。

屈原最想效法的，是先贤彭咸。

六、屈原与《离骚》引出的两个话题

——中国兰文化辨正与对济南舜文化挖掘问题的想法

（一）中国兰及兰文化辨正——要分清两种兰与两种兰文化

屈原所佩和所奉为最高尚道德之象征的兰，应是中国兰花而不是中药植物泽兰或佩兰。

中国兰原产于中国，它自古就是中华民族品格的象征。梅兰竹菊是中国花卉中的“四君子”。特别是兰花，绝非其他花草可比拟。屈原对待兰花的态度，更奠定了兰花作为第一国香的地位。必须强调《楚辞》尤其《离骚》中所描述的兰是中国兰，此事非小。

这种判断，是根据《离骚》原文做出的。

名称：秋兰，春兰，幽兰，山兰

功能：能纫索，柔软可拭泪

作者珍爱它的程度：将它当作自己优秀品德的标志物（与古人赋予玉的功能相类似）

形状：与茅草相似，据“化而为茅”等句透露出的信息

香味：淡雅而悠远的香气

生长环境：深山幽林没有污染的地方，对生长环境有较高要求

1. 与屈原同样珍爱中国兰的古人或典籍还有：孔子，荀子，《周易·系辞上》“同心之言，其臭如兰”，近年出土的战国楚竹书《兰赋》等。

2. 至少到北宋，对中国兰的性状描述已十分清楚。黄庭坚在《书幽芳亭》中写道：

> 生于深山丛薄之中，不为无人而不芳……含香体洁，平居萧艾不殊。清风过之，其香蔼然。在室满室，在堂满堂……然兰蕙之才德不同……兰似君子，蕙似士大。概山林中十蕙而一兰也。《楚辞》曰：‘予既滋兰之九畹，又树蕙之百亩。’以是知不独今楚人贱蕙而贵兰久矣。兰蕙丛生，初不殊也。至其发花，一干一花而香有余者兰，一干五七花而香不足者蕙。蕙虽不若兰，其视椒椴则远矣。

3. 两千多年来，中国兰文化已经成为中华民族的标志和名片，成了高雅文化的代名词。今天有正确认识它的必要。

第二种兰（《诗经》中称“蕑”），从西汉开始名字与兰混

洧——但它仅是女子用以媚人之兰，以及祓灾去病之兰。

《左传·宣公三年》（前606）记载了公元前649年—前606年郑文公与燕姞的两件事。而这两件事似乎与《诗经·郑风·溱洧》有极大关系。所以明代毛晋就说："当年郑俗淫荡，焉知不因燕姞一梦，士女争相秉蕑耶？"

这种后人因音近也称为兰的媚人之兰，绝不可与屈原等先哲所崇尚之兰混为一谈。据考证，这种兰是后代民众所熟悉的中药材佩兰或泽兰。

（二）从屈原崇拜的大舜谈谈济南应当大力挖掘舜文化

从刚才所讲的内容，我们知道了屈原对大舜的景仰和崇拜情况。

济南在战国时是重要城市"历邑"，后又改为"历城"，再后来才变成济南。济南对中华民族的明德之祖、五帝之一的重华舜帝，有更加特殊的义不容辞的责任进行纪念、祭祀。因为我们济南之所以有今天，追根溯源，全因他"耕于历山之下"，"一年而所居成聚，二年成邑，三年成都"而逐渐形成。如今我们已经发展为全国特大城市和世界第二级别的大城市。

关于千佛山就是舜所耕历山的问题，两千年来争论不休。但是这个问题，在三百多年前的康熙、雍正时代，已经由皇帝官方给出了盖棺论定的结论，无须再争论。对此，每个济南人都应该了解，从而理直气壮地把济南开发成大舜的国家级祭祀地。而不是当前这样又佛又舜，甚至重佛轻舜。对于中华民族来讲，是大舜重要还是佛重要，每一个人都清楚，无须争论。迫切希望早一天在适当位置建成能举办国家级祭祀大舜典礼的纪念堂。届时就可在济南按时举办祭祀大典。它将大大地提升济南的地位，大大地促进济南文旅事业的发展。希望每一个济南人都为实现这一目标而努力。

我们之所以敢这样说，是因为全国至今还没有一个能像济南这样有资格成为祭舜地的城市。我们再共同欣赏一下康熙时批准编写并完稿的、雍正时最终出版的中国古代最大的类书（1.6 亿字）钦定《古今图书集成·方舆汇编·山川典》第二十三卷“历山部”的文字：

按，孟子称：“舜生于诸冯，迁于负下，卒于鸣条，东夷人也。”耕处应与始生之地相去不远，自当以在山东者为是。今济南府历城县，以山得名，相沿甚久，似尤为可信，故以此山为正！

2020 年 11 月 7 日济南市文化馆海右文艺讲堂讲座稿

《离骚》"摄提贞于孟陬兮，惟庚寅吾以降"蕴义详解

《离骚》开头有两句很难理解的诗句："摄提贞于孟陬兮，惟庚寅吾以降。"①王逸对前半句引了《尔雅·释天》的话作为注解："太岁在寅曰摄提格。"②

这就是说，不仅屈原知道"摄提格"是什么意思，而且当时有学问的人也都知道，因为《尔雅》是七经之一，读书人都读过。但是到了现在，关于"摄提格"，无论是讲解者还是阅读者，都会感到不好理解。

对于前半句"摄提贞于孟陬兮"，王逸注说："孟，始也。"③"孟"为什么是"始也"呢？因为"孟"在序数词"孟仲叔季"里面，排在第一，因此它可以作"始""开始"的意思来讲。"贞，正也。"④"贞于孟陬兮"的意思就是"正于孟陬兮"，那就是说正好在"孟陬"这个时候。"于，於也。"⑤"于"字在作介词用的时候，可以代替"於"，"於"的意思就是介词"在"。

"孟陬"的"孟"是"开始"，而"孟陬"的"陬"，王逸

① 〔宋〕洪兴祖：《楚辞补注》，中华书局2015年版，第3页。
② 〔宋〕洪兴祖：《楚辞补注》卷一，中华书局2015年版，第3页。
③ 〔宋〕洪兴祖：《楚辞补注》卷一，中华书局2015年版，第3页。
④ 〔宋〕洪兴祖：《楚辞补注》卷一，中华书局2015年版，第3页。
⑤ 〔宋〕洪兴祖：《楚辞补注》卷一，中华书局2015年版，第3页。

注说："正月为陬。"这里和前面的"太岁在寅曰摄提格"一样，又要标上引号，因为它们都是《尔雅·释天》的原文，其实洪兴祖在王逸注文之后就解释了，说"并出《尔雅》"[①]，实际上只有"太岁在寅曰摄提格"[②] 这句话和"正月为陬"[③] 这句话出自《尔雅·释天》。这样看起来，"摄提格"也好，"孟陬"也好，很多古人都懂，为什么？因为《尔雅》上都有。而且在生活当中，他们大概也都能用到"摄提格"和"孟陬"这类话。

可是，对于王逸和洪兴祖之后的人来说，就必须得加上注解了。而对于今天的人而言，就算加上注解，并把它整句翻译成"太岁在寅的那年的夏历正月"，也仍然不懂说的是什么意思。所以，还需要给大家继续讲解隐藏在这两句话背后的传统文化意蕴。只有这样，我们才能够彻底读懂屈原和《离骚》。包括下一句"惟庚寅吾以降"，也是这样的情况。

下面，我们就对"摄提贞于孟陬兮，惟庚寅吾以降"这一整句，特别是原文及王逸注中出现的许多陌生名词概念——"摄提""孟陬""太岁""摄提格""庚寅"等等，做一些必要的补充说明。

这些概念的字面义和隐藏在它们背后的更深层次的文化义，都是中华民族传统文化的重要组成部分，否则屈原不会"掉书袋"地这么写。它一定是写出来，当时就有很多人明白才行。只是今天我们对此隔膜了，必须大费周章地破解它。

特别是这一句话当中，牵扯到古人的很多文化理念——包括

---

① 〔宋〕洪兴祖：《楚辞补注》卷一，中华书局 2015 年版，第 3 页。

② 〔晋〕郭璞注，〔宋〕邢昺疏，〔清〕阮元校刻，方向东点校：《尔雅注疏》卷六，《十三经注疏》24，中华书局 2021 年版，第 306 页。

③ 〔晋〕郭璞注，〔宋〕邢昺疏，〔清〕阮元校刻，方向东点校：《尔雅注疏》卷六，《十三经注疏》24，中华书局 2021 年版，第 308 页。

天文的、历法的、生活的等等相关的不同系统。为了清楚地解释这些话，下面分三个问题给大家做介绍。首先是“干支”概念的产生及其应用。

先说“干支”这个概念。《汉语大词典》解释“干支”说：“初作‘幹枝’。天干和地支的合称。”[①] “天干”和“地支”相配，共成六十组，用以纪年、月、日，周而复始，循环使用。郭沫若在《释支干》中说：“支干之称，东汉以前无有也。古人称十干为十日，称十二支为十二辰。”[②] 除此之外，其他学者也有解释干支的专文。“幹枝”的“幹”古代一般不写成两横一竖“干”，而写成“幹”。因为“干”和“幹”两字自古都有，各有所指。只是后来“幹枝”多写为“干支”。

“干支”概念大约产生于远古，是中华文化中最早的一批概念之一，它的具体产生时代和创造者至今没有定论。很多古书上对此多有解说。《世本·作篇》说：“大桡作甲、子”[③]，还说“容成造历”[④]。因为六十甲子和历法都要用到“干支”，所以我们说“容成造历”和甲子的产生肯定有关系。对于《世本·作篇》这两句原话，三国宋衷说大桡和容成二人都是“黄帝史官”[⑤]。也就是说，大桡和容成可能是夏商周之前甚至是炎黄时代的人，二人可能都是黄帝身边的人。除了《世本》，《吕氏春秋·

---

① 《汉语大词典》第二卷下册，上海辞书出版社 2008 年版，第 912 页。

② 郭沫若：《甲骨文字研究及殷契余》，《郭沫若全集·考古编》第一卷，科学出版社 1982 年版，第 155 页。

③ 〔汉〕宋衷注，〔清〕秦嘉谟等辑：《世本八种》，中华书局 2008 年版，第 110 页。

④ 〔汉〕宋衷注，〔清〕秦嘉谟等辑：《世本八种》，中华书局 2008 年版，第 111 页。

⑤ 〔汉〕宋衷注，〔清〕秦嘉谟等辑：《世本八种》，中华书局 2008 年版，第 110~111 页。

尊师》也说：“黄帝师大挠。”[1] 大桡在这里就不是像《世本·作篇》所说的一般的大臣了，而成了黄帝的老师，黄帝曾向大桡请教。《吕氏春秋·勿躬》载：“大桡作甲、子。”[2] 这和《世本·作篇》相同，看起来刚才所说《世本·作篇》的原话不是没有根据的。

所谓“作甲、子”者，“甲”就是“甲乙丙丁戊己庚辛壬癸”，十个“天干”；“子”就是“子丑寅卯辰巳午未申酉戌亥”，十二个“地支”。“大桡作甲、子”，就是“大桡作干、支”——“甲”代表“天干”，“子”代表“地支”。那么“天干”“地支”说的是什么意思呢？其实它们不过都是一些计数词——“甲乙丙丁戊己庚辛壬癸”，十个计数词；“子丑寅卯辰巳午未申酉戌亥”，十二个计数词。然而它们的作用是不同的。古人什么时候用“天干”，什么时候用“地支”，用它们来记录什么事，是各有分工的、不一样的。东汉蔡邕《月令章句》说：“大桡探五行之情，占斗纲所建，于是始作甲乙以名日，谓之幹。作子丑以名月，谓之枝。枝幹相配，以成六旬。”[3] 大家注意中华文化的这个特点：儒家、道家、阴阳家、五行家、名家、法家，这些诸子百家的学说，都不是从天上掉下来的，它们都是从远古的一些哲学理念发展而来的，是代有师承的。可能从大桡那个时代起，也就是黄帝时代，就已经有对五行的探索，逐渐形成了五行学说。

什么是“斗纲所建”？这是指北斗七星的斗柄一年所指的方

① 许维遹撰，梁运华整理：《吕氏春秋集释》卷四，中华书局 2009 年版，第 91 页。

② 许维遹撰，梁运华整理：《吕氏春秋集释》卷十七，中华书局 2009 年版，第 449 页。

③ 〔南朝宋〕范晔撰，〔唐〕李贤等注：《后汉书》志第一，中华书局 1965 年版，第 2999 页。

向，古人早就发现了北极星永远不动，北斗七星是围绕着北极星旋转的。北斗七星的斗柄根据季节的不同分指东、南、西、北四个方向，《鹖冠子·环流》载："斗柄东指，天下皆春；斗柄南指，天下皆夏；斗柄西指，天下皆秋；斗柄北指，天下皆冬。"① 这表明古人把北极星看作是指导人间活动的总枢纽，所以又称它为"帝座"。而围绕北极星旋转的北斗七星就像大臣一样忠心耿耿，围绕在北极星周围，一年旋转一周。因而北斗七星就有了指示季节的作用，这就有了《鹖冠子·环流》的说法。到了春秋战国，我们的祖先已经从天幕上挑出了与自己生产生活有关的几百颗重要的星宿，比如"二十八宿"，这都是成百上千年观察的总结。所以，这才有了东汉蔡邕的"占斗纲所建"。所谓"建"，就是指斗柄所指的季节变化。

什么是"名日""名月"？"于是始作甲乙以名日"：所以他就开始作"天干"，也就是"甲乙"，用它来"名日"。所谓"名日"，就是用来记载与上天、太阳（日）、帝王有关的重要事物。"谓之幹"即"谓之天干"，所谓"甲乙丙丁戊己庚辛壬癸"。"作子丑以名月"："子丑"就是"子丑寅卯辰巳午未申酉戌亥"十二地支，也就是"甲子"中的那个"子"。那么，做出"十二地支"，是用来记载与月亮运转有关的事物，月亮相对于太阳，是旁枝而非主干，蔡邕用的就是树枝的"枝"。所谓"枝幹相配，以成六旬"，就是"十天干"重复六遍、"十二地支"重复五遍，形成了六十个有顺序的计数名称。

① 黄怀信：《鹖冠子校注》卷上，中华书局2014年版，第70页。

中国古代文化地平坐标系综合示意图

十二辰、二十八宿、（岁星实位）十二次、太岁名

（2014 年 3 月 4 日制，2019 年 9 月 3 日修订，22 日再修订）

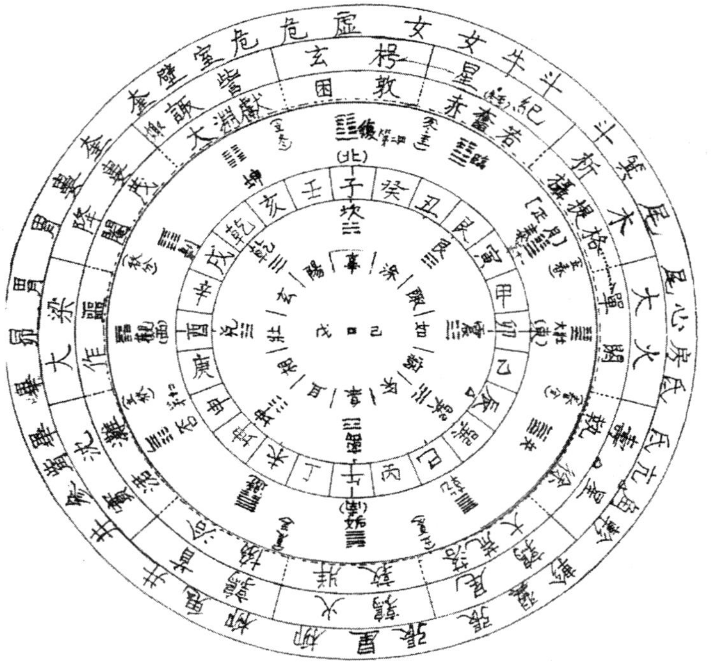

参考书：王力《古代汉语》（校订重排本）第三册，中华书局 1999 年版

《中国天文学史》，科学出版社 1981 年版

于是，蔡邕说用"天干"和"地支"相互配合，就形成了"六十甲子"，所谓"以成六旬"就是这个意思。显然，到了东汉蔡邕，对"天干地支"这组文化概念已经有了更进一步的理解，说明古人已经有了《中国古代文化地平坐标系综合示意图》（后文简称《示意图》）上，关于各种概念及其相互间关系的认识。《示意图》上"天干地支"与其他各组概念的相对位置的内在联系性，古人都将之应用于政治、生产、生活等一切大小事务。所以屈原作诗，一张嘴就是讲"天干地支"，他不是在"掉书袋"，

因为古人就是用这个来说明问题的，大家都懂，老百姓都懂，甚至连妇孺都懂，就像顾炎武所揭示的："三代以上，人人皆知天文。"① 对于"天干地支"，也是如此。

隋代萧吉《五行大义》也曾引用过蔡邕《月令章句》："有事于天则用日。"②

所谓"有事"，就是说如果和"天""日""君"等重要的事情有关系，就要用"天干"来记载、说明，也就是"用日"，"用日"不只是用太阳，同时包括用"天干"。萧吉又引用蔡邕的话："有事于地则用辰。"③ 那就是说，和人间的生活、日常的生产等平民百姓有关联的事情，比如娃娃出生在哪一年哪一月哪一天，就"用辰"，也就是用"地支"来记载、说明这些事情。在引用完蔡邕的《月令章句》之后，萧吉发挥说："阴阳之别，故有枝干名也。"这就向我们进一步讲述了古人什么时候用天干、什么时候用地支。

"干支"的产生和它的大致作用，咱们就先讲到这里，后代的很多学者有专门讨论"干支"的著述、文章，可供参考。总之，"天干地支"是什么时候产生的，咱们搞文科的说起来，都只能是讲古代文献，不免缺乏科学依据和说服力。今天的科学家，特别是天文历法学家，已经有了更科学的、更精确的解释。中国天文学会已故的著名天文学家陈遵妫先生的《中国天文学史》，大家也可以参考。陈遵妫先生在这本书里说："在夏代帝王

---

① 〔清〕顾炎武撰，〔清〕黄汝成集释，栾保群校点：《日知录集释》卷三十，中华书局2020年版，第1497页。

② 〔隋〕萧吉著，钱杭点校：《五行大义》卷一，上海书店出版社2001年版，第3页。

③ 〔隋〕萧吉著，钱杭点校：《五行大义》卷一，上海书店出版社2001年版，第3页。

的世系中，有以日干作其名号者，如果可靠，这是历史上最初出现十二辰之名，说明在四千年前的夏代，可能已有干支。”[①] 还有一位郑文光先生，他在《中国天文学源流》里说“十二支宜乎是夏人的创作”[②]。这是两位权威的天文科学家的说法。而比陈、郑两位先生更早的郭沫若先生却不是这个看法，郭先生在《释支干》中说“干支”属于十进位计数法，是殷人的创造[③]。这就比陈、郑两位先生所给出的“干支”起源时间整整晚了一个时代。不仅如此，郭先生还说“十二地支”的起源地是古巴比伦[④]。需要指出：他这种推后“干支”起源时间，以及直接把“干支”的起源地定于西方的说法，是缺乏科学依据的，类似说法多是自新文化运动以来，西风渐胜的一个偏颇的表现。而现在，使用这张《中国古代文化地平坐标系综合示意图》，就可以帮助我们理解很多类似“天干地支”“二十八宿”“‘太岁’的运转顺序和名称”等复杂的文化概念。

古人讲究每一个朝代有每一个朝代的天命。夏代建立，就意味着它得到了天命，就把“寅”这个位置作为历法起点，这就叫“夏正建寅”[⑤]。到了商代建立，又有了新天命，它不能沿用夏代的历法，于是就要改天命，在历法上就表现为“改正朔”[⑥]。所以

---

① 陈遵妫：《中国天文学史》上，上海人民出版社 2016 年版，第 134 页。

② 郑文光：《中国天文学源流》，科学出版社 1979 年版，第 132 页。

③ 郭沫若：《甲骨文字研究及殷契余》，《郭沫若全集·考古编》第一卷，科学出版社 1982 年版，第 191 页。

④ 郭沫若：《甲骨文字研究及殷契余》，《郭沫若全集·考古编》第一卷，科学出版社 1982 年版，第 328 页。

⑤ 〔汉〕郑玄注，〔唐〕孔颖达正义，〔清〕阮元校刻，方向东点校：《礼记注疏》卷十四，《十三经注疏》13，中华书局 2021 年版，第 777 页。

⑥ 〔汉〕郑玄注，〔唐〕孔颖达正义，〔清〕阮元校刻，方向东点校：《礼记注疏》卷一，《十三经注疏》12，中华书局 2021 年版，第 315 页。

“殷正”就向后挪一个位置，这就叫“殷正建丑”①。这样一来，夏历的十二月就是殷历的正月。到了周代建立，又有新天命了，周王室必然要建立起属于自己的新历法，于是就有了“周正建子”②。实际上，岁首正月又在殷商的原有基础上倒退了一个月，那就是夏历的十一月。秦代推翻了周代，统一天下，它也照样重建自己的历法，那就再向前推一个月，这就是“秦正建亥”③。需要说明：秦代的正月是夏代历法的十月，这等于说中原大地刚刚立冬，就是秦代的春天。因为这个历法根本不符合黄河中下游的气候状况，而且完全违背了春、夏、秋、冬四季变化的规律性，严重影响了人民生产生活，所以一直都无法推行。自此以后，新王朝改岁首之事作罢，历朝历代沿用夏历。孔子继承三代的文化精华，创造和推广中华文化，他就曾肯定夏代的历法最好用，不应该凭着天命改换而随便更换历法，《论语·卫灵公》篇就记有孔子“行夏之时，乘殷之辂，服周之冕”④ 的话。

综上所述，前文提到《世本·作篇》中的“大桡作甲、子”“容成造历”，应该是客观存在的事实。讲到这里，我们做一个总结：第一点，中国历朝历代都非常重视历法问题；第二点，“天干地支”是从夏代开始就有的概念。

关于第二点，甲骨文就能给出很好的例证。在目前已经发现

① 〔汉〕郑玄注，〔唐〕孔颖达正义，〔清〕阮元校刻，方向东点校：《礼记注疏》卷一，《十三经注疏》12，中华书局2021年版，第313页。

② 〔汉〕郑玄注，〔唐〕孔颖达正义，〔清〕阮元校刻，方向东点校：《礼记注疏》卷一，《十三经注疏》12，中华书局2021年版，第166页。

③ 〔汉〕司马迁撰，〔南朝宋〕裴骃集解，〔唐〕司马贞索隐，〔唐〕张守节正义：《史记》卷二十六，中华书局2011年版，第1177页。

④ 〔魏〕何晏注，〔宋〕邢昺疏，〔清〕阮元校刻，方向东点校：《论语注疏》卷十五，《十三经注疏》23，中华书局2021年版，第379页。

的甲骨文残片上，就有夏代帝王使用天干命名的记载。因为“天干”是用来记录“天”“君”等重大事情的，所以君王作为天之皇族、天之儿子，他们的名字是可以用“天干”来记录的。比如说胤甲、孔甲、履癸，他们都是大名鼎鼎的夏代君王[①]。再看商代，31 个君王的名字，除了“癸”之外，其余的“天干”九个数都有发现。可见“天干”既用于记日，又用于记载帝王名称。

总之，夏代就应该有“天干”这组概念了。后来又有了“地支”这组概念，到商代更是把它们二者组合成了六十甲子。另外，“十天干”的存在，也证明了中华民族当时已经有了十进制，这是件伟大的事情。

十位数和十二位数有机组合成了“六十甲子”循环计数，“六十甲子”是个纯粹计数的循环记日系统，它本来没有更多的文化含义。不过，“十天干”和“十二地支”是怎么配合形成“六十甲子”，还是有必要了解的。有的学者认为古人创造“六十甲子”可能是依据“天干地支”的“奇奇相配，偶偶相配，奇不配偶，偶不配奇”的运算法则而形成的。实际上，我感觉古人更有可能是简单地把“十天干”重复六遍，“十二地支”重复五遍，二者首尾相冲，就形成了全部的“六十甲子”，而不必用“奇奇相配”等运算法则去设想古人的创作方法。

综合上面这些内容，足以说明商代已有“六十甲子”的事实，并且商代已经将“天干地支”运用到得心应手的程度了。

这样一来，到了春秋战国时代，特别是到了战国末期的屈原时代，因为“天干地支”早已经被广泛运用到中华文化系统当中，在古代上层卿大夫中间更是运用自如，所以《离骚》一开始

---

① 〔汉〕司马迁撰，〔南朝宋〕裴骃集解，〔唐〕司马贞索隐，〔唐〕张守节正义：《史记》卷二，中华书局 2011 年版，第 77~79 页。

就告诉读者自己的生辰年月日："摄提贞于孟陬兮，惟庚寅吾以降。"屈原用"天干地支"，不仅单纯地表达了时间，其中也包含着这个时刻丰富的文化含义。这些当时的人都心领神会的东西，现在我们理解不到位，是时代不同、缺乏传统文化知识造成的。

在我们的传统文化地平坐标系当中，镶嵌了许多内容，特别是"日月星辰""二十八宿""天干地支""节气"等与古人生产生活密切相关的概念。其中最重要的就是太阳的位置，月亮的位置，二十八星宿的相对位置和岁星、太岁的相对位置。这些都是古人最关心、也最熟悉的概念。因此《离骚》一开篇的这两句话是最重要的，也是最贴近古人知识系统的，还是比较通俗易懂的。

这样就说到第二个问题："二十八宿"。"二十八宿"是古人长年累月观察天象的发现。"二十八宿"就是指在黄道（即太阳一年运转的视轨迹）附近发现的位置固定的二十八组星宿。它们分别是：角、亢、氐、房、心、尾、箕、斗、牛、女、虚、危、室、壁、奎、娄、胃、昴、毕、觜、参、井、鬼、柳、星、张、翼、轸。古人把它们当作太阳运转的坐标使用，就像是太阳的28个驿站。早在《尚书·尧典》中就有记载："日中，星鸟，以正仲春"①，"日永，星火，以正仲夏"②，"宵中，星虚，以殷仲

① 〔汉〕孔安国传，〔唐〕孔颖达正义，〔清〕阮元校刻，廖名春、陈明整理：《尚书正义》卷二，《十三经注疏》二，北京大学出版社1999年版，第29页。

② 〔汉〕孔安国传，〔唐〕孔颖达正义，〔清〕阮元校刻，廖名春、陈明整理：《尚书正义》卷二，《十三经注疏》二，北京大学出版社1999年版，第29页。

秋”①，“日短，星昴，以正中冬”②。其中的鸟、火、星昴就是“二十八宿”中最早被认识的四宿，这也是尧时代已经能够按天象比较准确地确定春分、夏至、秋分、冬至的证据。

应该说“二十八宿”的名称，至迟到了春秋战国时代，已经全部具备，“四象”在此时期也完全形成，“二十八宿”已经可以讲成一个整体了。古人也在此基础上，赋予了“二十八宿”更多的文化内涵。比如说，东方苍龙七宿，属青（苍）、属木、属东、属春；北方玄武七宿，属黑、属水、属北、属冬；西方白虎七宿，属白、属金、属西、属秋；南方朱雀七宿，属赤、属火、属南、属夏。

第三个问题：岁星问题。古人长期观测记录天象，认为日月星辰逐月、四季、逐年周而复始，轮番出现在天穹上。古人全然不知地球是围绕地轴旋转（自转）、同时围绕太阳公转的，也不知道轮番出现在天上的星辰只是人们看到的它们在天穹上的投影。由于地球自转和公转周期都是基本恒定的、周而复始的，所以年年月月看到的日月星辰在天穹上的投影，也是基本恒定的、周而复始的。日月星辰围绕自己旋转只是古人认知的错觉。“地球围着地轴自转”，古人却错以为“众星辰是围着北极星旋转”。科学的认知是地球围绕太阳公转，而古人看到的却是天穹上众星辰周而复始地出现。另外，因为地球在自转的同时，又围绕太阳作公转运动，月亮又每 28 天半绕地球一周，这三种运动叠加在

① 〔汉〕孔安国传，〔唐〕孔颖达正义，〔清〕阮元校刻，廖名春、陈明整理：《尚书正义》卷二，《十三经注疏》二，北京大学出版社 1999 年版，第 30 页。

② 〔汉〕孔安国传，〔唐〕孔颖达正义，〔清〕阮元校刻，廖名春、陈明整理：《尚书正义》卷二，《十三经注疏》二，北京大学出版社 1999 年版，第 30 页。

一起，就使古人在经过长期观测记录后，逐渐找到了太阳、月亮运行的相互关系，具体表现在历法的制定上，就是上古用366天代表太阳的一年运转周期，因月亮实际28天半绕地一周，12个月不足366天，所以要用增加闰月的方法与366天取齐。这样，古人就把太阳和月亮的运转规律融合在历法中，成就了年的周期。这就是中国自古使用的阴阳合历。所以《尚书·尧典》载："期三百有六旬有六日，以闰月定四时成岁。"①

太阳从最高日北至（夏至）到下一个最高日北至，在时间轴上就等于从一年的夏至到次年的夏至，中间间隔366天。在此期间，月亮圆缺变化，经历了12个周期多一点，在一年按12个月计算而不足365天的情况下，那就只能用闰月的方法来调和太阳和月亮的运转规律，以使二者趋于一致，这就叫"以闰月定四时成岁"。月亮和太阳在中国历法里边就是这样和谐统一在一起的。因此中国历法自《尚书·尧典》以来就是阴（月亮）阳（太阳）合历，这也就是后来两千多年一直使用的"夏历"，所以中国的"夏历"不是被人们误称的"阴（月亮）历"。中国自古的阴阳合历在很长时期里都是不落后于西方历法的。

在这一过程当中，古人又发现了与太阳和月亮的运转规律密切相关的一颗行星，它每12年（实际是11.86年）在天穹上运转一周，正好合乎古人"十二地支"的十二个数（子、丑、寅、卯、辰、巳、午、未、申、酉、戌、亥），因此古人就把它叫作"岁星"，"岁星"在天弯上每年运转十二分之一。但是"岁星"是自西向东旋转的，这与太阳和月亮自东向西旋转的方向是相反

① 〔汉〕孔安国传，〔唐〕孔颖达正义，〔清〕阮元校刻，廖名春、陈明整理：《尚书正义》卷二，《十三经注疏》二，北京大学出版社1999年版，第30页。

的，因此运用起来十分不方便。于是，古人就虚构出一颗假岁星，把它叫作"太岁"，让"太岁"与"岁星"的运转方向完全相反。"岁星"自西向东运行的12个格，称作"十二次"（名称分别为：星纪、玄枵、诹訾、降娄、大梁、实沉、鹑首、鹑火、鹑尾、寿星、大火、析木）；"太岁"自东向西运转的12年（一个周期）叫作"十二辰"（名称分别为：摄提格、单阏、执徐、大荒落、敦牂、协洽、涒滩、作噩、阉茂、大渊献、困敦、赤奋若）。

"岁星"运行的这12年也就是"十二次"，是从历法原点那里、从"寅"开始算起，从"星纪"和"析木"的接合部出发，第一年"星纪"，第二年就到"玄枵"，第三年"诹訾"，第四年到"降娄"，再一年"大梁"……这样转一圈。因为"岁星"反着转不好办，于是就想象出来一颗和"岁星"相接的"太岁"。"太岁"的12个名称（十二辰）是在示意图的第三圈，与"星纪"尾部首尾相接的是摄提格。"十二次"和"十二辰"的名称都很奇怪，可能它们都是对古音的摹记，或者它们都是舶来品。

所以，古人习惯了在说"今年是哪一年"的时候，用假想出来的运动方向和"岁星"正好相反的"太岁"的名来解，古人不说今年是星纪哪一年，也就是"岁星"在"星纪"那个位置上的那一年，而是说今年是屈原所说的"摄提贞于孟陬兮"的"摄提"，也就是"太岁"在"摄提格"那一年。

这里还有一个问题，到了汉代之后，天上有一颗实实在在的星星被命名为"摄提"，总是春天出现在天上，后人有把屈原的"摄提"解释为"摄提星"而不是"摄提格"的，这种解释是错误的。因为屈原原诗句包含着自己生辰的年、季、月、日各个时间尺度。而"摄提星"挂在天上，仅仅是在春季出现，这和年份无关。把它解释为"摄提星"，会使得"摄提"从表示年份的意义变为表示季度的含义，从而大大降低了屈原此句本该有的文化含量。(摄提星经纬度：北纬 15°—20°，15h 左右 5°间)

“摄提贞于孟陬兮”之“贞”，就是正好。意思是说在“摄提”那一年正好是“陬”那个月份。“陬”是哪个月份？大家看看在示意图里边，最中心的那一圈：陬、如、寎、余、皋、且、相、壮、玄、阳、辜、涂，这就是《尔雅 · 释天》[①] 里的月份名。“陬”就是“一月”，“一月”就是夏历的“寅月”、夏历的“正月”。“摄提贞于孟陬”的意思就是：那一年正好是“太岁”运转到“摄提格”的位置，“孟陬”一月的时候。

下边我们说“惟庚寅吾以降”。首先要说“寅”，“寅”原来只是十二地支之一，它本来也没有什么可说的。但是在发展过程当中，古人赋予其很多文化内涵。“寅”在《说文解字》[②] 里有两个字体，一个是小篆体，写起来比较简单——[illegible]。这样的“寅”表示什么意思呢？就是春天的草芽要努力向上顶，但上面又有硬壳土挡着，不让它出来。

古文的寅（[illegible]）则是两只手捧着一棵小苗，这棵小苗正在坚强地破土而出，这就是“寅”造字本初时的样子。“寅”是个会意字，“宀”表示很重的阴气，12 月到 1 月是阴气很重的时节，万物不能生长，但生命寅寅然在孕育升腾。

“宀”就是表示阴气的，表示土盖子，比如黄泉、地下。这个“人”形就表示阳气向上的生命的力量，所以它的字形会意就

---

① 〔晋〕郭璞注，〔宋〕邢昺疏，〔清〕阮元校刻，方向东点校：《尔雅注疏》卷六，《十三经注疏》24，中华书局 2021 年版，第 308 页。

② 〔汉〕许慎撰，陶生魁点校：《说文解字》第十四下，中华书局 2020 年版，第 486 页。

是：“正月阳气动，去黄泉，欲上出，阴尚强。”[①] 这是许慎的解说。许慎的观念形态和古人的文化体系是一致的，古人认为“寅”代表的就是地底下已经有了阳气向上的冲动，但还有阴气罩着它，故还没到冲出地面的时节。

从《中国古代文化地平坐标系综合示意图》当中可以看出来：

第一点，“寅”在东方，在春天东方的位置，也是东方之辰。“寅”还表示平旦之时，也就是今天所说的凌晨 3 点到凌晨 5 点的时间段。东方那个位置叫作“寅”，平旦之时叫作“寅”，除此之外，“寅”还是夏历正月之名。“孟陬”就是“寅月”的别称。“寅”还是“太岁”在“摄提格”之年的别称，也就是“十二辰”当中的第一年。对应“岁星”就是“十二次”的起点，在“星纪”的那一年。如果“岁星”的位置在“星纪”，那么“太岁”的位置就在“摄提格”。

第二点，屈原对他自己的诞辰“寅”，为什么感到非同凡响？除了有好的祖宗，根红苗正，是颛顼帝的后裔，自己的父亲是楚国王族的伯庸，还因为自己生在“摄提格”的寅年，而且是夏历正月的“庚寅”这一天。“庚寅”这一天有什么说法呢？也是伟大的，也不是一般人所能生的时令。为什么？因为“寅”据载是楚国之分，《淮南子·天文训》说：“寅楚。”[②] 楚国人重视“寅”，例如，最早的湖北云梦睡虎地秦墓竹简里面的楚国的《日书》，有这么一支竹简说：“庚寅生女、子，为巫。”[③] 能够成为

① 〔汉〕许慎撰，陶生魁点校：《说文解字》第十四下，中华书局 2020 年版，第 486 页。

② 何宁：《淮南子集释》卷三，中华书局 1998 年版，第 276 页。

③ 吴小强：《秦简日书集释》，岳麓书社 2000 年版，第 248 页。

“巫”的人具有通神的本领，是非凡的。所以“庚寅”这一天降生的人，将来可做“巫”，楚文化里王者往往都是“巫”出身，可见“巫”是掌权者。“庚寅”这一天降生象征着吉祥和权贵。

另外，“庚寅”还和楚人的祖宗有许多关联。老童据传说是楚人较早的祖宗，传说中的重黎、吴回、祝融，可能是一个人，也极有可能是几个人甚至几代人。要之，楚史直到穴熊之后，特别是到屈原前后才渐渐成为信史。屈原及楚王族都是穴熊的后代。《史记·楚世家》载：“帝乃以庚寅日诛重黎。”[①] 楚国先祖重黎赴难的那一天，就是“庚寅”。因此“庚寅”对于楚国人来说，有着特别的情结。徐旭生先生是民国时期的大学者，他在《中国古史的传说时代》中说颛顼的是“大巫”[②]。根据徐先生考证，颛顼的出身是“巫”，重黎也是“巫”[③]。

屈原在“庚寅”这一天出生，预示着他也能够成为“巫”，能够掌权，能有学问。按照姜亮夫先生所说，“惟庚寅吾以降”的“降”字就已经表明他自己认为身份不一般，就像天神下降一样。《楚辞》当中凡是用“降”字的地方都和神、鬼有关。从天而下才叫“降”，那就是说我的灵魂飘飘摇摇地下来了。我本来就不是一般人，似乎本来就是重黎的化身，就是颛顼帝的化身——“庚寅”和重黎升天本身就有关联，在那一天，我从母亲的身体当中下降而来到了人间。

姜亮夫先生说，屈原的作品当中用了 15 次“降”字，其中

---

① 〔汉〕司马迁撰，〔南朝宋〕裴骃集解，〔唐〕司马贞索隐，〔唐〕张守节正义：《史记》卷四十，中华书局 2011 年版，第 1527 页。

② 徐旭生：《中国古史的传说时代》（增订本），文物出版社 1985 年版，第 76 页。

③ 徐旭生：《中国古史的传说时代》（增订本），文物出版社 1985 年版，第 61~62 页。

多次涉及上帝神灵之义①。屈原难道是故意亵渎这个字或冒用这个字？不是。屈原文化素养深厚，对楚国的历史深有了解。他自命担负着伟大的神的使命、祖先的使命而降临人间。

对于“降”字，姜亮夫先生解释说：“考降字用为降生义，犹自天而降也。春秋以前，惟帝王大酋之受天命以统方国者用之，在一定意义上，含有甚深厚之宗教的感生意识。”② 屈原处在一个巫术盛行的时代、巫术盛行的国度，他的祖宗是以“巫”为职业的，他以自己做“巫”为光荣。因此他把自己下生的年月日，说得那么神圣伟大、独一无二、无人可及。

下面回过头来，讲“惟庚寅吾以降”王逸的注和洪兴祖的补注。到了汉代，“庚寅”又表现出来另外一层文化理念，这就是王逸注说的“庚寅，日也”③。庚寅是日期的代称，也就是庚寅那一天。“降，下也”④，王逸的解释就远远不如刚才咱们的解释了，不如姜亮夫先生提示我们的，不是一般的生下，是从天而降下的，是带着神的嘱托而降下的一条生命。“《孝经》曰：‘故亲生之膝下’”⑤，王逸把“降”解释成“生”，《孝经》里说小孩都是自己的妈妈把自己生在了她的膝盖下面⑥。这是妇女生孩子的正常现象，就是生在膝下。但是把“降”只说成生在膝下，就大大地缩小了屈原的创作原意。下面王逸注说：“寅为阳正。”⑦

① 姜亮夫：《楚辞今绎讲录》，北京出版社1981年版，第39页。

② 姜亮夫：《楚辞今绎讲录》，北京出版社1981年版，第39页。

③ 〔宋〕洪兴祖撰：《楚辞补注》卷一，中华书局2015年版，第3页。

④ 〔宋〕洪兴祖撰：《楚辞补注》卷一，中华书局2015年版，第3页。

⑤ 〔宋〕洪兴祖撰：《楚辞补注》卷一，中华书局2015年版，第3页。

⑥ 〔唐〕李隆基注；〔宋〕邢昺疏，〔清〕阮元校刻，方向东点校：《孝经注疏》卷五，《十三经注疏》23，中华书局2021年版，第614页。

⑦ 〔宋〕洪兴祖撰：《楚辞补注》卷一，中华书局2016年版，第3页。

“寅”在文化地平坐标系当中，是一年中季节要转为春天、阳气上升的那个月，因此称为“阳正”。在男女之分当中，男子属阳，女子属阴。而屈原是男孩，他在阳时出生，当然自己就是最有生命力的男子汉。王逸又说：“故男始生而立于寅。”[①] 男子一生下来，就应该占据“寅”这个“天干”的位置。生在寅年寅月寅日，那就说明这个男子很得天时之正。王逸接下来说：“故女始生而立于庚。”[②] 在文化地平坐标系当中，“寅”与“庚”是东西180度正好对立的，这意味着男女性别相反：男子属阳属寅，女子属阴属庚。那么既然男子属寅，女子属庚，他怎么又降于“庚寅”呢？其实这只是由干支记日的顺序造成的。“言已以太岁在寅，正月始春，庚寅之日，下母之体而生”，正月就是寅月，“下母之体而生”就是从母体里面降生下来的生命。因为“寅”是男子下生最好的时刻，得“阳正”；“庚”是女子下生最好的时刻，得“阴正”，因此庚寅这一天是得阴阳之正。这是王逸给我们做的解释，属于东汉人的观念形态。

洪兴祖继续补充说：“《天问》云：‘皆归射鞠，而无害厥躬。何后益作革，而禹播降？’”[③]《天问》的原文有以上这句话[④]。这句话证明了古代大人物下生的时候都不叫“生”，而称“降”。《天问》里面说大禹下生就用的“降”，这是洪兴祖给我们补充的“降”字不可轻易使用的例证。之后是下面洪兴祖补充的关于“庚寅”的解释：“《说文》曰：‘元气起于子。男左行三十，女右行二十，俱立于巳，为夫妇。裹妊于巳，巳为子，十月而生。

① 〔宋〕洪兴祖：《楚辞补注》卷一，中华书局2016年版，第3页。
② 〔宋〕洪兴祖：《楚辞补注》卷一，中华书局2016年版，第3页。
③ 〔宋〕洪兴祖：《楚辞补注》卷一，中华书局2015年版，第3页。
④ 〔宋〕洪兴祖：《楚辞补注》卷三，中华书局2015年版，第77页。

男起巳至寅，女起巳至申。故男年始寅，女年始申也。’ ”① 这是《说文》对“包”这个字的解释的原文②，反映了东汉许慎之时的观念形态。东汉人认为，人之为人，是父母交媾、阴阳和合的产物。一旦形成胚胎，就成了一个“巳”，“巳”就是刚刚形成的胚胎，即“子”。生命是从“子”开始的。从文化地平坐标系上能看到，男子按照子丑寅卯顺时针数30，女子反方向数20，都会落在“巳”那个位置上，即“俱立于巳”。“俱立于巳，为夫妇”，意思就是说男子长到30岁，阳气充盈，可以结婚；女子20岁，阴气充盈，可以结婚。“裹妊于巳，巳为子”，“巳”的字形就像怀孕的样子，“裹妊于巳”意味着在“巳”这个地方，可以怀孕，男子30岁的时候、女子20岁的时候都有了孕育新生命的能力。“十月而生”，然后怀胎十月而生。“男起巳至寅，女起巳至申，故男年始寅，女年始申也”，男子从“巳”这里到“寅”那里，女子从“巳”这里到“申”那里，所以男子的生命是起于“寅”的，女子的生命是始于“申”的。

这种说法不仅见于《说文》，也见于《淮南子》“礼三十而娶，文王十五而生武王，非法也”原文下面的高诱注：

> 三十而娶者，阴阳未分时，俱生于子。男从子数，左行三十年立于巳，女从子数，右行二十年亦立于巳，合夫妇。故圣人因是制礼，使男三十而娶，女二十而嫁。其男子自巳数左行十得寅，故人十月而生于寅，故男子数从寅起；女自巳数右行得申，亦十月而生于申，故女子数从申起。……岁

① 〔宋〕洪兴祖：《楚辞补注》卷一，中华书局2015年版，第3页。

② 〔宋〕许慎撰，陶生魁点校：《说文解字》第九上，中华书局2020年版，第291页。

> 星十二岁而周天，天道十二而备，故国君十二岁而冠，冠而娶。十五生子，重国嗣也，不从故制也。[①]

可见不管是东汉的许慎还是高诱，都有这种男女生命起于哪里、要到哪里的说法。这就是洪兴祖给这句话加的注解。

“惟庚寅吾以降”在汉代人的理念框架下应该这样解读：在“庚寅”这个时候生的小男孩是非常合乎阴阳之气的。这种说法被赋予了两汉阴阳五行家的观念形态的色彩，与上面屈原仅认为自己是承接祖宗、肩负巫师的责任而下降的观念有所区别。这些观念形态，应该是受到春秋战国之后阴阳五行家的一些思想影响，不管是许慎还是高诱，还是后代那些注解家，对这些思想都是可以理解的。

洪兴祖的这一段补注，一是取自《说文》中许慎对“包”字的注解原文；二是又提示我们，不光是许慎，《淮南子》的高诱注也是这样解说的。这些注解都是古人很早就产生的一些观念形态，甚至在更早产生的卦象中就有所体现。天地的阳气从“子位”发动，“子位”在历法里面就是冬至的夏历十一月，与“复卦”对应。“复卦”是五阴在上，一阳在下，一阳始生[②]，也就像胚胎在母亲的腹中刚刚产生，所以十一月是“子月”。除此之外，庚寅日在后世民俗中又有了新的含义，有人把它看作是正月初七。在民俗之中，正月初一是鸡日，初二是狗日，初三是猪日，初四是羊日，初五是牛日，初六是马日，初七是人日。降生

① 何宁：《淮南子集释》卷十三，中华书局 1998 年版，第 917 页。

② 〔魏〕王弼、〔晋〕韩康伯注，〔唐〕孔颖达正义，〔清〕阮元校刻，方向东点校：《周易兼义》卷三，《周易注疏》，《十三经注疏》1，中华书局 2021 年版，第 206 页。

在正月初七是吉祥的，得阴阳之正。关于"人日"，东方朔的《占书》、《太平御览》引用的南朝梁宗懔的《荆楚岁时记》、清代富察敦崇的《燕京岁时记》都有相关记载。但这可能与《离骚》的"惟庚寅吾以降"的原始内涵距离已经很远了，和楚文化中的先祖信仰与巫术信仰似乎有一些关联。

至此，"惟庚寅吾以降"一句丰富的文化含义已经基本被揭示出来，我们可以把"摄提格于孟陬兮，惟庚寅吾以降"这一句做一个大意翻译：

> 在太岁曰摄提格的寅年，恰逢岁首建寅的夏历正月，这既得东方之吉辰，又合楚之天分，又在兼得男女阴阳之正的庚寅之日（初七），我这个具有神灵之天分的男孩降生在了人间。

综上所述，作者既言"帝高阳之苗裔兮，朕皇考曰伯庸"，表明了自己为华夏正统与楚之王族，根红苗正，进而又以自己的生辰兼有年、时（季）、月、日、辰巧合之吉（即寅年春季寅月寅日寅辰），表明自己诞降之兆，实有千载难逢之吉象，实是天地预示自己乃楚国栋梁之征。用这两句开场白，昭示本人具备先天美质，身份高贵，堪当重任。

（根据《离骚导读》讲义手稿与讲课录音整理。尼山学堂2000级学子十数人参与了该项工作。最后以王瀚洋、张鸿鹄、晋越辰、彭仕正整理稿为基础定稿，特此表而记之。）

从《离骚》看传统文化中的两种兰与两种兰文化

伟大诗人屈原在《离骚》及《楚辞》其他篇章中曾经反复运用兰作为佩饰和自己品德的象征，竟多达几十次。兰还屡屡出现于中国古代其他文献中，深深融入了中国文化和中国人的物质精神生活当中。

然而，兰究竟是什么植物？什么特性使得它能够如此为古今中国人所钟爱呢？我们可以从屈原的《离骚》切入，深入探讨这个问题，对中国古代的两种兰与两种兰文化做一次深入的探索和解说。

《离骚·王逸〈序〉》云："故善鸟香草，以配忠贞；恶禽臭物，以比谗佞。"屈原常用善鸟、香草代表忠贞的德行和贤能的人，用恶禽、恶臭代表邪恶的德行与奸佞的人。这是王逸所揭示的《离骚》中显明的写作手法。

"纷吾既有此内美兮，又重之以修能。"屈原在篇首就已表明，自己有无与伦比的先天条件，又加上自幼努力修行，培养自己的优秀品德和能力。

如何修养能力？屈原说："扈江离与辟芷兮，纫秋兰以为佩。"这是《离骚》篇首就出现的以秋兰比喻崇高品德的名句。

我们先来解读《楚辞补注》的原文：

扈江离与辟芷兮：扈，被也。楚人名被为扈。江离、芷，皆香草名。辟，幽也。芷幽而香。《文选》离作蓠。五臣云：扈，披也。[补] 曰：扈，音户。《左传》云：九扈为九农正，扈民无淫者也。扈，止也。江离，说者不同，《说文》曰：江蓠，靡芜。然司马相如赋云：被以江离，糅以蘼芜。乃二物也。《本草》蘼芜一名江离。江离非蘼芜也。犹杜若一名杜蘅，杜蘅非杜若也。蘼芜见《九歌》。郭璞云：江离似水荠。张勃云：江离出海水中，正青，似乱发。郭恭义云：赤叶。未知孰是。辟，匹亦切。白芷，一名白茝，生下泽，春生，叶相对婆娑，紫色，楚人谓之药。

纫秋兰以为佩：纫，索也。兰，香草也，秋而芳。佩，饰也，所以象德。故行清洁者佩芳，德仁明者佩玉，能解结者佩觿，能决疑者佩玦，故孔子无所不佩也。言己修身清洁，乃取江离、辟芷，以为衣被；纫索秋兰，以为佩饰；博采众善，以自约束也。[补] 曰：纫，女邻切。《方言》曰：续，楚谓之纫。《说文》云：繟绳也。古者男女皆佩容臭。臭，香物也。又曰：佩帨茝兰，则兰芷之类，古人皆以为佩也。相如赋云：蕙圃衡兰。颜师古云：兰，即今泽兰也。《本草注》云：兰草、泽兰，二物同名。兰草一名水香。李云都梁是也。《水经》云：零陵郡都梁县西小山上，有渟水，其中悉生兰草，绿叶紫茎。泽兰如薄荷，微香，荆、湘、岭南人家多种之。此与兰草大抵相类。但兰草生水傍，叶光润尖长，有歧，阴小紫，花红白色而香，五六月盛。而泽兰生水泽中及下湿地，苗高二三尺，叶尖，微有毛，不光润，方茎紫节，七月八月开花，带紫白色，此为异耳。《诗》云：士与女方秉蕑兮。陆机云：蕑即兰也，其茎叶似药草。泽兰广而长节，节中亦高四五尺，汉诸池苑及许昌宫中皆种之。

《文选》云：秋兰被涯。注云：秋兰，香草。生水边，秋时盛也。《荀子》云：兰生深林。《本草》亦云：一种山兰，生山侧，似刘寄奴，叶无桠，不对生，花心微黄赤。《楚词》有秋兰、春兰、石兰，王逸皆曰香草，不分别也。近时刘次庄《乐府集》云：《离骚》曰：纫秋兰以为佩。又曰：秋兰兮青青，绿叶兮紫茎。今沅、澧所生，花在春则黄，在秋则紫，然而春黄不若秋紫之芬馥也。由是知屈原真所谓多识草木鸟兽，而能尽究其所以情状者欤。黄鲁直《兰说》云：兰生深山丛薄之中，不为无人而不芳，含香体洁，平居与萧艾同生而不殊。清风过之，其香蔼然，在室满室，在堂满堂，所谓含章以时发者也。然兰蕙之才德不同，兰似君子，蕙似士夫。概山林中十蕙而一兰也。《离骚》曰：予既滋兰之九畹，又树蕙之百亩。《招魂》：光风转蕙泛崇兰。以是知楚人贱蕙而贵兰矣。兰蕙丛出，莳以沙石则茂，沃以汤茗则芳，是所同也。至其发华，一干一华而香有余者兰，一干五七华，而香不足者蕙也。蕙虽不若兰，其视椒、榝则远矣。其言兰蕙如此，当俟博物者。

“扈江离与辟芷兮”，意为身上披着江离与辟芷做的衣服，代表他崇尚学习各种学问，自我修行，力争成为一个对祖宗、楚王、国家有用的顶天立地的栋梁之材。

“江离、芷，皆香草名。”江离和白芷都是香草的名字。屈原不直言我培养自己忠贞不贰的德行，而是如王逸《序》中“善鸟香草，以配忠贞”所揭示的那样，用江离、芷、秋兰代表美好的德行。

“辟，幽也。芷幽而香。”“辟芷”是一种带有幽香的香草根。

王逸、洪兴祖都引用了许多材料解说江离与辟芷，可见这两种植物频频出现于战国、汉代以至后代的许多作品中，但是比喻美德的级别都远不如秋兰等与兰有关的本体。

而“纫秋兰以为佩”一句中首次出现了秋兰这个概念，这就涉及我们所要阐述的一个重要的中国古代文化现象和知识点——兰。屈原运用比喻时，对次等的概念可用不同的事物做本体，而只有秋兰、春兰、幽兰、兰蕙等与兰有关的词语被用于比喻最高的德行与人才。兰还是《楚辞》屈原所作的篇章中使用最频繁的事物，仅《离骚》一篇就出现 11 次，可见屈原对兰的钟爱。别的植物在比喻中都可能变换品性，唯独兰从来不变。因此，兰成为屈原所崇尚和比喻的德行的最高代表，成为《离骚》中最值得注意的事物。但是后人对兰的了解模糊不清，不知道中国古代文化中还有其他与兰字相关、与屈原所崇尚和用来比喻最高德行之兰并行的另外一种兰。这另外一种兰，自古也有大量的文学、医药学文本材料。这就对正确理解屈原所说的兰造成了极大的干扰，甚至掩盖了我们对屈原所说的兰的认知与理解，所以必须努力辩证、恢复正确的理解。王逸与洪兴祖对此也很关注，在不同句子下用最大的篇幅进行注解，比阐释“摄提贞于孟陬兮，惟庚寅吾以降”这种艰涩的句子所用的笔墨还多。

王逸注云：“纫，索也。兰，香草也，秋而芳。佩，饰也，所以象德。故行清洁者佩芳，德仁明者佩玉，能解结者佩觿，能决疑者佩玦，故孔子无所不佩也。”所以屈原才“纫索秋兰，以为佩饰”，把秋兰捻成绳，作为“行清洁者”的佩饰。

佩饰是古代贵族、君子必不可少的，他们都会把象征所追求的德行的事物作为佩饰。最晚在春秋战国，佩饰已经是中国古代士大夫阶层的一种外在礼仪的标配。所以《论语·乡党》记载孔子“去丧，无所不佩”，意为只要没有丧服在身，孔子身上就会佩带各种有不同象征意义的佩饰。孔子是公元前五百年到四百年的人，屈原是公元前三百年的人，屈原无所不佩的习惯显然是有渊源的。后来佩饰的配置又成为礼乐制度的组成部分。这样一来，我们对屈原的这种象征手法就可以理解了。

另外，“古者男女皆佩容臭”。可见“佩”不仅是玉佩、用香草纫索成的“佩纕”等，还有另一种形式，就是荷包。“容臭”就是容纳有香味之香草的荷包，后来又叫“襟缨”，在古人的相关注解中，“容臭”“香囊”“襟缨”都是同一种东西。另外，“佩”与“珮”两个字其实是一样的，有时作动词，有时作名词。“皆佩容臭”这句话早在《礼记·内则》和《周礼》的相关篇章中都有记载，《内则》里尤其强调了贵族男女都配有香草荷包的规定。

“臭，香物也。”联系原文，我们可以推知屈原的香囊中装有白芷等作为香料的植物。洪兴祖《补注》又说：“佩帨茝兰，则兰芷之类，古人皆以为佩也。”“佩帨茝兰”显然说的是荷包，但《补注》“皆以为佩”将各种佩饰混为一谈，这对我们正确理解纫索、佩纕与荷包之佩的区别造成了障碍。

总之，佩饰有多种，一种就是玦、衡、璜等组成的玉佩，还有一种就是装有香草的荷包，我们要说的更重要的一种，是屈原纫成“佩纕”带在身上的佩饰。

“佩纕”的问题我们已经阐释得差不多了，接下来我们正式进入“兰”的领域。《楚辞》特别是《离骚》中的兰究竟是什么兰，各家莫衷一是，纷繁的解释造成了很大的混乱。我们认为，《离骚》中的“兰”是中国古代被圣贤、经典经常使用的具有重要象征意义的植物。无论是《离骚》还是《礼记》《荀子》《周易·系辞》《孔子家语》等，都反复提及兰，而且有着共同的象征义，即无一例外都象征着高尚的品德。

毋庸讳言，古代典籍也反复提及另外一种兰，譬如《补注》

所引“相如赋云：蕙圃衡兰”[1]。即种植“蕙”的花园里还种植着杜衡与兰草。这里提到的兰恐怕属于“泽兰”，在汉代园林中需求量极大，也是当时的男女更普遍喜欢佩戴，且用来薰衣的一种香料兰。

到唐代颜师古，干脆直截了当地断定“兰，即今泽兰也”，他把司马相如赋中的“兰”都指认为广为人知的药草兼香料的“泽兰”，这是很有见地的。我们可以将《神农本草经》的注解作为佐证。这本书战国时期就已见，作者不可确知，但它在更早的时候就已经逐渐成书并救治了无数人的生命。后世刘向、刘歆父子整理的书目当中也载有此书。此书最著名的注本是《本草经注》[2]，有人说这是由东汉末年吴普作的。《本草经注》对原典的注解十分精准，指出“兰”有可能指的是兰草，有可能指的是泽兰。颜师古明确说司马相如《子虚赋》中的兰，是在汉代园林里广泛种植的泽兰，然而“蕙圃衡兰”之“兰”究竟是兰草还是泽兰，原文中并未体现。《本草经注》中给了我们提示：“兰草、泽兰，二物同名。兰草一名水香。”这种“兰”有可能是兰草，也有可能是泽兰，判然不同的两种植物用同一个名字。且兰草当时有个别名叫“水香”，这就又多出了一种称呼，也在之后造成了更大的混乱。

“李云都梁是也。”是说有个叫李当之的（见《本草纲目》），又表示水香是指一种叫“都梁”的植物。

《水经》记载：“（零陵郡都梁）县西有小山，山上有渟水，

---

① 出自〔汉〕司马相如《子虚赋》，见〔南朝梁〕萧统主编《昭明文选》，华夏出版社2000年版，第309页。

② 按：由于《神农本草经》很多原文已不可考，后人引用《神农本草经》原文时，其实往往是《本草经注》之文。

既清且浅，其中悉生兰草，绿叶紫茎。”[①] 这种兰草是吴普所言兰草还是泽兰，也无法明辨，但指出它具备“绿叶紫茎”这一显著特征。

洪兴祖云：“泽兰如薄荷，微香，荆、湘、岭南人家多种之。此与兰草大抵相类。”洪兴祖所指出的泽兰和薄荷在当今植物学分类中属于同科，枝叶及其性状皆有很大相似性，都有浓烈的香气，故古人可以将其做成香料，且自古是两种著名的中药材，所以会有更多的人了解和使用它们。洪兴祖指出很多人家都种植着泽兰，这便能与《子虚赋》所记载的汉代帝王园林中也种植“兰”对应起来了。古人没有植物分类学的知识和本领，导致对屈原所纫索的“秋兰”与泽兰、兰草产生混淆。其实我们现在也有这种困难，比如麦子和稻子，都长着条状的、平行叶脉的叶子，但不能说两种植物是一样的，更不能说麦子、谷子、稻子等禾本科植物与豆科植物是一样的。所以洪兴祖“此与兰草大抵相类”的说法是很不严谨、不知所指的。

好在洪兴祖在下文指出了更多的细节：“兰草生水傍，叶光润尖长，有歧[②]，阴小紫，花红白色而香，五六月盛。而泽兰生水泽中及下湿地，苗高二三尺，叶尖，微有毛，不光润，方茎紫节，七月八月开花，带紫白色。”[③] 这就对古人崇尚的中国兰科植物和古人常拿来做香料佩囊及药材的泽兰做了进一步分辨。

洪兴祖一开始说兰草与泽兰“大抵相类”，但究竟是形状、颜色相类，还是气味等相类则没有说明，而这进一步的解释很大

① 〔北魏〕郦道元著，陈桥驿校证：《水经注校证·资水》，中华书局2007年版，第888页。

② “有歧”指的应是中国兰科植物的分蘖。

③ 以上引文其实并不出自洪兴祖《楚辞补注》，而是出自北宋唐慎微撰《证类本草》卷九，宋政和六年曹孝忠校勘本。

程度上解决了这一问题。首先，洪兴祖在这里明确指出“泽兰”是方秆的，这很准确。现在我们能见到的唇形科植物泽兰就是方秆的，茎有紫色，尤其是拔节处。其次，泽兰的叶片“不光润”大概指其叶是带齿的，不光滑。可见，该解释对两种兰的分辨还是有很多精到之处的。

洪兴祖还补注道：“《诗》云：士与女方秉蕳兮。”这是引用《诗经·郑风·溱洧》的诗句。毛亨传曰：“蕳，兰也。”[①] 三国陆玑《毛诗草木鸟兽虫鱼疏》中沿用了毛亨的注解，也指认蕳就是兰[②]。这给我们辨别屈原所纫索之兰与古人做香囊、药材之兰造成了极大的困难。因为毛、陆二人的注解都把“蕳”等同于兰，所以后人都会将屈原《离骚》所纫之“秋兰”等兰等同于《诗经·溱洧》篇士女所秉之兰，然而《溱洧》篇“士与女方秉蕳兮”，写的是阳春三月上巳节，郑国男男女女趁在溱水、洧水边洗濯身体、拂除灾异之时，互相用所秉持之兰吸引、取媚对方的情景，这样的兰与屈原心中代表高尚道德的兰，全然不是同一种植物。无奈久而久之，“方秉蕳兮”之“蕳，兰也”，就成了古代文献上几乎所有兰的唯一权威解释。

有学者推断，“蕳”的上古音读音可能存有“j”和“l”组成的复辅音。若如此，当汉代复辅音迅速消亡的时候，“蕳”就可能读成“兰”。因为原来“蕳”读音中的“jl”（复辅音声母），汉代可能就变成了单辅音声母“l”，于是就读成了“兰”。这就是说，“蕳”和“兰”的读音在上古音变为秦汉音时，是有可能

① 〔汉〕毛亨传，〔汉〕郑玄笺，〔唐〕陆德明音义，孔祥军点校：《毛诗传笺·郑风·溱洧》，中华书局2018年版，第124页。

② 〔三国吴〕陆玑：《毛诗草木鸟兽虫鱼疏》卷上，明《唐宋丛书》本。“蕳即兰，香草也。”

相近的，所以毛亨注解“士与女方秉蕑兮”才会说“蕑，兰也”。

陆玑对“蕑”扩大解释说：“蕑即兰，香草也。……其茎叶似药草泽兰，但广而长节，节中赤，高四五尺，汉诸池苑及许昌宫中皆种之。”[①] 这里“蕑即兰也”之“兰”其实是“泽兰”的省略：古代的词，一字变为两字后，又可以缩减回一个字。要注意，陆玑这里说“似药草泽兰”之兰的特点是“广而长节”，是有节的，也就是前文提到的泛紫之处，茎秆有四五尺高（汉代的1尺大概23—24厘米，后代变为1尺33厘米）。以上所说的就应该是泽兰的性状。陆玑是三国末期吴人，故提到了许昌的宫殿苑囿中，大量种植着用途广泛的泽兰。

“《文选》云：秋兰被涯”，这一句摘自张衡《东京赋》[②]：“芙蓉覆水，秋兰被涯。”指荷花涨满了池塘，秋兰也盖满了两岸。薛综注曰：“秋兰，香草。生水边，秋时盛也。”至于“秋兰”是不是真的“生水边，秋时盛也”，和注者的考据没有关系，不是“秋兰”这一词语确切的注解。其实经过大量的样本分析后，可以发现《文选》的注解是不那么精确的，特别是五臣注[③]，其侧重点不在精确考据与训诂，故《文选》这一条的参考意义不大。

“《荀子》云：兰生深林”，此句当见于《荀子·宥坐》：“芷兰生于深林，非以无人而不芳。”[④] 这里的“芷”和“兰”同样并列，且指出“兰”是生长在幽深的树林中的。

“《本草》亦云：一种山兰，生山侧，似刘寄奴。叶无桠，不

---

① 〔三国吴〕陆玑：《毛诗草木鸟兽虫鱼疏》卷上，明《唐宋丛书》本。

② 〔南朝梁〕萧统：《昭明文选》，华夏出版社2000年版，第106页。

③ 指唐代开元时吕延济、刘良、张铣、吕向、李周翰对萧统《文选》的合注本。

④ 〔清〕王先谦：《荀子集解》，中华书局1988年版，第527页。

对生，花心微黄赤。”① “刘寄奴”是中药名，菊科植物，别名“奇蒿”（后代北方混用了一种玄参科植物当作刘寄奴）。

《补注》说：“《楚词》有秋兰、春兰、石兰，王逸皆曰香草，不分别也。”可见王逸无意分辨屈原所崇尚之“兰”的别称。《楚辞》涉及的兰品种很多，单是《离骚》中描写植物兰、蕙的诗句就多达11句：

扈江离与辟芷兮，纫秋兰以为佩。
杂申椒与菌桂兮，岂惟纫夫蕙茝！
余既滋兰之九畹兮，又树蕙之百亩。
步余马于兰皋兮，驰椒丘且焉止息。
矫菌桂以纫蕙兮，索胡绳之纚纚。
既替余以蕙纕兮，又申之以揽茝。
揽茹蕙以掩涕兮，沾余襟之浪浪。
时暧暧其将罢兮，结幽兰而延伫。
户服艾以盈要兮，谓幽兰其不可佩。
兰芷变而不芳兮，荃蕙化而为茅。
览椒兰其若兹兮，又况揭车与江离？

以上11句当中所涉兰，分别是纫秋兰、纫蕙茝、滋兰、树蕙、兰皋、纫蕙、蕙纕、茹蕙、幽兰（两处）、兰芷、荃蕙、椒兰。无论在屈原青少年修能时，还是后来踏入社会的顺境逆境中，它们都是屈原所崇尚的须臾不离不弃的最高贵植物。屈原反复以它作比，使历代注家都不得不尝试对“兰”“幽兰”“蕙”究竟是什么植物进行分辨。

① 〔明〕縢弘：《神农本经会通》卷一，明万历四十五年刻本。

《补注》说："近时刘次庄[①]《乐府集》云：《离骚》曰：纫秋兰以为佩。又曰：秋兰兮青青，绿叶兮紫茎。"[②] 讲到兰草的特征是茎部发紫，这一点与泽兰相似。

"今沅、澧所生，花在春则黄，在秋则紫，然而春黄不若秋紫之芬馥也。"兰花的颜色与泽兰不同，泽兰只开红花，兰却开各种颜色的花，白、红、粉、紫、黄各色皆有。但古人按季节区分兰花的颜色，显然是不准确的。

洪兴祖《补注》最后评论说："由是知屈原真所谓多识草木鸟兽，而能尽究其所以情状者欤。"确实，《离骚》中 11 次用到兰蕙，都与屈原所崇尚秉持的德行和处境密切相关，喻义贴切，可见屈原对兰的了解之深、热爱之深。

洪兴祖又引用黄庭坚[③]的著作对兰蕙进行了进一步的细分。他在《兰说》[④] 中写道：

> 自古人知贵兰，不待楚之逐臣而后贵之也。兰盖甚似乎君子，生于深山丛薄之中，不为无人而不芳，霜雪凌厉而见杀，来岁不改其性也，是所谓"遁世无闷，不见是而无闷"者也。兰虽含香体洁，平居萧艾不殊。清风过之，其香蔼

---

① 刘次庄，字中叟（"中""次"义同，古人取字常用"叟"字），今湖南长沙人。熙宁七年赐同进士出身，元丰八年为殿中侍御史。元祐元年为江南西路转运判官，未久除名勒停。晚年筑戏鱼堂于新淦（今江西新干），以书法自娱，约卒于元符元年（1098）前后。有《戏鱼堂法帖》十卷、《法帖释文》十卷传世。

② 出自《九歌·少司命》，见《楚辞补注》，中华书局 2015 年版，第 73 页。

③ 黄庭坚，字鲁直，北宋重要诗人，江西诗派的开创者，同时是著名的博物学家。

④ 按："兰说"并非篇名，篇名应为《书幽芳亭》，因《书幽芳亭》中主要讲如何辨别兰，故后人以"兰说"命名之（以下用兰说代称之）。

> 然。在室满室，在堂满堂，是所谓含章以时发者也。
>
> 然兰蕙之才德不同，世罕能别之。予放浪江湖之日久，乃尽知其俗姓，盖兰似君子，蕙似士大。概山林中十蕙而一兰也。《楚辞》曰："予既滋兰之九畹，又树蕙之百亩。"以是知不独今楚人贱蕙而贵兰久矣。兰蕙丛生，初不殊也。至其发花，一干一花而香有余者兰，一干五七花而香不足者蕙。蕙虽不若兰，其视椒榝则远矣。①

自远古以来人们就以兰花为贵，并不是等到屈原赞颂使用兰花之后，才以它为贵的。以兰花之德比喻君子之德是非常相似和贴切的。兰生长在深山和草丛中，不因为无人关注就不发出香味。不因为遭受雪霜残酷的摧残，来年就改变自己的本性。这就是所说的避世而内心无忧，不被任用而内心无烦闷。兰花虽然含着幽香，形状美好，但平时与平庸的香草萧艾混同在一起，一阵清风吹来，它的幽香传播很远，这就是所说的藏德以待时机展示自己。

然而兰和蕙的品质又稍有区别，世人很少有能分辨出来的。我自己长期远离朝廷，流落于江湖，才渐渐知道兰和蕙的区别。大概兰花高贵似君子，蕙兰稍次如士大夫。大概山林中有十棵蕙，才有一棵兰。《离骚》中也说："我已经培植九畹兰花，又种下百亩的蕙兰。"由此可知，楚人以蕙为贱而以兰为贵很久了。兰、蕙是丛生的，即使栽种在砂石中，也能枝繁叶茂，仅仅用茶水浇灌就能香气芬芳，这是兰蕙相同的地方。等到它们开花，一枝干上仅开一朵花而幽香沁人心脾的是兰花，一枝干上有五七朵花但香气稍逊的就是蕙兰。虽然蕙比不上兰花，但是与花椒、茱

① 〔宋〕黄庭坚：《山谷集》卷二十五，文渊阁《四库全书》本。

萸等香料相比，却远在其上。

可见古人对兰、蕙的差殊已经有所区别。现在人们对兰草的分别更是有蕙兰、春兰、秋兰等不同品种，其中最珍贵的是野生中国兰，下面我们会提到。

兰的香气属于幽香，《离骚》："余既滋兰之九畹兮，又树蕙之百亩。"黄庭坚仅以屈原原诗所用数量词来区分二者的价值，不免有失允当。

把兰、蕙放在同样位置并分出高低，这是黄庭坚从《楚辞》中读出的含义。"兰、蕙丛生"，是说兰、蕙都是丛生而非单秆直茎，与小麦、稻子等禾本植物相似。

黄庭坚的《兰说》表明，屈原所崇尚的兰彼时已经被君子视为最高级的香草，同时也表明兰文化已经孕育成型。

《离骚》中代表高尚品德的植物不止一种，还有江离、白芷、椒樧等。屈原不仅把兰和白芷进行对比，还划分了等级层次：兰是最高尚品德的代表，这种高尚品德只有君子才能具有，是永恒不变的。但是在屈原所处昏君乱世之中，原来屈原所寄予希望的人，却改变了忠君报国的初心志向，这就像兰草变成了形似的茅草一样，不再是高尚的人了。

中国古代自春秋战国以来，出现了两种兰和两种兰文化。它们各自的实用价值和比喻义判然不同，大相径庭。如果不分辨这两种兰和两种兰文化，将它们混同在一起，必然对屈原高尚的品格与饱含爱国情操的形象，造成极大的损害和误解。所以接下来我们有必要辨别一下这两种兰和两种兰文化。

第一种兰，文献记载的君子所佩修身之兰，即屈原自述青少年时代修身所用之兰，也就是屈原所说的最高尚的"秋兰""幽兰"等，也即《离骚》中提到多达 11 次的兰。我们可以从三个方面对这种兰进行分析：

第一，“纫秋兰以为佩”之“纫”，《说文》曰：“纫，繟绳也。”[1] 可见屈原不是把香草捣碎做成容臭（香囊），而是把它绞成绳索佩挂在身上，并以此表明“重之以修能”的决心。

第二，屈原“纫秋兰以为佩”的时间点是在感觉到“纷吾既有此内美兮”后，屈原认为自己肩负着重大使命，因此必须加强自己后天的修养。这是以楚国和天下为己任的屈原，在自我觉悟之后修身养德的自觉举动[2]。从他后来的表现可以看出，屈原绝不会为一己之私而取媚国君和他人，否则他完全可以转变态度与国君达成一致意见，重新获得被重用的机会。而是为了国家的利益，自始至终坚持自己的底线。因此屈原所佩之兰不同于古籍上记载的另一种用以取媚别人的兰[3]。

第三，“兰芷变而不芳兮，荃蕙化而为茅”。原本有些大臣是自己的朋友，现在他们变心了，优秀品德消失无踪，就像兰芷变得不香了一样，这使屈原大失所望。王逸进而注解“化而为茅”为“荃蕙化而为菅茅”，即兰蕙竟然都会变成徒似兰的茅草和菅草。

从屈原的比喻性书写中，很容易得出推论：屈原所爱的这种兰与菅茅形似，便于绞索，可以纫成绳索佩挂在身上，又具有清雅的香气，代表了最高尚的永恒的品格。

此外，早在春秋战国时期的文献中就已经记载了屈原所说之“秋兰”，并将它当成高尚品德的代表。譬如东汉蔡邕的《琴操》

---

① 纫本意为搓绳、捻线，引申为连缀。

② 屈原佩戴兰草并不是为了取媚国君，也不同于女子使用化妆品以去除臭味，取悦他人。

③ 即下面我们会讲到的第二种兰，《诗经》《左传》中都有记载，如《溱洧》中男男女女用以吸引对方的兰，或《左传·宣公三年》中燕姞用以吸引郑文公之兰。

中所收录的《猗兰操》[1]：

> 孔子历聘诸侯，诸侯莫能任。自卫反鲁，过隐谷之中，见芗兰独茂，喟然叹曰："夫兰当为王者香，今乃独茂，与众草为伍，譬犹贤者不逢时，与鄙夫为伦也。"乃止车援琴，鼓之云："习习谷风，以阴以雨。之子于归，远送于野。何彼苍天，不得其所。逍遥九州，无所定处。世人暗蔽，不知贤者。年纪逝迈，一身将老。"自伤不逢时，托辞于芗兰云。[2]

《猗兰操》相传为孔子所作。传说孔子历聘诸侯失败之后，返回鲁国，途中在幽深的山谷中见到一丛茂盛的兰花，于是停车作歌，这便是《猗兰操》。孔子自伤生不逢时，托词于幽兰。这是蔡邕在《琴操》中所叙述的。

虽然这个典故难以考据落实，但可以看出东汉时已经有人把孔子的品德比喻成兰花。这与屈原对兰蕙的崇拜是异曲同工的。以屈原、孔子的品德，可以肯定他们是不可能取媚别人的，而是守身如玉，孤芳自赏，感慨没有人能赏识自己这种高贵的品格。同时，对幽兰被遗弃又感到可惜。因此孔子欣赏的兰，应该和屈原 11 次提及的兰是同一种兰。

《荀子·宥坐》中也提到了类似的兰的高贵品质：

> 夫芷兰生于深林，非以无人而不芳。君子之学，非为通也；为穷而不困，忧而意不衰也。

---

① "猗"此处作语气词，题解为兰的品性。

② 〔汉〕蔡邕撰，〔清〕孙星衍校辑：《琴操二卷补遗一卷》卷上，清嘉庆十一年刻本。

此处的“芷兰”和屈原《离骚》当中的“芷兰”是同一种植物。芷兰生在幽谷中无人赏识，但不因无人欣赏芬芳就消失，展现了高贵的品德。因此《荀子》中所记载之兰，显然和孔子、屈原所提到的是同一种兰。

成书于春秋战国时代的《周易·系辞上》[①] 中则借兰比喻君子间的友谊：

> 子曰：“君子之道，或出或处，或默或语。二人同心，其利断金；同心之言，其臭如兰。”[②]

这里用兰比喻忠贞的友谊，两个人之间互相欣赏，非为美色、利益等勾结在一起，这是君子间高尚品德的象征，他们有着共同的追求，这种追求是永远不变的，就像兰花的香气悠久长远一样。其中凝聚的力量也是不可想象的。

上海博物馆藏的楚国竹简中新发现了一批典籍，其中有一篇《兰赋》：

> 缓哉兰兮，华摇落而犹不失厥芳。芳馨谧迟而达闻于四方。居宅幽麓、残贼、蝼蚁、虫蛇。亲众秉志，绰远行道。不躬有折，兰斯秉德……[③]

---

① 按：《系辞》比《易经》的原卦晚一些，但不会晚于战国。

② 〔魏〕王弼、〔晋〕韩康伯注，〔唐〕孔颖达疏，〔唐〕陆德明音义：《周易注疏》，上海古籍出版社 1989 年版，第 1243 页。

③ 俞绍宏：《上海博物馆藏楚简校注》，中国社会科学出版社 2016 年版，第 674~676 页。

由此可见，春秋战国时代那些伟大的人物所歌颂崇拜的兰是一致的，并且都用它比喻最高尚的道德。他们在春秋乃至战国时期共同确认了兰在中国传统文化中的崇高象征意义——象征最高尚、最美好和最完美的君子的品格。

虽然蔡邕所叙《猗兰操》为孔子所作并非完全准确，但《荀子》《系辞上》及上博简《兰赋》，特别是屈原《离骚》，共同说明兰的象征性地位，早在古老的春秋战国时代就已经被确定了。这点对中国文化的影响是巨大的，不管是孔子、屈原，还是《系辞上》《荀子》，无一例外都用兰比喻高尚品德，把兰塑造成高雅的不出卖气节的君子形象。

屈原在《离骚》中反复运用兰的意象，吟咏、歌颂兰花。后世作品虽亦多有涉及，但是像《离骚》中对幽兰的崇尚，以及反复运用象征手法歌颂兰，还是不多见的。后世中华民族最崇敬的四种植物之一，与“梅、竹、菊”并列的“兰”，早在先秦时期，就已经奠定了它代表中国文化中最高尚品德的传统。

除了以上先秦文献有所记载，这种高雅兰草（兰花）的文化传统一直延续到后代。北宋寇宗奭①所撰的《本草衍义》卷八曰：

> 今江陵、鼎、澧州山谷之间颇有，山外平田即无。多生阴地，生于幽谷，益可验矣。叶如麦蘴（按：清《十万卷楼丛书》本作“门”）冬②而阔且韧，长及一二尺，四时常青，花黄，中间叶上有细紫点。有春芳者，为春兰，色深；

① 政和年间（1111—1117）任通直郎。

② 学校中随处可见，状如韭菜，中间抽出一条花茎，开小白花，叶脆而绿。

秋芳者为秋兰，色淡。[1] 秋兰稍难得。二兰移植小槛中（按：即门内），置座右，花开时满室尽香，与他花香又别。[2]

再如南宋时代的赵时庚，著有《金漳兰谱》。该书成于1233年，是世界上现存最早的关于兰花的专著。再之后，宋元期间，关于兰花的著作大量涌现，譬如1247年王贵学的《王氏兰谱》、1256年陈景沂的《全芳备祖》，元代孔克齐的《静斋至正直记》对兰花也有所涉及。

直至明代的李时珍，在《本草纲目·草部》兰草一节也引寇宗奭说“叶如麦门冬而阔”[3]，“春芳者为春兰，色深；秋芳者为秋兰，色淡”，但是由于他的中医中药学家的身份，眼界囿于那些药用价值更高的兰，甚至用这种药用之兰代替和掩盖了古之圣贤早有认识的另一种幽兰。在他的认知当中，古代只有这一种药用之兰草。因此，他批评寇氏所谓兰“乃近世所谓兰花（按：即我们认为的屈原之兰），非古之兰草也”，并补充道“今之似茅而花有两种者，不知何时误也”，即不知道“春兰”“秋兰”，或者说“一茎一花”“一茎数花”的兰何时“误”为了千年之前圣贤表德行之兰。这说明在李时珍时，人们特别是本草学家对两种兰的认识仍然相当混乱。然而，好在两种兰草（兰花）最晚不迟于

① 春天的花较艳丽，秋天的花较淡雅。白色的兰大概是春兰，特点是一枝茎上一朵花。而文化市场上五块钱一枝的蕙兰或者秋兰，一枝上是一串花。春兰和秋兰价钱相差很远，春兰比秋兰和蕙兰更贵，现在有卖到上亿元一枝的春兰。

② 兰花这种香气沁人心脾，一缕一缕的，似有若无，代表了一种高雅的香味。而其他的一些花很香，比如茉莉花、夜来香、百合花，但是很艳很浓，代表了妓女的那种香味。

③ 〔明〕李时珍：《本草纲目》卷十四，文渊阁《四库全书》本。以下引文皆出自此本。

北宋，都已经进入了有明确书面记载的阶段。因此它们的形态特征均保留了下来，二者之间存在明显的形态区分。

从现在的科学角度看，这种直到李时珍时代还不被承认是自古便存在的“兰花”，就是中国兰。在植物学的分类体系当中，中国兰属于单子叶植物门、单子叶植物纲、兰目、兰科、兰属。现在全世界有800多个兰属，27000多个种别的兰花[①]。当然，其中有一些品种不是中国兰，是外国兰，比如蝴蝶兰、君子兰。重要的是，中国兰的原产地是中国，是中国自古而有的品种，从种一级的分类单位来看，包括春兰、蕙兰、建兰、墨兰和寒兰等等。其中价格最为昂贵的品种是野生的春兰，而蕙兰则比较常见。

从文化角度考察，中国兰若有若无的淡雅香气代表着高尚的品德，因此进入了士大夫阶层的视野之中；而市民阶层则主要从实用的角度考量，更多关注药材、香料之兰，而不太关注象征意义大于使用价值的中国兰。在今天，中国兰更是作为一种园艺化的高雅花草，继承和发展了自古即有的高端兰文化，名副其实地成了一种具有中国特色的植物。

为什么说第一种兰文化在今天又有所发展呢？首先，因为它是一种小众的高雅文化。比如朱德元帅，一生爱兰[②]，还创作了

① 数据来源于“国家林业和草原局政府网”。

② 早年在云南从军时，朱德就开始喜欢兰花了。1928年，朱德率南昌起义部队与毛泽东率领的秋收起义部队在井冈山胜利会师。井冈山茨坪东南的山中盛产各种兰花，特别是井冈兰，人称“兰花坪”。朱德常在闲暇时去山里寻花赏花。朱德爱兰的故事在井冈山广为流传，留下了“当年朱军长引种兰花，香飘湘赣边界八百里”的佳话。

许多兰花诗词[①]，嗜兰如命。种兰、爱兰、写兰，是朱德一辈子的爱好。在朱德去世后，他的后人还将他种植的6000多盆中国兰捐献给了国家。这有力地说明了当代中国兰文化已经进入了更高层次。其次，没有其他花草像中国兰这样，受到全国植物学界、园艺学界的推崇：全国有中国兰花协会、《中国兰花》杂志、中国名贵兰花展览等。即使是代表富贵的牡丹花，也没有受到如此全国性的重视。最后，价值方面，2019年有一则报道，据说贵州的深山里发现了稀有的野生兰，也就是荀子、孔子、屈原他们所称赞的那些难得一见的野生兰。世界上的野生中国兰所存不多，没有大量发现，比大熊猫还稀有。即使日本人抛出高价，也不得如愿。网传一些商人盲目炒作野生中国兰，使得单株野生兰就可以叫卖到上亿元人民币。

接下来我们必须讲讲第二种兰和第二种兰文化。

春秋战国时代，就已经存在一种男男女女用来取媚别人的兰（蕑）。最早的文献记载，能够精确追溯到宣公三年，即公元前606年。《左传·宣公三年》[②] 记载：

① 例如，1962年1月1日，朱德参观北京中山公园兰花展览，赋诗《咏兰展》："春来紫气出东方，万物滋生齐发光。幽兰新展新都市，人人交口赞国香。幽兰吐秀乔林下，仍自盘根众草傍。纵使无人见欣赏，依然得地自含芳。"

② 《史记》亦有记载，可互证。《史记·郑世家》："二十四年，文公之贱妾曰燕姞，梦天与之兰，曰：'余为伯鯈。余，尔祖也。以是为而子，兰有国香。'以梦告文公，文公幸之，而予之草兰为符。遂生子，名曰兰。"

初①，郑文公有贱妾曰燕姞②，梦天使与己兰，曰："余为伯鯈。余，而祖也，以是为而子。以兰有国香，人服媚之如是。"既而文公见之，与之兰而御之。辞曰："妾不才，幸而有子，将不信，敢征兰乎。"公曰："诺。"生穆公，名之曰兰。（穆公于公元前620年左右即位，公元前606年去世。）

穆公有疾，曰："兰死，吾其死乎！吾所以生也。"刈兰而卒。

这段材料说明，在公元前7世纪末，郑国已经出现用兰取媚别人的行为。郑穆公因兰而生，因兰而死。这个故事的重要意义在于，燕姞是靠着兰取媚他人的特性而上位的。兰的这种实用功能，即女子用兰来取媚男子，还记录在《诗经·郑风·溱洧》当中：

溱与洧，方涣涣兮。士与女，方秉蕑兮。女曰观乎？士曰既且，且往观乎！洧之外，洵吁且乐。维士与女，伊其相谑，赠之以勺药。

溱与洧，浏其清矣。士与女，殷其盈矣。女曰观乎？士曰既且，且往观乎！洧之外，洵吁且乐。维士与女，伊其将谑，赠之以勺药。

对于"方秉蕑兮"一句，毛亨注解说"蕑，兰也"，郑笺云

① 初，指的是鲁僖公十四年，即公元前646年。

② 姞是一个大姓，《左传》中十几个女字旁的姓都是最古老的姓，比如姜太公的姜，周王室的姬，等等，这是上古母系氏族社会的痕迹。当时娶来的女子，必须带着自己的祖姓；而男子都用自己的氏，不称自己的祖姓。

"男女相弃，各无匹偶，感春气并出，托采芬香之草，而为淫泆之行"。陆玑《草木鸟兽虫鱼疏》也以为"蕑即兰，香草也"，孔颖达《正义》从之，并以为"《春秋》传曰'刈兰而卒'，《楚辞》云'纫秋兰'，孔子曰'兰当为王者香草'，皆是也"。这些说法混淆了上文所谈及的第一种高贵典雅的中国兰与此处的媚人之兰。"蕑"这个字能与兰、泽兰在后代相通的原因，我们先前已经讨论过了，其中可能存在上古语音演变的因素。

这两则文献记载都与郑国相关，是否为一种惊人的巧合？从二者的先后顺序来看，是燕姞秉兰取媚国君在先，开启了郑国民间秉兰取媚异性的风俗，还是《郑风·溱洧》所体现的民间风俗更早，燕姞只是借鉴了民间的做法？我们并无充足的材料以资考据。

明代毛晋的《陆氏诗疏广要》在陆玑的基础上说："当年郑俗淫荡，焉知不因燕姞一梦，士女争相秉蕑耶？"这也就是我们对典籍上存在的两个事典孰先孰后的疑问。毛晋怀疑是燕姞取媚郑文公在前，然后民众模仿燕姞的做法，由此形成了郑国的风俗。按照毛晋的说法，溱洧士女效仿燕姞，秉蕑以媚人，而不是用兰在三月三上巳节的时候祓禊①。后代认为，《溱洧》篇记载的是上古时代的郑国民众，于春天在水边行祓禊礼的一种活动。秉兰以谈情说爱，并非祓禊礼所固有，而是趁祓禊礼之机，男女所行的恋爱活动。

《周礼·地官·媒氏》说：

媒氏掌万民之判，凡男女，自成名以上，皆书年月日名

① 每年于春季上巳日在水边举行祭礼，洗濯去垢，消除不祥。曲水流觞就是祓禊后的一种活动。

焉。令男三十而娶，女二十而嫁。凡娶判妻入子者，皆书之。中春之月，令会男女。于是时也，奔者不禁。[1]

那时男女关系相当宽松，如果男子到三十岁还未娶妻，女子至二十岁还未出嫁，那么允许男女在仲春时节自由恋爱。而大家在“仲春会男女”的活动中，拿着兰便很容易吸引异性，找到对象。所以后代传为拿着兰只是为了行祓禊礼，是不对的。

从更加广阔的历史层面来说，古代的妾和臣（女子做妾，男子做臣[2]）地位十分低下，他们都有媚人的需求，于是秉兰、配兰在臣妾中风靡起来。无论何种级别的臣，都会争相佩戴泽兰或者香囊。其共同目的，都是求得帝王或者上司的喜爱和信任。有文献为证：《礼记》云“诸侯贽熏，大夫贽兰”，诸侯们见面的时候，互相送的礼物是熏香，而大夫们互相送的礼物就是泽兰。又应劭《风俗通》言“尚书奏事，怀香握兰”[3]，所以媚人之兰就有了市场。一直到魏晋、隋唐时期，宫廷的园囿里都大面积种植泽兰，即陆玑所谓“汉诸池苑及许昌宫中皆种之”，足见泽兰需求量之大。新鲜的泽兰可以装点自身以媚人，晾干后同样可以制成香囊，均可以求宠取媚君、夫等等。于是，臣妾以至于庶人，这种风俗很快流行开来，此即《孟子》所谓“德之流行，速于置邮而传命”。

关于第二种兰和香囊的关系，我们还可以找到更多的证据来说明。前面提到，《礼记·内则》里边说“男女未冠笄者……皆佩容臭”，可见古时确有把鲜花香草做成荷包，男女均佩戴的习俗。而中国兰香味隐微，不值得作为香囊的内容物。这与第二种

① 〔清〕孙诒让：《周礼正义》，中华书局2015年版，第1244页。
② 郭沫若认为“臣”为“人首俯而目竖”，是一种奴隶。
③ 转引自〔明〕李时珍撰《本草纲目》卷十四，文渊阁《四库全书》本。

兰不同。西汉马王堆汉墓出土了现存最早的香囊，经过化验，里边确实含有泽兰或者佩兰的成分。唇形科植物的泽兰香味浓烈，甚于艾草。这也证实了古人大量地、广泛地使用这种兰。泽兰具有取悦他人、去除臭味、避虫害等多种治病或实用功能，并成为中药当中重要的品种。这都可以证明第二种兰在古代已经迅速地大众化、庶民化、实用化，具备多种用途。

到了晋代的王羲之，已经不知道两种兰的分别了，只是顺着《诗经》的注疏，在三月三祓禊礼上使用兰，这个场面也被写入了《兰亭集序》。既然其名为兰亭，或许是亭子周围种满了泽兰。

总之，后世混淆了两种兰文化，以为祓禊礼上需要使用高雅的中国兰。这一误会的源头在于《诗经·郑风·溱洧》篇的注疏。实际上，无论是《左传》燕姞之兰，还是《溱洧》士女之蕳，都是媚人之兰，尽管前者更为直接且明显地影响了后代媚人的兰文化的发展。

在植物分类学上，泽兰是唇形科植物，在中药领域有时也会把属于菊科植物的佩兰混同于泽兰。但是它们最大的区别①在于

① 《常用中草药图谱》(人民卫生出版社 1970 年版) 称：佩兰，别名佩兰叶、省头草、鸡骨香、水香。本品为菊科植物兰草的全草。植物特征：(1) 多年生草本，茎高 2~3 尺。(2) 叶对生，下部叶常枯萎；中部叶有短柄，分裂成 3 个裂片，裂片长圆形，边缘有齿，表面绿色，背面淡绿色；上叶叶较小，通常不分裂。揉碎后有香气。(3) 头状花序排列呈聚伞花序状，全部为管状花，浅紫红色。生长环境：生于河边或野外的湿地。临床应用：味辛、性平，化湿开胃。泽兰，别名地瓜儿苗、地筒子、银条菜。本品为唇形科植物地笋的干燥全草。植物特征：(1) 多年生草本，高 1~3 尺，茎直立，方形而有棱角，中空，表面绿色、紫红色或紫绿色，一般不分枝。(2) 叶交互对生，叶片披针形，边缘有尖齿。(3) 花小，白色，密集于两叶之间成轮伞花序。小坚果倒卵形而扁，有厚边。(4) 地下根茎横走，白色，稍肥厚。生长环境：生长于山野低湿地、河流沿岸。也有栽培。全国大部分地区都产。临床应用：味苦，性微温。活血破瘀，通经行水。

唇形科的泽兰的茎是四棱的、方柱形的，节间是紫红色的，全草芳香浓烈，还有很多的挥发油；菊科的佩兰气味稍清香，茎呈圆柱形。二者都还有很多别名，如大泽兰、香水兰、水香等等。在广西、山东、黑龙江①等地区，两者的使用情况比较混乱。总之，从植物学角度看，泽兰应该是唇形科的，或者从现代中药领域浑而不分地说，也有用菊科植物佩兰代替的。它们和中国兰是截然不同的。

总之，屈原、孔子、荀子都以高尚德行被后世称道，应该都知道“媚人之兰”之恶，故他们所种的不可能是与他们所坚守的美好德行不符的“媚人之兰”，而一定是象征高尚品质的中国兰。

这就是中国的两种兰和中国古代的两种兰文化。其中，中国兰及其兰文化对整个中国文化的影响是极其深远的。

附概念界定：

（1）兰花（Orchidaceae）：兰花泛指所有兰科植物。实际上准确地说，兰花应泛指兰科植物中被园艺专家和业余爱好者广泛认同的具一定观赏价值的种类，包括兰科植物中经人们筛选、培育出的众多品种。

（2）中国兰（Cymbidium）：又名国兰，主要指我国传统栽培的地生兰种类及其品种，如春兰、蕙兰、墨兰、建兰、寒兰、莲瓣兰、豆瓣兰等。

（3）洋兰（Exotic Orchid）：通常被称为热带兰。其最初

---

① 广西壮族自治区以本品兰草作泽兰药用。山东省以唇形科“罗勒”作佩兰用（江苏则称为省头草），兰草则称为南佩兰。黑龙江部分地区用唇形科植物地瓜儿苗（泽兰）作佩兰用，还有的用菊科旱莲草作佩兰用。情况比较杂乱。

的含义指国外广为栽培而后进入中国的兰花，主要有蝴蝶兰、卡特兰、万代兰、大花蕙兰、石斛兰等，与中国兰相对。现在泛指花大色艳、栽培方法和传统国兰有较大差异的所有兰花，而不论其真正的原产地和分布是国外还是中国。一些真正原产自中国的种类如杏黄兜兰（Paphiopedilum armeniacum）、麻栗坡兜兰（Paphiopedilum malipoense）等，由于观赏特征和栽培技术特点，人们习惯上也称其为洋兰，实际上却是地道的中国兰花。

(本文根据“离骚导读”课讲义与讲课录音整理。尼山学堂2000级学子十数人参与了该项工作。最后以卜成聪、朱羿、刘小天、张天翼整理稿为基础定稿，特此表而记之。)

陆 玑

孔子在《论语·阳货》中曾说："《诗》可以兴，可以观，可以群，可以怨……多识于鸟兽草木之名。"随着《诗经》"五经"之首地位的确立，多识之学作为一种学术的和社会的需求，其产生、建立并不断发展，便成了历史的必然。

三国时代的陆玑，就是这一古老学科的开创者。虽然毛传、郑笺也有对《诗经》动植物的解说，但那都是随文释义，因而不免支离破碎。《尔雅》一书虽有专门篇章，但那不是专释《诗经》名物的，它重在对词语的解释，因此对草木鸟兽之名多语焉不详。只有陆玑的《毛诗草木鸟兽虫鱼疏》（以下简称《诗疏》）才是多识之学的第一部专著和这一学科的真正开山之作。

陆玑，字元恪，三国时吴郡（郡治在今江苏省苏州市）人。生卒年月不详。据唐陆德明《经典释文·序录》和《隋书·经籍志》，知道他曾经任过吴太子中庶子、乌程令等职。由于资料缺乏，自古以来人们往往将他与晋代文学家陆机相混淆。其实，这种误会可以通过二人身世、名字的不同得以澄清。

两位古人尽管姓相同，名字的音又相同，但文学家陆机的出身、官职较之陆玑要显贵得多。陆机为吴勋臣世家，入晋历官后将军、河北大都督等职，《晋书》中赫然有传。其传中既不曾说他治过《毛诗》，也不载曾撰《诗疏》。而陆玑官位虽较卑微，却因撰《诗疏》而名显后世，声闻学林。另外，名、字相协之理，庶可为分别二人之一助。《说文解字·玉部》:“玑，珠不圜也。”古圆、圜相通，不圆即缺。古人忌满忌全，《书》有“满招损，谦受益”之诫。名“玑”，意在忌满盈、忌圆全。珠不圆即缺。“缺”古音溪母、月部;“恪”古音溪母、锋部，二字双声通转，音近相假。以恪应玑，实即以缺应不圆之义。而“机”字义涉弓弩、织具及各种机械，与“恪”无涉。所以陆元恪当名“玑”而不当名“机”。又《楚辞·东方朔〈七谏·谬谏〉》:“玉与石其同匮兮，贯鱼眼与珠玑。”王逸注:“圆泽为珠，廉隅为玑。”《书·皋陶谟》:“简而廉。”孔传:“性简大而有廉隅。”《诗·大雅·抑》:“抑抑威仪，维德之隅。……敬慎威仪，维民之则。”毛传:“隅，廉也。”郑笺:“古之贤者……如宫室之制，内有绳直则外有廉隅。”《尔雅·释诂》:“恪，敬也。”由此可知，以玑为名，又寓性崇廉隅;以恪应玑，言有廉隅之德性者，必当以敬慎威仪为则。此陆玑字元恪的又一原因。而陆机，字士衡，则是取《书·舜典》“在璇玑玉衡”之义，正宜以“衡”协“机”。所以《经典释文》与《隋书》将《诗疏》作者认定为字元恪的陆玑是正确的。将《诗疏》属字士衡的陆机是绝不可取的。

《诗疏》上下二卷，涉及《诗》137 句，解释动植物达 154 种。这些动植物，传、笺有 17 句未曾涉及。其他 120 条，130 多种动植物，传、笺总计不过近五百言。而《诗疏》二卷达万余言。其中上卷涉及《诗》82 句，91 种植物;下卷涉及《诗》55 句，63 种动物。下卷末尾还记载了鲁、齐、韩、毛四家《诗》的师承渊源情况，是一份有重要价值的学术源流资料。

《诗疏》虽然条目较多，涉及面广，却自有体例，分而不乱。每条先列《诗》原句，然后多先直释其名，或注明今名。再从形态、性味、生境、产地、用途等多方面解释该物。这些解释不是道听途说，而是得之于体察目验。有些观察记录逼真传神，使人读之如睹其物、如临其境。如《周南·螽斯》“螽斯羽”：

《尔雅》曰：“螽，蜙蝑也。”扬雄云：舂黍也。幽州人谓之舂箕。舂箕即舂黍。蝗类也。长而青长，股青色黑斑，其股似玳瑁文。五月中以两股相搓作声，闻数十步。

再如《鲁颂·泮水》“薄采其茆”：

茆与荇菜相似，叶大如手，赤圆。有肥者著手中滑不得停。茎大如匕柄。叶可以生食。又可煮，滑美。江南人谓之莼菜，或谓之水葵。诸陂泽水中皆有。

这种得诸实践经验的治学风格，为多识之学开创了良好的先例，树立了榜样。

《诗疏》对毛传、郑笺及其他典籍，多所补充解释和驳正。如《小雅·頍弁》：“茑与女萝。”毛传：“茑，寄生也。女萝，菟丝，松萝也。”《尔雅·释草》：“唐、蒙，女萝。女萝，菟丝。”《诗疏》则说：

茑，一名寄生。叶似当卢，子如覆盆，子赤黑甜美。女萝，今菟丝。蔓连草上，黄赤如金，今合药菟丝子是也。非松萝。松萝自蔓松上，生枝正青，与菟丝殊异。

这种补充和驳正多以目验体察为根据，旁参原文，佐以习俗里谚，如老吏判案，不容置疑。

《诗疏》多数条目都以别名、通语、方言名等，广释该物，从而保存了大量语言资料。不少条目中的俚语、俗谚，是不可多得的口语资料。据统计，全书共有别称九十，方言名九十八。加上今名、通语，共收三国时动植物异名二百多种。另外还有不少韵语形式的俚谚。这些材料，是对《尔雅》《方言》等书的极大补充。对研究汉语史，特别是对方言学、音韵学的研究，都是很好的参考材料。

《诗疏》还涉及许多地名、国名、区划名、山水名等。这些材料对研究古地理、古行政区划，以及考订《诗疏》本身的写作时代都是有用的资料。

《诗疏》的不少条目中，还涉及字词的读音或语音变化情况。如：《召南·采蘋》“于以采藻”：

藻……扶风人谓之藻。聚为发声也。

《唐·山有枢》“山有栲”：

栲……或谓之栲栎。许慎正以栲读为糗。今人言栲失其声耳。

《唐·椒聊》“椒聊之实”：

椒聊，聊，语助也。……

这类材料，则是研究古音变化的珍贵资料。若认真研究这类材料，或许有助于发现上古到中古汉语中复辅音消失的端倪。

《诗疏》在辑佚、校勘方面的作用也是不可忽视的。它引用古籍、古说计 20 余种，达 40 余次。它们都是三国之前的古籍，涉及经、史、子、集各类著作，足可为校勘取资。其中有些古籍、古说为今存古籍所未见。清代丁晏对此曾考证并指出："皆古义之廑存者。"①

特别值得一提的是，《诗疏》最后所载鲁、齐、韩、毛四家《诗》的传承情况，在学术史上是一份价值极高的资料。其中对《毛诗》的师承关系是这样记述的：

> 孔子删《诗》授卜商。商为之序，以授鲁人曾申。申授魏人李克。克授鲁人孟仲子。仲子授根牟子。根牟子授赵人荀卿。荀卿授鲁国毛亨。亨作诂训传，以授赵国毛苌。时人谓亨为大毛公，苌为小毛公。以其所传，故名其诗曰《毛诗》。②

丁晏评价这段记载说：

> 其叙《毛诗》……《汉书》具载经师而不及孟仲、曾申、根牟、荀卿。赖此《疏》以传之也。唐孔氏《正义》谓《汉书·儒林传》毛公不言其名。而此《疏》称鲁国毛亨为故训传，以传赵国毛苌。徐坚因之，《初学记》载《毛传》授受悉同此《疏》。元朗、冲远所未闻，得此《疏》而始备。惟其去汉未远，是以述古能详。③

① 《〈毛诗草木鸟兽虫鱼疏〉叙》，《丛书集成初编》，中华书局1985年版。

② 《〈毛诗草木鸟兽虫鱼疏〉叙》，《丛书集成初编》，中华书局1985年版。

③ 《〈毛诗草木鸟兽虫鱼疏〉叙》，《丛书集成初编》，中华书局1985年版。

这一评价是十分恰当的。

总之，陆玑和他的《诗疏》开多识之学之先河，从而在古代语言学史上占据了一席之地。因此，《四库全书总目》说道："讲多识之学者，固当以此为最古焉。"《四库全书简明目录》也说道："玑生于三国，去古未远，于诗人所咏诸物，今昔异名者，尚能得其梗概。故孔颖达《诗正义》全据此书，陈启源《毛诗稽古编》亦多据以考正诸说。"也正是由于此，直至今天所有注释和研究《诗经》的著作仍无一不参考或征引《诗疏》。

受到陆玑的影响和启发，唐代之后又产生了十数种订补或增广《诗疏》的著作，使多识之学的涓涓细流渐成大川。

今天，陆玑的《诗疏》还具有其他学科方面的多种学术价值。在文化史方面，《诗疏》给我们提供了三国时代多方面的文化信息。透过它，三国时代人们的衣食住行的各种情况，如一轴栩栩如生的画卷，完整地展现在我们面前。因此，自古它就备受经学之外的科学家重视。贾思勰的《齐民要术》征引《诗疏》竟达 34 次之多。此外，在动植物分类学史上，《诗疏》也较《尔雅》等书有了长足的进步。当今科学家认为，它已经在阶元化的分类学道路上大大地前进了一步，从而被今天动植物学界称为"原始类型的一种动植物志"①。这样，我们又可以说，陆玑及其《诗疏》实在不仅属于古代经学，也不仅属于语言学。今天，他应当在更广泛的领域中得到更高的评价和重视。

附录：陆玑研究主要参考书目索引

1. 陆德明：《经典释文》（上海古籍出版社影印北京图书馆藏清内府宋刻本）。

2. 李匡乂：《资暇集》（《丛书集成初编》本）。

① 《科技史文集》第 4 辑，上海科学技术出版社 1980 年版，第 13 页。

3. 钱大昕：《跋尔雅疏单行本》（《皇清经解》本）。
4. 丁晏：《毛诗草木鸟兽虫鱼疏·叙》(《丛书集成初编》本)。
5. 黄焯：《经典释文汇校》（中华书局2006年版）。
6.《科技史文集》第四辑（上海科学技术出版社1980年版）。

原载吉常宏、王佩增编《中国古代语言学家评传》，
山东教育出版社1992年版

吴玉搢

吴玉搢，字藉五，号山夫，清代淮安山阳（今江苏省淮安市）人。生于康熙三十七年（1698），卒于乾隆三十八年（1773）。其祖父吴愈，曾任黟县（今安徽省黟县）教谕。父亲吴宁谧，曾任广德州（今安徽省广德市）学正。

吴玉搢自幼好学，尤爱辨识古字，青年时代即酷爱金石碑帖。由于不懈地刻苦钻研，他不仅在音韵、训诂方面具备了较好的功底，而且对不同版本的经史子集的文字异同，也有了较多的认识和积累，因此被时人目为成一家之学的学者。吴玉搢仅在晚年做过镶蓝旗教习、凤阳府训导等小官。但他一生著作较多，据说不下十余种。其中，较重要的当推《别雅》一书。

《别雅》初刊于乾隆七年（1742）。该书原名《别字》，吴玉搢的朋友王家贲作序时，认为它颇像《尔雅》的“释训”“释诂”，遂改其名为《别雅》。该书五卷，大体按韵编排，共收录了188条词语。每条一般先列别体，再以常见、常用的形体解释之。然后广征博引，各注所出，证明它们同词异形的关系。如：

赤诵子，赤松子也。《淮南子·齐俗训》赤松子作赤诵子。（卷一）

苴蜀，巴蜀也。《史记·张仪传》：“苴蜀相攻击。”《索隐》曰：“苴音巴。”（卷二）

> 识方，职方也。《修华岳碑》：“《周礼》识方氏。”《集古录》云：“以识方氏为职方氏。”其字画分明，非讹缺，疑当时《周礼》之学自如此。盖识志其义皆通也。（卷五）

书中所收各词条的形异类别，按今天的标准衡量，除大部分是音同或音近的通假外，也有不少是古今字、异体字的不同。如卷一：“临菑，临淄也”，“疎菜，蔬菜也”，“谛号，啼号也”。也有仅是同义词或义近词关系而作者强作音近相通而收录的。如卷一“子姓，子孙也”，卷五“锲薄，刻薄也”，等等。另外，古籍中因通假或是古今字的词形相异现象随处可见，而此书收录仅188条，不过沧海一粟。尽管如此，《别雅》在中国古代语言学史上仍具有一定的学术价值。正如《四库全书总目》所说：

> 征引虽博，而挂漏亦夥。……然就所征引，足以通古籍之异同，疏后学之疑滞，犹可以考见汉魏以前声音文字之概。是固小学之资粮，艺林之津筏。非俗儒剽窃之书所能仿佛也。

这种评价，除“资粮”“津筏”略嫌溢美之外，基本上还是允当的。

《别雅》后经同时代的许瀚校勘，成《别雅订》一书，所加各条案语，对原书的不足多所补正，足资参考。

吴玉搢还著有《说文引经考》。该书是将散见于《说文解字》222个部首中的1113处引用的古籍原文，与通行本相比勘，考其异同或详其出处，汇集而成，这对校勘学、文献学都有一定的参考价值。

在金石学方面，吴玉搢也曾做过大量艰苦的搜集整理工作。

可惜在他去世后，其家乡遭黄水之灾，所辑资料遂散佚殆尽。据说今《丛书集成初编》中的《金石存》一书便是出自吴氏之手。

此外，吴玉搢尚有《六书述部叙考》《山阳志遗》《十忆诗》等著作传世。可见他的建树是多方面的。而他在古代语言学史上的地位，则因其《别雅》而永著学林。

附录 吴玉搢研究主要参考书目

1. 韩梦周：《吴山夫先生传》（《雪堂丛刻》第八册）。
2. 丁晏：《吴山夫先生年谱》（同上）。
3. 许瀚：《别雅订》（《丛书集成初编》本）。
4. 吴玉搢：《说文引经考附补遗》（同上）。
5. 胡朴安：《中国训诂学史》（上海书店 1984 年版）。

原载吉常宏、王佩增编《中国古代语言学家评传》，
山东教育出版社 1992 年版

邵晋涵

邵晋涵，字与桐，号二云，浙江余姚人。“以《禹贡》三江，其南江从余姚入海”，故又号南江（洪亮吉《邵学士家传》）。他的先世显于北宋，居洛阳，后随王朝南渡，遂定居浙江余姚。他的高祖邵琳是明末的进士，曾做过山西洪洞知县。曾祖邵炳是秀才。祖父邵向荣是清康熙壬辰科举人，曾任内阁中书、知县和镇海、定海两县教谕等职，著有《冬余经说》。从祖邵廷采，字念鲁，是当时负盛名的学者。父亲邵佳鈗也是秀才，母亲袁氏。乾隆八年（1743），邵晋涵就出生在这样一个诗书世家中。

邵晋涵从小羸瘦多病，左目微眚。但他聪慧英敏、博闻强识。加之严格的家庭教育，他七岁便能作很好的排律诗；十二岁就“遍通五经”（洪亮吉《邵学士家传》）。十七岁，邵晋涵补县学生员。乾隆三十年秋（1765），著名学者钱大昕主持浙江乡试，邵晋涵中第四名举人。乾隆三十六年春（1771），他参加辛卯恩科会试，荣登榜首，是该科会元，殿试在二甲。乾隆三十八年（1773），诏开四库全书馆，辛卯科会试主考官、内阁大学士刘统勋推荐以邵晋涵为首的五人（其他有戴震、周永年、余集、杨昌霖）入馆，号称“五征君”，皆特授翰林院庶吉士，充纂修。第二年，授编修职。乾隆四十五年（1780），邵晋涵被派往广西，任庚子科乡试主考官。乾隆五十六年（1791），皇帝御试翰臣，邵晋涵列二等，迁左中允（或曰右中允）。历任侍读、左庶子、翰林院侍讲学士，后由文渊阁校理进直阁事，充日讲起居官、国史馆提调官等职。嘉庆元年（1796）六月十五日，邵晋涵去世，终年五十四岁。

邵晋涵有良好的道德品质。“居家孝友，与人忠信”（章学诚《邵与桐别传》），“性情质直贞亮”（王昶《邵君晋涵墓表》）。与朋友处“温温然，恂恂然”（同上），“笃于故旧，久要不忘”（钱大昕《邵君墓志铭》）。在学问上，则“独善读书，数行俱下。寒暑舟车，未尝顷刻辍业，于四部、七录，无不研究”，“诗文操笔立就，渊博奥衍，自成门户”（同上）。“博闻强识，见者惊犹鬼神”（章学诚《邵与桐别传》），“议论史事，上下古今则飚发风举……俾闻者咋指而叹，变色而作”（王昶《邵君晋涵墓表》）。他高尚的道德和渊博的学识，使他拥有众多的学者朋友。正如朱筠所说，“今士之绩学者，某莫不与之游”（李威《从游记》）。当时的著名学者如钱大昕、王念孙、章学诚、戴震、洪亮吉、卢文弨、王鸣盛、孙星衍、焦循、毕沅，以及朱筠、王昶等多人，与邵氏或为师，或为挚友，或在师友之间。正是由于这些名家的影响，邵氏的学问不断开拓精进。也正是由于他高尚的品德和学问，莘莘学子慕名而集于其旁。服官之余，他一心一意诱导后学，“执经者环侍左右，君随问曲谕，人人皆得其意”（钱大昕《邵君墓志铭》）。然而对于权贵，邵晋涵却持截然相反的态度。钱大昕说他“性狷介，不踏权要之门”（同上）。江藩《汉学师承记》也说他“不诣权要之门”。挚友章学诚则透露说：“君以才学为权要人所知，稍诱进之，君毅然弗屈。故以是龃龉终身，君不自恤也。”（章学诚《邵与桐别传》）据说，有一次，权相和珅想邀邵晋涵做他儿子的塾师，而邵晋涵却表示宁肯辞官也不阿附，因此得罪了和珅。由此，人们不仅可以找到他之所以“回翔清署二十余年，而官止四品”（江藩《汉学师承记》）的一些蛛丝马迹，同时看到了封建时代的一位知识分子不肯媚事权贵、不肯同流合污的难能可贵的崇高气节。

邵晋涵的一生勤奋刻苦，取得了多方面的学术成果，为中华民族的文化做出了重要贡献。其中，首推他在语言文字方面做出的贡献。这主要是指他对《尔雅》的研究及其成果《尔雅正义》。

《尔雅》成书大约在战国时代。这是解释儒家经典词义的权威著作，被后人称为“六艺之钤键”（郭璞《尔雅注》）、“五经之錧鎋”（邵晋涵《尔雅正义·序》）。汉代就专门立有博士加以传授，到唐宋，则升格为“经”书之一。

对《尔雅》的注解，以晋代郭璞的注最为著名，它体崇矜慎，为后人称道。其不足是过于简略，后人不免幽隐难明。历代还有许多人都曾经为《尔雅》作过注，如舍人、刘歆、樊光、李巡、孙炎等。可惜他们的著作都已散佚。至宋初，邢昺根据《毛诗正义》，并参考《尚书正义》《礼记正义》等著作，为郭注作疏。但多属抄袭旧说，少有发明。人们早就认为它浅陋不足为用。

邵晋涵成举人之后，便开始了《尔雅正义》的撰写工作。他根据唐石经和宋本《尔雅》审定经文，多考散见于群籍中的舍人、刘、樊、李、孙各家的《尔雅》注，增补校注郭璞的注解，甚而援引周秦诸子及汉人著作来为《尔雅》原文和郭注作证。在这期间，他的工作受到许多师友的热情鼓励。他的会试房师朱筠就曾对他说：“经训之义荒久矣。《雅》疏尤芜陋不治。以君之奥博，宜与郭景纯氏先后发明，庶几嘉惠后学。”（章学诚《邵与桐别传》）这些勉励，无疑增强了他完成这一工作的信心。乾隆四十年（1775），“岁在旃蒙协洽，始具简编”（邵晋涵《尔雅正义·序》）。至此，该书草创初就。然而治学严谨的邵晋涵并不满足，无论舟车南北，他都将初稿带在身边，遇有新的发现和体会，随时增改，“十载于兹，未敢自信”（同上）。就这样，又经过了十年的订正增删，他才将《尔雅正义》正式付梓面世。该书三十余万言，是《尔雅》或郭注的二三十倍之多。全书第一次较透彻明白地解释了《尔雅》各条的词义和郭注的含义。这在当时实在是学术界一件了不起的事。它开创了清人给十三经作新疏的先河，得到学者们的一致赞许。洪亮吉有诗述其事：

> 君疏《尔雅篇》，订正五大儒。使我心上疑，一日顿扫除。君师钱少詹，精识世所无。吴门及钱塘，复有王与卢。皆言此书传，远胜唐《义疏》。……（《卷施阁诗》卷八，《洪北江诗文集》，《四部丛刊》本）

《清史稿·王念孙传》说：“又以邵晋涵先为《尔雅正义》，乃撰《广雅疏证》。”钱大昕则说：“今承学之士，多舍邢而从邵矣。”（钱大昕《邵君墓志铭》）《尔雅正义》的面世，结束了长期以来郭注过简而邢疏芜陋、不足以用的局面，使《尔雅》旧貌换新颜。

黄侃分析该书时，指出其体例有六：“一曰校文”“二曰博义”“三曰补郭”“四曰证经”“五曰明声”“六曰辨物”（黄侃《尔雅略说》）。之后，人们在提到《尔雅正义》时，多因袭此说；或稍为变通，但殊少新意。

我们如果用现代语言学观点分析一下邵氏撰写《尔雅正义》的指导思想及其全书，就会发现，邵氏堪称有清一代最早自觉开拓古代汉语词汇学研究领域的先驱之一。他在《尔雅正义·序》中，谈了他撰写该书的三个目的：一是“存古义”，二是“广古训”，三是“存古音”。

所谓“存古义”，就是对《尔雅》所列各词条的词义，通过搜求诸经正文和汉注旧说，多方加以证明它的确具有此义。使这些古代词汇的意义“辞意了然”，使读者对《尔雅》正文深信不疑。其中，有些是郭璞虽做了征引，但并没能明白注解，实际由邵晋涵才真正做了诠释的。如《卷第一·释诂第一·上》：

> “鞫、讻、溢，盈也。”〔注〕：“《诗》曰：‘降此鞫讻。’”〔正义〕：“《说文》云：‘盈，满器也。’《墨子·经篇》云：‘盈，莫不有也。’鞫者，《齐风·南山》云：‘曷又鞫止。’郑笺：‘鞫，盈也。’讻者，《小旻》郑笺云：‘谋事者众，讻讻满庭。’《左氏僖二十八年传》云：‘曹人凶惧。’凶凶，众多之声也。溢者，《说文》云：‘溢，器满也。’《孝经》云：‘满而不溢。’〔注〕‘《诗》曰至鞫讻。’〔正义〕：‘《小雅·节南山》文。’毛传：‘鞫，盈；讻，讼也。’郑笺：‘盈，犹多也。’”

另有一些条目，则是郭注“未详”，而由邵氏填补空白。如《卷第一·释诂第一·上》：

> “噊、幾、烖、殆，危也。”〔注〕：“幾，犹殆也。”噊、烖，未详。〔正义〕：“《说文》云：‘危在高而惧也。’《释名》云：‘危，阢也。阢阢，不固之言也。’噊者，《说文》云：‘噊，危也。’《龙龛手鉴》引旧注云：‘噊，事之危也。’幾者，《说文》云：‘幾，殆也。从𢆶，从戍。戍，兵守也。𢆶而兵守者，危也。’《大雅·瞻卬》云：‘维其幾矣。’《左氏宣十二年传》云：‘利人之幾。’《荀子·尧问篇》：‘汝其以鲁国骄人，幾矣！’烖者，《逸周书》芮良夫解云‘尔乃聩乱玩烖。’《祭义》云：‘烖及其亲。’犹《孟子》云‘以危父母也。’殆者，《小雅·节南山》云：‘无小人殆。’《祭义》云：‘不敢以父母之遗体行殆。’”

可见，邵氏对古汉语词义是进行认真搜寻和挖掘，踏踏实实地做了“存古义”的工作的。

所谓“广古训”，就是先通过考证，揭示该词的本义，然后再广征博引，展示它的本义的使用情况及引申或通假情况。尽管作者并未使用“本义”“引申义”等现代术语，但从其自序中可以看出，作者在这方面是努力进行探索的。他说：“今据《易》、《书》、《周官》、《仪礼》、《春秋》三传、大、小《戴记》，与夫周秦诸子，汉人撰著之书，遐稽约取，用与郭注相证明，俾知训词近正原于制字之初，成于明备之世，久而不坠，远有端绪。”如《卷第二·释诂第一·下》：

“赓、扬，续也。”〔注〕：“《书》曰：‘乃赓载歌。’扬，未详。”〔正义〕：“《说文》云：‘续，连也。古文从庚、贝。’是赓即续字也。又通作庚。《小雅·大东》云：‘西有长庚。’《书》疏引作‘西有长赓。’毛传以赓为续也。扬者，《益稷》云：‘皋陶拜手稽首飏言。’《史记》作‘皋陶拜手稽首扬言。’是飏即扬也。《曾子立事篇》：‘身言之，后人扬之。’〔注〕‘《书》曰至载歌。’〔正义〕：‘《益稷》文。’《史记》作‘乃更为歌’。更亦续也。”

又如《卷第二·释言第二》：

“殛，诛也。”〔注〕：“《书》曰：‘鲧则殛死。’”〔正义〕：“《说文》云：‘殛，殊也’，‘殊，死也！’‘汉令云：蛮夷长有罪当殊之。’《匡缪正俗》引应劭释云：‘殊之者，死也。’《汉书·高帝纪》云：‘赦天下殊死以下。’如淳曰：‘死罪之明白也。’《左传》曰：‘斩其木而弗殊。’韦昭云：

‘殊死，斩刑。’颜师古曰：‘殊，绝也，异也。言其身首离绝而异处也。今本作诛也。’按《说文》：‘诛，责也。’与殛异义。当作殊也。’〔注〕‘《书》曰至殛死。’〔正义〕：‘《洪范》文。’”

所谓“存古音”，更是邵晋涵做的一项开创性的工作。在《尔雅正义》完成之时，清代音韵学研究正在兴起。“以声求义”还未被广泛使用，这方面的杰出之作《广雅疏证》还未问世。而邵晋涵则在师友们的影响下，较早地运用了这一方法，开始了将语音与语义相联系的探索。他在《尔雅正义·序》中说：“声音递转，文字日孳，声近之字义存乎声。自隶体变更，韵书割裂，古音渐失，因致古义渐湮。今取声近之字，旁推交通，申明其说，因是以阐扬古训，辨识古文，远可依类以推，近可举隅而反，所以存古音也。”书中这方面的例子很多。如《卷第三·释言第二》：

“甲，狎也。”〔注〕：“谓习狎。”〔正义〕：“《卫风·芄兰》云：‘能不我甲。’《释文》云：‘《韩诗》作狎。’《书·多方》云：‘甲于内乱。’《释文》引郑、王皆以甲为狎，音义相兼也。”

“畛，殄也。”〔注〕：“谓殄绝。”〔正义〕：“上文已云‘畛，致也’。《释诂》云：‘殄，尽也。’畛又训殄，以声转为义。皆假借字也。下文‘障，畛也’为畛字本义。”

今天，我们之所以说邵氏是清代一位有成就的语言学家，不仅因为《尔雅正义》是补充解释《尔雅》这部古老辞书的优秀著作，而且因为他的“存古义”“广古训”“存古音”三项工作，达到了当时古汉语词汇、语音研究方面的较高水平。

《尔雅正义》不仅开清人解经风气之先，也为清代的《尔雅》研究带来了繁荣局面。其后成就特别突出的是郝懿行。他的《尔雅义疏》与《尔雅正义》可称姊妹篇。后世的学者，有的认为《义疏》优于《正义》，有的则不同意此说。见仁见智，本是常事。邵氏草创不易，难免有疏漏不足；郝氏后出，自应转精，但也不可能尽善尽美，就像庄子说的那样，“吾生也有涯，而知也无涯”（《养生主》），达到完美的境界是不容易的。

邵晋涵在学术上的贡献是多方面的。他不仅是杰出的语言学家，还是著名的历史学家。由于欧阳修的《新五代史》的问世，薛居正的《旧五代史》在宋元时就已不传，多亏邵晋涵从《永乐大典》《册府元龟》《太平御览》等书中辑出，才得以复传人间。今天我们所见“二十四史”中的《旧五代史》，就是出自邵晋涵之手的辑佚本。此外，他是《四部全书总目》中史部诸书提要的重要撰稿者。他还帮助毕沅修订过《续资治通鉴》。据说，他还有《南都事略》《宋志》两部关于宋代历史的未完之作。

语言学、历史学之外，邵晋涵的其他著作还有很多。有的已经刊行，如《南江文钞》《南江诗钞》《南江札记》等。有的则未刊布，如《孟子述义》《穀梁正义》《韩诗内传考》《皇朝大臣谥迹录》《輶轩日记》等。

邵晋涵去世时年仅五十四岁，这是很为当时学术界所痛惜的。王昶在为他撰写的墓表中记载道：“学士邵君之卒也，卿大夫相与悼于朝，汲古通经、博闻宏览之儒相与恸于野。而大臣之领国史者，迄今尤咨嗟太息，重惜其亡。”今天，当我们追述这位学者为中国古代语言学及其他学术领域所做出的杰出贡献时，也不禁扼腕太息。

附录一　邵晋涵主要著作目录索引

1.《尔雅正义》二十卷（《皇清经解》卷五百四至卷五百二

十三）。

2.《南江文钞》一卷（《晋石厂丛书》）；《南江书录》一卷（《聚学轩丛书》第五集）。

3.《四库全书提要分纂稿》一卷(《绍兴先正遗书》第三集)。

4.《南江札记》四卷（《绍兴先正遗书》第一集）。

附录二　邵晋涵研究主要参考书目索引

1. 清·钱大昕《日讲起居注官翰林院侍讲学士邵君墓志铭》（《潜研堂文集》卷四三,《四部丛刊》本）。

2. 清·章学诚《邵与桐别传》（《清碑传合集》卷五十，上海书店 1988 年版）。

3. 清·王昶《翰林院侍讲学士充国史馆提调官邵君墓表》（同上）。

4. 清·洪亮吉《邵学士家传》（《卷施阁文甲集》卷第九，《国学基本丛书》本）。

5. 清·梁启超《中国近三百年学术史》（《饮冰室合集·文集第十四册》）。

6. 清·黄侃《尔雅略说》（《黄侃论学杂著》，上海古籍出版社 1980 年版）。

7. 清·江藩《汉学师承记》（上海书店 1983 年版）。

8.《清史稿·邵晋涵传》（中华书局 1977 年版）。

9. 黄云眉《邵二云先生年谱》（《史学杂稿订存》，山东人民出版社 1960 年版）。

10.《中国史学家评传》（中州古籍出版社 1985 年版）。

原载吉常宏、王佩增编《中国古代语言学家评传》，
山东教育出版社 1992 年版

《〈名公书判清明集〉词汇研究》序

《〈名公书判清明集〉词汇研究》一书，是山东大学汉语言文字学专业近年来优秀的博士学位论文之一。欣闻该成果通过有关专家严格评审，并获得资助，即将由人民出版社出版，不禁发出“丽质容难掩，名花远自香”的感慨！作者许浩君命我一定要说点什么，盛情难却，只好遵命略陈浅见而已。

结集于南宋中后期的《名公书判清明集》，是一部收录当时诉讼实例的断狱书判汇编。法律学界、历史学界对该书多有研究，但在汉语言文字学方面，它至今依然算得上是一片未开垦的处女地。由于该书所收录的内容，是当时的一些司法官吏或士大夫在诉讼实例中留下的判词或谕文，所以该书既真实地反映了南宋时期的社会生活，又较好地反映出那一时代的语言词汇特征；且由于书判体裁和受众的要求，该书所使用的词汇比较规范，语言较平实易懂，具有鲜明的时代特征。因此，对该书词汇进行认真研究，对汉语词汇史，特别是宋代词汇史研究都具有重要的参考价值。作者经过数年艰苦认真的工作，现在终于将一部充分挖掘和展示《名公书判清明集》词汇，特别是实词特点的《〈名公书判清明集〉词汇研究》，呈现在读者面前。相信该书的出版，对了解宋代特别是南宋中后期的汉语词汇面貌，为构建宋代词汇史进而构建汉语词汇通史，都会大有裨益。

从《〈名公书判清明集〉词汇研究》中，读者不难发现该书值得称道的一些亮点。

例如书中第二章，不仅对该书词汇概貌进行了稳妥合理的分类和确凿可信的统计与梳理，并且将由此发现的 1083 条《汉语大词典》未收词语，进行了分析归纳，并以附录的形式将其列出。除此之外，作者还在第五章用专门一章，列举了《汉语大词典》在收词、义项、释义、书证等多方面可讨论可补充的问题共计 2573 处；其中很大一部分，都可供目前正在进行的《汉语大词典》修订工作采用。

在第三章的同义词研究中，作者提出了界定同义词的四条标准，即“共时”、“同系统”、“以义位为单位”和“词性一致”。这些标准综合起来，对于学术界同义词界定见仁见智的状况，不无启发与帮助。在此基础上作者对《名公书判清明集》的 900 组同义词、3160 个义项进行了分析归纳，展示了《名公书判清明集》丰富的同义词面貌，总结了社会语言学方面的原因，理据充分，富有说服力。

该书最有特色或说最具“创新性”的部分，是第四章的数字人名研究。作者通过对本书资料详尽和认真的排比，对照相关资料，特别是结合宋代欧阳修、苏洵等重新构建并施行的“小宗谱法”，以及其中“五世亲尽”的原则，提出《名公书判清明集》中的数字名，甚至包括其他宋代典籍中的数字名，其中所表现的行第，均应以曾祖所出来计算。这一合乎逻辑和具有学术性的结论，不仅使人在解读《名公书判清明集》中的数字人名时豁然开朗，更重要的是这一观点与结论，对于语言学、历史学、社会学等多学科研究，都具有重要的参考价值。

接下去，对“女性非数字名使用情况”和“女性数字名使用情况”的研究，是该书的又一个亮点。作者通过认真研究，无可置疑地提出：

在了解了女性非数字名的使用规律后，女性数字名的使用规律也就明确了。一般来说，女性数字名多是家庭妇女或年轻女子所用，以标志自己在家族内的排行。

称行第名，不少人认为是一种尊称，如邓子勉在《宋人行第考录》（以下简称《考录》）中认为："称行第，也是对别人的尊称。吕本中的《童蒙训》卷上云：'近世故家，惟晁氏因以道申戒子弟，皆有法度，群居相处，呼外姓尊长必曰某姓第几……'当然，呼自家人以及同辈者等互相称行第，也应有这种含意，至少是一种礼貌的表达方式。"而根据我们所见的《清明集》中的女性数字用名，似乎很难认为这是"一种礼貌的表达方式"，因为在这部判词集中，使用它的官员们不会带有什么尊敬的感情色彩。《清明集》471页"官八七嫂姓刘，已经编管信州，老而益肆"一句，显然有憎恶之情。因此，客观地讲，这些数字名只是用行第来区分妇女个体的符号，是她们没有正式名字的表现，显示当时女性的地位低微。对此，吉常宏曾指出："在封建社会，一般女子都只有一个名，就是小名。这个名是不轻易对人说的。等到出嫁之后，这个名在婆家就'保密'了。"这是非常正确的。那么在小名保密、没有大名的情况下，别人如何称呼她呢？《清明集》中显示的方式就是用"阿某""某氏""某娘""某姐"等数字名和非数字名用名来指代了。

上述看法建立在扎实的统计和研究之上，紧接之后对一些误解的有力批评，也充分显示了作者的学识与功力，皆属不刊之论。我们认为，从一定意义上说，汉语语义学的研究，是更加复杂和困难的一项工作，在当前浮躁的学术环境下，似乎更需要严肃的学术研究给予关注。许浩君在这方面做出的可喜的尝试，令人欣喜，令人敬佩！

总之，该书虽是对专书的词汇研究，但作者能够有意识地将它置于汉语词汇发展史的宏观背景下进行讨论和观察，从而使它更具备了学术参考价值。

当然，作为初出茅庐的新人，第一次推出自己研究汉语词汇研究的专著，不足之处也属意料中事。比如文中对一些重要词语的频率还可以详加统计；以《汉语大词典》所用首例，作为新词新义出现时间的做法不尽准确；对有些词语的观察研究今后还可以继续向纵深发展；等等。但这些都无碍于《〈名公书判清明集〉词汇研究》一书成为《名公书判清明集》研究方面的力作。它必定会在多个领域，特别是汉语词汇研究领域，不断引起学界应有的关注。

承乏作序，未敢固辞。略陈固陋，难副雅意！

山东大学吉发涵

癸巳仲夏于兴隆山槐枫阁

原载许浩著《〈名公书判清明集〉词汇研究》，

人民出版社2013年版

浙江新昌义门陈氏第九次重修家谱序

陈氏始祖乃西周陈国开国君胡公满，本为重华虞舜之苗裔，故陈氏其来尚矣！

唐宋之际，陈氏一支于江西九江古处州一带繁衍生息，代有贤达，享有义门陈氏之誉。宋末元初，宦于浙丽江古处州之陈氏先祖，迁居嵊州，立族聚食，渐成数千人之巨族。

明初，耕乐公孟诚君始率族人自嵊迁新昌，旋成新昌望族。自明至于民国，陈氏居新昌二十余世，族谱迭修凡八次。孝子贤孙，上继远祖之业，下延中华优秀传统家风，仁人志士，层出不穷。旧谱载记之详，历历可考。新昌陈氏诚所谓绵绵瓜瓞，旧族其昌者也！

进入廿一世纪以来，国家欣逢太平盛世，新昌陈氏族人屡念旧谱七十年未修，将难免世远泽湮之虞。于是其新公、馥熙公、方进公诸贤达，发起组建宗谱编修工作委员会。或串联海内外族人，或亲自搜集资料，不辞劳苦，历数年寒暑，第九次续修新昌义门陈氏家谱终于将杀青付梓。

丙申孟夏，婚兄弟国范、国忻相偕来访，转致馥熙公请余为新谱作序之意。余固陋无文，且不谙翁族世系本末，更未睹新谱草稿之概，未敢应允。昆季二人遂将相关资料及新昌陈氏近百年继往开来、炽盛不衰之情况娓娓道来，自日昃至于掌灯仍不能已。

余听罢，不禁为之动容，避席振衣，慨然而叹曰，曾子有言曰：“慎终追远，民德归厚矣！”新昌陈氏家族数百年昌盛，子孙翼翼之因，岂非尊祖敬宗，踵其祖武，代有英杰乎？抑族人敦德睦族，饮水思源，世代以为家族增华继美为念乎？又或族中贤达黾勉奉公，使族谱屡次得以续修无逸乎？观新谱之所以成，岂无征乎！

公元二〇一六年岁在丙申清和谷旦

山东大学文学院教授博士生导师

山东章丘吉发涵恭序

一段艰苦的岁月

接到校友总会寄来的《悠悠母校情》征稿通知，正是瑞雪飞舞的 1995 年元旦。“每逢佳节倍思亲”！三十多年前在母校时的种种情景，不禁一幕幕在脑海中鲜活起来。

1960 年秋，我考进了初 19 级 6 班。19 级有八个班是属于一中和实验中学特有的“五年一贯制大改班”。那时，一中和“实验”难分高低，许多方面一中还超过“实验”。进入“大改班”的学生都是全市的尖子，我这年就是以济南市第一名的成绩被录取的。

当时，我们这些春风得意、未谙世事的少年，正沉浸在“三面红旗”的凯歌声中，甚至国庆十周年的欢腾心情尚未退尽。大家都以为踏进这所久负盛名的中学，面临的将是紧张的学习生活，将来大部分人都会成为名牌大学的学生。学校对这八个班也抱有特殊的期望，配备了最强的师资。报到时，李昌义主任就曾偷偷把我叫到一边，问我喜欢“文”还是喜欢“理”。

然而，事情的发展和结果完全是出乎意料的。“大改班”两年之后就因国家经济困难不得不下马。学生们在三年后只得分道扬镳：或留校继续读高中，或另外考取中专甚至到社会上就业。所以，1963 年秋，我和一部分同学便转入了高 18 级。一直到 1968 年秋，18 级的同学或被分配上山下乡，或进工厂，或成为无业青年。总之全部走向了社会，没有一个人能进大学。

就这样，我们这批学生在母校前后待了八年。这在百年校史上恐怕是绝无仅有的。那八年，正值共和国历史上“三年生产救灾”和“文革”初期这样两个重要阶段。确实，那些峥嵘岁月无论是对母校还是对个人，都是令人难以忘怀的。

下面所记叙的，就是对母校在“生产救灾”时期一些情况的零星回忆。

在我的感觉中，1960 年夏秋之交，天灾人祸就像旋风一样骤然自天而降，迅速席卷了中国大地。最先感受到它的淫威的是农业生产：野草长满了田间，遮盖了庄稼；散发着腥气的黑紫色的毛毛虫爬满了每一棵谷子、玉米；许多植株已被吃光了叶子，只剩下光秃秃的秸秆在田中摇曳着……

没等暑假结束，我们这些新生便被提前招进了学校，加入了“生产救灾”的行列。当时我们对严峻的国际国内形势漠然无知，而对以这种方式开始的中学生活却充满了新鲜感。每天，上至校长老师，下至每个同学，人人都意气风发地参加各种救灾活动。先是到近郊各公社去除草灭虫，师生们浩浩荡荡排着队，走在城里或乡村的路上，唱着鼓舞人心的歌曲：“我们/生活在社会主义的大家庭/亿万人民是一个整体/同甘苦共呼吸/团结友爱最亲密/一方有难八方支援/一人有事万人相助/颗颗红心连在一起！”至今每当想起那段生活，这首歌的旋律便会在耳边重新响起。印象特别深的，是那时我校还有在南亚某国制造的排华事件中被驱逐回国的近百名华侨同学。他们虽然都与亲人天各一方，生离死别，但在祖国的怀抱里，都显得那么乐观向上。老师同学们也拿他们当亲人看待。每逢劳动间隙或午休的时候，这些从穿着打扮到说话、长相都带有南洋味的同胞，便带头唱起歌跳起舞来。晚上收工回来，尽管人人都已是疲惫不堪，但师生们仍旧排着队，撒下一路歌声。

然而，谁也料不到饥荒会那样严重。深秋，师生们奉命把一切能收集到的树叶全都宝贝似的收集起来，堆满了几座临时用作仓库的房子。粮食定量一减再减，最后每人每天只合几两粮食了。到了冬天，师生们已经全都饥肠辘辘地上课了。再后来，学校不得不采取减少上课、提前放学、晚上不布置作业等办法，以保护师生们的身体。我们班主任赵奉梅老师，那时已是快五十岁的人了，她不仅代数教得好，而且俨然是位既慈祥又严厉的老妈妈。她曾反复训饬我们："回家吃过晚饭，马上给我上床睡觉，不然一会儿又饿了！"

即便如此也无济于事。越来越多的师生都面带菜色了。许多人开始浮肿，轻的时候，腿上一按一个坑，再重了就漫延到全身，那就有危险了。谁得了浮肿，经过校医孙老师、张老师检查，可以领到一包用药、糖、米糠、麦麸等制成的又治病又挡饿的"康复饼干"。我就曾"幸运"地领到过两三次。不过每次都舍不得自己吃，而是带回去与全家分享了。有的师生身体本来就不好，他们没能撑过那场旷日持久的饥饿。我的第一任班主任许瑛老师在第二学期开学不久便因肝浮水去世了，那年他还不到四十岁。留在我们印象中的，是他黧黑的面孔和讲述《邹忌讽齐王纳谏》时那诙谐有趣的音容笑貌。

1961 年春到 1962 年秋，是生产救灾最困难最严峻的时期。为了增强抗灾自救能力，政府给各校分配了一些土地，作为救灾基地。靠这些基地不仅可以稍有收获，同时可以借此使师生们增加对农村的了解，增长生产知识。这正是当时"教育为无产阶级的政治服务，教育与生产劳动结合"的教育方针所要求的。

我们学校的一个基地在西郊"古城"，距学校四五十里地远，大约在今天段店以西的地方。师生们轮流去那里劳动，每次三四个星期。记得有一次我们班去的时候，正赶上连阴天，住的农民的房子到处漏雨，已岌岌可危。一天夜里，先是墙被淋倒了一截，刚搬到其他同学住的屋中，却又赶上屋顶塌了个大窟窿。我们只好再一次披着被子冒雨逃到另外同学的住处去。就这样，一夜换了三个地方，幸亏没有人被砸着。就是这一次，由于白天活重，加上我们年龄小，不会计划用粮，耐不住饥饿，不少同学把若干天的饭票都提前吃光了。每到开饭，大家只能眼巴巴地看着人家吃饭。饿得没有办法，我们便去基地旁的沙河里抓小虾、螃蟹等东西，生吞活剥地吃下去，或者在荒野中挖一种叫“复根”的野草根充饥。后来，老师发现了这种情况，便特意安排我们班夜里看菜园，这实际是在照顾我们。于是，我们就趁夜深人静的时候，有节制地做些监守自盗的勾当，偷嚼些生茄子、萝卜之类的东西。早上下工，腹尤果然，着实解决了一点问题。这种生活，直到家中又派同学送去了饭票，才算告一段落。

校内的操场上、空地上，经常晾满了从基地运回来的菜叶、地瓜秧、棒子核（玉米芯）之类的东西。在校内劳动的同学，便把它们反复碾压、过筛，弄成细面。然后师生们可以每人分几斤。住校同学的那些份儿，就由食堂掺到粮食中蒸成窝头卖给大家吃。在那时，这已是难得的额外食品了。

大约是1961—1962年间，还曾提倡养过一种叫“小球藻”的东西，据说是种富有营养的食品。今天学校西邻原来三十三中的地盘，那时也属于我校。在它南面的一大片空场上，砌起了许多大水泥池，全都放上水，接种上了这种东西。慢慢地，各个水池中的水都变成浓绿浓绿的了，据说那就是小球藻了。现在想来，恐怕就是一些长满了青苔的水。不过由于加意培养，其中的青苔比平常浓得多罢了。那时却把它的营养价值说得非同寻常，给人的印象是似乎比今天的“中华鳖精”还厉害。可惜的是，如此珍馐，我们做学生的都未曾有缘品尝一下它的滋味。只记得有位教地理的女老师，有一天快放学的时候，曾得意地向我们炫耀道：“今天早上我吃了半块掺了小球藻的窝窝头，直到现在还不觉饿！”当时，我们的肚子都已咕咕作响，有的甚至已饿得在出虚汗。听了这话，不知是生理本能的失落感，还是对那一时刻竟还有不饿的人感到奇怪，反正全班同学私下里都有点怀疑和妒忌。以致此后的许多年里，同学们还往往绘声绘色地模仿这位老师说这段话时的样子。正因为小球藻被说得那样神奇，有段时间便要求人人都要培养一盆。于是，各个教室的窗台上、空地上，便都摆满了瓦盆。接种上之后，不知是管理不善还是温度等条件不够，反正始终也没见什么动静。久而久之，期望变成了灰心，又不能私自倒掉，只好任凭它摆在那儿。后来个别同学偷偷地在里面尿上了尿，那结果便可想而知了。

后来，也没见过小球藻被推广开发利用的消息。所以，我总认为那时的小球藻之风，八成是种“病急乱投医”式的误会。

直到进入1963年，饥荒才慢慢地消退，国际国内形势也随之有所缓解。于是我们在母校的生活也进入了一个新阶段。

三十多年后的今天，饥荒早已远离我们而去，母校也变得比当年更美好。在校学习的同学也比我们当年更加无忧无虑了。他们几乎已不知道饿肚子是什么滋味，更不用说会因看到别人不饿而产生怅惘和失落感了。但是，我认为我们大家都不要忘掉那一切。因为正是当年那些艰难困苦的折磨，才造就了成千上万校友那无所畏惧、坚韧不拔和团结乐观、勇往直前的精神和性格；才使他们能在告别了母校的岁月里，继续吃苦耐劳、努力奋斗，时刻想着为祖国和人民奉献自己的一切聪明才智，从而也为母校争得了许多荣誉，增添了许多光彩。

原载济南一中校友总会编《悠悠母校情》第三集，1996年

啊，风浪中的那叶小舟！
——高十八级四班琐忆

暑去寒往，春华秋实，母校迎来了百年华诞。时光流逝，魂牵梦系，最难忘那母亲怀抱般的校园。如果把母校比作大树，我们就是她结出的桃李；如果把母校比作海港，我们就是曾在那港湾中学习远航的海员。我们所在的班级，就像港口中鳞次栉比的一叶叶小舟。而承载着我在母校的港湾中泛水习舟、经历风雨的那叶小舟，则是高十八级四班。

高十八级是在灾荒年刚刚结束，“向雷锋同志学习”运动刚刚开始的 1963 年秋天入校的。其中一至四班，主要是由原五年一贯制的初十九级直接升入高中的同学们组成的。开始编入我们班的有 48 个同学，除了 6 名从十三中来的新生，其余都是原来十九级二、四、六、八班的同学。刚刚度过饥荒，肚子不再饿得难受，形势一天天好转，新入学的我们志满意得，算得上逢了天时。校园依旧，师长依旧，比起刚从外校外地考入的同学，少了许多陌生和忐忑，我们实实在在地占有地利。早已熟稔的同学，共同的初中经历，使我们从一开始就享有故友重逢般的快乐，气氛和谐融洽，很容易就达到了人和。更重要的是，大家都受过母校初中三年良好校风的培育和熏陶，所以，真诚团结，求知进取，很快便在我们新组成的十八级四班蔚然成风。因此，当 1964 年学校举行拔河比赛时，尽管我们班仅有不足 20 名男生，一贯被人视为弱小，但全班同学精诚团结，精心组织，终于出人意料地夺得了冠军。其实，听听我们班全体女生那震耳欲聋而又具有强烈节奏感的助威呐喊声，看看我们参战男生赤膊上阵、摩拳擦掌、决战决胜的风貌，以及那似乎是信手拈来，实际上却是大家苦心钻研、反复训练出来的一组组整齐有力的战术动作，那场竞赛的胜利实在就非我们莫属了。

很快，毛主席又发出了“到江河湖海里去游泳”的号召。那时的济南，护城河绕城如带，清澈见底，深可没人，是个绵延数千米的难得的天然游泳场。母校的位置更是得天独厚，学校和护城河仅隔一条环城马路，护城河就如同老天专门赐予我们母校的附属设施一般。连续两年的夏秋时节，每逢下午课外活动或体育课，我们班就不分男女，一起排着队、唱着歌，兴高采烈地去护城河里游泳。对于当时济南的男孩子来说，许多人从小就有在护城河里戏水的经历，游泳早已是大家的爱好，何况又赶上毛主席他老人家号召呢？不过女生就不同了，她们大多数都没下过水，开始难免有些恐惧，不少人更是对穿上泳装与男生一起下水，甚至让男生辅导、保护，感到有些难为情。但是，在当时的大环境下，这些问题很容易就克服了。因为大家谁也不想在响应毛主席号召的活动中，落在别人的后面。于是，没用多长时间，我们班同学便几乎全部学会了游泳，男生甚至可以从新东门稍北一点下水，一直游到获雅坊、水门（东护城河北端），然后再逆水游回来。那段时光，我们常常是在河里一直游到太阳快下山，河水变凉了，我们才兴犹未尽地爬上岸来，更衣、排队，依旧唱着歌返回校园……现在回想起来，那是我们高中五年中最轻松惬意的一段时光了。

1965—1966 年之交，随着对《海瑞罢官》和“三家村”批判的逐步升级，国家的政治形势一天比一天严峻起来。“左”的苗头在校园中迅速弥漫着，而毕业的日期却在一天天逼近。尽管“一颗红心，两手准备”的教育和讨论依然在空洞地进行着，但形势的发展已使同学们感到正常毕业的希望越来越渺茫了。在茫然和矛盾之中，我们班的同学甚至萌发了全班一起去边疆的念头。每逢下了晚自习，大家走在黝黑空旷的操场上，便会大声唱起“人人都说江南好，我说边疆赛江南”的歌来。歌声此起彼伏，既充满着同学们对前途的憧憬和希望，也掺杂着大家心中的迷惘和无助的忧伤。那种后人不能理解的情感和氛围，至今回想起来还令人有种荡气回肠的感慨。很快，“五一六通知”下达了，它标志着一场旷日持久的政治动乱已正式开始。但是，五月底，我们仍按常规认真进行了高考前的填报志愿工作，虽然后来证明那时已经是毫无意义的白忙了。

果然，我们填报的“高考志愿表”墨迹未干，1966 年 6 月 17 日晚，“废除高考制度”的决定便公布了。紧接着，全国各类学校开始了“停课闹革命”。“文革”浩劫在学校正式拉开了序幕，并无休止地延续下去。我们无法毕业，变成了母校百年历史上少有的一届在校五年却至今没有举行过正式毕业典礼的毕业班。

从 1966 年 6 月到我们陆续离校的 1968 年夏秋之交，是母校历史上不堪回首的一段岁月。特别是 1966 年 7 月到 10 月，所谓的“红色风暴”横扫全国期间，我们母校不知有多少严父慈母般的老师眨眼间就被拳脚相加，惨遭百般毒打，不分男女，剃着阴阳头，挂着数斤重的罪行牌，在大操场上做苦役。也不知有多少幼稚的同学一夜间忽地从地上被捧到天上，又忽地从天上重重地摔到地下。更不知有多少无辜的同学被羞辱、被呵斥、被孤立、被殴打……在种种令人不解的现象与言论汹汹而来之际，我们十八级四班的同学凭着母校师长多年教诲赋予的良心、智慧和判断力，没有盲从，不仅始终没有人参与殴打我们敬爱的老师，而且还拍案而起对这些恶行予以抵制。先是在 6、7 月间，我们班坚持向包括所谓出身不好的同学在内的全班同学，全部发放了《毛主席语录》，因此成了另类，受到了围攻和敌视。继而，在那场全国闻名的“老子反动儿混蛋”的对联大辩论中，我们班又全班出动，各自为战，勇敢地站出来捍卫真理、批驳谬误，赢得了全校广大师生的支持。记得那是一个酷热的上午，校园里一堆又一堆的人，到处摆开了唇枪舌剑的战场，我们班同学三三两两甚至是单枪匹马地被围困在一圈圈人群中，与受“血统论”蒙蔽但在当时占有天时的一些同学进行激烈辩论。我们从容不迫地摆事实、讲道理，时而慷慨激昂，时而娓娓而谈。直到中午，各个战场的人才陆续回到了教室。大家没有为刚才遭到围攻而懊丧，反而群情激昂，互相鼓励着。然而大家也确实已经共同感到整个学校乃至整个国家的政治气氛正在迅速恶化。但是，在那一时刻，为了表达我们全班的激情与决心，今天看来，抑或只是当时一种对政治前途茫然而强烈的期望，我们又迅速在教室门口贴出了两副硕大的红色对联：“梅花欢喜漫天雪，冻死苍蝇未足奇”“金猴奋起千钧棒，玉宇澄清万里埃”。然后，我们全班同学同仇敌忾，伴随着军乐大鼓的轰响，齐声唱起了鼓舞斗志的歌曲。在那令人热血沸腾的歌声中，同学们的泪水再也无法抑制，许多人都哽咽了。这时，教室外面围观的师生们也不约而同地加入了我们的合唱。大家的眼泪一起流淌。那歌声、那泪水，不仅意味着委屈和困惑，更意味着团结和坚强。从此之后的一段时间里，我们班成了逆乎潮流的一叶孤舟，也成了许多同学心目中的一面旗帜和一座堡垒。

后来，又经过几个月的折腾，到了 11 月，全校各个班级都已经分崩离析、不成建制了。代之而起的是多如牛毛的自发成立的小山头，唯独我们十八级四班还基本完好无损。这时，全国性的步行长征大串联开始了。经过反复讨论，我们也决定：响应周恩来总理的号召，全班一起去长征串联。消息传出，许多外班同学甚至是老师们都来报名。经过一番周密准备，一支 40 人的步行长征串联队伍，终于浩浩荡荡地踏上了征途。我们这支队伍一路跋山涉水，从济南一直徒步走到了上海。一路上，同学们互相学习，互相帮助，相濡以沫，留下了许多直到今天同学们仍津津乐道的故事……直到 1967 年 1 月，我们才陆陆续续返回校园。

在这之后的一年半，整个国家越发混乱，形势更加诡谲险恶。所谓“覆巢之下，安有完卵”。在那愈来愈无是非可言、狂风恶浪般的浩劫中，十八级四班这叶顽强的小舟，一直搏击到它能坚持到的最后一刻，终于在 1967 年也被迫逐渐解体了。再往后，有的同学由于不肯盲从或屈从，受到了不公正的打击和排挤，甚至有的同学连最后的毕业分配权都被剥夺了。直到打倒“四人帮”后，一些问题才逐渐得到纠正。

相比之下，我应当算是十八级四班的幸运儿和受益者，遭遇要比有的同学好得多。特别令我没齿难忘的是，在我最困难的时刻，例如，当我的家庭遭遇不测之时，我的同班同学们一次次地给我各种慰藉和帮助，帮我渡过了一个个难关，使我终于走出了那场不堪回首的浩劫……后来，又是在同学们的帮助下，我得以在一个小小的工厂里找到了暂时得以安身立命之地，直到 1977 年恢复高考……

回首算来，离开母校至今已经整整 35 年了。35 年来，上至国家，下到个人，曾有多少悲欢离合、喜怒哀乐。今天，我的两鬓也像当年母校的众多老师那样斑白。然而，每当碰到什么坎坷，我首先想起的，往往是培育我八年的母校和那些使我如沐春风的师长，以及包涵着我也帮助过我的十八级四班！同样，每逢碰到什么喜庆的事或有什么进步，我首先想起的，还是我的母校、我的师长，特别是真挚而可信赖的我的十八级四班的同学们那一张张亲切的面孔！

是啊，是母校八年的哺育，才使我们十八级四班有了求知、向上、团结、坚韧、尊敬师长、尊重他人等等由母校校风派生出来的班风；是多达近百名直接或间接地给我们授课、辅导，教导我们做人的老师们，共同赋予了我们全班同学上述德行。这种班风和德行，不仅是母校校风的一个缩影，也是我们对母校众多恩师身上各种美德的摹写和克隆！而且，在我们几十年的人生道路上，它成了我们一直受用不尽的无价之宝。

啊，济南一中，那个使我认识人生的母亲怀抱般的港湾！

啊，十八级四班，那叶在师长指导下令我们学习搏击风浪的小舟！

原载济南一中校友总会编《悠悠母校情》第五集（上册），2003 年

调膳、摄影与登堂做客

——两次侍奉太老师与太师母琐忆

1980年春，家父奉调到北京大学参加《古代汉语》的修订工作。当时山东正筹备成立语言学会，他是筹备组成员之一，陪侍太老师和太师母到济南参加山东语言学会的成立大会，就成了他的一项重要任务。

5月26日，家父陪同太老师偕太师母伉俪二人顺利抵达济南，下榻在当时用于接待外宾的山东宾馆。记得那天晚上，家父匆匆回到家告诉我们说："后天了一先生和师母要来咱们家做客，我们要准备一顿晚饭。"他交代完后就又回宾馆去了。太老师和太师母在济南的那几天，他一直是日夜陪侍在宾馆里的。

5月28日下午，省社科院用一辆当时算得上很时髦的轿车把太老师和太师母送到济南市历下区按察司街的寒舍门口（那辆车在太老师在济南的几天里，一直都是为两位老人专门服务的）。当天，去我们家作陪的还有山东大学的殷焕先、殷孟伦、蒋维崧三位先生和山东社科院的程湘清老师。平时安静的街巷小院中，乍有这么多客人到来，特别是还有太老师这样的学术泰斗光临，我们家中确确实实顿觉蓬荜生辉。那天，太老师穿的是一身蓝色中山装，手里拎着拐杖，风度洒然，一派大家风范。太师母则是一头整齐的短发，一件素色的对襟上衣、深色丝质裤子、皮底方口布鞋，加之脸上那慈祥的微笑，显得高贵而典雅。下车后，太师母、太老师执意要先去后院堂屋与家祖父母见面（当时家祖父已患中风后遗症，行动、言语都不便）。出京时，太师母就已经预备了送给家祖父母的礼物：一大包桂圆肉和一盒精美的巧克力。

四位老人见面后，叙谈了一会儿，太老师、太师母便被请回我父母住的前院南屋落座。那是座仅有 24 平方米的一明两暗的低矮平房，明间内摆上一张大方桌，加上这么多贵客，已无转身之地。那天是太老师与孟伦先生面北上坐，太师母与家母东向坐，殷焕先、蒋维崧先生西向坐，家父与程老师南向坐。坐定后，家宴开始了。当天，我的光荣任务就是调膳掌勺。为了增加人手，我的大学同窗好友李绪洙兄也赶来帮忙。当我把精心烧制的我们的家传节日菜肴"白烩鱼肚"和"鱿鱼丝汤"呈上饭桌时，太老师半开玩笑地对家父说："吉老，你今天简直就是用山珍海味招待我们了！"太师母听后，马上接过去认真纠正说："了一，这本来就是山珍海味的宴席嘛！"大家不禁都开怀大笑起来……今天回想起那天的情形还历历在目，但最大的遗憾是竟没把那天的聚会留下一张照片来。

第二天，太老师又到山东大学做了"学习古代汉语必须学习古代文化常识"的报告，重点讲了干支纪年问题。报告在当时学校中最大的一个场所——化学系阶梯教室——举行，由于参加的人太多，走廊上甚至窗台上全都挤满了人。太老师在台上讲，家父在一旁负责板书。这场报告已经过去 20 多年了，但它对我产生的极大的影响还在延续。从 1984 年以来，我就在本科生，后来又在研究生中坚持讲授中国古代文化的课程，个人与学生们都有很多收获。

又过了一天，太老师、太师母由家父和山东社科院的戚其章老师陪同，去游大明湖。头一天我听说了这一消息，就到我选修

“考古摄影课”的历史系借好一架老式“海鸥 4B-120”相机，并买好了胶卷。第二天早上，我提前到大明湖公园的铁公祠等候。直到十点多钟，太老师、太师母他们的车子才到了铁公祠。我迎上前去，给两位老人先拍了合影，然后又分别为家父与太老师、戚老师与太老师合影留念。当然，我也趁机要求与太老师合了影。这是一次十分荣幸的机会，留下的几张照片都是十分珍贵和有纪念意义的。特别是我与太老师的那张合影，他老人家后来还专门签上字又寄给了我，成为我保存至今的最为珍贵的照片之一。但让我后悔不已的是由于过分激动，竟没能抓紧机会与太师母她老人家合影留念！

时光一晃到了 1982 年暑假，我已从山东大学中文系毕业，并留校做了古代汉语教研室的一名教师。八月初，在太老师的倡导下，教育部举办了长达 20 天的“全国高校古代汉语教师天文知识学习班”。山东大学中文系分到一个名额，我幸运地获得了这次学习机会。临行前，家父给太老师准备了一瓶当时号称“山东小茅台”的“古贝春”酒，让我在学习期间方便时去看望一下太老师和太师母。

学习班在北京天文馆举办，课程与实习、参观活动安排得很紧凑。从课程表中得知，其间还有太老师的一个讲座，所以我就打算等听完太老师的报告再去探望两位老人家。8 月 12 日上午，在北京天文馆电影厅，太老师给我们学习班全体学员，以及北京高校部分教师做了“为什么学习古代汉语要学习天文学”的学术报告。休息期间，我跑到台上去见太老师，并告诉他家父命我去看望他和太师母的事。太老师很高兴，告诉我最后一天还要来和大家合影留念，让我到时候跟他回家并一起吃饭。听后，我又高兴又紧张，因为我从来没到过太老师家，更甭说去吃饭了。于是，在忐忑与期待中等到了最后一天。全体学员与太老师，还有天文学会陈遵妫先生，以及教育部有关领导等合影之后，我被太老师叫上他的车子，回到了燕南园他的家中。一进门，我还没来得及转达家父母对太师母的问候和表达我自己对她的问候，就被太师母她老人家对我的嘘寒问暖弄得局促不安了。

太师母与太老师把我带进了客厅，太老师去书房赶着记下一些什么去了，太师母则一边与我谈话，一边给我倒茶、削水果。而我却一直像小孩子似的，受宠若惊，有些局促（这年我已 35 岁）。过了一会儿，太师母要去厨房指导阿姨（保姆）做饭，剩下我一人在客厅，我这才稍稍放松下来，趁机观察了一下太老师家的客厅。今天回忆起来，北墙上悬挂的梁任公为太老师写的一幅宋人集句对联最为醒目，上联是“人在画桥西（俞桂），冷香飞上诗句（姜白石）”，下联是“酒醒明月下（姜白石），梦魂欲渡苍茫（周密）”。沙发中间有郭沫若先生写的条幅，还有容庚、商承祚两位先生的篆书条幅，位置都十分协调，整个客厅布置得朴素而雅致。开饭了，太师母为我准备了丰盛的四菜一汤。她老人家频频给我夹菜，还特别让我尝尝她亲手做的那个发菜汤。那是我第一次吃这种原来仅从书上读到过的珍贵食品（现在为保护高原生态环境，发菜已禁止采集与出售了）。这是我唯一一次在太老师家做客，虽然 20 多年过去了，但每当回忆起这一经历，心中总是涌起一股幸福的暖流，同时也禁不住更加怀念太老师、太师母两位老人家。

2004 年 10 月 10 日

原载《大师后面的伟大女性——纪念王力夫人夏蔚霞女士》，
商务印书馆 2005 年版

博学宏词，嘉惠后生
——吉常宏先生学术生涯掠影

一、聪颖过人青少年，负笈追师未名湖

1927年3月7日，吉常宏先生出生在山东章丘水寨孟庄的一户殷实人家。按照族中行辈，大人给他取名叫吉敦崑。十九岁报考中学时，才改为现用名吉常宏。

在家族中，吉常宏先生虽然不是唯一的男孩，但因为自小颖慧，深得父祖辈特别的宠爱。四五岁时，父亲从外地买回一大铁盒方块汉字卡片，足足一千字。盒中附有一块铁制田字形活动认字版，每次可以放进四张生字卡片。于是，祖父就成了他的第一任开蒙老师，每天教他认四个生字。一千个生字很快就认完了，祖父顺势教他诵读《百家姓》《三字经》《千字文》，还有朱柏庐的《治家格言》，以及《龙文鞭影》《名贤集》等。很快他就又把这些蒙书全都背得滚瓜烂熟了。就这样，没等正式上学，他已经认得数千字，读了许多别的孩童没读过的书。此外，这一时期，他还常常跟在祖父屁股后面，到集镇上去听戏，成了名副其实的小戏迷。

俗话说，“七精神，八糊涂”，那时都兴在逢单数的年纪送孩子上学。于是，九岁（虚岁）时，父辈与几个乡亲合伙，在当庄

借了一所房屋，请一位姓王名恩涵的年轻远亲做塾师，正式开馆授徒。这位小王先生十九岁，其父是当地很有声望的老秀才。小先生很负责，吃住在学馆里，虽然离自己的庄子很近，但他两三个星期才回去一次。授课内容是“四书”和《孝经》。由于吉常宏先生已经认得数千字，所以免去了认字的环节，可以直接背诵经书。一年下来，“四书”和《孝经》被他全部收入腹中，其他同学则远远地被抛在了后面。第二年，又聘了一位叫作刘会平的远亲老秀才，教授《尚书》《诗经》，后者用《诗集传》做教材。不到年底，《尚书》《诗经》全部读完了。这一年，是抗战全面爆发的1937年。

由于局势混乱，乡间匪乱频发，人心惶惶。1938年春，吉常宏先生随大人举家迁到了济南。几十口人的大家庭仓促进城，一时难以安顿。一起迁徙的几家亲戚在合租的小院落里住不开，吉常宏先生只好跟随父亲住在为自家商铺租赁的货栈仓库里。父亲年幼家贫，没有上过学。但他勤奋好学，在学徒空隙自学成才，成了乡里远近闻名的“秀才”。写得一手漂亮的董体字，逢年过节，远亲近邻都来找他写春联。他从自己的经历中深知读书的重要，但苦于为生计奔波，对儿子的教育一时无从设计。此时也只好先领儿子去商场，买了一部上海春明书局排印本的《三国演义》，让他自己看。没想到，吉常宏先生一边看仓库，一边读《三国演义》，一口气便读了七遍。此后，又买了《七剑十三侠》《彭公案》《施公案》等许多武侠小说，吉常宏先生如饥似渴，读得不亦乐乎，以至很快就可以天天坐在门槛上，给房东爷爷免费开讲啦。

此后，搬过几次家。只要有稍微长一点稳定的机会，父亲都先给吉常宏先生找读书的地方。由于祖父反对进日本学校读书，所以找的仍都是旧式塾师。其中一次，几个朋友合聘后来成了当时北京四大名医之一的孔宝华先生弟子的一位中医，在济南贡院墙根街一所房子里上课。这位先生因材施教，他看吉常宏先生有语文基础，便让他一人读《古文释义》，其他几个孩子则只朗读《药性赋》《汤头歌诀》。由于这位先生志不在教书，所以不到半年，便扔下几个学童，辞馆奔北京求师去了。之后，祖父又找到济南大厅门前（今省府前街）的一家书房，坐馆的是章丘城南有名的老秀才谢恩黼。多达近 20 个慕名而来的学童，都是从章丘逃难来的乡亲的子弟。这位老先生此时已有七十多岁，眼花耳聋，脾气极好，教学秩序宽松得很。学童们利用这一点，每逢有同学背书，就不约而同地大声朗读，以掩护背书者过关。吉常宏先生在这位先生那里，读完了《礼记》和《易经》。另外也不能免俗地利用先生的管理漏洞，在别人闹哄哄背书的时候，读了许多租赁来的诸如《三侠剑》《雍正侠剑图》等“课外读物”。

1941 年春，吉常宏先生全家搬到东小王府街居住。相隔不远，一位同乡王姓人家设有私塾，坐馆塾师是清代末班秀才、章丘著名学者隗香谷先生。祖父打探清楚，贽礼相求，送吉常宏先生去附读。后来，祖父时不时在南门外“文陞园”饭店，请这位隗先生吃罐儿蹄、喝老酒，二人遂成了好朋友。隗香谷先生大有学问，讲解《诗经》特别讲究传、笺和朱注。对学生要求极严，一丝不苟。每天，学生雁行站立，先回书（检查头天讲的书），然后再开讲新书，开讲新书则先破字，再讲解。这位隗先生非常开明，鼓励学生们看课外书，如《聊斋》《儒林外史》等。就这样，经过隗先生一年多的教诲，吉常宏先生背诵并理解了几乎全本的《诗集传》，以致后来在工作教学中都大受其益。

1943 年春，吉常宏先生赴青岛一家商店学徒，空余时间更多了。他白天站柜台，晚上则躲在宿舍里看书。不久，东家分配他去看栈房（仓库）。这样无论白天晚上，就有更多自由时间看书了。一方面是年龄渐大，求知欲更强，另一方面也受到青岛商业开放型城市的影响，各种报纸杂志、白话书籍更容易得到，所以，吉常宏先生在青岛学徒期间，如饥似渴地阅读了大量新文学运动以来的经典作家作品，不仅为他之后在北京的学习打下了很好的基础，更重要的是开阔了眼界，解放了思想。

1946年秋，吉常宏先生在抗战胜利的喜悦中回到济南。祖父和父亲毅然决然地决定，让他弃商继续求学。这正好合乎吉常宏先生的心愿。但是怎样才能把已经虚岁二十，又从未进过正式学校的他送进学校，成了一个不小的难题。此时各个学校早已开学，公立学校管理严格，私立学校虽然较松，但户口本上对应的名字和年龄仍然是一大障碍。幸好那时的吉常宏先生长得又瘦又小，伯父找了一位有名的大相士批了一下“八字”，减去四岁，又把原名吉敦崑改为吉常宏，然后托人，把他送进了私立培才中学读初一。正是这戏剧性的一步，改变和决定了此后吉常宏先生的人生轨迹。

期末考试时，吉常宏先生在年级中脱颖而出，除数学之外，各门功课都在90分以上，拿了一张“品学兼优”的奖状。老师见他成绩优异，特别是语文，远在初中水平以上，于是都动员他跳级。到新学期开始，他已成为初中二年级下的学生了。暑假前，一次当堂命题作文课，题目是《读〈五岳祠盟记〉书后》。吉常宏先生批评众人皆知的名句“宰相若逢韩侂胄，将军已成郭汾阳”，意境不高，认为岳飞并非为了成为郭子仪一样的勋臣，而仅仅是为精忠报国。文章用文言文一气呵成，结构紧凑，立意高远。此文一出，轰动了全校，也意外地引起了控制青年学生言行的“三青团”头头的怀疑。他们不仅派人到家中盘查，在学校中对吉常宏先生的言行也格外注意。多亏好心的老师同学暗中提醒，他才得以躲开了他们的纠缠。

1948年秋季开学，吉常宏先生顺利考入了齐鲁中学（解放后改名为济南五中）高中部。这年冬天，随着解放济南的硝烟散尽，济南的天空格外明朗，吉常宏先生的聪明才智也得以迸发。复课后他的第一篇作文《我的母亲》，记述了在解放军攻城的日子里，国民党军队负隅顽抗，强迫十六岁以上的青少年为他们出伕。文弱的吉常宏先生被押解着到城外去拆民房。母亲在家寝食不安，夜不能眠，彻夜绝望地站在大门口望着远方。直到第二天中午，吉常宏先生冒着枪林弹雨侥幸逃跑回家，母亲还在那儿站着等候着儿子……该文再次受到学校师长的赞许，他也被指定为齐鲁中学学校壁报的主编。

为了将来能被保送到齐鲁大学，1949年夏，吉常宏先生考入齐鲁大学附中二年级。在此后的两年里，吉常宏先生学习出类拔萃，他的文采，更是引人注目。他为支援抗美援朝写作的《时事相声》，不仅发表在1951年《山东文艺》第二卷三、四期合刊上，而且成为和同学在晚会上登台演出的节目。吉常宏先生因此也被选为学生会的学习部长。若不是后来许多老师鼓励他进京考北大、清华，说不定吉常宏先生真就成了齐鲁大学的学生。

1951年夏，北大、清华未在济南设考点，市学联批准他带领一帮同学进京高考。这年秋天，吉常宏先生考入了清华大学中文系。接待他报到并担任他们年级主任的是冯仲芸先生。冯先生当时是副教授，是著名学者和哲学家、国家图书馆馆长任继愈先生的夫人。报到时，吉常宏先生向这位和蔼可亲的老师交代了自己年龄不实的问题，不料冯先生却笑着说："那都是旧社会为了上学改的，现在改过来就好！"轻轻一句话，毫无责怪意味。吉常宏先生藏在心中数年的包袱一下子便化为乌有。接下来，新生们又受到著名作家和学者吴祖缃系主任的接见和训导。这一切给人的感觉，都如游子回乡那么亲切和温馨。大学一年级的学习，也是吉常宏先生涉足学术生涯的第一场盛宴。任课教师的配置堪称一流：衣着整齐的著名散文家、诗人，山东齐洞（今属邹平）李广田先生的“文艺学理论”；不修边幅的著名文学史家王瑶先生的“大一国文”；著名考古学家、诗人陈梦家先生的“语言学概论”，以及班主任冯仲芸先生的“写作实习”，还有著名历史学家孙毓堂先生的“中国通史”等，都是让学生们终身受益的课程。

1952年夏，全国高校进行了第一次院系大调整。北大、清华、燕大的中文（国文）系合并为新的北大中文系（后来中山大学语言系也被并入），成了国内外大学中文专业当仁不让的“大哥大”。师资力量堪称奢华，最有代表性的莫过于文学和语言的骨干课程。例如，“文学史”第一段（先秦两汉），游国恩先生；第二段（魏晋—隋唐五代），林庚先生；第三段（宋元明清），浦江清先生；第四段（现当代文学），王瑶先生。语言专业课“现代汉语”，周祖谟先生；“汉语史”，王力先生；“普通语言学”，岑麒祥先生；“方言学”，袁家骅先生；“古代文献”，魏建功先生；此外还有西语系李赋宁先生的“西方文学史”……

这些任课教师，今天很多都被称为泰斗和大师了。那时他们大都在四五十岁上下，正是学术研究硕果累累和学术思想炉火纯青的时期。加之此时国内的政治生态对学校的影响还相对较小，新组成的北大五一级和之后的五二级的教学秩序、教学质量也算得上按部就班和得天独厚。就这样，吉常宏先生在一大群学术大师的教导下，在未名湖畔度过了三年专心而必要的学术熏陶和学问积累期，从而为其后数十年的学术研究和创新，以及教学工作，打下了坚实的基础。到毕业前，他已经以优异的学业成绩和特别熟习古典文献，为众多师长所称许和认可。他自己也憧憬着将来要在文学或文学研究方面大展宏图了。

不仅如此，吉常宏先生的政治觉悟也在飞速提高。早在高中阶段，在新中国成立和抗美援朝的热潮中，他就对中国共产党开始崇敬和信仰。1953 年大学三年级时，他鼓足勇气，向党组织提出了入党申请。系党总支对他的进步给予了热情鼓励和肯定，并指定他担任中文系五一级的班长（后来五一级分为两个班，另一个班的班长是著名学者北京大学教授白化文先生），配合班级党团支部工作，并指派专人对他进行考察培养。到留校之后的 1956 年底，他终于如愿以偿，被批准成为中国共产党预备党员。接下来，政治气候却急转直下，吉常宏先生的人生命运、学术道路也变得前途未卜。——这些都是后话了。

二、执教燕园霑师恩，脱颖而出志未央

1955 年秋，吉常宏先生毕业留校任教。但他没想到自己被分配到了汉语教研室，虽然是给著名语言学家周祖谟（字燕孙）先生做助教，但这对于一心想从事文学研究甚至文学创作的他，仍不啻被浇了一桶冷水，闹起了情绪。系里很多老师也认为系领导特别是系主任杨晦（字慧修）先生官僚主义，不能人尽其才。甚至有人还在嗣后的“双反”运动中，为此给杨先生贴过大字报，一时间闹得沸沸扬扬。了一先生找他谈心，说：“你认为搞语言没趣味，那是你没钻进去。你看我，不是每天都很高兴吗？”杨伯峻（原名德崇）先生在路上遇到他，关切地对他说：“搞语言很有意思，你怎么不喜欢呢？你好好干，我保你两年就可以上堂（讲课）。”魏建功（字天行）先生最是着急，专门为此找他谈话。竟然从晚上八点多钟，一直谈到凌晨。魏先生苦口婆心地说：“你不乐意搞现代汉语，可以搞古代汉语嘛！凭你的古书底子，可以大有作为，何必转专业呢！”吉常宏先生在几位大师的劝导下，终于开始回心转意，逐渐安下心来，并先后担任了“语

法修辞”“写作实习”等课程的教学工作。每当谈起当年最初踏入教师行列的这些往事，吉常宏先生至今仍感慨不已。他深深感谢这些师长对自己的宽容和循循善诱。这些故事，无疑也成了当代教育界、学术界爱护晚辈、爱惜人才的不可多得的佳话。

1957 年夏秋之交，“反右”运动的政治形势云诡波谲，知识分子始料未及。先此，在号召知识分子给党提意见的“鸣放”运动中，吉常宏先生给自己埋下了“三颗定时炸弹”。一是认为当时驻北大的苏联专家毕达科夫，不过是列宁格勒大学的一个年轻讲师，学校领导对他的话却是百依百顺，毫不保留地奉为圭臬。便说：“千万不要搞崇洋媚外!”二是曾应邀以“除三害堂主”的化名，为中文系研究生和进修教师党支部所写揭露官僚主义、主观主义和宗派主义的大字报，撰写过一篇序言，引起过轰动。三是曾在研究生和进修教师党支部为响应给党提意见而办的《浪淘沙》杂志，担任过副主编，虽然这一职务是党总支委派的。果然，“三颗定时炸弹”先后“引爆”。直到 1958 年冬，在“困惑、茫然、悔恨、恐惧、无奈”中，吉常宏先生等来了“思想严重右倾，丧失阶级立场，取消党员预备期”的组织处理结论。直到打倒“四人帮”四年后的 1980 年，北京大学党委给已经身在山东、早已过了“知天命”之年的吉常宏先生寄来一纸平反通知，告知“党龄从 1958 年底算起”。压在心头 23 年的石头，至此才被最后搬开。

从五七年秋冬直到五八年底，吉常宏先生如坠冰窟，情绪极度低落，无心教学与科研，内心时有屈子“进不入以离尤兮，退将复修吾初服”的委屈与感慨。虽然不断有人找他谈话并批评他，但仍然无济于事。

1959 年初，王力先生在学校校务会议上提出古代汉语教学改革的设想。新成立了古代汉语教研组，成为全校教改的一大亮点。开创之初的古代汉语教研组，实则只有王了一先生一人。杨先生不忘之前的承诺，从谏如流，把吉常宏先生从现代汉语方向调到了古代汉语方向。于是他成了古代汉语教研组了一先生之外唯一一个专职成员。另外两位青年教师，一个是从汉语史方向临时借来支援的郭锡良先生，一个是仍然兼任系党总支职务的曹先擢先生。还有两位则是刚从外校分配来的年轻毕业生。

新创的“古代汉语”课，一开始便大受全校文科各系欢迎。各系纷纷要求开课，但均被了一先生婉言拒绝。唯独历史系主任、著名史学家邓广铭先生因与了一先生是好友，请求特别殷切，实在推不掉。了一先生决定，他自己担任中文系语言、文学两个年级“古代汉语”的教学任务，由郭、曹等四位年轻教师各负责一个班的辅导。让吉常宏先生独当一面，去历史系教两个年级的“古代汉语”，由历史系自己派人辅导。了一先生的安排，让吉常宏先生很不安。这不仅因为自己在大学从没学过“古代汉语”课，更重要的是，他知道这个课是了一先生的改革新举措，讲不好岂不给他老人家耽误事？了一先生看透了他的心思，亲切地鼓励他说：“我相信你一定能胜任！你可以先去听听我的课，然后再去给历史系上课。”在了一先生的鼓励下，吉常宏先生勇敢地走上了新开设的“古代汉语”讲堂。

1960年底，吉常宏先生在历史系的“古代汉语”课，已经很受欢迎。有一天将要上课时，他发现原本坐得很满的教室里，后排又多加了几个座位。他一眼就发现，已经担任副校长的魏建功（字天行）先生就坐在那里。原来这是学校领导期末突击教学检查来了。对自己这样的教学新手，讲的又是新设的“古代汉语”课，被检查是再应当不过的了。由于事前对魏先生等领导听课毫无准备，心中不免有些忐忑不安。但吉常宏先生很快就定下神来，进入了状态。那天讲的是《孟子·告子上》“鱼我所欲也”

一节。按照预先计划，他在规定时间内，圆满地讲解完原文。接着，又按了一先生的教法，讲完原文后，都进行一下思想内容的深度扩展，以利于学生的理解。并且还要将该篇的成语一一说明。该节是《孟子》的代表篇章，文中提出的“舍生取义”的道德观，成了中华民族崇尚的道德规范和历代志士仁人共同的行为准则。此时，吉常宏先生似乎已经忘了魏先生在后面听课了。他侃侃而谈，从孔子的“杀身成仁”，讲到文天祥在大都殉国后从他衣服中发现的遗书，并且深情地背诵起来：“孔曰成仁，孟曰取义。唯其义尽，所以仁至。……而今而后，庶几无愧。”下课铃声响了，听众兴犹未尽。第二天，了一先生兴奋地找到他说：“魏先生对我说：‘吉常宏讲得比我想象得还要好！’”就这样，吉常宏先生讲授的“古代汉语”课，在两位恩师的推毂下，一炮打响。每当想起这段往事，吉常宏先生总会深情地说：“这就是所谓千里马常有，伯乐不常有啊！”

由于北大的“古代汉语”课在全校越来越受欢迎，1961 年开始，了一先生不再一人编写临时教材，而是改为领导大家共同编写。他安排其他几个同志搞文选，让吉常宏先生协助自己通盘计划，全面考虑文选、常用词、通论三部分的编写充实。吉常宏先生认为应当增加文化常识部分的分量。了一先生采纳了他的意见，特增加了四节文化常识。后来编写教科书时，马汉麟先生负责这一部分，再次加大比重重写。今天大家见到的王力主编的《古代汉语》教材，虽然已经有了许多修改和变动，但仍可以找到许多旧痕。附录中的《汉字部首》部分，就是根据当年吉常宏先生为北大教材所写的三节通论改编成的。他和了一先生师徒二人共同撰写的常用词部分，在编写教科书时，打乱了原来的分工，重新编排。用了一先生的话说，已经难以分清到底是谁写的哪一些了。1980 年初，王力先生根据教育部的要求，决定对 1961

年初版《古代汉语》进行修订。老人家预先写信给吉常宏先生说："你在编写《古代汉语》时贡献最大，现在马汉麟先生不在了，人手更少了。所以你一定要来！"那时，正是山东大学调入吉常宏先生支援编写《汉语大词典》的时候。山东大学不好违背教育部的借调令，只好让他先去北京参加修订《古代汉语》的工作。就这样，吉常宏先生到北京开始了不分日夜的闭门伏案工作，每增订修改完一个单元，就立刻送给了一先生过目，全书14个单元的常用词，用了五个月的时间，修订完成并新增加了五万余字。1988年，《古代汉语》（修订本）获得全国高等学校优秀教材特等奖，至今其印数已经超过了200万册。

从五九年到六二年，吉常宏先生一边上课，一边协助了一先生工作。他的古代汉语教学，也越来越受欢迎，成了当时北京大学很有名的课程。1962年12月12日，北大中文系领导特意指派后来成为著名文字学家、音韵学家和汉语史专家的何九盈先生撰写文章，在《北京大学校刊》第二版，以《从学生实际出发，力求讲深讲透——吉常宏讲授"古代汉语"课质量不断提高》为题，宣传报道了他在古代汉语教学上的成绩。文章总结出他"根据不同对象进行备课和讲授；针对问题讲深讲透；力求讲课生动易懂；不断提高自己基础知识修养"等特点。并说他能够"学习老一辈的讲课优点，教学技巧丰富多彩，引人入胜。或议论风发，机趣横生；或出入经史子集，证据渊博；或亲切道来，娓娓动人"。文章十分欣赏他的教学理念："在课堂上倒出来的是一滴水，肚子里储备的应该是十桶水。"文章最后赞扬说，吉常宏"这样埋头踏实的'无望其速成，无诱于势力'的学风是值得提倡的"。

多年之后，一些听过吉常宏先生"古代汉语"课的学生，仍对他渊博的学识、透辟条畅的分析和深入浅出的高超教学艺术印象深刻。他们说："我们能有今天这样对古代文献的阅读和理解能力，多亏吉先生给我们打下了一个好基础。"著名学者、郑州大学李恩江教授说："凡是听过吉先生课的人，几乎没有不崇拜他的。"

在古代汉语的教学实践中，吉常宏先生还摸索总结出了古代汉语的教学规律。他认为"古代汉语教学，说到底是个词汇教学问题"。王了一先生十分欣赏这一说法，多次在学术演讲和文章中重复它。80年代初，有一次在天津做完学术报告后，还特别写信给吉常宏先生说："我又引用了你的观点。"致使吉常宏先生诚惶诚恐地立即回信说："可不敢当！那都是老师您启发的结果！"后来，了一先生在《谈谈学习古代汉语》一文中写道："我们编《古代汉语》时，有一位同志讲得好：古代汉语的问题，主要是词汇的问题。所以，我们学习和研究的重点要放在词汇上。"

在《北京大学校刊》载文宣传他的教学情况后不久，他忽然接到系办公室通知，让去临湖轩的校长办公室开会。他不知道发生了什么事情，只好满腹狐疑地去了。一进门，见陆平校长正同几个年轻教师谈话，不像是开会的样子。他以为走错了地方，便想退出。正犹豫间，陆校长笑着招呼他道："你是中文系的吉常宏同志吧？这边坐，这边坐。今天找你们几位随便谈谈。"说着就让他坐在了自己右侧。吉常宏先生越发紧张起来，校长开始同大家谈了些什么，他都没听清楚。直到校长问他话，他才缓过神来。陆校长说："听说你的'古代汉语'讲得不错，同学们十分欢迎。""那是沾了了一老师教材的光，我才没被学生轰下堂来！"校长哈哈笑起来，说："比你毕业晚的都升讲师了，你怎么还不是呢？""他们又红又专。我被取消了党员预备资格，怎么能行。"吉常宏先生嗫嚅着回答。校长说："又红又专不是空话，也还得看工作成绩嘛！不要背包袱，好好干！"

这次谈话后不久，吉常宏先生升为讲师。很快，他又被确定为全校70名重点培养师资之一，要求三年之内达到副教授水平。中文系同时被确定为重点培养师资的，还有陈贻焮、严家炎、徐通锵、唐作藩等同仁。当时这个事情还十分认真地办了手续，大家都填了表，制定了进修计划。但到了六三年“反右倾”运动，却被当作“右倾”给反掉了。

又是几度春秋，谁曾想到“文革”浩劫竟从北京大学首先兴起。霎时暴风骤雨，人鬼颠倒。昔日的恩师、领导几乎无一幸免地成了“牛鬼蛇神”“资产阶级反动学术权威”“走资派”，被残酷无情地专了政。“覆巢之下，岂有完卵”，吉常宏先生也被扣上了“修正主义苗子”“小王力”“实力派”“小霸王”“小学阀”等让人啼笑皆非的罪名，挨起了批斗。更为荒唐的是，连当年执笔写宣传报道他的文章的何九盈先生，也被扣上“吹捧修正主义苗子”的帽子。他们二人却也因此更加亲近起来。

此后数年中，处在北大这个“风暴眼”中的吉常宏先生，还在江西鄱阳湖“五七干校”当过牛倌，种过树，下大田干过活。年复一年，他内心的无聊、无奈、怅惘和疑惑与日俱增。1971年8月，江西鄱阳湖“五七干校”撤点，他随之回到了北京。

1972年春，一次偶然的机会，他见到在北京办出土文物展览的山东省博物馆的工作人员。其中的负责人和另外好几个人，都是听过他“古代汉语”课的北京大学历史系的毕业生。他们热切希望吉常宏先生能到山东省博物馆工作，以便能随时求教。一时间，吉常宏先生心中波涛翻滚，20多年来，未名湖畔的矻矻求学与工作，使他已经变成了彻底的燕园人。这里有众多仰之弥高的学者；有20年来知他爱他的恩师；有他已经心仪的学问；有众多在危难中爱护帮助过他的领导和挚友。这些都是他心中割舍不得的。然而连年无休止的胡闹，天天违心地“讲用”说假话，日子如履薄冰，谁也不知有无尽头。千里之外的家乡，亲老妻病子幼。眼前又有这么多了解自己的学生，邀请和欢迎自己回去，他真不知如何是好了。于是，他求助于挚友何九盈，二人长时间一面漫步，一面合计。何先生说：“能‘得天下英才而教育之’，总比在北大战战兢兢地当‘陪读’要好。北大已经变成一根鸡肋，没有什么希望。‘人挪活，树挪死’，所以我赞成你走。”挚友的话坚定了吉常宏先生离去的决心。他迅速给军宣队党委打了请调报告。

得知吉常宏先生要离去的消息，领导和许多师友都觉得惋惜，纷纷想办法挽留。消息也终于传到了尚未完全“解放”的了一先生和游国恩（字泽承）先生耳中。二人利用机会，分别找到吉常宏先生。游先生特地到课堂上趁课间找到他，惋惜地反复劝道：“这里那么多教师、资料，不要轻易走啊！北大这么好的基础条件，为什么要走呢？”了一先生则拄着拐棍，偷偷跑到他的宿舍。老人家坐在那里久久不说话，情绪忧伤而深沉。许久，他才开口道：“听说要走了？为什么非要走呢？”吉常宏先生此时无言以对。师徒二人相对无语，僵持了好一会。了一先生忽然叹了一口气，慢慢地说：“抗战胜利之后（西南联大的人）复员，我没回清华，而是到了广州。朱自清先生开始对此很不高兴。后来，他想通了，对我说：‘我们这些人何必都聚在一块儿呢。你走也好。’现在——你走也好！”王先生把当年朱自清先生理解和宽慰自己的话，送给了眼前即将分手的爱徒。在当时那种自身尚且不保的年代，为了学术，为了后辈的前途，恩师们不避风险，殷切关怀。这片片拳拳之情，全都化作了此后吉常宏先生献身于祖国教育和学术事业的无穷动力！

三、优闲从容文光阁，艰辛历尽风雨楼

1972年秋，吉常宏先生调入山东，被安排在山东省博物馆工作。虽然遗憾地离开了北大，但从一个狂风浊浪的是非之地，回到家乡风平浪静、犹如世外桃源的一个单位，正所谓“求仁而得仁，又何怨？”

那时，山东省博物馆坐落在济南上新街南头、山东剧院东邻。是济南市一处著名的古典风格宫殿式建筑群，早年由华侨捐资修建，是慈善机构“世界红卍字会济南道院”旧址，解放后被列为山东省第一批重点文物保护单位。

博物馆的领导对吉常宏先生十分尊重，把他安排在历史博物馆最后一进院落的文光阁中办公。他不属于文物、陈列、后勤、保管任何一个科室，平时只为馆中专业人员解答工作中碰到的各种文化、典籍等相关问题，并无紧要的日常工作。空闲时，也帮忙为馆藏文物做一些鉴定。此时的“文革”浩劫，对历史和传统文化的剪除与荼毒，恶果日渐显现。博物馆前部的历史陈列室，几乎为一般人所遗忘，少有人问津。处于最后院落的文光阁，巍峨矗立，更显得清雅幽净。吉常宏先生在这里不仅为山东省博物馆甄别了不少有价值的图书，还从山东文物总店等处购买甄别了一些被遗弃的珍贵文献。例如，从山东大学流出的明代“鱼鳞册”（一种土地丈量文献），王献堂先生的许多手稿、信札，清代著名学者刘淇的书法真迹等。还针对博物馆库房中积存多年不知如何处置的历代赝品文物，提出了收藏原则。主张“不论真假，只认品相好坏。因为没有赝品，就无从鉴定和验证真品”。他还与几个“文革”前考古专业毕业的专业人员，每周都到古旧书店等处搜寻图书，购置了如《古逸丛书》《万有文库》《四部丛刊》

《四部备要》和中国科学院影印的《水经注汇校》等，大大丰富了博物馆的藏书。几年下来，原来胡乱堆放无序的大批图书，都被一一标识，建档归类，变得井井有条。

不久，他忽然发现有两个不速之客时不时造访文光阁。二人都已经是六七十岁的老人，文质彬彬、谦和少语，气度不俗。他们对典籍和文物十分感兴趣，除此之外似乎什么也不关心。几次接触之后，吉常宏先生与他们互通姓名，不禁大吃一惊。原来他们分别是“文革”前山东省委常委、副省长兼财政厅长李予昂和主管文化教育的副省长余修。二人都是延安时期的老革命和党内专家学者型的领导干部，“文革”中被打成了济南家喻户晓的“叛徒”“黑带”“走资派”。此时他们虽然已经不再被批斗，但均远未被“平反”或“解放”（按：二人都是直到打倒“四人帮”之后才得以“解放”和“平反”的）。他们的家都在博物馆附近，所以能经常跑到博物馆来借书、看画、消磨时光。三人很快建立了信任，有了共同语言。你把我当成真学者，虚心求教；我把你视为老革命，诚心尊重。大家同气相求，竟成了无话不谈的好朋友。1977 年 12 月，吉常宏先生被博物馆推选为山东省第四届政协委员。一次，在珍珠泉礼堂开会，已经担任省政协副主席的余修先生见到他，感慨地说：“常宏同志，感谢你那几年给我们的温暖！”吉常宏先生说：“你和李老的乐观豁达对我帮助很大！”1980 年，李予昂先生得知吉常宏先生被征调到山东大学参加《汉语大词典》编写工作，已经担任山东省人大常委会副主任、山东省书法协会主席的他，主动泼墨，用极具特色的隶体，书写了“博学鸿词，嘉惠后生”的大字匾额，还作了长长的跋语，专门派人送给吉常宏先生。这些点滴往事，虽然只是吉常宏先生在山东省博物馆期间的交游花絮，记载的却是非常时期陌路平生的三个人之间的真诚友谊。今天它们已成了可贵的历史资料。李老所赠匾额，至今仍悬挂在吉常宏先生的客厅里。本文的标题，也即源自该匾额。

《汉语大词典》的编纂出版，曾被称作“二十世纪中国的一件大事”。两千多年来，人类社会有一条规律：一个民族兴旺发达，必然产生一部或几部反映自己民族语文面貌的大型辞书；国家或民族衰败，其辞典编纂必然也破败凋零。中国曾经是世界上最早开始编纂辞典的国家，但近百年的积弱积贫，特别是肆虐十年的“文革”浩劫，使中华民族深深陷入了后一种惨不忍睹的尴尬境地。那时，联合国图书馆里，供人们参观和使用的中华人民共和国的语文工具书，只有一本又小又薄的《新华字典》。就连台湾省，都出版了四十卷的《中文大辞典》。更令人汗颜的是，据说当年周恩来总理接见面积只有颐和园大的摩纳哥公国使节时，对方向中国赠送了一部他们编的大型辞书。而作为泱泱大国的回礼，我们能拿出来的，仍然是那本又小又薄的《新华字典》。虽然它的质量不低，但终究与大国的身份和现实不相匹配。

1976 年春，尽管“文革”阴霾未散，但在周恩来、邓小平等人的亲切关怀下，《汉语大词典》的编纂工作终于艰难启动了。华东五省一市的语言工作者们从此开始了一场旷日持久长达 18 年的“大兵团联合作战”。山东特别是山东大学，自始至终当仁不让地成了这场战斗的主力军。

受命组织《汉语大词典》山东大学编写组的，是抗战时期参加革命的老干部贺祥霞先生，那时她已经快 60 岁了。当她听说吉常宏是王了一先生的高足，王力主编的《古代汉语》常用词部分的主要编写者，且就在山东省博物馆工作时，不禁喜出望外。她立即给吴富恒校长和孙汉卿书记汇报，要求学校想办法把吉常宏先生调来。她自己更是不顾年老多病，亲自到博物馆，去做博物馆领导和吉常宏先生本人的工作。由于山东省博物馆不肯放人，而且其人事关系与山东大学所属的教育系统互不隶属，无法直接沟通。山东大学只得向博物馆恳求，临时借用吉常宏先生帮忙。直到后来，山东省委派丁方明副省长全面负责山东省的《汉语大词典》编写工作，他亲自出面协调多方关系，终于在1980年3月，把吉常宏先生正式调入山东大学，并担任《汉语大词典》山东大学编写组副组长。

最初接到参加《汉语大词典》编写工作的邀请时，吉常宏先生心中激起了不小的涟漪。当年是自己主动愿意调入山东省博物馆工作的。几年来，博物馆的领导和同志们对自己不薄。在他们需要自己的时候离他们而去，似乎有悖情理。另外，在这个优简从容的环境里，自己的《古人名字解诂》再有几年就可以杀青付梓。如果此时投入《汉语大词典》的编写工作，势必会影响其进度。还有，老一辈中外学者对于编纂词典的艰辛，多有告诫。意大利著名语言学家斯卡利格有言："十恶不赦的罪犯，既不应处决，也不应判强制劳动，而应判去编词典，因为这种工作包含了一切折磨和痛苦。"陈原先生也曾调侃说："'傻子'才去编词典。编词典不是人干的事——而是圣人干的事！"然而，吉常宏先生也深知这项工作的重要和紧迫。他知道自己的恩师王力（了一）、周祖谟（燕孙）先生，以及朱德熙先生等许多老一辈学者，都不顾年事已高或教学科研工作的繁忙，积极参与了这项关乎国家和民族文化发展命运的工作，担任了学术顾问。强烈的责任感和献身精神，驱使他不再犹豫，毅然决然地答应"移师勤王"。从那一刻起，已经初具规模的个人专著《古人名字解诂》，只好暂时搁笔。只是令人绝没有想到的是，这一耽搁就是18年！《人民日报》1988年6月23日曾以《为伊消得人憔悴——记〈汉语大词典〉的编纂及为其辛勤工作的人们》为题，发表长篇专访文章，文中对他这种可贵的奉献精神，给予了高度赞扬与表彰。

从被借调到山大开始，吉常宏先生就全力支持贺祥霞先生的工作。他们二人很快成了政治和业务的两个核心，团结大多数业务骨干，顶住了当时“文革”余威，排除了“工农兵要参加大词典编写”的荒谬主张和在收词方面的“左”的干扰；又及时建立起不同于大学教师习惯上不坐班的工作制度，坚持实行全体编写人员“坐班制”。他们的主张得到了大多数同志的坚决支持，从而有力地保证了大词典编写工作的顺利完成。《汉语大词典》山东大学编写组，成了当时山大唯一一所施行全员全日坐班制的科研机构。多年之后，吉常宏先生总结说：“实践经验证明，像《汉语大词典》这样大的语文工具书的编纂，‘坐班制’能及时解决问题，弥补编写人员水平的参差不齐。是保证质量和进度的十分必要和有效的制度。”吉常宏先生和贺祥霞先生创立并坚持施行的这一方法，对于其他大型项目，特别是语言文献等科研工作，有着很好的借鉴意义。后来，吉常宏先生主持编写《汉语称谓大词典》时，仍坚持这一制度，同样收到了良好的效果。

1984 年春，吉常宏先生奉调赴上海《汉语大词典》编纂处，参加第一、二卷的定稿工作。当年坐落在新华路 200 号的《汉语大词典》编纂处，工作条件之差，是今天难以想象的。第一、二卷定稿专家们工作和住宿的地点，竟是与今天建筑民工住的临时工棚别无二致的铁皮简易楼。每个十平方米左右的房间，要容纳三个专家。1994 年 5 月 6 日，《文汇报》曾以《中华民族的文化长城》为题，报道过《汉语大词典》出版发行的消息。其中一段写道：“山东大学吉常宏、曲阜师院相隆本等奉调来沪，他们业务上都有‘奇才’‘怪才’之称。时时被一种使命感和紧迫感所驱使，将整个身心交付了大词典。……住进编纂处的铁棚简易楼，夏天酷热，好似太上老君的炼丹炉，可为了工作，也都顾不得体统，光背赤脚，一边看稿，一边用冷水毛巾擦汗。到了冬天，北风呼啸，屋里冷得出奇，北方人不习惯南方生活，冻僵手脚时，干脆钻进被窝再看稿，经常是彻夜不眠，熬红了双眼”，“他们对每个词条都是认认真真地爬梳钻勘，刮垢磨光，饱尝求源索解之苦，共享去塞求通之乐。他们说得好：‘这样的日子过得踏实！’”，“那些难忘的岁月，诚如山东省编写人员所说：‘是你选择了我，我选择了你，一往情深，不可分离！’”

极端恶劣的条件，加上过于劳累，吉常宏先生右眼球下方逐渐长出了一个异物。济南和上海的几家医院都无法确诊，有一家三甲医院的专家倾向于癌症（手术后证明了这种判断的错误），各个医院都力主抓紧治疗。吉常宏先生为了不耽误第一、二卷的出版，没有听从大家的劝告，采取了保守治疗，每天晚上在“风雨楼”中，用电炉熬一碗中药，喝完继续工作。就这样一直坚持到第一、二卷工作完成，他才在上海朋友的监护下，去医院做了手术。

想起当年在“风雨楼”中的艰苦奋战，吉常宏先生至今仍然满怀深情却又唏嘘不已。据他说，所谓“风雨楼”是指：刮风时，塑料墙壁连接处吱嘎作响；下雨时，雨点打在铁皮房顶上噼里啪啦，如众槌擂鼓；冬天下雪，北风裹着雪花，从墙缝中呼呼钻进，直接飞进埋头工作的众人的脖子中。“风雨楼”之名，吉常宏先生认为自己就是“始作俑者”。

1987 年 5 月，《汉语大词典》开始实行分卷主编制，吉常宏先生被指定为第三卷主编。他大胆果断地以相隆本、刘俊一先生为副主编，诚聘年近古稀的浙江师大张叶芦先生和上海资深老编审傅元恺先生参与，以上海师大陈彗星、山东大学王佩增、刘晓东教授等为主将。大家在“风雨楼”中日夜加班，几乎牺牲了所有节假日。在不到一年的艰苦工作中，完成了 11 个部首、33000 个词条、430 多万字的审定稿任务。吉常宏先生领导大家，纠正了许多旧辞书的错误，补齐了欠缺义项，增添了漏收词目，删汰了许多破词、讹字立目、不规范词……实事求是，一切从语言实际出发，是他们的工作信条；不因袭，不盲从，不走“捷径”，是他们的工作作风；“你不欺骗工作，工作就不欺骗你”是吉常宏先生经常教导大家的口头禅。《汉语大词典》上海编纂处的所有同志，都为吉常宏先生广博的学识和严谨的治学态度与工作作风所折服。大家有问题都乐意找他请教，经他指点后，很多疑难问题都会迎刃而解。编纂处的同志们说：“经吉先生处理过的稿子，我们放心。”

一切努力没有白费，《汉语大词典》第三卷稿子的质量，得到了充分保证，达到了一个新高度。但这期间，吉常宏先生连自己小儿子结婚，都没能回济南主持。

1989年3月，《汉语大词典》第三卷如期出版。这一标志性的成绩，不仅为后面各卷赢得了时间，同时也为整个《汉语大词典》的工作闯出了路子。为此，年近八旬的主编罗竹风先生，在会议上大加称颂，动情地攥住吉常宏先生等几人的手，说：“吉公，相公还有刘公，我感谢你们!”老领导、老朋友的一句话，使三人再也忍不住热泪盈眶……后来，罗老在信件中又多次强调说：“《汉语大词典》，山东诸公，贡献最大，令人难忘。”

1989年12月29日，著名语言学家、音韵学家李思敬先生，给吉常宏先生写信说：“日前，接日本东大（按：东京大学）教授信，赞《汉语大词典》第三卷编得好。收词、释义等方面均堪佩服。此吾兄不朽之业也。日本人往往从事一辈子学术之后，编辞书以竟其业。该教授（对吾兄）甚羡之。”

1990年，《汉语大词典》第三卷获得山东省社会科学优秀成果一等奖。1991年，吉常宏先生受聘为《汉语大词典简编》副主编，愈加受到主编罗竹风先生的倚重。

1994 年 5 月 10 日，《汉语大词典》编纂出版胜利完成庆功会，在北京人民大会堂隆重举行。吉常宏先生等有突出贡献的《汉语大词典》编纂者们，受到中共中央总书记、国家主席江泽民的接见。同日，《人民日报》以《龙飞在天》为题，《文汇报》《大众日报》等多家报纸，也都以不同的题目和大篇幅，报道了《汉语大词典》工作的胜利完成，共同表彰了吉常宏先生等人的事迹。后来，《新闻出版报》《中华读书报》《山东画报》《济南日报》等，又先后刊登专文或专访，从不同角度对吉常宏先生专门做了宣传报道。至此，吉常宏先生长达 18 年的《汉语大词典》编纂经历，终于画上了一个圆满的句号。

18 年的《汉语大词典》编纂经历，使吉常宏先生积累了许多有价值的关于辞书编纂方面的学术经验。他提出："编纂汉语语文词典，尤其是大型的汉语语文词典，必须注意正确吸收古人和今人的研究成果"，"一部大型的汉语词典，应该反映汉语词汇发展变化的面貌"，"词典和语词考释的文章要求不一样，在处理有关研究成果，乃至文字表现手法上，都应该有所变通，采用适合词典特点的方式来撰写释文"，"词典释文虽然也要弄清前人对它的研究情况，但是没有必要都写到词目中去，只需开门见山地把正确解释写出来，引上书证就算圆满了"，"词典就是要把语言中的词汇现象，用'法'的形式固定下来"，"词典编纂人员，第一位的是广泛大量地吸收已有的研究成果，一部语文词典的质量好坏和水平高低，首先取决于它吸收语言研究成果的多寡"，"今天编一部大型的科学的语文词典，绝不能再采取旧《辞源》汇集旧说的办法。打破旧辞书汇集杂考以为释义的做法，灵活运用古人和今人的研究成果，从具体到抽象的整理定为若干义项，各义项下都引出相应的历史时代的书证，那么它的源流、演变，便可以一目了然"，"采用前人成果还应该考虑时代的早晚，汉儒说了的，宋儒也这样认为的，就取汉不取宋。宋人已经解决了的，清人袭用了它，就应取宋而不取清”，“书证的时代早晚，在辞书上关系重大。书证不仅是一个义项的‘见证人’，还是词义出现时代的‘指示人’，通过它可以反映词汇发展变化的面貌”，“某项研究成果或某项成说出现的时代，虽不一定都像一般书证那样关系到词义的时代，但它始见于何时，也是一个客观事实，所以我们也应尽量把它如实地反映出来”。

关于词典吸收古音通假成果的问题，吉常宏先生特别提醒说：“古音通假是清代学者的一大贡献。戴、段、二王几位大师，凭借这个新武器，解决了古书中的许多疑难。后人对他们的做法非常推崇，群起仿效，却又不免失之于滥，在某种程度上出现了混乱。像孙诒让、俞樾被认为是晚清的大师，是‘清学’的殿军，但好标新立异。虽然也有创获，但牵强之处颇多。所以，我们如果能够结合一个时代的学风和学者们的治学方法，做到读其书，知其人，可能有助于决定对某些成果的取舍。”

对于明清两代的考据，吉常宏先生说：“明代人的考据，一般说须慎重考虑，因为他们往往有空疏的毛病，研究不透彻，成果不扎实，难以站得住。又如毛奇龄，在清代也是卓然大家，但他最爱作反面文章，好诡辩，新说特多，所以采用他的东西须多推敲”，“总之，主要还是看是否符合客观实际，不管它是什么时代或是什么人，我们既不迷信名家，也不鄙弃不太知名的学者，一切服从真理”。

吉常宏先生的这些主张，被业内专家广泛认可。它们不仅有力地保证了《汉语大词典》的编纂质量，而且已经成为汉语研究和词典编纂等多学科的宝贵经验和财富。

20 世纪八九十年代，就在吉常宏先生承担着繁重的《汉语大词典》编写任务的同时，他还主编完成了另外一项引人注目的科研项目《汉语称谓大词典》。平时，吉常宏先生凭借他深厚的古代文化素养，时刻关注社会语言文化现象，注意纠正社会上因传统文化欠缺而造成的称谓词使用方面的诸多错误。极力提倡正确使用称谓词，以提高群众的语言文化水平。

他发现当时众多的历史题材电视剧中，问题最为触目惊心，几乎没有一部没有问题。例如，电视剧《丁宝桢》中，群臣竟然呼两宫太后为母后。电视剧《三国演义》中，东吴诸臣竟在诸葛亮面前称刘备如何如何；蒋干竟向丞相曹操称臣。电视剧《宰相刘罗锅》中，皇帝发怒时竟大呼群臣为“哀哀诸公”（按：本当为衮衮诸公），即便念对了衮衮诸公，但它是叙称，依然不可当面使用……举不胜举。

1984 年，《山东广播电视报》邀请吉常宏先生发表专门文章，指出并批评了这些影响糟糕的乱用称谓现象。1986 年冬，他在出席《汉语大词典》第一卷发行庆祝会时，与国家出版总署负责辞书出版的石家金先生谈起此事，石先生深有同感。回到北京后，他写信告诉吉常宏先生，全国范围内尚无人搞有关项目。此时，吉常宏先生的儿子吉发涵与其同学、齐鲁书社副社长李新，正打算让他找一个项目领他们干。恰好这时山东省正在征集和编制“山东省社会科学‘七五’规划项目”，于是一面申请立项，一面组织队伍。很快，山东省哲学社会科学规划领导小组批准把《汉语称谓大词典》列为“山东省社会科学‘七五’规划重点研究课题”。1989 年，又被列入《1988—2000 年全国辞书编写出版规划》。就这样，在吉常宏先生的领导下，《汉语称谓大词典》的编写工作热火朝天又扎扎实实地全面展开了。

从一开始，吉常宏先生就强调，《汉语称谓大词典》不管是体例还是工作程序、工作方法，都要按《汉语大词典》成熟的经验办。尽管编写人员大都是子弟兵，但是管理制度毫不松懈。除了外地人员，山东大学的编者一律实行坐班制，几个骨干甚至还自觉地天天加班，一直坚持到工作完成。吉常宏先生则天天在办公室里给大家解疑释惑，处理各种问题。他特别强调选词重点，要放在历代小说和各种通俗文学作品上，因为这类作品最能反映汉语称谓的实际。

经过四年的艰苦努力，收词28300多条、353万字的《汉语称谓大词典》胜利完稿杀青。又经过几年的波折，2001年，终于由河北教育出版社出版。从它出版至今，虽然已经过去了15年，但无论是规模还是学术质量，国内研究汉语称谓的辞书或著作，至今还没有能出其右者。

《汉语称谓大词典》一面世，立即引起了社会和学术界的高度关注。著名学者任继愈评价说："这是一部功力深厚、贯通古今、雅俗共赏、切合使用的工具书。不但嘉惠士林，而且功在社会。"著名古文字学家裘锡圭教授来信说："此书一定费了吾兄大量心血。现在人喜欢说'填补空白'，如吾兄此书才真正称得上填补空白。"著名汉语史专家、北京大学何九盈教授在信中说："《汉语称谓大词典》350余万字，古今兼收，源流并重，真可谓洋洋大观。吾兄的'引言'亦是力作。此书为文化建设基础工程，使用价值极高。此《典》问世，便于查考，诚功德无量也！"

2005年1月25日，《光明日报》发表马丽先生《汉语称谓研究十年》一文，称道《汉语称谓大词典》"无论在规模上、学术价值上和使用价值上，都超过了以往的辞书，堪称称谓词典编纂史上的里程碑"。

2002年，《汉语称谓大词典》获得山东省社会科学优秀成果一等奖。2003年，又获得第五届国家辞书奖二等奖。

四、继绝开新说名字，夕阳余霞献桑梓

调到山东省博物馆工作后，吉常宏先生的时间相对充裕起来。于是，他开始酝酿自己的科研课题。

开始他想写一本关于古人名字概论的书。因为他很早就注意到，东汉班固在《白虎通·名字》中，揭示过古人名与字的关系，指出："或傍其名为之字者，闻名即知其字，闻字即知其名。"稍后许慎在《说文解字》中，经常用先秦人名和字的关系解说字义，注解字音，证明某字的历史等。从此，古书注解中常见用名字相协之理作注解者。延及清代，《说文》四大家无不对许慎的做法推崇重视，并多有补充订证。王引之更是远承许慎，近继其父，作了训诂学史上第一部名字训而诂专著《春秋名字解诂》。该书 295 条，考释春秋时代（少数战国的）人物名字 339 个，另外还涉及 10 个汉代人物的例子。书中把古人名字"相承之诂言"的关系和破解它们的方法，分别概括为"五体"和"六例"。从而把古人名字相协的探讨，形成了条理，上升到理论，奠定了"名字训诂学"在传统文化和汉语研究中独立成学的地位。王引之之后，学者们继续深入探讨"名字训诂学"的价值和意义，但无论在理论上还是实践上，都没有超出王引之的水平和成就。特别是对王引之已经"试掘"的汉代及之后的古人名字相协情况，概无涉及。到了 20 世纪 70 年代，这一渊源有自的学问，已经一片荒芜，无人问津了。

吉常宏先生开始深入探讨和挖掘古人名字相协的例子，试着解读历代古人名字之间的关系，结果大喜过望。他发现，不仅先秦两汉人的名和字，有"或傍其名为之字者，闻名即知其字，闻字即知其名"的特点和"相承之诂言"的关系；魏晋六朝以至清

末，甚至是近现代，几乎所有中国人的名和字，大都如此。完全可以说，中国人名和字的这种特点和关系，已经成为中华传统文化的有机组成部分。只不过要看穿每组名字之间的关系，需要深厚的文献基础与传统文化的素养和学识罢了。

不断的发现和积累激励着他，使他欲罢不能。他开始坚持每天利用下班时间投入这项工作。20 世纪 70 年代直到 80 年代初，物质条件、环境条件都极其贫乏简陋。吉常宏先生的家在济南老东门里的按察司街，距离济南南关的山东省博物馆足有四五公里远。他每天步行上下班，没有合适的公交车可坐，每次都要花费近一个小时。家中七口人，住着居住面积只有 27 平方米的房屋。从北京回来后，书箱只能塞在床下，书架则只好挂在小儿子的床头上面。本已十分拥挤的居住条件，使吉常宏先生一连几年都没有一张属于自己专用的书桌。晚上回到家，他草草洗漱，吃过晚饭，就端坐在家中仅有的一张两抽桌前开始工作，几乎每天都干到很晚。

打倒“四人帮”后，科研工作日渐活跃，但是关于古人名字的错误说法，却不时见诸报纸杂志，令人十分担忧。

1978 年 3 月 24 日，《人民日报》头版刊登了一篇《大家都来做伯乐》的文章。其中说：春秋时秦国的孙阳善于相马，由于他的本领极高，以至于人们便用天上主管马的星宿伯乐之名称呼他了。这种说法完全是臆说。在号称“科学的春天”的 1978 年，其流毒不可小觑。实际上，孙阳称为伯乐的原因，早在清代，学者俞正燮、王引之就都论证过。古代汉语中，“阳”“乐”都有喜悦的意思，孙阳字伯乐，是名与字同义相协。天上有星宿被命名为伯乐，也是字伯乐的孙阳出名之后的事情，而绝不是相反。

1979 年，一位汉语研究领域颇有名望的学者，在《社会科学战线》上，发表了一篇《〈金瓶梅〉的作者究竟是谁》的文章。

作者不仅认定《金瓶梅》的作者是明代著名文人王世贞，而且对王世贞的名、字、籍贯做了判断。文章根据王世贞的文集自署“琅琊王世贞”，和文集中的一句诗“琅琊王伯舆，终当为情死”，就贸然断定王世贞字伯舆，籍贯为山东琅琊。

此说孟浪之极，可谓错上加错。王世贞的籍贯，《明史》不管在其父王忬传还是本传中，都明确记载为江苏太仓。至于他自称“琅琊王世贞”，稍有常识者都知道，古人喜称地望，姓李必称陇西，姓王必称琅琊或太原，诸如此类，不可认真等同于籍贯。而王世贞的字，《明史·文苑传》也记载得明白无误：“王世贞，字元美。……贞弟世懋，字敬美。”兄弟二人的名与字，“懋”“敬”义近，故相协。“贞”“元”则是概括了《易经》“元亨利贞”文句。事情本来简单明白，但作者竟扯上了另外一个古人“王伯舆”。王世贞文集中出现的“琅琊王伯舆，终当为情死”诗句，出自《世说新语·任诞》。其文曰：“王长史登茅山，大恸哭曰：‘琅琊王伯舆，终当为情死。’”刘孝标注引《王氏谱》曰“廞，字伯舆。琅琊人。”根据《说文·广部》“廞，陈舆服于庭也”可知，“廞”与“舆”连类相及。故东晋琅琊人王廞，字伯舆。他和千年之后的明代王世贞，完全风马牛不相及！

权威报刊和著名学者，对古人名字的知识都如此欠缺，充分说明了研究古人名字相协的重要性和迫切性。这极大增强了吉常宏先生的信心和决心，投入精力也有所加大。经过几年筚路蓝缕、发微抉隐、积铢累寸的工作，到 1980 年他被征调到山东大学的时候，研究古人名字的资料，已经有近 20 万字的规模。

1980 年春，吉常宏先生被教育部调赴北京，参加《古代汉语》修订工作。他借机向王力先生详细汇报了想写一本《古人名字概论》的想法。王先生听后，说：“你文献底子厚，不如先写一部《古人名字解诂》，然后再写一部概论性的东西。”

受到王先生的点拨和鼓励，回到济南后，吉常宏先生立即开始试笔和发凡起例，很快开始了《古人名字解诂》的正式撰写。1983 年春，他把写成的一部分草稿，带到了在太原召开的“全国语言学规划会议”上。王力先生见后十分高兴，把它介绍给了与会专家。大家异口同声地称赞，认为这是一个值得研究的课题，但不宜列入“全国语言学规划”中。有的先生说“这将是一部奇书，盼望能早日出版”。商务印书馆的赵克勤先生，当场主动承诺由他们出版，并与吉常宏先生深入讨论了出版计划：全书规模 120 万字，分批交稿，分册出版。回来之后，吉常宏先生抓紧工作，很快就给商务印书馆交去了 57 万字的第一批稿子。之后，吉常宏先生陷入了《汉语大词典》的编写工作中，对《古人名字解诂》逐渐无暇顾及。特别是到了 1984 年，他奉调赴沪参加《汉语大词典》的定稿工作，前后长达五六年。这期间，原先已经交给商务印书馆的稿子，由于种种原因，也迟迟未能付印。到了 80 年代末，出版界更加不景气，1988 年冬，商务印书馆干脆不得不将已经发到印刷厂长达数年的 50 多万字的书稿退回了。此举使吉常宏先生始料未及。由于此时他正深陷《汉语大词典》的工作之中，着急也白搭，只能搁置起来，再作他图。直到 1994 年彻底完成了《汉语大词典》的编写任务，为《古人名字解诂》重新寻找出版单位的事，才又逐渐被提上日程。

1996 年 4 月，老校友、老朋友、语文出版社原社长李行健先生来济南出差，到家中拜访吉常宏先生。先生将《古人名字解诂》的事告诉了他。李先生说：“你把此书的内容写个简介，再影印若干写成的条目，寄给我们现任社长高文元同志。我回去后再与他交流一下看法。”吉常宏先生遵嘱照办。不久，就收到高文元先生的来信，表示愿意接受这部书稿，并且以出版家的眼光预测说：“这部书虽不能成为畅销书，但一定能成为常销书。”后来，高先生不仅多次称赞《古人名字解诂》，同时对书稿的校订发排等，都事无巨细地安排策划，表现出一个优秀出版家难能可贵的能力和气魄。

于是，在经历了十多年的曲折之后，吉常宏先生重新拿起笔，快马加鞭地从十二画开始撰写《古人名字解诂》。为了抢时间，不再失去来之不易的第二次出版机会，他让儿子吉发涵从十六画写起，父子二人共同奋战两年多，到1998年底，总量128万字、解释古人名字10330个的《古人名字解诂》书稿终于完成。又经过语文出版社诸多同志四年的辛勤工作，2003年，《古人名字解诂》终于出版。

算起来，《古人名字解诂》从吉常宏先生接受王力先生建议，开始发凡起例和试笔，到最终出版，前后长达24年之久！每当回忆起整个过程，吉常宏先生总是说："如果不是了一师多方关注支持，诸多朋友鼎力协助，这部书会是什么结果，真是很难说了！"

吉常宏先生父子二人的《古人名字解诂》，将王引之《古人名字解诂》所开创的"名字训诂学"，无论在数量上还是时代跨度上，都大大延伸，使这一古老的传统学问得以继绝开新，重放光华。特别是他们把王引之发明的古人名字"相承之诂言"和"五体""六例"的相协理论与破解方法，提高到了新的高度。吉常宏先生在1991年出版的《中国人的姓名字号》（后来改名为《中国人的名字别号》）中，就将王引之揭示的古人名字相协方式扩大到了12种，同时指出"名字组合方式，如细加区分，自古及今当不下一二十种"。2013年，吉发涵在《中国古代文化纲目举要》相关章节中，又在12种的基础上增加了10种，达到22种。这22种古人名字相协方式是：

1. 同义相协 2. 反义相应 3. 连类相及 4. 因性指实 5. 辨物统类 6. 景仰前贤 7. 纪实志盛 8. 概括经义 9. 使典用事 10. 崇奉宗教 11. 采撷警策 12. 离析名字

（以上见吉常宏《中国人的姓名字号》）

13. 天文地理 14. 干支历法 15. 命运际遇 16. 理想期望 17. 明誓存志 18. 礼制音乐 19. 哲学理念 20. 祥瑞崇拜 21. 尊祖敬宗 22. 傍名成文

（以上见吉发涵《中国古代文化纲目举要》）

吉常宏父子二人认为，以上相协方式的某些类别内部，还可以细分，甚至还很复杂。特别是“概括经义”“反义相应”等类别，今后还有深入阐释的必要和空间。

《古人名字解诂》一出版，学术界就给予了极高评价。一些著名学者、专家和教授，纷纷致信吉常宏先生，表达自己的看法。

北京大学教授、中国辞书学会名誉会长、原国家语言文字工作委员会副主任曹先擢，在 2004 年 2 月 8 日的信中说：“吾兄《古人名字解诂》学术含量极高，嘉惠学林，振兴国学，其功大矣！语文出版社出版此书，乃一大光荣也。此书对我来说是绝好的案头学习书。了一师的序言，读后仿佛又侍坐其侧矣……”

著名语言文字学家裘锡圭教授，2003 年 11 月 12 日来信说：“大作《古人名字解诂》历经波折，终能面世，实学界之幸。平素某些熟知之古人名字，不能明白其义相应之理，如曾国藩字涤生之类，一检尊著即能解决问题，快何如之！……读尊著后记，知兄亦有目疾，同病相怜徒呼奈何而已！幸吾兄有克绍箕裘之子，是则可慰。不知《古人名字概述》何时能飨读者？”

北京大学著名语言文字学家何九盈教授，2003 年 10 月 31 日来信说：“盼星星，盼月亮，终于盼来了大著《解诂》。此著遥接王、俞之学，而规模超越前贤，功盖当代，泽及后人。当今中国能成此伟业者，舍吾兄常宏，并世无第二人。我为吾兄及令公子浮一大白！”

著名方言和音韵学家、北京语言大学王恩保教授，在 2007 年 5 月 28 日的信中说：“王力先生说‘吉常宏同志博闻强记，古文底子好，所以他有能力写出一部《古人名字解诂》来’。王力弟子不止三千，能得到老师如此夸奖者，常宏先生一人而已！报刊上常有人鼓吹‘国学’，真正能称得上国学著作者寥寥无几，《古人名字解诂》是国学著作中的‘晨星’，将在中国学术史的星空中永放光芒！”

浙江大学人文学院中文系教授、古汉语古文献专家、博士生导师黄金贵在来信中说：“先生此书二十年翘首以待，当年还是郭君在贻告我，先生将有此书问世。王氏之名字解诂，有赓续新篇，诚乃学界幸事。今读‘后记’，方知以先生德高望重，也不免学术书出版难之苦，一波三折，遂致二十年磨成一剑，使人不胜唏嘘。此是当今训诂学一颗明珠，姓名学的一块硕大基石。”

南开大学中文系教授、著名古汉语专家杨琳在来信中说：“《古人名字解诂》体大思精，戛戛独造，伯申之后，一部而已。此书未必畅销，但其为传世之作则无疑也！”

2008 年，该书获得首届中国出版政府奖提名奖。

《古人名字解诂》出版后，吉常宏先生感到欣慰之余，也有许多遗憾和不安。一是有点虎头蛇尾，从一至十五画收了九千人，但十六画到二十四画，只有千余人，这是当时“急就章”的结果。二是出版后，发现对有些名字的诠释有缺陷。语言学界的朋友们，也来信或发表文章，提供了一些可贵的资料和意见。大家比较集中的意见是，解释一万人的名字太少，应该把可解的古人名字尽量收尽。吉常宏先生父子二人对此深有同感，打算对《古人名字解诂》继续增订，将来力争使其达到解释古人名字近两万个的规模。至今，吉常宏先生已经基本完成一到六画的增订工作，增订 1631 人，近 15 万字。七画之后的增订任务，将由吉发涵努力完成。

如今，吉常宏先生已年届九旬，精神矍铄，风采依旧。平日除了品茶、看书、听戏，他还为家乡泉城济南的文化事业，做了许多义务服务。济南名泉研究会和济南园林局的领导同志，经常登门寻求帮助，请教问题。吉常宏先生总是不厌其烦地为他们答疑释惑。他们高兴而来，满意而去。2008 年，他被济南市园林局聘为千佛山风景名胜区文化建设顾问。多年来，他为济南泉城名胜撰写的楹联、匾额等，多达数十副。这些作品都以渊博的学识和独具匠心的传统文化视角，艺术性地概括了济南泉城景观的文化内涵，提升了泉城在全国乃至世界自然景观和人文景观中的质量和文化层次，从而大大提高了泉城济南作为文化历史名城的知名度，也成了泉城名胜中的文化亮点。

这些作品中，有些是吉常宏先生 80 岁之后自撰自书的，例如，五龙潭公园秦琼祠正殿的楹联："民间传说为朋友插刀两肋中，义薄九天，四海皆仰秦叔宝；历史记载擒敌酋搴锋二百次，血流数斛，三军尽服胡国公。"泉城广场北侧，护城河舜田桥楹联："尧嫁娥英日，舜耕历山时。"也是他自撰自书的。

更多的则是吉常宏先生撰写，著名书法家书写的。

例如，千佛山历山院舜祠北殿楹联，吉常宏先生撰，著名书法家魏启后先生书写："尧之为君，则天而行，黎庶嬉戏颂盛世；舜乃摄位，任贤以治，股肱赓载陈嘉谟。"趵突泉南门楹联，吉常宏先生撰，著名书法家蒋维崧先生书写："济上林泉，此处允称绝胜；域中圣哲，仲尼乃为独尊。”五龙潭楹联，吉常宏先生撰，著名书法家陈梗桥先生书：“千载神龙潜潭底，一城山色映湖中。”这是吉常宏先生特别中意的一副对联。

此外，吉常宏先生为五龙潭、园博园所撰写的多副楹联匾额中，还有著名书法家张国英、张炳南等的作品。

吉常宏先生与以上书法家，或是世交，或是同事和朋友，大家配合默契。今天人们见到的某些作品，还有着鲜为人知的故事。例如，当年创作完趵突泉南门楹联，拿给蒋维崧先生书写时，因为甲骨金文中没有“堪”字和“寰”字，二人经过商量，最后把“堪”字改成了“允”字，“寰”字改成了“域”字。

吉常宏先生为乡梓名胜创作的这些作品，已经成了泉城名胜的点睛之笔。仔细玩味，你会发现它们在无意间，似乎还流露着一位智者对人生哲理独有的睿智表达。“历下此亭古，济南名士多。”你看，古今以来为济南增光添彩的众多名士们，像不像倒映在大明湖中的那“一城山色”，永远在装扮着这座四千年的文明古城呢！

（此文写作过程中，参考了多种报纸杂志发表过的资料，未能一一注出。特此说明并致谢。）

原载《国学茶座》2016 年第 4 期，山东人民出版社 2016 年版

山东大学中文专刊目录

《杨振声文集》
《黄孝纾文集》
《萧涤非文集》
《殷孟伦文集》
《高兰文集》
《殷焕先文集》
《刘泮溪学术文集》
《孙昌熙文集》
《关德栋文集》
《牟世金文集》
《袁世硕文集》
《刘乃昌文集》
《钱曾怡文集》
《葛本仪文集》
《董治安文集》
《张可礼文集》
《郭延礼文集》

《曾繁仁学术文集》

《中国诗史》(陆侃如、冯沅君)

《诗经考索》(王洲明)

《先秦著述史》(高新华)

《战国至汉初的黄老思想研究》(高新华)

《蔡伦造纸与纸的早期应用》(刘光裕)

《刘光裕编辑学文集》(刘光裕)

《挚虞及其〈文章流别集〉研究》(徐昌盛)

《王小舒文集》(王小舒)

《苏轼诗文评点研究》(樊庆彦)

《中国古典小说互文性研究》(李桂奎)

《中国当代戏曲理论建设史述》(刘方政)

《中国电影新生代的轨迹探寻》(丁晋)

《莫言小说叙事学》(张学军)

《景石斋训诂存稿》(路广正)

《古汉字通解500例》(徐超)

《简帛人物名号汇考》(王辉)

《瑶语方言历史比较研究》(刘文)

《语音学田野调查方法与实践——黔东苗语(新寨)个案研究》(刘文)

《石学蠡探》(叶国良)

《因明通识》(姜宝昌)

《袁昶年谱长编》(朱家英)

《孙吴文学系年》(徐昌盛)

《明代文学论丛》(孙学堂)

《立言明道——战国士人的语言观念与思想表达》(刘书刚)

《姜宝昌语言学、墨学论文集》(姜宝昌)

《基于人工神经网络和向量空间模型的汉语体貌系统研究》(刘洪超)

《面向构式知识库构建的现代汉语“A+—+X，B+—+Y”格式研究》(刘洪超)

《众包与词汇计量研究》(王世昌)

《欧美文学的讽喻传统》(刘林)

《清华简〈五纪〉篇集释》(侯乃峰)

《郁达夫的生平与诗词》(刘晓艺)

《中古阳声韵韵尾在现代汉语方言中的读音类型》(张燕芬)

《一得文存》(唐子恒)

《稗海蠡测集》(王平)

《方言音韵稿存》(张树峥)

《马龙潜美学——文艺学文选》(马龙潜)

《马瑞芳研究资料》(李剑锋、丛新强)

《牛运清文集》(牛运清)

《吠陀梵语语法：语音、变格及变位》(徐美德)

《门第、才学之争与中唐文学》(刘占召)

《〈史通〉校勘名著四种整理与研究》(刘占召)

《槐枫阁语言文化丛稿》(吉发涵)

《耿建华文艺评论集》(耿建华)